河北省高等学校人文社会科学重点研究基地“华北电力大学区域法治与司法治理研究中心”成果
河北省高等教育教学改革研究与实践项目（2018GJJG415）

Introduction to Environmental Justice

环境司法概论

李庆保　主　　编
梁　平　副 主 编
李　雷　刘宇晖　陈　奎　编写组成员

法律出版社
LAW PRESS·CHINA
北京

图书在版编目(CIP)数据

环境司法概论 / 李庆保主编 ; 梁平副主编. -- 北京 : 法律出版社, 2023
ISBN 978 - 7 - 5197 - 7406 - 6

Ⅰ. ①环… Ⅱ. ①李… ②梁… Ⅲ. ①环境保护法 - 中国 - 教材 Ⅳ. ①D922.68

中国版本图书馆 CIP 数据核字(2022)第 238066 号

环境司法概论
HUANJING SIFA GAILUN

李庆保 主　编
梁　平 副主编

责任编辑 肖　越　魏艳丽
装帧设计 汪奇峰

出版发行 法律出版社
编辑统筹 法商出版分社
责任校对 王　丰
责任印制 胡晓雅
经　　销 新华书店

开本 710 毫米×1000 毫米　1/16
印张 19.5　　字数 347 千
版本 2023 年 1 月第 1 版
印次 2023 年 1 月第 1 次印刷
印刷 唐山玺诚印务有限公司

地址:北京市丰台区莲花池西里 7 号(100073)
网址:www.lawpress.com.cn
投稿邮箱:info@lawpress.com.cn
举报盗版邮箱:jbwq@lawpress.com.cn
销售电话:010 - 83938349
客服电话:010 - 83938350
咨询电话:010 - 63939796

书号:ISBN 978 - 7 - 5197 - 7406 - 6
定价:78.00 元
凡购买本社图书,如有印装错误,我社负责退换。电话:010 - 83938349

序　言

随着生态文明建设上升为国家战略,环境司法已经成为当前中国司法界的一个新的热点领域,环境司法专门化亦成为理论界与实务界共同努力推动的新目标。环境司法成为环境法学发展的一个新兴而又传统的研究阵地。说它是新兴研究阵地,是因为相对于环境立法的相关理论研究,对环境司法的研究存在明显的滞后现象,只是近十几年随着我国环境司法专门化的推动才开始逐渐热络起来;说它是传统研究阵地,是因为司法研究本来和立法研究相辅相成,缺少司法案例的立法往往被人们认为是不太实用的“软法”,研究司法案例一直是发现立法不足并促使其完善的传统路径。

环境司法并非像有些人认为的那样仅属于环境程序法研究领域,实际上它涵盖环境程序法与环境实体法两大领域,而且重点在环境实体法领域。毕竟,环境程序制度一旦确定下来,其在环境司法实践中只是一个操作性规则,无论案子繁简,都会例行公事,同一审判庭审理同类性质案件所适用的程序差异不大。而环境司法适用实体法规则时,每个案件所涉的法律与事实问题则差异性较大,不同案件要适用不同实体法规则的问题。不像程序法规则大多集中于一部法条之中,而实体法规则则分散于很多部法条之中,环境司法中适用实体法规则挑战更大。因此,环境司法的研究显然比单纯程序法或单纯实体法的研究难度更大。

我国环境司法专门化的推进有赖于专业化的环境司法人才,而专业化的环境司法人才既需要熟悉环境程序法规则,更需要熟悉环境实体法规则。培养这类人才,专业的环境司法教材则是基础物质保障。这部由我的门徒——李庆保博士主编的《环境司法概论》,正是为了满足环境司法方向研究生培养教材需要所作的一次有益尝试。目前,国内尚未见同类教材出版。毕竟,环境司法教材的编写难度不小:一是我国环境司法专门化改革与传统民事、刑事司法实践相比,尚处于早期阶段,很多环境实体与程序规则处在变动不居之中,稳定性较差，一部教材问世不久就可能面临过时的窘境；二是环境司法横跨环境程序法与实体法两大领域，很多学者偏隅于一方，编写此类教材可能心有余而力不足，而庆保博士则有这方面的优势，因为他的博士论文是关于环境民事诉讼证据制度方面的研究，正好涵盖环境程序法与实体法两大领域；三是庆保在我门下攻博期间，曾辅助我编写马克思主义工程教材——《环境与资源保护法学》（即将问世），熟悉教材编写之道，他有能力主编《环境司法概论》这部教材。同时，庆保的教材编写团队阵容豪华，成员分别是长期从事环境资源法、司法制度、刑事诉讼法、民事诉讼法以及行政诉讼法研究的博士级副教授和教授。而且，诉讼法学又是华北电力大学省级重点学科，该校开设有《环境司法专题》的硕士研究生课程。可见，该教材的问世有着良好的学术研究与教学基础。

这部《环境司法概论》教材很好地描绘出当前我国环境司法理论与实践的基本概貌。该教材在概念界定、理论阐释、规则呈现、经验总结、案例评析等方面着墨细致，尽可能地厘清环境司法相关学术与实务问题的来龙去脉，以理释疑，以案释法，深入浅出，可谓匠心独具。该教材坚持正确的政治方向，紧盯最新的理论与实践成果，内容丰富，资料翔实，集理论性与实践性、学术性与资料性、基础性与前沿性于一体，具有很强的可读性。鉴于编写时间紧、任务重，环境司法领域本身仍存在不少争议性问题，书中内容存在漏误之处在所难免。但是瑕不掩瑜，该教材的问世，可为环境司法相关理论与实务工作者、学习者提供宝贵的书面材料，具有开创性意义。希望庆保编写团队能再接再厉，在不久的将来为我国环境司法事业的发展再立新功。

王灿发

2022 年 6 月 25 日于蓟门书屋

目　录

第一章　环境司法专门化

第一节　环境司法及其专门化概述

一、环境司法

(一)环境司法的概念与分类

因视角不同,学者们对环境司法的理解也略有不同。蔡守秋教授认为环境司法是指司法机关依据环境法律法规及其他有关法律的规定,对环境诉讼案件进行处理,以此来调整环境诉讼关系的司法活动的总称。[①] 该定义中,蔡教授明确了环境司法的主体、依据、客体、目的和性质等内容。曾睿博士认为环境司法是指与环境保护或环境纠纷有关的司法活动,即司法机关按照法律规定的职权及程序,惩处环境违法犯罪行为、解决与环境问题有关的矛盾或纠纷的过程。[②] 该定义中,曾博士强调了环境司法的主体、客体、内容、目的、性质等内容。

显然,环境司法是按案件所属纠纷领域所确定的一种司法类型,是指处理环境资源保护相关案件的一类司法活动。所谓环境司法,又称环境保护司法、环境资源司法、生态环境司法等,是指国家司法机关依照法定的职权和程序,运用法律处理生态环境资源保护相关的权益纠纷类案件或惩治生态环境资源保护相关的违法犯罪行为以维护公私合法环境权益所开展的一系列专门活动的总称。环境司法的主体主要是享有司法审判权的人民法院,在惩治环境相关的犯罪活动中还包括享有刑事侦查权的公安机关和刑事公诉权的检察机关;[③]环境司法的对象、内容和目的主要是解决相关的环境权益纠纷和惩罚环境相关违法犯罪行为,维护公私环境权益;环境司法既要依据相关的实体法,又要遵循相关的诉讼程序法;环境

---

① 参见蔡守秋主编:《环境法学教程》,科学出版社 2003 年版,第 181 ~ 189 页。

② 参见曾睿:《中国环境司法能动的现实障碍与实现路径》,载《河南财经政法大学学报》2014 年第 3 期。

③ 本书的环境司法内容主要为人民法院运用司法权处理环境资源案件的活动,较少涉及检察机关和公安机关运用刑事司法权处理环境资源犯罪的活动。

司法属于国家司法机关的一类专门性职能活动。按所处理的案件法律关系性质之不同,环境司法可以分为环境民事司法、环境行政司法、环境刑事司法、环境公益诉讼司法等。[①] 按纠纷所属领域,环境司法案件主要包括环境污染防治类案件、生态保护类案件、资源开发利用类案件、气候变化应对类案件、生态环境治理与服务类案件等六大类型。[②]

(二)环境司法的功能

从2018年修订的《人民法院组织法》[③]来看,我国司法的基本功能主要有以下几方面:(1)惩罚犯罪,保障人权。刑事司法主要是指国家司法机关动用必要的资源打击犯罪行为,同时避免误伤无辜者。惩罚犯罪和保障无罪的人不受刑事追究,是我国刑事司法的主要功能。自古以来,惩罚犯罪是刑事司法的基本功能,刑事司法还具有警示预防、教育转化、恢复的功能,现代法治社会更加强调其人权保障功能,即保障无辜者不受刑事追究。(2)解决社会纠纷,保护民事合法权益。一切有利益的地方都可能会产生社会纠纷,社会纠纷如果得不到及时化解,可能会冲击整体社会稳定。民事司法作为纠纷解决的国家机制,承担最终化解纠纷,保护民事合法权益,维护社会稳定的重任。当然,民事司法同样具有警示预防、教育、恢复的功能。(3)司法审查,监督行政。传统上,行政司法主要是为了解决行政纠纷,保护行政相对人的合法权益。现代法治社会更强调司法权对于行政权的监督和制约功能,司法机关通过当事人的诉请对行政行为的合法性与合理性开展司法审查,监督行政机关依法行政。(4)其他功能。除了以上惩戒犯罪、救济受害者、监督行政等基本功能外,现代司法还向政策形成、秩序维护、法律创制等更多领域渗透。[④]

2016年最高人民法院发布的《关于充分发挥审判职能作用为推进生态文明建设与绿色发展提供司法服务和保障的意见》,明确指出环境资源审判具有“救济环境权益、制约公共权力、终结矛盾纠纷和形成公共政策等方面的功能作用”。环境

---

① 2019年十三届全国人民代表大会二次会议所作的《关于最高人民检察院工作报告的决议》规定:“更好发挥人民检察院刑事、民事、行政、公益诉讼各项检察职能,为决胜全面建成小康社会提供更高水平司法保障”,公益诉讼检察成为检察机关所享有的与刑事、民事和行政检察相并列的一类检察职能。那么,我国司法也可以据此分为刑事、行政、民事和公益诉讼司法四大类型。

② 参见2021年最高人民法院发布的《环境资源案件类型与统计规范(试行)》。

③ 2018年修订的《人民法院组织法》第二条第二款规定:“人民法院通过审判刑事案件、民事案件、行政案件以及法律规定的其他案件,惩罚犯罪,保障无罪的人不受刑事追究,解决民事、行政纠纷,保护个人和组织的合法权益,监督行政机关依法行使职权,维护国家安全和社会秩序,维护社会公平正义,维护国家法制统一、尊严和权威,保障中国特色社会主义建设的顺利进行。”

④ 参见刘东生:《行政复议制度重构》,中国政法大学2006年博士学位论文,第57页。

司法除了具有以上司法的基本功能外，还具有一些特殊功能，一般认为环境司法具有以下特殊功能：(1)保护环境公益。惩罚环境犯罪当然也可以保护环境公益，但《刑法》分则中“破坏环境资源保护罪”归属于第六章“妨害社会管理秩序罪”之下，表明刑法对于环境犯罪的惩戒主要在于保护“社会管理秩序”这种抽象的法益。而此处的环境公益是指自然环境的生态服务功能或公众所共享的生态性利益，良好的自然环境本身是这种利益的载体。保护环境公益可以理解为就是保护生态环境。刑法对于环境公益的保护需要达到入罪的条件，而且多属于结果犯，而大量的破坏自然环境的行为难以达到入罪的条件，环境行政处罚也重在对环境违法行为人本身的制裁上，并非对生态环境损害提供救济。鉴于此，当下我国盛行的环境公益诉讼，其目的就在于弥补传统司法对于环境公益保护的不足，起到保护环境公益“最后防线”的功能。(2)形成环境治理公共政策。公共政策一般是指为解决公共治理问题，由立法和行政机关制定发布的规范、指导人们行动的法令、规划、指南等。司法机关一般不制定公共政策，但法官在具体案件的裁判过程中，需要对法律和行政法规确立的公共政策予以解释、细化，有时还需要对漏洞进行填补、强化，由此形成了以裁判要旨和司法解释为代表的裁判规则，进而对公共政策的完善和执行发挥重要的确认与补充作用，使现代司法具有了公共政策形成这一衍生功能。由于环境问题复杂且环境利益多元化，环境诉讼虽然直接面对着讼争纠纷的解决问题，但同时隐含着对各种与环境利益有关的社会关系的间接调整。环境诉讼产生的影响甚至改变既有的社会利益分配格局、相关产业的发展以及现实的或潜在的当事人的切身利益，为全体社会成员确立有关行为指南，甚至促进环境治理政策的制定与执行，推动环境法律的发展。环境司法的旨趣不仅是解决纠纷，更是应对国家环境政策保持高度敏感性，破除政府管制的封闭性和公众对抗式的环境利益诉求，在共识与沟通的基础上，推动环境司法坚持裁判尺度、治理政策与公众参与的统一。① 由此，环境司法就具有了明显的环境治理公共政策形成功能。环境司法的这种公共政策形成功能，是法院裁判功能的合理延伸，并不意味着司法的越权。当然，法院只能结合案件的审理以及司法解释的制定来推动相关环境治理公共政策的形成。从当前环境司法的现状来看，公共政策的形成主要体现在司法解释的制定和环境公益诉讼纠纷、新型环境权益纠纷以及其他复杂疑难环境资源案件的裁判之中。②

---

① 参见张文松：《从管制到合作：环境法合作原则下水污染治理模式的反思与重构》，载《中南大学学报(社会科学版)》2017 年第 1 期。

② 参见王旭光：《论环境资源司法的基本功能》，载《人民法院报》2015 年 9 月 9 日，第 8 版。

二、环境司法专门化

对于环境司法专门化的解读，国内研究者见仁见智，分别有二要素说、三要素说、四要素说和六要素说等不同学说。持二要素说者认为环境司法专门化包括审判机构、审判对象；[①]持三要素说者认为包括司法主体、司法程序、司法对象；[②]持四要素说者认为包括审判机构、审判程序、审判人员、审判对象，[③]另有持四要素说者认为包括司法主体、对象、程序、理念；[④]持六要素者认为包括司法组织、司法程序、司法机制、司法人员、司法理论等，[⑤]另有持六要素者认为包括审判机构、审判程序、审判人员、鉴定制度、判决执行等。[⑥] 最高人民法院副院长江必新则坚持了六要素说，认为环境审判专门化包括"审判机构、审判机制、审判程序、审判理论以及审判团队'五位一体'的专门化机制"[⑦]。就法院司法而言，其主要职责即为审判。

对于环境司法专门化的不同解读，反映出理论界与实务界对于环境司法专门化认识的不断深化。本书认为既然理论界与实务界对于环境司法专门化的认识尚未达到统一，那么，宜采最小公倍数的方法来概括环境司法专门化。所谓环境

---

① 如王树义认为："环境司法专门化是指国家或地方设置专门的审判机关，或者现有的人民法院在其内部设置专门的审判机构或组织对环境案件进行专项审理。"转引自邢捷：《生态安全视阈下环境警察的定位与实践问题思考》，载《环境保护》2018 年第 Z1 期。又如邓海林认为："环境司法专门化是指现有的人民法院在其内部设置专门的审判机构或组织对环境案件进行专项审理，而环境法庭便是我国环境司法专门化的具体体现。"参见邓海林：《我国环境司法专门化研究》，中南林业科技大学 2013 年硕士学位论文，第 7 页。

② 如于文轩教授认为："环境司法专门化的核心内容是环境司法主体的专门化、司法程序的专门化以及司法对象的专门化。"参见于文轩：《环境司法专门化视阈下环境法庭之检视与完善》，载《中国人口·资源与环境》2017 年第 8 期。

③ 如卢俊辉认为："环境司法专门化是指国家设立专门的环境纠纷审判机构，依据法定职权和程序，由专门人员独立审判各种环境纠纷案件的司法活动。"参见卢俊辉：《论我国环境司法专门化》，江西理工大学 2012 年硕士学位论文，第 5 页。又如，曹树青认为："环境司法专门化是指采用专门化的环保司法机构、专门化的制度设计来解决专门性的环境纠纷。"参见曹树青：《区域环境治理法律机制研究》，武汉大学 2012 年博士学位论文，第 139 页。张宝教授也认为："环境司法专门化……其内容包含了审判机构的专门化、诉讼程序的特别化以及审判人员的专业化。"参见张宝：《环境司法专门化的建构路径》，载《郑州大学学报(哲学社会科学版)》2014 年第 6 期。当然，审判对象的专门化是不言而喻的，是本书编者补充上去的。

④ 参见峥嵘：《环境司法专门化的困境与出路》，载《甘肃政法学院学报》2014 年第 4 期；宋宗宇、郭金虎：《环境司法专门化的构成要素与实现路径》，载《法学杂志》2017 年第 7 期。

⑤ 参见蔡守秋：《当代环境司法的新进展》，载《人民法治》2018 年第 4 期。同样应该包含司法对象的专门化，为编者所补加而为六要素说。

⑥ 参见王运慧：《"三权分置"视角下农地生态风险的司法应对》，载《行政科学论坛》2017 年第 9 期。其实，审判对象专门化这一要素是暗含其中的。

⑦ 参见罗书臻：《第一次全国法院环境资源审判工作会议召开》，载中国法院网，https://www.chinacourt.org/article/detail/2015/11/id/1742578.shtml。其实，审判对象专门化这一要素是暗含其中的。

司法专门化，就是为了更好地维护公私环境权益和惩治环境违法犯罪行为，相对于常规案件的司法而言，对于环境资源类案件开展专门性司法，由专门配置的司法机构（组织）和人员来办理环境类案件的活动，包括司法主体（机构和人员）、司法对象、司法程序、司法机制、司法理念、司法理论、证据制度、裁判执行等一系列要素的专门化或专业化。

三、国外环境司法专门化实践

（一）环境法庭产生的背景①

20 世纪 70 年代以来，一些国家和地区环境纠纷呈急剧上升之势，传统法院审理环境纠纷时面临许多挑战，需要专门训练的人才来解决环境纠纷。同时，环境立法日益完备，体系庞大，内容复杂，环境司法和执法需要统一标准尺度。当然，公正及时地保护环境权益则是环境法庭产生的直接动因。随着大量专门审理环境纠纷的机构的涌现，环境司法专门化渐成趋势，至 2009 年环境专门审判机构已达 300 多个。建立环境法庭的目的不仅在于应付环境案件增加、环境纠纷专业性强的难题，也是解决环境诉讼门槛高、耗时长、成本高等问题。

（二）环境专门审判机构类别

国外环境专门审判机构分为两大类，第一类设在法院系统内，性质属于司法机构。这类机构又分为三种：一是独立的环境法院，如澳大利亚新南威尔士州的土地与环境法院及美国佛蒙特环境法院；二是在法院内部设立的环境法庭，如菲律宾在全国法院系统内设立的 100 多个绿色法庭以及泰国在最高法院设立的环境法庭等；三是在法院内设立的较为固定的环保合议庭甚至是专门的环境法官。第二类设在行政系统内，属于行政机构，如美国环保署内设有行政法院专门审理环境行政纠纷案件。

澳大利亚新南威尔士州的土地与环境法院是世界第一家环境法院，该法院于 1980 年开始运作，其目标主要有两个：一是使土地和环境案件的审理合理化和专业化；二是为环境、规划和土地案件提供“一站式”处理。1990 年创立的佛蒙特环境法院，是美国最早也是目前唯一的环境法院。2008 年 1 月，菲律宾最高法院指定了 117 个法庭为“绿色法庭”，审理全国的环境违法和环境执行案件，这些法庭仍然隶属于普通法院系统，审理环境案件是附加指定的管辖权。

---

① 李挚萍教授对于国外环境司法专门化，特别是环境法庭的实践介绍较为全面，在学界影响较大，以下内容主要是根据她的研究所做的整理介绍。参见李挚萍：《外国环境司法专门化的经验及挑战》，载《法学杂志》2012 年第 11 期。

（三）主要实践特色

1. 案件管辖权的专属性

环境司法专门化存在两种情形：一是先分后合，环境案件在基层法院由环境法庭初审，在上诉案件又回归到普通法院审理。如佛蒙特环境法院受理的案件属于初审案件，对于该院判决不服而上诉的案件都归入州的最高法院。二是先合后分，环境案件在基层法院不同的法庭初审，上诉到中级甚至高级法院时再由环境法庭审理。环境法庭的受案事项范围具有专门性和专属性，不同国家的环境法庭的受案范围有很大不同，一些环境法庭只受理很专业的案件，如环境影响评价案件。大部分的环境法庭具有合并的审判权，集多种性质的案件，如环境民事、行政、刑事案件的审判权于一身，有的还集审判权、执行权于一身。大部分法庭对于行政决定有实质审理权，因此对政府的决策具有重大影响。

2. 案件审理的专业化

环境案件具有很强的专业性，解决环境纠纷的人需要具备大量的专门知识，各国在解决此问题时，各有特色。部分国家在选派环境法庭法官时，会考虑他们的知识背景和从业经历。如美国佛蒙特环境法院任命的法官需要具有环境科学知识背景。许多国家都重视对环境法官的培训，印度尼西亚和菲律宾都要求只有受过专门环境法及相关知识训练的法官才有资格审理环境案件。为了提升法庭处理专业问题的能力，一些环境法庭，如澳大利亚新南威尔士州土地与环境法院在法院内部配备了自己的环境专家。但大部分环境法庭无法长期负担固定的内部专家队伍，只能选择依靠行政机关、检控机构、独立科研机构等外部专家，从不同的方面获取专家支持。

3. 案件审理方式多元化

由于环境案件的复杂性、昂贵性，环境法庭往往认为采用替代性纠纷解决机制（ADR）是加快案件处理进度、降低诉讼成本的有效途径。替代性纠纷解决机制包括调解、调停、谈判、仲裁、中立评估、事实调查等。

（四）经验与挑战

总结国外环境司法专门化，大致有如下成功经验：提供充足的经费及人员保障，对法官进行持续的专业培训，加强法官能力建设；制定明确的程序规则，保障案件的审理公平、公开、高效、便利及可负担；保障技术及其他方面专家参与诉讼和决策；广泛引入非诉讼纠纷解决机制；完善法院案件管理制度，提高案件审理的质量和速度；采取适当措施支持帮助受害者进行诉讼；对外宣传环境法庭的存在及运作制度。当然，环境法院（法庭）的出现也提供了一个环境法制创新的平台，法院针对具体案件所作出的司法能动，丰富了环境法的实践，也为环境法理论的发展提供了重要支撑。

除了少数几个环境法院如美国佛蒙特环境法院和澳大利亚新南威尔士土地和环境法院发展已经较成熟外，大部分的环境法庭都面临着诸多困难和挑战，如正当性未得到充分论证及支持，地位不稳；诉讼成本高昂的问题仍然制约其发展；专家和专业支持不足仍然普遍存在等。这也给那些反对建立环境法庭的人提供了口实，认为环境法庭会带来许多新的问题，如创立一个新的机构必须增加额外的预算，导致原已匮乏的司法资源更紧缺；将环境案件与其他案件分开易导致司法碎片化，使法官孤立于主流法律事务，受社会的关注更少，参与审理环境纠纷的合格法官更少；环境案件的数量不足会导致环境法庭的维持成本过高；环境纠纷综合性强，环境案件的范围界定不容易；环境法庭的倾向性较强，使社会担心它在经济与环境事务上不能保持中立；环保法官的职业发展和升迁受到影响等。

第二节 我国环境司法专门化改革的理论与实践

一、环境司法专门化改革的必要性与可行性

对于环境司法专门化改革的必要性，学界虽仁智互见，但可归结于环境案件司法的特殊需求，只是人们对于这特殊需求是什么有不同的认识。蔡守秋教授认为环境纠纷案件的增长、实现历史性环境保护转变、深化审判体制改革等需要建立环境法院(庭)。① 王灿发教授认为，我国环境司法专门化的必要性源于应对常规案件的审判机制在处理环境案件的缺陷上，如影响环境案件的受理、不能适应环境案件审判的特点、背离环境司法的目的等。② 王树义教授从环境司法服务的便捷化、环境案件的增加、有效解决环境纠纷、正确执行环境法律、减少环境群体性事件的发生等方面考察了环境司法专门化的原因。③ 张宝教授认为，环境司法专门化在于回应环境问题的特殊性，如回应环境问题的交互性、扩散性、复杂与不确定特征等。④ 宋宗宇教授等认为环境司法专门化的理论支点在于环境案件的专业性，如受理机构与受害人的不确定性、案件审理需要极强的科学理性与法律理

---

① 参见蔡守秋：《关于建立环境法院(庭)的构想》，载《东方法学》2009 年第 5 期。

② See Wang Camfa & Wang Hao, *The Specialized Reform of Environmental Justice in Chna*, China Legal Science, Vol 1:04, 2013.

③ 参见王树义：《论生态文明建设与环境司法改革》，载《中国法学》2014 年第 3 期。

④ 参见张宝：《环境司法专门化的建构路径》，载《郑州大学学报(哲学社会科学版)》2014 年第 6 期。

性的融合、案件执行结果考验着司法的价值追求等。[①] 张璐教授认为，环境司法专门化的内生动因在于司法权对生态利益诉求实现所引发的错综复杂的利益冲突和利益格局调整进行判断和衡量。[②] 学者们对于我国环境司法专门化存在的必要性进行了大量的理论挖掘，表明我国环境司法专门化非常有必要。但本书认为，就目前而言，这些理论观点虽然有力地论证了我国环境司法专门化确有必要性，仍不足以充分支撑我国必须实行环境司法专门化，即其充分性仍待进一步地挖掘。否则，仍不免让人感觉，当前我国环境司法专门化“具有一定的应急性、功利性甚至是运动性的特征，其并非立足于环境法实践的自身需求而水到渠成，而更体现为一种形势需要，甚至在发展过程中裹挟了政治部署、地方政府及人民法院的政绩需要等因素”[③]。

环境司法专门化的可行性即当前开展环境司法专门化所具备的理论上与现实上的条件。学界对于环境司法专门化的可行性之关注相较于其必要性的关注明显不足。蔡守秋教授从法条依据和国内外实践经验层面考察了设立专门环境法院的可行性。[④] 黄辉教授则从环境案件数量、环境案件的特定化与专业性特点、满足环境诉讼的特殊程序要求、现行法律规定等方面论述了设立环境保护专门审判组织的可行性。[⑤] 当前学界关于环境司法专门化可行性探讨多停留在环境审判组织专门化上，环境司法专门化其他要素则没有涉及或较少涉及，显然，关于环境司法专门化可行性的论述亟待理论与实务界进一步努力完成。

二、我国环境司法专门化改革实践

（一）从试点到示范到专门审判组织体系基本形成

中国经济的快速增长，因环境问题引发的社会矛盾纠纷日益增多。2005 年前后，各类环境矛盾冲突集中暴发，不断出现的儿童血铅、砷中毒、镉大米事件触目惊心，人们不仅看到了环境污染的严重后果，而且也感受到受害人群的权利迫切需要救济。通过环境司法手段解决环境纠纷、预防环境污染和生态破坏成为必然选择，环保法庭应运而生。

从 2007 年到 2010 年，以一些地方法院成立环保法庭为标志，环境司法主要处于个别地方的探索阶段，“个性鲜明”且主要出现在中级法院和基层法院。这些最初设立的环保法庭，有两个明显特点：第一，当地发生的重大环境污染事件是直接

① 参见宋宗宇、郭金虎：《环境司法专门化的构成要素与实现路径》，载《法学杂志》2017 年第 7 期。

② 参见张璐：《环境司法专门化中的利益识别与利益衡量》，载《环球法律评论》2018 年第 5 期。

③ 张璐：《环境司法专门化中的利益识别与利益衡量》，载《环球法律评论》2018 年第 5 期。

④ 参见蔡守秋：《关于建立环境法院（庭）的构想》，载《东方法学》2009 年第 5 期。

⑤ 参见黄辉：《设立环境保护专门审判组织的理论思考》，载《东南学术》2010 年第 5 期。

诱因，以较早成立环保法庭的几个中级法院为例，贵阳是因为作为贵阳市饮用水源的“两湖一库”被严重污染，无锡是因为太湖蓝藻事件，昆明和玉溪是因为滇池污染和阳宗海污染；第二，地方领导人的重视是各地设立环保法庭的重要推力，设立专门审判机构涉及各方面的问题，法院自身很难实现，贵阳、无锡及昆明、玉溪等都得到了当地主要领导人的高度重视，直接推动。从2010年以最高人民法院出台相关司法文件为转折点，环境法庭开始在省级法院设立，环境司法呈现从“试点”到“示范”的态势。2010年，最高人民法院发布《关于为加快经济发展方式转变提供司法保障和服务的若干意见》，提出“在环境保护纠纷案件数量较多的法院可以设立环保法庭，实行环境保护案件专业化审判，提高环境保护司法水平”。对于各级法院在宪法和法律的框架内，积极探索设立专门环境审判组织、受理环境公益诉讼案件，起到了推动作用。一些地方在省法院直接设立环境保护审判庭或合议庭并在全省范围内推动环境司法专门化工作，如海南省高级人民法院、福建省高级人民法院等。2014年，最高人民法院环境资源审判庭宣告成立，并发布了《关于全面加强环境资源审判工作为推进生态文明建设提供有力司法保障的意见》，标志着环境审判专门化进入了一个全新的历史时期。① 从2007年10月我国成立第一座环境法庭——贵阳市清镇环保法庭开始，至2021年12月，全国共设立环境资源专门审判机构2149个，②，包括环境资源庭、合议庭、人民法庭、巡回法庭等，我国基本形成专门化的环境资源审判组织体系。

与此同时，各级人民法院也加强环境司法专门审判队伍能力建设，加大环境资源审判法官培训力度，创新培训内容和方式。为更好应对环境资源审判中的专业性、复杂性，各级人民法院在建立环境资源审判专家库基础上，进一步推进审判支持队伍建设，建立多领域、广覆盖专家遴选和动态调整机制。2020年，最高人民法院提出了组建专家库、专家咨询委员会的要求，明确了在评估、鉴定、修复方案确定、专业事实查明等事项中充分发挥专家辅助人、专家陪审员、技术调查官的作用。

（二）专门化环境司法制度逐步健全

在此期间，我国专门化环境司法制度（包括审判、检察、侦查、法律监督等制度，涉及专门的环境司法规则、程序和机制）和协同环境司法机制（包括审判机制、检察机制、侦查机制、法律监督机制专门化在内的整个司法机制专门化）逐步健

---

① 参见吕忠梅：《环境司法专门化的回顾与展望》，载《中国审判》2014年第8期。

② 参见刘泽：《最高法发布〈中国环境资源审判（2021）〉》，载中华人民共和国最高人民法院官网2022年6月5日，https://www.court.gov.cn/zixun-xiangqing-361291.html。

全、持续推进,其中主要标志是专业化环境审判制度(包括专门的环境审判规则、程序和机制)和审判机制专门化的形成和发展。在环境资源案件专业化审理、归口审理方面,实践中相继出现了环境资源民事、行政案件"二合一"归口审理模式,环境资源刑事、民事、行政案件"三合一"归口审理模式和刑事、民事、行政审判以及公益诉讼案件执行"三加一"归口审理模式。在环境资源案件集中管辖方面,最高人民法院着力推进京津冀、三江源、长江流域等重点区域环境资源案件管辖制度改革。各级人民法院按照"四五"改革纲要部署,对跨行政区划的环境污染、生态破坏案件,大力推进环境资源案件管辖制度改革,积极探索环境资源案件集中管辖模式。在构建环境资源案件的协同审判机制方面,协同审判机制初步形成。按照2016年最高人民法院发布的《关于充分发挥审判职能作用为推进生态文明建设与绿色发展提供司法服务和保障的意见》,各级人民法院积极探索构建刑事、民事、行政审判和立案、执行等业务部门既分工负责又紧密配合的协同审判工作机制;科学界定各审判业务部门审理环境资源案件的职责分工,确定环境资源专门审判机构的职责范围,发挥其专门化研究、协调和指导作用,强化环境资源立案、审判和执行机构之间,刑事、民事和行政三大审判之间的相互配合。①

(三)中国特色的环境公益诉讼制度得以创立发展

我国《环境保护法》《民事诉讼法》《行政诉讼法》等实体与程序法律相继修订并对开展环境民事公益诉讼和环境行政公益诉讼作出明确规定。最高人民法院和最高人民检察院相继颁布司法解释,对推进环境公益诉讼作出具体规定和解释。环境公益诉讼制度在法律上得以确立。我国环境公益诉讼中的生态环境损害是典型的对环境公益的损害,具有鲜明的中国特色。2017年中共中央办公厅、国务院办公厅印发的《生态环境损害赔偿制度改革方案》明确指出:"本方案所称生态环境损害,是指因污染环境、破坏生态造成大气、地表水、地下水、土壤、森林等环境要素和植物、动物、微生物等生物要素的不利改变,以及上述要素构成的生态系统功能退化。""涉及人身伤害、个人和集体财产损失要求赔偿的,适用侵权责任法等法律规定",即"不适用本方案"。目前,我国能够提起环境公益诉讼的主体包括国家和法律规定的机关、社会组织。国家和法律规定的机关主要指检察机关,省级、市地级人民政府及其指定的相关部门、机构,或者受国务院委托行使全民所有自然资源资产所有权的部门;社会组织是指符合《环境保护法》第五十八条规定的社会组织。自2015年全国人民代表大会常务委员会《关于授权最高人民检察院在部分地区开展公益诉讼试点工作的决定》发布以来,检察机关已经发展

---

① 参见蔡守秋:《当代环境司法的新进展》,载《人民法治》2018年第4期。

为推动我国环境公益诉讼的主导力量。①

（四）环境资源案件统计标准得以确定

环境司法专门化的前提是要确保司法所需的环境资源类案源稳定。哪些案件可以归为环境资源类案件？过去，由于将环境案件限定于环境污染侵权责任纠纷，加上环境案件的分散管辖，导致不少环境法庭在实践中缺少案源而“无米下锅”。2021年，最高人民法院发布《环境资源案件类型与统计规范（试行）》，使这一问题有了初步解答。根据该司法文件，环境资源案件被划分为环境污染防治、生态保护、资源开发利用、气候变化应对、生态环境治理与服务等五大类型，每一大类下面又划分为若干子类型。显然，该司法文件将大大扩展环境案件的范围，再加上一些类型的环境案件采用集中管辖，那些“等米下锅”的环境法庭所面临的案源窘境有机会得到缓解。

三、挑战与对策

以上国外环境司法专门化实践中面临的问题，当前我国也或多或少地存在。横向比较，我国的环境司法专门化具有鲜明的中国特色，在世界范围内可谓专门化比较坚定和彻底的国家，取得了较大的成就。但是，时至今日，我国环境司法机制尚未建立健全。首先，环境案件审判一体化机制尚未建立。环境侵权行为与传统民事侵权行为不是特殊行为与一般行为的关系，是具有本质上不同的两类侵权行为，对环境权益的救济必须有专门程序。但在现实中，环境案件的审理仍拘泥于现行程序法的约束，沿用三大诉讼分离模式，弊端明显。虽然一些地方法院在环保法庭采取了“三合一”或“二合一”的方式，但主要目的还是为环保法庭找案源，仅仅只是解决了环境案件的管辖问题，并没有从根本上解决一个环境污染和破坏行为可能同时违反行政管理规范、民事规范，需要在纠纷解决机制中赋予法官对行政行为、民事行为同时作出判断的问题。因此，需要建立环境案件审判一体化机制，既解决案件统一管辖问题，又满足环境案件审理的特别程序需求。其次，环保法庭的功能与设立标准有待明确。我国幅员辽阔，经济社会发展情况和环境保护水平存在显著的地区差异，法院、法官的条件和素质也差别甚大。环境纠纷的产生具有跨行政区域、跨时空距离的特性，导致严重的环境污染与生态破坏与地方保护主义难脱干系。在这样的情况下，如何根据环境纠纷特性以及中国现阶段环境保护工作的现实，明确环保法庭的功能、考虑环保法庭的设置标准就显得十分迫切与必要。因此，既不能在各级法院普遍设立环保法庭，也不应该仅仅按照行政区划设立环保法庭，要充分利用现有的海事法院、铁路法院等专门法

---

① 参见蔡守秋：《当代环境司法的新进展》，载《人民法治》2018年第4期。

院，探索建立跨行政区域的环保法庭；同时，也要对各地方的环保法庭按照标准进行规范。最后，环境审判权运行机制有待完善。目前，现有环保法庭案件数量少、运行不顺畅的现象较为普遍，这固然与地方保护行政干预、法官素质有关，但环境案件界定不清、审判权运行机制不明也是重大原因。因此，应通过对现有环保法庭审判权运行过程的深入分析，研究确定环保法庭的受案范围、案件类型、案由、立案标准、案件统计方式、法官遴选条件、考核方式等内容，结合司法改革进程，优化环境审判资源配置方案，保障环境审判权有效运行。①

在总体方向，中国共产党第十八次全国代表大会报告把生态文明建设列入建设中国特色社会主义事业“五位一体”的总布局之中。2013 年通过的《中共中央关于全面深化改革若干重大问题的决定》指出：“建设生态文明，必须建立系统完整的生态文明制度体系，实行最严格的源头保护制度、损害赔偿制度、责任追究制度，完善环境治理和生态修复制度，用制度保护生态环境。”显然，最严格的制度、最严密的法治是习近平生态文明思想在环境法治中的重要体现。最严格的制度、最严密的法治不仅体现在生态环境立法上，还体现在生态环境执法、司法和守法等环境治理体系建设的各个环节。2020 年，中共中央办公厅、国务院办公厅印发《关于构建现代环境治理体系的指导意见》，针对现代环境治理体系中的司法保障提出以下意见：建立生态环境保护综合行政执法机关、公安机关、检察机关、审判机关信息共享、案情通报、案件移送制度；强化对破坏生态环境违法犯罪行为的查处侦办，加大对破坏生态环境案件起诉力度，加强检察机关提起生态环境公益诉讼工作；在高级人民法院和具备条件的中基层人民法院调整设立专门的环境审判机构，统一涉生态环境案件的受案范围、审理程序等；探索建立“恢复性司法实践＋社会化综合治理”审判结果执行机制。以上决定和意见为新时代加快我国环境司法专门化的发展提供了重要的政策指引。

“十四五”期间，在我国环境司法专门化体系基本建成的基础上，应继续补短板、强弱项、增活力、上水平，完善和健全环境司法专门化体系。为此，首先应坚持环境司法专门化道路不松懈。持续优化专门组织体系机构，夯实环境司法专门化基础；不断完善环境司法机制，健全环境司法专门化程序；继续强化环境司法协作机制，健全环境司法专门化体系。其次，坚定环境审判专业化方向不偏离。加强《民法典》实施中的环境资源审判研究，推动形成民法与环境法有机结合的司法解释与法律适用规则体系；完善环境行政案件审判规则，建构行政行为合理性审查的绿色标准；优化环境刑事审判规则，强化刑事预防功能，精准打击环境刑事犯

---

① 参见吕忠梅：《环境司法专门化的回顾与展望》，载《中国审判》2014 年第 8 期。

罪;健全环境公益诉讼和生态环境损害赔偿诉讼规则,完善中国特色司法制度;高度重视新型环境案件,更好发挥环境司法的政策形成功能。[①]

第三节　环境司法理念专门化

一、对环境司法理念的认识分歧

环境司法专门化的一个要素是环境司法理念专门化,那么专门化的环境司法理念有哪些？理论界与实务界见仁见智。王树义教授认为环境司法理念有二:法院不得拒绝受理环境案件和保护社会环境公共利益。[②] 郭武教授认为,环境司法应充分体现预防性司法理念、恢复性司法理念、判决优先理念等。[③] 吕忠梅教授认为应将节约优先、保护优先、自然恢复为主的方针转化为环境司法理念。[④] 李明义法官认为中国特色的环境司法理念应包括以人民为中心、服务国家污染防治战略、准确把握发展与保护的关系、最严格执法、遵循山水林田湖草系统保护、人与自然和谐共生的理念。[⑤] 2021 年,最高人民法院发布《环境资源案件类型与统计规范(试行)》明确指出,环境资源案件的审理“均应贯彻绿色原则,体现生态环境保护优先和资源可持续利用的价值追求,遵循预防为主、损害担责、注重修复等环境资源司法理念”。这是最高人民法院首次以官方文件的形式明确了环境司法原则和理念。该司法文件针对不同类型的环境资源案件,分别明确了其审理应遵循具体的环境司法原则和理念。例如,审理生态保护类案件,要坚持保护优先与合理开发并重的原则,坚守生态保护红线,贯彻修复性、系统保护理念等。本书认为,学界与实务界对于环境司法专门化理念的解读之所以不同,原因可能有很多,大致可以归为两点:一是对于理念、法理念、司法理念这一组概念有不同理解;二是对于环境司法理念所指有不同认识。

二、理念之本原含义

在西方哲学史上,“理念”一词最先由柏拉图提出,意指一哲学范畴。柏拉图

---

① 参见吕忠梅:《我国环境司法 2020 年总体观察》,载微信公众号“中国法律评论”2021 年 6 月 21 日,https://mp. weixin. qq. com/s/ - gecouiQSVRg6vDvtGh7sQ。

② 参见王树义:《论生态文明建设与环境司法改革》,载《中国法学》2014 年第 3 期。

③ 参见郭武:《论环境行政与环境司法联动的中国模式》,载《法学评论》2017 年第 2 期。

④ 参见吕忠梅:《习近平新时代中国特色社会主义生态法治思想研究》,载《江汉论坛》2018 年第 1 期。

⑤ 参见李德超:《生态文明　绿色发展——中国生态文明论坛南宁年会举行》,载《环境监察》2018 年第 12 期。

在《国家篇》最后一卷的一篇序言里指出:“凡是若干个体有着一个共同名字的,它们有着一个共同的‘理念’或‘形式’。”柏氏的“理念”被理解为:“一种理想的永恒的、精神性的普遍范型。”[①]在哲学史上,“理念”意味着超感性事物的原型,“观念”意味着感觉表象,二者并不相同。[②] 在中国古代哲学上,与“理念”含义相近的是“道”“太极”“理”,即所谓的“世界本源”或“客观精神”。[③] 后来,“理念”一词的含义逐渐发生了异化。据称“理念”一词在我国台湾地区是“道理”“观念”两词合用后简化而成,但其词义并不是原组成词词义的简单合并,而是在原词的基础上加以引申、变异,使词的外延增大,含义更广,成为泛指词,导致其指事的准确性、分明性比专指词差。[④] 而《现代汉语词典》(第 7 版)对其解释为:“信念、思想或观念。”这就能解释为何一谈到“理念”,人们总是能提出很多解读,原因是今“理念”已非专指柏拉图之彼“理念”,而被泛指“信念、思想或观念”。这种对“理念”一词的泛用,导致人们之间分歧的增多,在讲求信息交流效率的当下实不可取。因此,“理念”一词有必要回归本原,专指“一定世界观之下的某种基本观念、立场和追求”[⑤]。理念不再泛指信念、思想或观念,而是专指关于事物或现象认识的某种基本观念、立场或追求。

三、法理念具有多层次性

那么,法理念是什么?我国法理学界这个问题的认识似乎较为统一。法理念,即法律理念,一般是指对法的应然规定性的、理性的、基本的认识和追求。从学术角度看,它是法及其适用的最高原理;从实践看,它是社会成员及立法、执法或司法者对待法的基本立场、态度、倾向和最高行为准则。因此,法理念是指法的主观理念,是人们对法的应然规定性的主观反映。就法这一社会现象或事物本身而言,法的最高理念应当是公平正义及其实现。法的理念具有层次性,有总体和部分,抽象和具体之分,因此,法理念又表现为多元性。[⑥] 那么,司法理念相对于法理念又有何差异?司法就是适用法律解决具体的案件,司法并无自身的理念,只能贯彻或体现法理念。因此,司法的根本或最高理念也应当是实现公平正义。法理念有层次性,不同的部门法也有自身独特而具体的法理念,当某类案件司法所

---

① 中国大百科全书总编辑委员会《哲学》编辑委员会、中国大百科全书出版社编辑部编:《中国大百科全书·哲学·Ⅱ》,中国大百科全书出版社 1987 年版,第 465 页。

② 参见张忠平:《关于理念的几个问题》,载《江淮论坛》1989 年第 2 期。

③ 张忠平:《关于理念的几个问题》,载《江淮论坛》1989 年第 2 期。

④ 参见黄国春:《台湾词汇流行大陆的探考》,载《广西民族学院学报(哲学社会科学版)》2003 年第 S1 期。

⑤ 史际春、李青山:《论经济法的理念》,载《华东政法学院学报》2003 年第 2 期。

⑥ 参见史际春、李青山:《论经济法的理念》,载《华东政法学院学报》2003 年第 2 期。

适用的法律有自身独特的理念时，此类案件的司法也表现出独特的法理念，即所谓该类案件的司法理念。换句话说，具体的司法理念取决于所适用法律的具体理念。环境司法的最高理念就是实现公平正义，而环境司法的具体理念则体现在所适用的环境法律应具有的法理念中。

四、环境司法理念之界说

那么，环境法应具有哪些理念？学界也是众说纷纭。汪劲教授认为现代环境法的理念应是生态利益中心主义或生态利益优先。[①] 汪教授又认为环境法基本原则是环境法基本理念在环境法上的具体体现。[②] 周辉等认为环境法理念包括但不限于：可持续发展、环境秩序、环境安全、环境正义。[③] 白平则教授认为"污染者治理、破坏者恢复、开发者保护"是环境法的原则和基本理念。[④] 崔建远教授认为，环境法应具有"完全救济受害人"和"回复原状"的理念。[⑤] 马骏驹教授等认为可持续发展原则就是环境法的核心理念。[⑥] 蔡守秋教授认为环境法基本理念应包括：生态（环境）正义的理念；生态（环境）公平（包括代内公平、代际公平、种际公平和区际公平）的理念；生态秩序（包括维护生态安全和生态平衡）的理念；生态基础制约或环境承载力有限的理念；热爱自然、尊敬生命和保护环境的理念；人与自然和谐相处、人与人和谐相处的原则和理念等。[⑦] 巩固教授认为环境公益论实为现代环境法的基本理念。[⑧] 陈德敏教授认为环境安全是现代环境法重要的价值理念。[⑨] 柯坚教授认为污染者负担原则已成为环境法的核心理念。[⑩] 李启家教授认为环境法应当奉行"统筹"、"兼顾"和"双赢"的衡平理念。[⑪] 竺效教授等认为环境法应践行绿色发展理念。[⑫] 吕忠梅教授认为，"预防为主、防治结合"既是环境法

---

① 参见金瑞林：《〈环境法律的理念与价值追求——环境立法目的论〉序》，载《环境保护》2000 年第 9 期。

② 参见汪劲：《环境法学》（第 2 版），北京大学出版社 2014 年版，第 99 页。

③ 参见周辉、陈泉生：《环境法理念初探》，载《时代法学》2004 年第 2 期。

④ 参见白平则：《论公司的环境责任》，载《山西师大学报（社会科学版）》2004 年第 2 期。

⑤ 参见崔建远：《关于恢复原状、返还财产的辨析》，载《当代法学》2005 年第 1 期。

⑥ 参见马俊驹、龚向前：《论能源法的变革》，载《中国法学》2007 年第 3 期。

⑦ 参见蔡守秋：《完善我国环境法律体系的战略构想》，载《广东社会科学》2008 年第 2 期。

⑧ 参见巩固：《政府环境责任理论基础探析》，载《中国地质大学学报（社会科学版）》2008 年第 2 期。

⑨ 参见陈德敏：《环境法原理专论》，法律出版社 2008 年版，第 16 页。

⑩ 参见柯坚：《论污染者负担原则的嬗变》，载《法学评论》2010 年第 6 期。

⑪ 参见李启家：《环境法领域利益冲突的识别与衡平》，载《法学评论》2015 年第 6 期。

⑫ 参见竺效、丁霖：《绿色发展理念与环境立法创新》，载《法制与社会发展》2016 年第 2 期。

的原则也是其理念。[1] 考察以上诸学者关于环境法理念的解读,可以发现有以下几个特点:一是环境法理念涉及环境公平、正义、安全、秩序等一般性的法理念,也是环境法作为法所共有的理念;二是认为环境法基本原则是环境法基本理念的体现;三是对环境法理念有核心(或最重要的)理念、基本理念、普通理念的层次性划分;四是环境法理念在抽象程度上有所区别,有的表现为理论,有的表现为原则,有的表现为道德准则,有的表现为责任方式等。

本书认为,环境法主要是为了应对和解决环境问题的挑战而发展兴起的,因此,环境法的核心理念应从如何在根本上解决环境问题的立场中来寻找。马克思主义经典作家认为人与自然界是以劳动实践为基础的内在统一的关系。马克思指出:“人靠自然界生活。……人是自然界的一部分。”[2]一方面,人是自然界的产物,自然界是人存在和发展的物质前提;另一方面,自然环境与资源是人类劳动的对象。只有持续正常地实现与自然界的物质变换,[3]人类才能持续发展下去。马克思指出:“劳动首先是人和自然之间的过程,是人以自身的活动来中介、调整和控制人和自然之间的物质变换的过程。”[4]环境问题根源于人类活动违背自然规律,人与自然间的正常的物质变换过程被扰乱。人类进入资本主义社会之后,为了满足对剩余价值的追求,资本家将一切环境资源物化为生产原料,只关注其经济效益而无视其环境效益,必然打破自然界运作的生态规则,人类与自然界的物质变换过程超出了自然界的实际承载能力,扰乱了自然界物质和能量的正常循环,引发了人类与自然界的对立与异化。因此,环境问题的解决方向是很明确的,即人类活动要遵循自然规律,维护人与自然间的正常的物质变换过程。在如何实现合理调节物质变换上,马克思、恩格斯也提出了一些基本思路,如人类应作为好家长将改良的土地世代相传;依靠科学技术保护环境和实行循环经济;控制人口过快增长,协调人口与生产生活资料的关系;实现城乡融合以减少污染等。这些思想今天看来仍是远见卓识。我们的环保事业应坚持以马克思主义环境资源观为指导,在环境立法上应秉持人与自然内在统一、尊重自然规律、避免扰乱人与自然间正常的物质能量交换过程的理念,这些理念应作为环境法的核心理念。以此为基础,可持续发展、协调发展、绿色发展、循环经济、预防为主、生态修复、生态文

---

① 参见吕忠梅:《环境司法理性不能止于“天价”赔偿:泰州环境公益诉讼案评析》,载《中国法学》2016年第3期。

② 《马克思恩格斯文集》(第1卷),人民出版社2009年版,第161页。

③ “物质变换”是一个生态学上的概念,指生物与自然环境之间所进行的以物质、能量和信息交换为基本内容的有机联系。

④ 《马克思恩格斯文集》(第5卷),人民出版社2009年版,第207~208页。

明、区域协同整体保护等应成为环境法的基本理念。而环境法的下位法或单行法还可以有相应的普通理念,比如污染防治法应坚持损害担责、注重修复的理念等。总之,环境法的理念应是多元且成体系的,由此环境司法的理念也应是多元且成体系的。在2015年召开的第一次全国法院环境资源审判工作会议上,最高人民法院副院长江必新指出,保护优先、维护环境权益、预防和惩治并重、绿色惠民、保障公众参等都属于现代环境司法理念。① 2020年,最高人民法院指出长江流域生态文明建设与绿色发展的四大基本司法理念为:遵循自然规律、保护优先、绿色发展、区域协同等。②

第四节　环境司法专门化中的案件管辖

所谓环境司法专门化中的案件管辖,是指在当前我国环境司法专门化的背景下,为环境案件的司法管辖权所作的相对于一般案件而言的专门性规定。综合起来,我国环境类案件初审管辖权设置有以下几种特殊情况。

一、海事法院专属管辖

(一)有关海洋船舶油污损害赔偿纠纷案件的管辖

根据2011年通过的最高人民法院《关于审理船舶油污损害赔偿纠纷案件若干问题的规定》:"当事人就油轮装载持久性油类造成的油污损害提起诉讼、申请设立油污损害赔偿责任限制基金,由船舶油污事故发生地海事法院管辖。油轮装载持久性油类引起的船舶油污事故,发生在中华人民共和国领域和管辖的其他海域外,对中华人民共和国领域和管辖的其他海域造成油污损害或者形成油污损害威胁,当事人就船舶油污事故造成的损害提起诉讼、申请设立油污损害赔偿责任限制基金,由油污损害结果地或者采取预防油污措施地海事法院管辖。"油污损害提起诉讼、申请设立油污损害赔偿责任限制基金的案件,由船舶油污事故发生地海事法院管辖;在域外发生船舶油污事故,对我国管领的区域造成损害或损害威胁而发起的船舶油污损害赔偿纠纷案件,由油污损害结果地或者采取预防油污措施地海事法院管辖。以上一般认为是针对油污损害提起私益诉讼案件的管辖权

① 参见罗书臻:《第一次全国法院环境资源审判工作会议召开》,载中国法院网,https://www.chinacourt.org/article/detail/2015/11/id/1742578.shtml。

② 参见刘泽:《〈长江流域生态环境司法保护状况〉白皮书》,载中华人民共和国最高人民法院官网2020年9月25日,https://www.court.gov.cn/zixun-xiangqing-259181.html。

规定。司法解释规定:"因污染海洋环境提起的公益诉讼,由污染发生地、损害结果地或者采取预防污染措施地海事法院管辖。"[①]据此,海洋污染公益诉讼案件也应由侵权行为地、损害结果地或采取预防措施地的海事法院管辖。

(二)因船舶排放、泄漏、倾倒油类、污水或者其他有害物质造成长江水域污染案件的管辖

2017 年最高人民法院发布的《关于全面加强长江流域生态文明建设与绿色发展司法保障的意见》提出:"沿江海事法院要充分利用跨行政区划管辖的优势,妥善审理长江流域环境污染、生态破坏案件。依法审理长江水域的船舶碰撞、触碰案件,加强对船舶排放、泄漏、倾倒油类、污水或者其他有害物质造成水域污染案件的审理,保护长江水域生态环境安全。"文件中所涉及的沿江海事法院主要是指武汉海事法院,由其管辖因船舶排放、泄漏、倾倒油类、污水或者其他有害物质造成长江水域污染案件,该管辖属于基于流域的环境案件跨省域专属管辖。

二、原则上由中级人民法院管辖

(一)环境民事公益诉讼案件

2014 年,最高人民法院作出规定:"环境公益诉讼一般由侵权行为地或者被告住所地的中级人民法院管辖。同一原告或者不同原告对同一行为分别向两个或者两个以上有管辖权的人民法院提起环境公益诉讼的,由最先受理的人民法院管辖。共同上级人民法院也可以在有管辖权的法院中指定一个法院集中管辖。"[②]根据该规定,在级别管辖上,环境公益诉讼案件的初审原则上由中级人民法院管辖;在地域管辖上,案件仍然由侵权行为地或被告住所地法院来管辖,并由原告选择确定;同时,在地域管辖上,还规定了由共同上级法院指定有管辖权的法院集中管辖。

根据司法解释的规定:"第一审环境民事公益诉讼案件由污染环境、破坏生态行为发生地、损害结果地或者被告住所地的中级以上人民法院管辖。"[③]将侵权行为地分为行为发生地和结果发生地两种情形。同时,该条第二款又规定了管辖权的转移:"中级人民法院认为确有必要的,可以在报请高级人民法院批准后,裁定将本院管辖的第一审环境民事公益诉讼案件交由基层人民法院审理。"中级人民

---

① 参见 2022 年最高人民法院修正的《关于适用〈中华人民共和国民事诉讼法〉的解释》第二百八十三条第二款。

② 参见 2014 年最高人民法院发布的《关于全面加强环境资源审判工作为推进生态文明建设提供有力司法保障的意见》第十二条。

③ 参见 2020 年最高人民法院修正的《关于审理环境民事公益诉讼案件适用法律若干问题的解释》第六条第一款。

法院在报请高级人民法院批准后，将自己管辖的环境民事公益诉讼案件交由基层人民法院管辖。接着，该解释第七条又规定了集中管辖制度："经最高人民法院批准，高级人民法院可以根据本辖区环境和生态保护的实际情况，在辖区内确定部分中级人民法院受理第一审环境民事公益诉讼案件。中级人民法院管辖环境民事公益诉讼案件的区域由高级人民法院确定。"也就是说，经最高人民法院批准，高级人民法院可以确定本辖区内的环境民事公益诉讼案件由几家中级人民法院集中管辖，即实现在省域内的跨行政区管辖。2016 年最高人民法院发布的《关于为长江经济带发展提供司法服务和保障的意见》提出："探索建立长江流域水资源环境公益诉讼集中管辖制度。"换言之，长江流域内有关水环境资源环境公益诉讼案件推行集中管辖改革。

根据 2020 年修正的最高人民法院最高人民检察院《关于检察公益诉讼案件适用法律若干问题的解释》第五条第一款的规定："市（分、州）人民检察院提起的第一审民事公益诉讼案件，由侵权行为地或者被告住所地中级人民法院管辖。"检察机关提起的环境民事公益诉讼由地市级检察院提起，管辖法院则是与之相对应的中级法院。

（二）生态环境损害赔偿案件

2019 年最高人民法院发布的《关于审理生态环境损害赔偿案件的若干规定（试行）》第三条对于省级、市地级人民政府及其指定的相关部门、机构，或者受国务院委托行使全民所有自然资源资产所有权的部门所提起的生态环境损害赔偿诉讼作出了与环境民事公益诉讼相类似的案件管辖规定，即原则上由中级人民法院管辖，高级人民法院经最高人民法院批准可以确定辖区内该类案件由几家中级人民法院集中管辖，中级人民法院经高级人民法院批准后可以将自己管辖的案件交由基层人民法院管辖。

三、原则上由基层人民法院管辖

（一）环境行政公益诉讼案件

2020 年修正的最高人民法院、最高人民检察院《关于检察公益诉讼案件适用法律若干问题的解释》第五条对检察机关提起环境民事和行政公益诉讼案件的管辖权作出了差异性规定。对于由地市级检察机关提起的环境民事公益诉讼应由中级人民法院管辖，而对于由基层检察院提起的环境行政公益诉讼案件应由与之相对应的基层法院管辖。该条潜台词即为环境民事公益诉讼由地市级检察机关提起，由与之对应的中级法院管辖，而环境行政公益诉讼由基层检察机关提起，由与之对应的基层法院管辖。

(二)刑事附带民事公益诉讼案件

2020年修正的最高人民法院、最高人民检察院《关于检察公益诉讼案件适用法律若干问题的解释》第二十条第二款规定:“人民检察院提起的刑事附带民事公益诉讼案件由审理刑事案件的人民法院管辖。”据此,检察机关提起的刑事附带民事公益诉讼案件依刑事案件来确定管辖权,而一审刑事案件原则上由基层人民法院管辖。

四、环境资源案件的集中管辖改革

2013年通过的中共中央《关于全面深化改革若干重大问题的决定》提出“探索建立与行政区划适当分离的司法管辖制度”的改革目标。2014年,最高人民法院提出:“逐步改变目前以行政区划分割自然形成的流域等生态系统的管辖模式,着眼于从水、空气等环境因素的自然属性出发,结合各地的环境资源案件量,探索设立以流域等生态系统或以生态功能区为单位的跨行政区划环境资源专门审判机构,实行对环境资源案件的集中管辖,有效审理跨行政区划污染等案件。”[①]换句话说,即探索以流域或以生态功能区为基础的环境资源案件跨行政区划的集中管辖,这种集中管辖包括跨省域集中管辖和省域内跨区集中管辖。

(一)跨省域特定案件集中管辖

2016年最高人民法院发布的《关于为京津冀协同发展提供司法服务和保障的意见》提出:“结合京津冀三地法院自身审判特点,对专业性较强的案件实行由特定法院集中管辖,充分发挥三地审判优势资源,推动专业化审判,提高审判质量,统一裁判标准。积极探索知识产权案件、海事海商案件、生态环境保护案件集中管辖或专门管辖制度。进一步推进京津冀设立跨行政区划法院集中审理跨区划重大民事案件、行政案件试点工作。”根据2017年最高人民法院发布的《关于指定北京市第四中级人民法院管辖天津铁路运输法院审理的环境保护行政案件上诉案件的通知》,北京市第四中级人民法院成为一家具有跨省集中管辖环境资源案件的试点法院。该法院享有对跨地区的重大环境资源保护第一审案件和经由天津铁路运输法院审理的环境保护行政案件上诉案件的管辖权。前面提到的武汉海事法院就是一座针对特定环境污染案件实行跨省域专属集中管辖的法院。2018年,最高人民法院提出:“持续推进环境资源管辖制度改革,探索将跨省级行政区划等重大环境资源案件纳入跨行政区划集中管辖范围,推进跨区域司法协

① 参见2014年最高人民法院发布的《关于全面加强环境资源审判工作为推进生态文明建设提供有力司法保障的意见》第十八条。

作、全流域协同治理。”[①]2020年最高人民法院发布的《关于为黄河流域生态保护和高质量发展提供司法服务与保障的意见》特别提出:“探索构建流域、湿地等生态功能区和国家公园等自然保护地涉生态保护案件的跨省域集中管辖机制。”申言之,对于跨省级行政区划环境案件的集中管辖改革作为既定的改革目标,当前仍处在探索推进阶段。

(二)省域内跨区集中管辖

现行环境案件的集中管辖改革大多在省域内展开。上面关于环境公益诉讼类案件的管辖就涉及高级人民法院经最高人民法院的批准可以确定省域内几家特定中级人民法院对环境案件进行集中管辖。目前,省域内跨区集中管辖主要有三种探索方向:一是以生态系统或者生态功能区为单位实行跨行政区划集中管辖。例如,江苏省的“9+1”、甘肃省“点线面”、江西省的“五河一江一湖+重点区域”、湖南省“各流域+湘中”等环境资源集中管辖体系。二是以地市级行政区划为单位实行集中管辖。例如,浙江省湖州市南太湖新区人民法院集中管辖湖州全市由基层人民法院管辖的环境资源一审案件;安徽省蚌埠市、河南省濮阳市、江西省景德镇市等地环境资源一审案件确定由所在市的一到两家基层人民法院集中管辖。三是特定案件实行跨行政区划集中管辖。例如,湖北省、青海省等高级人民法院确定辖区内部分中级人民法院就环境民事公益诉讼案件实行跨行政区划集中管辖。云南省高级人民法院指导昆明市中级人民法院将昆明市辖区内的重点环境资源案件指定到盘龙、安宁、寻甸人民法院集中管辖。甘肃省高级人民法院将原舟曲林区基层人民法院拓展为“白龙江林区法院”,管辖原文县、迭部林区基层人民法院和白水江国家级自然保护区管理局以及大熊猫国家公园管理局甘肃片区辖区内的各类案件。[②]

第五节 环境司法专门化中的审判主体与案件管理模式

一、审判机构

审判主体包括审判机构和人员。管辖法院当然属于审判机构的范畴,但是,

① 参见2018年最高人民法院发布的《关于深入学习贯彻习近平生态文明思想为新时代生态环境保护提供司法服务和保障的意见》第十七条。

② 参见刘泽:《〈长江流域生态环境司法保护状况〉白皮书》,载中华人民共和国最高人民法院官网2020年9月25日,https://www.court.gov.cn/zixun-xiangqing-259181.html。

此处审判机构是指法院内部所设置的环境案件的审判组织,即法院内部由什么机构来审判。2014 年 7 月 3 日,最高人民法院宣布成立环境资源审判庭,主要负责审理有关环境民事案件。其实,早在 2007 年,贵州省贵阳清镇市人民法院就成立了我国第一家生态保护法庭,到最高人民法院设立环境资源审判庭,全国已有 16 个省(区、市)设立了 134 个环境保护法庭、合议庭或者巡回法庭。2014 年,最高人民法院提出:“合理设立环境资源专门审判机构……为加强环境资源审判工作提供组织保障。”[①]该文件针对不同层级的法院提出设置不同的专门审判组织的指导意见:高级法院设立环境资源审判庭,中级法院可设环境资源审判庭或合议庭,个别基层法院经批准可设环境资源审判庭,即“高级法院普遍设立、中基层法院按需设立”的建设思路。2018 年,最高人民法院又提出:“坚持专业化发展道路,具备条件的高、中级人民法院可以在规定的内设机构总数内,通过单独设置的方式设立环境资源审判机构;尚不具备条件的,可以通过加挂牌子或者在相关审判庭内设立专业化合议庭或专门审判团队负责环境资源审判工作。继续深化法院组织体系改革,探索设立环境资源专业性法院。”[②]

二、审判人员

此处审判人员,是指环境资源专门审判机构中的法官。法院、审判机构的审判任务最终是由审判法官来完成的,环境资源案件的集中或专属管辖、设置专门的审判机构对于环境司法专门化而言是形式上的,而实质上的环境司法专门化更体现在由专业化的环境资源法官来审判环境资源案件。就上文所提到的截至 2020 年年底我国已经设置近 2000 个环境资源专门审判机构而言,每个审判机构至少配置 3 名法官的话,那么,需要近 6000 名环境资源法官才能对现有环境专门审判机构提供人才保障。而实际上,我国环境资源法官的数量远远未达到要求,多数法院虽然设立了环境资源审判机构,却并没有专业化的环境资源法官。加强环境资源审判队伍建设,造就过硬的环境资源司法专门人才将是一项艰巨的长期任务。根据 2011 年发布的《全国法院人才队伍建设规划纲要(2010—2020 年)》、2014 年发布的最高人民法院《关于全面加强环境资源审判工作为推进生态文明建

---

① 最高人民法院于 2021 年将该条修改为:“本着确有需要、因地制宜、分步推进的原则,合理设立环境资源专门审判机构,为加强环境资源审判工作提供组织保障。高级人民法院要按照审判专业化的思路,理顺机构职能,合理分配审判资源,在规定的内设机构限额内,明确环境资源专门审判机构。中级人民法院、个别案件较多的基层人民应当在高级人民法院的统筹指导下,根据环境资源审判业务量,合理确定承担环境资源案件的审判机构或办案团队。”

② 参见 2018 年最高人民法院发布的《关于深入学习贯彻习近平生态文明思想为新时代生态环境保护提供司法服务和保障的意见》第十七条。

设提供有力司法保障的意见》、2017 年中共中央印发的《关于新形势下加强政法队伍建设的意见》、2018 年最高人民法院发布的《关于深入学习贯彻习近平生态文明思想为新时代生态环境保护提供司法服务和保障的意见》以及 2020 年最高人民法院发布的《关于为黄河流域生态保护和高质量发展提供司法服务与保障的意见》,按照法官革命化、正规化、职业化、专业化的建设要求,过硬的环境资源司法专门人才需要满足以下素质条件。

1. 思想政治过硬。必须具有坚定的政治站位,能够深入学习领会习近平新时代中国特色社会主义思想特别是习近平生态文明思想、法治思想,增强"四个意识",坚定"四个自信",做到"两个维护"。必须牢固树立政治意识、大局意识、群众意识、国情意识、稳定意识,确保环境资源审判工作为党和国家工作大局服务。

2. 专业素质过硬。扎实掌握环境资源专业知识,具有现代环境司法理念,能够研究解决审判中的疑难问题,能够精业务、熟法律、懂科技,具有高水平的司法能力。

3. 作风素质过硬。能够严守职业道德、职业操守、职业规范,严守办案纪律、廉洁纪律,能够做到忠诚老实、光明磊落、公道正派、实事求是、艰苦奋斗、清正廉洁。

4. 职业品格过硬。为了让人民群众在每一个司法案件中感受到公平正义,敢担当作为,能坚定维护公平正义的价值追求、坚守法治的信仰、坚定献身司法事业的思想,能坚守崇尚法治、恪守良知、理性公允的职业品格。

另外,遴选领导班子人员,还应具有把握环境资源审判工作全局和破解环境资源保护实践难题的能力,能够提高领导班子集体决策能力和整体合力,形成讲政治、顾大局、有凝聚力、有战斗力的领导核心,能为全面加强人民法院环境资源审判工作提供坚强的组织领导。

三、案件管理模式

不同于以往按案件所涉法律关系性质设置的民事、刑事和行政审判机构,环境资源审判机构属于专业审判机构。这种专业性的审判机构如何受案并审判案件则是一个值得探索的实践问题。2014 年,最高人民法院提出:"结合各地实际,积极探索环境资源刑事、民事、行政案件由环境资源专门审判机构归口审理,优化审判资源,实现环境资源案件的专业化审判。"①2017 年最高人民法院发布的《关于全面加强长江流域生态文明建设与绿色发展司法保障的意见》提出:"推进流域

---

① 参见 2014 年发布的最高人民法院《关于全面加强环境资源审判工作为推进生态文明建设提供有力司法保障的意见》第十七条。

内环境资源刑事、民事、行政案件的‘三合一’或者‘二合一’归口审理模式。”所谓“三合一”一般是指一个环境资源审判机构可以同时审判环境资源民事、行政、刑事案件三种类型案件；[①]“二合一”一般则是指一个环境资源审判机构可以同时受理审判环境资源民事、行政案件，而环境资源类刑事案件则交由刑事审判庭审判。[②] 实践中，还存在“四合一”的模式，即包括其审理案件的执行。[③] 2018年，最高人民法院提出：“探索将环境污染和生态破坏相关刑事案件、环境资源民事案件、以生态环境和自然资源行政主管部门为被告的部分行政案件、环境公益诉讼案件以及生态环境损害赔偿案件等由环境资源专门审判机构或者专业审判团队审理的‘二合一’或者‘三合一’工作模式。”[④]显然，“三合一”或“二合一”到底如何“合”，可能在不同的法院会有不同的实践探索。

---

① 当然，也有人认为，“三合一”并不能简单地仅理解为将三类不同性质的环境资源案件分别从刑事、民事和行政审判庭中析出交由环境资源审判机构来审判，因为实践中存在刑民交叉、行刑交叉、行民交叉的环境资源类案件，如果将这些案件分别交由三大传统审判机构审判的话，可能会出现同案不同判司法裁判标准不统一的结果。而环境资源案件“三合一”审理将有利于统一司法裁判标准。参见沈跃东：《论环境法庭的裁判程序》，载《东南学术》2010年第5期。

② 最高人民法院环境资源审判庭于2016年采“二合一”的案件归口管理模式。

③ 如昆明市中级人民法院环境保护审判庭把所管辖案件的判决执行作为法庭的职责，将其形成为“四合一”审理执行模式。

④ 参见2018年最高人民法院发布的《关于深入学习贯彻习近平生态文明思想为新时代生态环境保护提供司法服务和保障的意见》第十八条。

第二章　环境民事司法(上)

第一节　环境民事案件类型与案由

环境民事司法是指享有裁判权的人民法院依法处理平等主体间环境民事争议的活动。在此,环境民事司法首要的问题是人民法院受理哪些类型的环境民事争议?这些类型的环境民事争议各有什么特点?环境民事案件有哪些案由?那些相同案由的案件各自在实体构成上有哪些裁判特点?本节试图来回答这些问题。

一、环境纠纷及其按肇因分类

环境司法的重要功能就是解决环境纠纷,那么,何为环境纠纷?就环境纠纷的界定而言,我国学界目前仍未达成统一认识。蔡守秋教授认为,环境纠纷是因环境污染和破坏而产生的纠纷。[①] 王灿发教授认为,环境纠纷也称为环境资源纠纷,指环境资源法主体之间就其环境资源权利和义务而产生的争议,包括环境民事纠纷和环境行政纠纷。[②] 汪劲教授认为,环境纠纷即环境损害纠纷,是指从事排污行为和开发资源行为造成环境和生态系统的不良影响或不利改变,影响或危害他人合法权益而在当事人之间产生的纷争;同时,他认为环境损害纠纷不同于自然资源纠纷。[③] 据此可知,学术界对环境纠纷的内涵和外延是仁智互见。

而司法实务界对于环境纠纷案件的范围界定也是各取所需。在此,以一些有代表性的环境资源审判法庭为例,来考察一下他们所受理的环境资源纠纷案件的范围。

1. 最高人民法院环境资源审判庭。2014 年,该审判庭成立时拟受理的环境纠纷案件主要有:环境污染侵权民事纠纷、地矿保护开发权属争议民事纠纷和自然

---

① 参见蔡守秋:《用仲裁方式解决环境纠纷的探讨》,载《环境管理》1983 年第 1 期。

② 王灿发:《环境法学教程》,中国政法大学出版社 1997 年版,第 149 ~ 151 页。

③ 参见汪劲:《环境法学》(第 3 版),北京大学出版社 2014 年版,第 325 页。

资源环境民事纠纷等。[①] 2016年,该审判庭受案范围又扩展到了相关行政案件。[②]由此可见,最高人民法院环境资源审判庭审理的环境纠纷案件涉及环境资源民事纠纷和行政纠纷。

2. 河南省高级人民法院环境资源审判庭。该审判庭的受案范围主要有:环境资源类的民事案件、行政案件和刑事案件。民事案件包括:自然资源相关的物权保护纠纷、自然资源相关的侵权及合同纠纷、环境侵权纠纷、环境公益诉讼纠纷。行政案件包括:涉及环境保护、资源保护类的行政案件,涉及土地征收、确权、规划等土地类的行政案件,涉及环境保护、资源保护的行政非诉执行案件。刑事案件包括:涉及破坏环境保护、资源保护、人文古迹保护的刑事案件;涉及环境污染重大责任事故的刑事案件;环境执法、资源监管执法人员失职渎职的刑事案件。[③] 可见,河南省高级人民法院环境资源审判庭受理的环境纠纷案件范围较为宽泛,涵盖环境资源类的民事、行政纠纷和刑事案件。

3. 成都市中级人民法院环境资源审判庭。该法庭受理辖区内破坏环境资源保护的刑事案件;环境和自然资源相关的侵权纠纷、与资源相关的权属纠纷、合同纠纷、旅游纠纷等民事案件,以及环境资源保护、利用相关的行政监管和非诉执行案件;环境公益诉讼案件等。[④]

4. 贵州省清镇市人民法院生态保护法庭。据悉,该法庭受理指定辖区内涉及水、渔业、土地、林业自然资源保护类以及环境污染类民事、行政、刑事案件和环境公益诉讼案件。[⑤]

从以上我国四级法院设立的专门审判机构所受理的环境资源类纠纷案件可以看出,当前我国司法实务界所审理的环境纠纷,大多数包括资源类纠纷。在具体使用术语上,有的用环境纠纷涵盖资源纠纷,有的则把环境污染侵权纠纷和资

---

① 根据其官网介绍,最高人民法院环境资源审判庭受理的一审案件有:涉及大气、水、土壤等自然环境污染侵权纠纷民事案件,涉及地质矿产资源保护、开发有关权属争议纠纷民事案件,涉及森林、草原、内河、湖泊、滩涂、湿地等自然资源环境保护、开发、利用等环境资源民事纠纷案件。参见安克明:《最高人民法院设立环境资源审判庭》,载中华人民共和国最高人民法院官网2014年7月4日,http://www.court.gov.cn/zixun-xiangqing-6512.html。

② 2016年4月,最高人民法院决定将以环境保护主管部门为被告的第二审、申请再审的行政案件及其业务监督指导工作,调整由环境资源审判庭负责。参见罗书臻:《最高人民法院环境资源审判庭成立两周年综述》,载中国法院网2016年7月27日,https://www.chinacourt.org/article/detail/2016/07/id/2044527.shtml。

③ 参见《河南省高级人民法院环境资源审判庭受案范围》,载河南省高级人民法院网2016年3月28日,http://www.hncourt.gov.cn/public/detail.php?id=163552。

④ 参见刘方祺、盛莉、刘冰玉:《成都中院环境资源审判庭挂牌运行》,载成都法院网2017年11月1日,http://cdfy.chinacourt.org/article/detail/2017/11/id/3088622.shtml。

⑤ 参见宁华:《贵阳生态保护法庭的成立与发展》,载《法制博览》2016年第35期。

源纠纷分开表述。其中,资源类纠纷,包括资源开发、利用、保护和权属纠纷。在纠纷性质上,涵盖民事、行政、刑事和公益诉讼类案件。在案件起因上,涵盖侵权、违约、监管和非诉执行等纠纷。在更大范围上,环境纠纷还包括人文古迹保护和旅游纠纷。

环境纠纷是主体间以环境因子以及整体功能为载体或媒介的权利义务纷争。就纠纷的法律属性而言,环境纠纷包括民事纠纷、行政纠纷和刑事纠纷。[①] 纠纷的动因来自人类对环境有影响的活动,既包括因生产生活排污而导致的环境污染损害纠纷,也包括自然资源权属、违约、开发、利用、收益和管理等相关纠纷,还包括各种活动所导致的环境要素及其生态功能破坏纠纷。环境纠纷产生如图 1 所示:

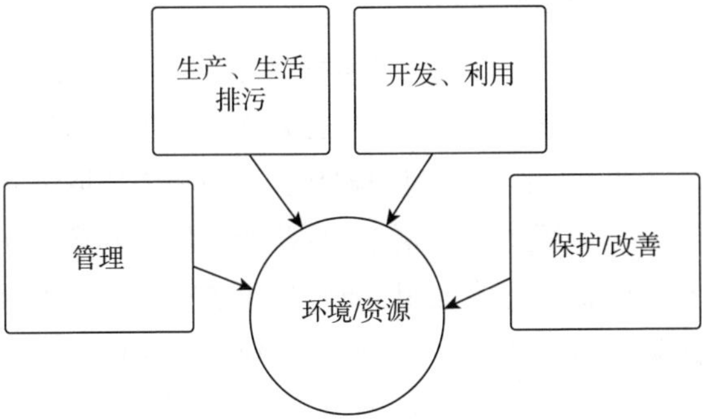

图 1　环境纠纷肇因示意

人类的生产生活活动要向环境排放污染物,如工业"三废"、农业污水、生活污水和生活垃圾等,这些活动所导致的环境要素质量损害可能会引起环境纠纷;人类对环境及自然资源的开发和利用活动本身也可能会引起纠纷,包括侵权和违约纠纷。同时,人类向环境排污和对资源的开发利用行为也可能导致环境要素以及生态功能破坏。即便是人类对环境资源的保护和改善活动,相关活动中的权利义务分配与维护也可能会产生环境纠纷。国家行政机关在监督管理环境资源过程中作为或不作为的违法行为也可能引起环境纠纷。这些纠纷共同的特点是它们的争议点都被关联在环境要素及其整体功能所产生或承载的利益上。有的涉及权属分配,有的涉及直接或间接侵权,有的涉及合同违约,有的涉及监管失职,等

---

① 何挺博士认为:"刑事纠纷是指加害人与被害人之间由于利益、情感等方面的原因并通过犯罪这一特殊的外在形式表现出来的不协调的关系。"在他看来,刑事纠纷和犯罪有别,犯罪是刑事纠纷的外在表现形式,而且仅限于加害人与受害人之间。参见何挺:《刑事纠纷:一个概念的解析》,载《法学论坛》2011 年第 1 期。本书对之作广义理解,刑事纠纷既包括加害人与受害人之间的可能触犯刑法的利益纷争,也包括追诉机关与嫌疑人或被告人之间就后者的行为是否构成犯罪以及罪刑大小的纷争。

等。这些纠纷的肇因或对象都与大气、水、海洋、土地、矿藏、森林、草原、湿地、野生生物、自然遗迹、人文遗迹、自然保护区、风景名胜区、城市和乡村等环境要素及以其整体功能为载体或媒介的利益紧密相关。那种虽来源并存在于环境之中,但已被确定为财产权客体的人工构筑物相关权利纠纷应被排除在环境纠纷之外,如道桥、房屋、泳池等权利纠纷属普通民事财产权纠纷。

因此,从纠纷肇因来看,学理上可将环境纠纷概括为四大类:一是因向环境排污而引起的环境污染损害类纠纷;二是因对自然资源的开发、利用、保护、改善、收益等而引起的相关权属、违约、侵权等自然资源类纠纷;三是因环境污染和对自然资源的开发、利用等活动而引起的环境要素或生态功能破坏等环境破坏类纠纷;四是因对环境和自然资源的监管行为而引起的环境资源监管类纠纷。其中,第三类与第一类和第二类紧密相关,多数情况下与第一类或第二类纠纷同时存在,即环境污染类纠纷可能会伴随出现环境破坏类纠纷,自然资源类纠纷中也可能会伴有环境破坏类纠纷。环境破坏类纠纷有时也会单独存在,比如电影拍摄剧组破坏风景名胜区而生纠纷等。① 因此,当环境破坏类纠纷是因环境污染而引起时,其纠纷类型仍应归为环境污染类纠纷。同理,当环境破坏类纠纷是因自然资源的开发、利用、保护、改善、收益等行为而引起时,其纠纷类型仍应归为自然资源类纠纷。只有当环境破坏类纠纷是因对环境要素单独的破坏行为而引起时,才单独作为环境破坏纠纷类型而存在。当然,纠纷类型的归属也取决于纠纷当事人对争议对象的取舍。当环境污染和环境破坏同时存在时,如纠纷当事人只选择将环境破坏作为争议焦点,那么该纠纷就归为环境破坏类纠纷。同理,如当事人选择将环境污染作为争议焦点,该纠纷就应归为环境污染类纠纷。

二、环境民事案件法律关系性质及其案由

环境民事司法实践中,为了便于同类型案件的统一裁判和司法统计工作,一般会以案由对环境民事案件加以区分,即同类型环境案件具有相同的案由。最高人民法院于2008年首次发布《民事案件案由规定》,将"环境污染侵权纠纷"作为三级案由归于二级案由"特殊类型的侵权纠纷"之下,放在一级案由"债权纠纷"之下,并在其下设大气、水、噪声和放射性污染侵权纠纷等四个四级案由。同时,将"船舶污染损害赔偿纠纷,海上、通海水域污染损害赔偿纠纷"作为一二级同名的"海事海商纠纷"之下的三级案由来对待。此案由规定导致很长一段时间内,司

① 2005年陈凯歌导演的电影《无极》剧组对云南香格里拉碧沽天池景区的破坏经媒体报道后曾经轰动全国。2006年6月内蒙古创建企业集团向赤峰市中级人民法院递交诉状,起诉《无极》剧组在克什克腾旗旗下经营的阿斯哈图石林景区拍摄完成后,未对原始的生态进行恢复。参见《无极剧组又惹官司》,载新浪网,https://news.sina.com.cn/c/2006-06-14/08009198362s.shtml。

法实务中人们将环境民事案件等同于环境污染侵权案件。至于那些相邻通风、采光、日照、污染侵害纠纷,有关水、渔业、土地、林业、中外合作勘探开发自然资源等资源利用类纠纷,海域使用权、探矿权、采矿权、取水权、养殖权、捕捞权等纠纷则多被归为传统民事纠纷之中,并不作为环境案件来对待。

实际上,环境案件有广义和狭义之分,狭义的环境案件就是指环境污染侵权案件,而广义上的环境案件可能在不同的主体看来有不同的范围。较为保守的广义环境案件范围,包括自然资源类案件,即所谓的环境资源案件。但从上述案由规定来看,更为广义上的环境资源案件还应该包括环境污染侵权类、资源合同类、海事海商类、用益物权类、相邻关系类等民事案件,这种划分主要基于案件中所涉法律关系的性质,并未涉及环境问题的肇因,例如,缺少生态破坏案由。2011 年修正的《民事案件案由规定》在环境案件这一领域基本延续了 2008 年的规定,只是作了部分修改。在体系上体现为将侵权纠纷从债权纠纷中独立出来,单设"侵权责任纠纷"一级案由,在同名二级案由之下设"环境污染责任纠纷"三级案由,并在其下增设了土壤污染、电子废物、固体废物污染等三类责任纠纷的四级案由;在相邻关系纠纷中,将"相邻通风纠纷"从"相邻采光、日照纠纷"中单立出来,但仍然缺少生态破坏类案由。2014 年修订的《环境保护法》,开启了环境民事公益诉讼,但是,环境司法实践中对于环境民事公益诉讼案件却无从开列合适案由。

为了适宜《民法典》实施后的司法需要,2020 年最高人民法院对《民事案件案由规定》作出修订,现行涉及环境资源类案件有关的案由规定如下。

1. 在物权纠纷之下,有所有权纠纷和用益物权纠纷两个二级案由。其中,在所有权纠纷之下的"相邻关系纠纷"分别设七个四级案由:相邻用水、排水;相邻通行;相邻土地、建筑物利用关系;相邻通风;相邻采光、日照;相邻污染侵害;相邻损害防免关系纠纷。在"用益物权纠纷"之下设有海域使用权、探矿权、采矿权、取水权、养殖权、捕捞权纠纷等六个三级案由。

2. 在合同、准合同纠纷之下的"合同纠纷"二级案由下设排污权交易、用能权交易、用水权交易、碳排放权交易、碳汇交易纠纷等五个交易类三级案由,以及中外合作勘探开发自然资源合同、农业承包合同、林业承包合同、渔业承包合同、牧业承包合同纠纷等自然资源利用类合同纠纷的三级案由。

3. 在一二级同名的"海事海商纠纷"案由下,设有船舶污染损害责任纠纷和海上、通海水域污染损害责任纠纷两个三级案由。

4. 在一二级同名的"侵权责任纠纷"案由下,设"环境污染责任纠纷"和"生态破坏责任纠纷"两个三级案由。接着,在"环境污染责任纠纷"下设有大气污染、水污染、土壤污染、电子废物污染、固体废物污染、噪声污染、光污染、放射性污染责任纠纷等八个四级案由。

5. 在“特殊诉讼程序案件案由”设有“公益诉讼”二级案由，并设有“生态环境保护民事公益诉讼”的三级案由，其下分设环境污染民事公益诉讼、生态破坏民事公益诉讼、生态环境损害赔偿诉讼等三个四级案由。

实践中，很多法院只是将环境污染责任纠纷和生态破坏责任纠纷和环境民事公益诉讼案件作为典型的环境民事案件来对待，由相关专业环境资源审判机构来审理，而相关的物权纠纷、合同纠纷以及海事海商纠纷仍归于原来的普通审判机构审理。由于典型环境案件的范围界定过窄，且在各地分布不均衡，不少专门环境资源审判机构接收案件数量非常有限，处于“无米下锅”的窘境。鉴于此，2021年最高人民法院发布《环境资源案件类型与统计规范（试行）》，试图将环境资源案件加以类型化。

三、环境民事案件按主题分类

2021年，最高人民法院发布的《环境资源案件类型与统计规范（试行）》将环境资源类案件划分为环境污染防治、生态保护、资源开发利用、气候变化应对、生态环境治理与服务等五大类型。当一个案件同时关涉生态环境、自然资源等多重秩序、多种权益的情况时，要根据其所要保护、实现的主要秩序、权益进行归类。对于此分类方法，该司法文件上将其定性为“按照主导价值归类”。其实，本书认为司法文件上的这一分类方法应理解为按纠纷主题分类，只有在纠纷主题有交叉时才对每一主题所涉及的价值进行排序，按主导价值分类。根据该司法文件，现行司法实践中对于环境资源类民事案件做如下划分。

（一）环境污染防治类案件

典型的环境侵权案件属于环境污染防治类案件。环境侵权是通过环境介质损害其他公私利益，而随着环境公益诉讼的兴起，环境污染防治类案件除了包括传统环境侵权类案件，还包括针对环境本身损害，即新兴的环境公益损害纠纷案件。该类案件现在包括环境介质污染案件、有毒有害物质污染案件、能量污染案件等三大亚类。

1. 环境介质污染案件包括大气（空气）、土壤、水、海洋等污染案件。值得注意的是，该司法文件将车船、住宅、经营场所等全封闭、半封闭空间空气环境损害的案件作为环境介质污染案件来对待，解决了实践中长期存在的关于室内空气污染是否属于环境污染类案件的争议。

2. 有毒有害物质污染案件包括固体废物、电子废物、放射性物质、危险化学品等有毒有害物质污染案件，以及未纳入国家或地方环境标准的污染物等其他物质污染案件。

3. 能量污染案件包括噪声、振动、光、热、电磁辐射、电离辐射等能量造成损害的案件。值得注意的是,该司法文件将振动损害纠纷案件作为能量污染案件来对待,匡正了实践中很多法院认为振动损害纠纷不属于环境污染案件的错误认识。

(二)生态保护类案件

生态保护类案件,现在包括生物多样性保护案件、景观多样性保护案件、重点生态区域保护案件和其他生态破坏案件等四大亚类。值得注意的是,对诉争标的物及法律关系以某一层次生物多样性为行为对象或基础,但与环境资源保护无直接关联的生物技术合作开发股权纠纷、合同纠纷等案件,不纳入环境资源案件统计范围。

1. 生物多样性保护案件。1992 年通过的联合国《生物多样性公约》中对"生物多样性"是这样界定的:"所有来源的形形色色生物体,这些来源除其他外包括陆地、海洋和其他水生生态系统及其所构成的生态综合体;这包括物种内部、物种之间和生态系统的多样性。"据此,生物多样性保护案件包括遗传(基因)多样性保护、物种多样性保护和生态系统多样性保护等三类亚型,属于生态保护类案件中的核心案件。这类案件涉及的具体主题有:生物遗传资源和相关传统知识的获取、开发、利用及其惠益分享,转基因生物和产品安全;外来物种入侵防控与动植物微生物物种及其栖息地保护;森林、草原、湿地、荒漠、冻原、海洋、河流湖泊、农田、城市等生态系统保护。

2. 景观多样性保护案件。此类案件指对一定时空范围内景观类型和景物品类数量的丰富性和美观度进行司法保护的案件,包括自然遗迹保护案件、人文遗迹保护案件以及其他景观多样性保护案件等三大亚类。这类案件涉及的具体主题有:具有重要科学文化价值的地质构造、著名溶洞、化石分布区、冰川、火山、温泉等自然遗迹保护;古迹、建筑群、遗址等人文遗迹保护。

3. 重点生态区域保护案件。该类案件是针对重点生态区域治理提供司法服务保障而专列的一类案件,包括自然保护地案件、岸线区域保护案件等两大亚类。这类案件涉及的具体主题有:国家公园、自然保护区、自然公园等各类自然保护地保护;湖泊、河道、海洋等岸线区域保护。

4. 其他生态破坏案件。这是指除以上三类案件外,因外来物种引入、地下水超采、植被破坏、乱捕滥杀、矿产开采、工程建设等行为导致生物要素的不利改变或者生态系统功能退化的其他生态破坏案件,属于生态保护类案件中的兜底案件。

(三)资源开发利用类案件

资源开发利用类案件包括自然资源开发利用案件,侵害通风、采光、眺望、景观等环境权益案件。需注意的是,对以某种自然资源为诉争标的物、其法律关系与生态环境保护关联性不大的合同纠纷(如以股权转让方式进行资源权属转让的纠纷等)以及土地征收类案件,不纳入环境资源案件统计范围。

1. 自然资源开发利用案件包括与生态环境保护与修复相关的土地、矿产、水、森林、草原、海域、无居民海岛等自然资源的资产权属登记、权属争议、权利变动、开发等案件。

2. 侵害通风、采光、眺望、景观等环境权益案件,是指因资源开发利用导致他人或公众的通风、采光、眺望、景观等环境权益受到损害而引发的案件,多是由自然资源开发利用所衍生出来的案件。

(四)气候变化应对类案件

气候变化应对类案件,是指在应对因排放温室气体、臭氧层损耗物质等直接或间接影响气候变化过程中产生的案件,包括气候变化减缓类案件和气候变化适应类案件两大类型。

1. 气候变化减缓类案件,是指通过发展可再生能源、提升能源效率、控制臭氧层消耗物质、推进可持续交通、管理土地利用变化和林业等以减少或避免温室气候排放的过程中产生的案件,具体涵盖:碳排放重点行业领域产业结构调整及新能源开发利用、节能服务等节能减排案件;碳汇交易案件;非法生产、销售、使用、进出口消耗臭氧层物质案件;推进可持续交通、管理土地利用变化及林业等案件。

2. 气候变化适应类案件,是指通过发展政策、规划、计划、项目和行动中促进迅捷和长期的适应措施,增强各种能力去更好地适应气候变化,从而降低气候变化对人身、财产以及公众健康带来的各种损失和影响过程中产生的案件,涵盖:涉及气候变化的建设项目和规划环境影响评价等案件;涉及综合防洪除涝减灾和气象灾害防御工程、治理退化、沙化和碱化草地、治理水土流失、海洋和海平面变化趋势科学监测等气候变化应对措施的案件。

(五)生态环境治理与服务类案件

生态环境治理与服务类案件,是指在利用税费、配额等规制措施以及第三方治理、环境容量利用权、绿色金融等市场机制,控制生态环境退化、改善生态环境质量过程中产生的案件,包括环境污染第三方治理案件、环境资源税费案件、环境容量利用权案件和绿色金融案件等四大亚类。

1. 环境污染第三方治理案件,是指政府、企业事业单位和其他生产经营者通过缴纳或按合同约定支付费用,委托第三方环境服务公司进行生态环境治理过程中产生的案件,涵盖:环境影响评价、环境监测、环境损害评估鉴定案件;生态环境监测设备及污染处理设施维护运营案件;环境污染治理、生态环境修复案件。

2. 环境资源税费案件,是指国家对环境污染、生态破坏、开发利用资源者征收环境资源税或收取费用过程中产生的案件,这类案件以行政案件为主。

3. 环境容量利用权案件,是指对用能权、用水权、排污权、碳排放权总量指标或额度进行初始分配及利用产生的案件,包括:涉及区域用能总量控制之下对电力、原煤、蒸汽、天然气等用能总量指标进行利用的用能权交易案件;涉及江河、湖泊水量利用的用水权交易案件;涉及重点污染物排放总量控制指标利用的排污权交易案件;涉及特定范围内碳排放权或额度利用的碳排放权交易案件。

4. 绿色金融案件,是指为支持生态环境改善、应对气候变化和资源节约高效利用,对环保、节能、清洁能源、绿色交通、绿色建筑等领域的项目投融资、项目运营、风险管理,提供绿色信贷、绿色债券、绿色股票指数和相关产品、绿色发展基金、绿色保险、碳金融等金融服务而产生的案件。

显然,按纠纷主题来划分环境民事案件有利于扩展环境案件的范围,也有利于法院进行司法统计。缺陷就是各主题纠纷的法律属性混杂在一起,相关主题下物权、合同、侵权等纠纷都可能存在,各类纠纷的实体构成要件可能有较大差别,法官难以像依循案由那样直接抓住案件实体裁判要点。实际上,现行环境资源保护主题纠纷所对应的案由可能零散地分布在2020年修订的《民事案件案由规定》之中,需要法官在司法裁判时恰当地将案件类型与案由给对应起来。因此,实践中各级各地法院有必要逐渐依据2021年最高人民法院发布的《环境资源案件类型与统计规范(试行)》将各主题下的环境资源纠纷归口于专门环境资源审判机构审理,由其结合案由规定通过审判实践来积累各主题下环境资源案件的裁判经验。

本章后续内容中所涉环境民事案件的类型将采狭义观点,即环境民事案件包括环境污染侵权与生态破坏侵权案件,而环境民事公益诉讼案件司法将集中在第七章、第八章呈现,本章不再赘述。

第二节　环境民事责任之实体构成要件

本节所谓环境民事责任的实体构成要件,是指针对上述两大侵权型案件,实体法规定其民事法律责任成立时需要具备的必要条件,下面分而述之。

一、环境污染侵权责任之实体构成要件

环境污染侵权,即排污者向环境排放污染物直接或间接侵害他人人身、财产

等合法权益的现象。根据侵权责任构成的一般原理，环境污染侵权责任构成应该从损害行为、损害后果、因果关系、主观过错等四个方面进行考察。

（一）损害行为

此处的损害行为，又称排污行为，或排污者排放了污染物[①]的行为，包括排污者、排放和污染物三个要素。实体法上规定侵权责任构成四要件中并没有损害行为人或侵权责任人。实体法上如此规定暗含着这样的常识：即损害行为必然是由特定加害人实施的行为，当人们说损害行为时就意味着该行为是某特定主体的行为。

在环境污染侵权司法中，法院要求原告在起诉时被告要明确，而且原告想取得胜诉有一个前提条件——被告必须适格。典型的环境污染侵权人就是排污行为的实际实施者，即排污单位或个人。一般来说，排污者单一，适格被告容易确定。但在一些较为复杂的案件中，如在污染者众多、存在跨区域或流域污染、污染物在环境中发生转化或排污者不明的情形下，确定适格被告对于以村民和居民为主体的受害者原告来说并不容易。在环境污染侵权案件中，也有非排污者单独或与排污者一起共同作为被告的非典型情形，这些非排污者通常是那些对于排污者排污损害负有预防义务的人。司法实践中，环境污染侵权案件适格被告一般为：污染物的排放者；噪声设备的供应商及其安装者、购买者以及管理维护者；排污项目的施工单位、建设单位；环境监测服务机构；污染处理设施的产权所有者或管理者等。原告提起环境污染侵权之诉，目的是要追究被告的民事责任，被告是否适格主要看被告对于防止污染侵害是否负有某种法定或约定的义务，而环境监管部门有时也被为环境污染侵权案的适格被告。[②]

必须注意，排污行为并非指排污超标或环境受到污染。实践中曾出现这样的情形：原告证明被告排放了污染物，但法院认为原告未能证明被告排污超标，环境

---

① 参见2020年最高人民法院修正的《关于审理环境侵权责任纠纷案件适用法律若干问题的解释》第六条。

② 有相关管理部门作为适格被告被判承担民事责任的。例如，河北省冀州市人民法院（2015）冀民一初字第491号民事判决书中认为："衡水市水务局作为滏阳河通冀码渠水闸的管理部门，当污水流入滏阳河后，没有及时关闭连通冀码渠的水闸是造成原告鱼塘鱼类死亡的原因之一，对其过错应承担30%的赔偿责任。"

未因此受到污染,最后判决原告败诉①。环境科学上,环境污染是指有害物质或因子进入环境,使环境系统结构与功能发生变化,对生物体的正常生存和发展产生不利影响的现象。污染物,显然是指那些有害物质或因子。人们判断环境是否被污染以及污染的程度是以环境质量标准为尺度,②而“环境质量标准的保护对象,是作为整体的公众和生态环境,而非个体的自然人或生态环境组成部分”③。质言之,环境质量标准是衡量公益损害能否大面积发生的标准,而非私益损害能否发生的标准。况且,我国“环境质量标准具有阶段性,即使环境质量达标,也可能实际上存在污染,甚至是相当严重的污染”④。环境污染侵权案件司法中,只要能证明被告排放了涉案污染物,受害者发生了损害后果且污染物或次生污染物与损害后果具有因果关系,环境污染侵权责任就能成立。这样就回避了对环境受到污染或污染物超过环境质量标准的证明。因为即便能证明环境受到了污染或污染物超过环境质量标准,这也只是证明区域环境受到损害,即环境公益受到损害,并不必然发生环境私益的损害。而原告提起环境污染侵权之诉是要对其环境私益损害寻求救济,没有必要非要证明环境公益受到损害不可。污染物排放标准是政府允许排污者排放污染物的标准,超标排污是不被允许的违法行为。超标排污并不等同于污染实际发生,达标排污也不意味着污染一定不会发生,将环境污染与超标排污等同起来是错误的认识。污染环境和环境污染是两个不同的概念,前者指排污行为,后者指环境受污染损害的状态或结果。在排污侵权中,排污行为是致害之因,原告只要证明被告存在排污事实即可,无须纠缠于排污是否超标或环境是否受到污染。司法解释明确指出:“侵权人以排污符合国家或者地方污染物排

---

① 王某华诉白河县钰宏旺矿业有限责任公司案,陕西省白河县人民法院(2015)白河民初字第00682号民事判决书中认为:原告的证据仅能证明“被告钰宏旺公司倾倒废渣的情况。虽申请本院在环保局调取证据,环保局回函载明水、粉尘均达到国家标准”,最后法院依“原告未能提供证据证明被告实施了环境污染的侵权行为”判原告败诉。类似的情形也反映在江苏省溧阳市人民法院(2015)溧环民初字第367号民事判决书。法院认为:“原告庭审中虽举证证人万某证言曾在村里闻到刺鼻气味的陈述,但证人受其自身专业知识所限,不能准确描述所谓污染物种类及其指标值,仅凭该证人证言不能得出维多公司存排放气体超标的事实”“溧阳市环境监测站曾于2015年11月6日对被告维多公司的废气排放进行过检测,得出颗粒物排放浓度、二氧化硫排放浓度、氮氧化物排放浓度等指标正常的结论,其排污行为只要不超出法定标准,尚不能视为污染环境行为,除非有相反证据证明。”最后法院以“两原告无证据证明维多公司实施了污染行为”而判原告败诉。

② 参见《环境科学大辞典》编委会主编:《环境科学大辞典(修订版)》,中国环境科学出版社2008年版,第311页。

③ 尤明青:《论环境质量标准与环境污染侵权责任的认定》,载《中国法学》2017年第6期。

④ 尤明青:《论环境质量标准与环境污染侵权责任的认定》,载《中国法学》2017年第6期。

放标准为由主张不承担责任的,人民法院不予支持。”[①]超标排污是污染者承担排污行为违反行政法规范所引起的行政责任的必要条件而不是其承担环境污染民事侵权责任的必要条件。

在一般物质型污染的情况下,污染者只要排放了有害物质或因子就可认定其排放了污染物,无论是否超标,有人因此受到损害就应视其污染了环境,污染者排污损害他人合法权益即需承担侵权责任。关键的问题是在能量型污染的情况下,法律明确规定超标排污才构成污染,此时绝大多数法院认为超标排污就是承担污染侵权责任的必要条件,而只要污染者能证明其排污未超标就能免责。此类超标排污才构成污染的主要有:噪声、振动、放射性[②](或电离辐射)、电磁辐射等能量型污染。实践中,有的法院要么认为污染者未超标排污就不存在污染环境的行为,要么认为排污未超标就不会产生损害后果,由此而认定排污行为与损害后果之间不存在因果关系。事实上,法院对于此类能量型污染排放的解读实属误读。污染物排放标准并不是污染物能否造成损害的标准,只是排污者被政府允许排污的标准。排污侵权救济关注的重心在于排污者排污是否给受害者造成损害,即排污行为与损害后果之间是否存在因果关系,并不在于排污者给环境本身是否造成污染损害,因为那是环境公益损害救济所关注的重心。即使法律上规定排污超标才构成污染,也并不意味着只有超标才能造成损害。能否造成损害,主要取决于污染物质或能量本身的毒害性、受害对象的敏感性以及暴露时间的长短、接受剂量的多少等因素。

(二)损害后果

环境污染侵权案件中,原告的损害后果是指其人身权利、财产权利和(或)精神利益受到被告排污行为的损害。损害后果关乎两个层面的问题:一是受到损害的是原告的合法权益;二是该损害后果是实际存在的具体损害,包括权益类型、损害程度、范围、价值大小和数量等。第一个层面的问题关乎原告对讼争的损害后果是否享有救济请求权,即原告是否适格。这个问题涉及原告自己的身份、受损害对象权属等证明。实践中,原告需出示诸如身份证、结婚证、户口本、房产证、购房合同、租赁合同、承包或转包合同、使用证、病历、诊断证明书、协议书、营业执照、组织机构代码证、税务登记证等相关权益的书证作为自己是讼争合法权益享有者的证明。

---

① 参见2020年最高人民法院修正的《关于审理环境侵权责任纠纷案件适用法律若干问题的解释》第一条第二款。

② 放射性污染,既可视为物质型污染也可以视为能量型污染,因为放射性污染由放射性物质或射线所产生,这种物质或射线能产生电离辐射致害。

第二个层面的问题就是具体的损害结果。在证明具体损害结果这一环节是否需要先弄清楚该损害为污染损害？一般情形下，请求污染侵权救济时原告所针对的损害后果很明显为污染损害后果，如渔业水污染事故中发生的渔损、噪声致害、粉尘致果园减产等。有时候，发生了损害后原告并不能确定是由污染所引起，只是怀疑因被告向环境排污所引起，这本应属于关联性或因果关系的范畴。实践中，法院和当事人还可能会面临污染损害如何界定的问题。有的法院将污染损害理解为污染物本身所能造成的损害。[①] 显然，这种将污染损害简单地等同于污染物本身所造成的损害有失偏颇，应将其扩大理解为污染物或次生污染物本身及其与环境其他因素相结合而生的污染效应所造成的损害，即污染效应损害。在理论上，环境污染所导致的损害后果应包括污染所导致的直接损失和受害者为恢复到未损害之前的状态所支出的所有成本。以土壤污染损害为例，土壤污染损害后果包括土壤污染所致作物减产损害和消除土壤污染所需的费用。[②] 污染所致人身损害的案件中，有时人身损害(患有某种疾病)作为污染损害结果本身难以证明，但是原告为了防止或减轻损害而采取的体检和替代饮水等支出作为损害结果则被法院予以支持。[③] 对于人身损害后果，有时法院还结合原告的家庭境况、治疗情况及其他原因综合分析后确定。[④] 而对于那些必将发生的损失，原告虽未能举证证明，法院也可以酌情判赔[⑤]。原告有时所主张的污染损害属于一种潜在的价值贬

---

① 参见陈某远诉现代牧业(通山)有限公司案，湖北省通山县人民法院(2014)鄂通山民一初字第163号民事判决书中认为："恶臭气体不能导致九宫农庄的固定资产损坏，即使后面有所损坏也是原告怠于管理导致损失扩大，被告对此不应负赔偿责任。"

② 参见重庆市长寿区珍心鲜农业开发有限公司诉中盐重庆长寿盐化有限公司案，重庆市渝北区人民法院(2016)渝0112民初3377号民事判决书中记载土壤污染损害数额有关鉴定项目包括："农产品减产损害费用、土壤修复期间的产出损害费用、土壤污染修复方案编制费用、土壤污染修复工程建设费用、土壤污染修复监测监管费用。"

③ 参见李某萍诉冯某奇案，浙江省乐清市人民法院(2016)浙0382民初2918号民事判决书中认为："最高人民法院《关于审理环境侵权责任纠纷案件适用法律若干问题的解释》第十五条规定，被侵权人为防止污染扩大、消除污染而采取必要措施所支出的合理费用，人民法院应予支持。李某萍虽然未能证明其患病，但其因饮用受污染的井水，因此去体检，或者服用排毒药物，均应属于合理支出。"

④ 重庆市黔江区人民法院(2015)黔法环民初字第00002号民事判决书中认为：原告吴某某因工地噪声而健康受损，"对损害后果也应当结合原告的家庭境况、治疗情况及其他原因综合分析后确定"。

⑤ 参见畅某与阳城县中泰燃气有限公司案，山西省阳城县人民法院(2016)晋0522民初第113号民事判决书中对于原告所主张的无证据支持的误工费、护理费、伙食补助费、营养费、交通费等损失，法院仍酌情判赔。

损，法院认为该损害必须体现在具体的交易中否则不予支持。① 有时原告为了躲避环境污染而离开受污染的环境，其关于受到污染损害的主张难以得到法院的支持。②

原告受到了什么实际污染损害，应由原告来判断和证明。当然，损害必须是达到可予补救的程度而不是轻微的。社会成员对于彼此间的正常活动所造成的轻微不利影响具有相互容忍的义务，以维持社会安定、促进社会合作。③ 一般情况下，原告受到什么损害就会主张什么损害，但是，很多情况下原告所主张的损害难以全部或部分用证据加以证实。在不少环境污染侵权案件中，原告能证明其遭受到了污染损害，但因无法举证其损害的具体数额而不被法院支持。④ 对于同一污染行为，因受害者的不同可能产生的损害后果也差异巨大，处在同一受污染的环境中，他人受到的污染损害并不能作为原告自己已经或即将受到同样的污染损害的证据。⑤

在噪声污染所致的精神损害赔偿案件中，有的原告被法院要求证明其精神损害达到严重的程度，有的原告则被法院免证直接酌情判赔，这实际上是一个关于特定污染造成特定损害的证明标准问题。在有的污染类型中，例如噪声污染并不一定要求必须造成某种损害后果，原告无法忍受噪声污染的影响即可视为一种损

---

① 辽宁省阜新市海州区人民法院（2016）辽0902民初157号民事判决书中认为："对于原告主张房屋贬值损失10万元，本院认为，房屋价值受自身结构、面积、建筑成本以及多种市场因数影响，本案水污染造成的直接损害为当地水资源无法使用，并未对房屋本身造成损害。房屋贬值主要体现在交易过程中，本案原告均为当地居民，房屋主要用途为居住，而非交易，故对于原告该主张，本院不予认可。"

② 参见陈某碧诉台泥（重庆）水泥有限公司案，重庆市渝北区人民法院（2017）渝0112民初9697号民事判决书中认为："原告主张在被告建厂后村里水井不再沁水、不能满足吃水使用是否与被告向大气排放的粉尘、噪音等污染物之间具有一定关联性无法确定，且表示不对水井水源短缺原因进行鉴定；原告主张农作物完全不能生长，但未能举示从被告公司建厂后其居住地土地受到污染，农作物不能正常生长的依据，也未申请司法鉴定，且现场勘验亦不能显示农作物的种植和生长状况；其主张被告生产中存在噪音污染，但从查询的行政处罚决定书看，并无因噪音超标排放而受到处罚的情况，原告亦不能举示其他证据证明被告曾存在生产噪音超标的情况；且即使在上述主张均成立的情况下，原告陈述已搬离原住址租房居住，但未能举示实际租赁房屋产生费用的依据……因此不属于被告因环境侵权行为给原告造成的直接损失，故对原告的该诉讼请求，本院不予支持。"

③ 参见王利明：《侵权责任法研究（上）》，中国人民大学出版社2011年版，第291～292页。

④ 参见吉某诉同仁县通源热力有限公司案，青海省同仁县人民法院（2016）青2321民初第88号民事判决书中认为："原告未就损害结果具体明确化，并加以证明，故其诉讼请求本院不予支持。"

⑤ 参见原告诉茂名市茂港区裕和橡塑制品厂案，广东省茂名市电白区人民法院（2017）粤0904民初420号民事判决书中认为："原告对于因环境污染所受损害并无证据证明，而原告提供的病历和检查报告，由于该病历和检查报告的病人属案外人，而并非本案原告，不属本案审理范围，所以原告诉请被告赔偿经济损失无事实依据，本院不予支持。"

害后果,[1]对损害后果的判定实际上采用的是以受害者的忍受限度为标准。[2] 环境污染侵权之诉一般属损害赔偿之诉,但是在有些污染侵权案件中,如原告诉请停止侵害、排除妨害、赔礼道歉等,被告承担环境污染侵权责任并不一定要求有损害后果的存在。[3] 在一些案件中,原被告在诉前达成的污染调解或补偿协议中的赔偿或补偿数额可以作为损害后果在诉讼中被法院采信。[4]

(三)因果关系

环境污染侵权中的因果关系是指损害行为与损害后果之间的引起与被引起的关系,即损害行为是因,而损害结果为果。在多数物质型污染侵权案件中,排污者的排污行为与受害者权利损害之间存在较长的链条,二者因果关系的证明相对复杂困难。一般情况下,环境污染是排污者将废弃的物质引入环境的结果,而环境污染侵权则是环境受到污染后又导致受害者人身和财产权利受到侵害。环境污染侵权一般由环境作为媒介,侵权链条较长,属间接侵权。如果对因果关系进行倒序证明,那就需要先证明受害者的人身或财产损害是由环境污染所引起,这种因果关系属直接因果关系。对这一事实的证明有的法院认为属于损害后果的范畴,显然是荒谬的。这种损害结果由何污染物所致及其相应的致害机制的证明具有明显的科学技术性特点,无论对于原告还是对于被告来说都是十分困难的事情。因此,环境污染侵权案件司法中,对因果关系要件的证明经常借助于由第三方中介机构所出具的检测、鉴定或评估报告等科学证据。

虽然因果关系在科学上能否成立主要属于事实判断的问题,但是,环境侵权

---

① 参见段某诉黄石扬子房地产开发有限公司、黄石市扬子物业管理有限责任公司案,湖北省黄石市下陆区人民法院(2016)鄂0204民初275号民事判决书中认为:“被告黄石扬子房地产开发有限公司虽辩称其开发的楼盘经过相关的行政部门的审批、验收,但其将该小区所使用的变配电机房安装在原告段某所居住的×号楼2单元的地下室,不符合国家住宅设计规范的相关规定,对长期生活居住在变配电机房上方的原告段某造成了危害以及潜在的健康损害,对此,被告黄石扬子房地产开发有限公司负有过错责任。……被告黄石扬子房地产开发有限公司虽辩称其变配电机房的安装位置与原告段某所居住的房屋中还有其他楼层,其他楼层的人员包括被告黄石市扬子物业管理有限责任公司的办公室所在地的工作人员和其他业主,他们均未反映噪声的问题。但噪声的影响对于每个人而言,因个体存在差异,不能因其他人未反映噪声的问题,而推断噪声对原告没有影响,本院依法不予采信。”

② 参见魏淑芬:《一种可予借鉴的环保法理论——“忍受限度论”评介》,载《山东法学》1996年第4期。

③ 参见季某某、于某某、陈某某、张某某、李某某诉刘某某案,湖南省岳阳市岳阳楼区人民法院(2016)湘0602民初3976号民事判决书中认为:“被告持续违法排放污染物导致原告居住的大气环境污染,有造成原告身体遭受损害的可能,原告虽未提起损害后果赔偿之诉,但请求被告赔礼道歉,并无不妥,本院予以支持。”

④ 参见傅某某诉陈某某案,湖南省宁乡县人民法院(2016)湘0124民初219号民事判决书中对于原告诉请的被告应按调解协议书上的赔偿数额作为损害后果进行赔偿予以支持。

法上的因果关系更涉及价值判断的问题。前述排污行为要件中，达标排污或未造成区域环境质量超标的排污并非无害行为。因此，在一定区域内所排污染物（能量）未超过适用该区域的环境质量标准，并不能作为排污行为与损害后果无因果关系的认定标准。“以环境质量标准作为侵权责任法的法政策、法价值的边界并不正确”①。有案例显示如果长期处于某种强度的电磁辐射场中，家禽会出现生病死亡的现象。② 这表明，即使长期生活在低于国家排放标准的电磁辐射场中，特定种类的生物也可能因无法承受特定强度的电磁辐射污染而生病或死亡，这属于排污与损害后果之间具有因果关系的事实关联问题。但是，在现有的经济技术条件下，为了能保障社会生产生活所需的电力生产供应，立法者③允许电力设施一定强度之下的电磁辐射排放，这显然属于一种价值衡量的结果。然而，这并非表明立法者就“因为环境质量达标而否定法律因果关系或者相当性”④。此时，司法者对于立法者意图的领悟或价值选择对于受害者能否在个案中获得救济显得至为关键。当前，在电磁污染侵权诉讼中，因司法者的价值选择而使原告所受到的侵害得不到救济的现象显然与法律所追求的公平正义价值相悖。因果关系具有价值判断的属性，还表现在某种具有间接影响的因素是否应作为法律上的损害原因加以考虑上。例如，在污染物与人身健康损害的因果关系问题上，特定疾病与特定污染物在病理上难以确定有直接的因果关系。但是，长期处于受此种污染物污染的环境中，该类疾病容易因污染而诱发产生，⑤该污染物产生的环境污染作为诱发性因素应否作为法律上的损害原因加以考虑也属价值判断的问题。

在环境共同侵权因果关系的证明上，需要解决原因力的问题。当某一损害结果的发生原因并不唯一或某一损害结果由多种因素相互结合而促成时，作为原告损害结果的原因是否可以区分以及如果可区分则被告的排污行为作为该损害结

---

① 尤明青：《论环境质量标准与环境污染侵权责任的认定》，载《中国法学》2017 年第 6 期。

② 参见唐某诉国网四川省电力公司南充供电公司、南充市顺庆区人民政府、兰渝铁路有限责任公司案，四川省西充县人民法院（2017）川 1325 民初 1249 号民事判决书中记载原告诉称其饲养的野鸡受高压线辐射致死。

③ 现行电磁辐射的国家标准为《电磁环境控制限值》（GB 8702—2014）。

④ 尤明青：《论环境质量标准与环境污染侵权责任的认定》，载《中国法学》2017 年第 6 期。

⑤ 参见何某英、何某玫、江某圣诉福州开发区天信贸易有限公司案，厦门海事法院（2015）厦海法事初字第 43 号民事判决书中记载在其先前判决书中认为：“从疾病的通常病理上讲，三原告所诉称且被诊断的急性肠胃炎、盲肠脂肪瘤并慢性结肠套叠、浅表性胃炎、气虚（头晕、神疲乏力、口干、咽部不适、汗多、流鼻涕等症状）、急性支气管炎（咳嗽、呼吸道感染等症状）、血管神经性水肿的疾病均与粉尘、噪声无直接因果关系。但如长期生活在粉尘、噪声影响下的恶劣环境中，因情绪的长期压抑、烦躁，人的自身抵抗能力也会处在较低水平，容易诱发各种疾病。”据此判断，法院认定即使特定污染物污染环境对于特定疾病的产生无直接因果关系，也具有间接因果关系，也应加以考虑。

果的原因在整个原因体系中占多大比例仍然需要证明。如果可区分,被告只需承担比例或按份责任;如果不能区分,则被告面临承担连带责任。[①] 在多原因所致环境污染侵权案件中,被告被判承担比例责任的居多。[②] 在因果关系的证明上,还存有一个问题:排污行为与损害后果之间的因果关系是否唯一? 这实际上是关于因果关系证明标准的问题,本章后续内容将有所解读。

毋庸置疑,在能量型污染和少数物质污染型污染侵权案件中,污染物质或能量直接作用到受害者的人身或财产,比如,噪声致人听力以及精神损害、特定化学

---

① 从查阅的判决书来看,环境污染侵权诉讼中被告被判承担连带责任的有如下几种情形:一是排污者不明,污染场地提供者与污染赔偿事宜的协商者被判对污染侵权承担连带责任,如河北省柏乡县人民法院(2014)柏民一初字第448号民事判决书;二是生活小区供暖设备噪声污染侵权,开发商和物业公司被判承担连带责任,如河南省洛阳市洛龙区人民法院(2014)洛龙民初字第2379号民事判决书;三是畜牧公司与养殖户签订肥猪养殖合同及养殖协议,被认定为属松散的合作经营模式,共同获取利益,对外共同承担风险,造成污染侵权损害而被判承担连带责任,如湖北省当阳市人民法院(2015)鄂当阳民初字第02068号民事判决书;四是违法为排污者提供场地导致污染侵权而被判承担连带责任,如河北省井陉县人民法院(2015)井民一初字第00449号民事判决书;五是在主观上并不具有关联性与意思联络而共同造成同一污染后果的共同污染侵权者被判承担连带责任,如重庆市渝北区人民法院(2016)渝0112民初3377号民事判决书。因获取判决书样本有限,实际中被判承担连带责任的情形远不止如上几种。

② 如浙江省常山县人民法院(2014)衢常红民初字第149号民事判决书中认为:"因瓜苗死亡原因与瓜田受淹有直接关系,被告排放的废水仅加重了瓜苗的受损程度,综合实际情况,确定由被告对原告的损失承担30%的责任";安徽省凤阳县人民法院(2015)凤民一初字第00403号民事判决书中认为:被告"朱某友……其行为存在严重过错,应承担60%的赔偿责任";江苏省连云港市连云区人民法院(2014)港环民初字第0002号民事判决书中认为:"综合考虑以上分析的可能因素,可以确定被告的排污行为是造成原告鱼死亡的主要原因,故本院酌情确定两原告的损失由被告承担60%";河南省襄城县人民法院(2014)襄民初字第316号民事判决书中认为:"鉴于本案的污染行为系多方原因造成,本院确定被告承担70%的赔偿责任";河北省冀州市人民法院(2015)冀民一初字第491号民事判决书中认为:"衡水市水务局作为滏阳河通冀码渠水闸的管理部门,当污水流入滏阳河后,没有及时关闭连通冀码渠的水闸是造成原告鱼塘鱼类死亡的原因之一对其过错应承担30%的赔偿责任";湖南省祁阳县人民法院(2016)湘1121民初544号民事判决书中认为:"鉴于原告果园果树受损害的事实客观存在,原告种植的果树的死亡原因是由于被告砖厂排放尾气污染和果树受虫害共同造成的,原告、被告对果园果树的损害应各承担一半的责任";北京市昌平区人民法院(2017)京0114民初15651号民事判决书中认为:"本院根据双方的过错程度,认定对于1·11事故的损害后果,绿色金可公司承担60%的赔偿责任,密云华鑫公司承担40%的赔偿责任",等等。

品直接腐蚀特定财物[①]、交通事故导致特定化学品泄漏污染环境损害特定财物[②]、特定污染物造成人体特定疾病[③]等，该类案件中损害后果与污染物之间的直接因果关系比较明显。此时，环境自身并未起到多少媒介作用，受害者对于存在因果关系的证明又相对容易。

（四）主观过错

环境污染侵权案件中，一般采无过错责任或严格责任原则，即追究污染者的侵权责任时不考虑其主观过错。虽然，法律上并没有将主观过错作为环境侵权责任的构成要件，但是，实践中，仍有一些法院要求原告承担排污者具有主观过错举证责任的情形，[④]这显然是对环境污染侵权责任构成要件的错误理解与适用。前述已经提到，在环境噪声污染侵权中，法律明确规定环境噪声污染的构成需有两个条件：一是超标排放噪声，二是他人受到干扰。[⑤] 而超标排放噪声除有法律规定的阻却行为违法性事由即属违法行为，则需要承担法律责任。超标排污可被推定为一种主观上具有过错的行为。除噪声污染以外，立法上还规定电磁辐射、放射性（或电离辐射）、振动污染[⑥]也属于超标排放才构成污染。而且未来可能还有光、热等能量也会采用超标排放才构成污染的立法。有学者认为："在国家规定的噪声排放标准限度之内的噪声排放，根本不构成法律意义上的环境污染，更谈不上构成环境污染侵权责任。"[⑦]该论点谬误在于通过环境污染来演绎环境污染侵

---

① 参见许某清诉北京市首都公路发展集团有限公司案，北京市密云区人民法院（2015）密民初字第03428号民事判决书中原告诉称："被告施工时对高架桥的附属排水设施未安装完毕，导致高架桥上含有融雪剂等有害成份的水直接流到我的承包地里，致使地上的果树腐烂、庄稼枯萎。"法院也认为："融雪剂对于土壤和植物具有污染作用，是众所周知的事实。"显然，法院对于融雪剂对于原告财产的损害判断是建立在直接作用基础之上的。

② 参见南京市六合区人民政府龙袍街道办事处、南京市六合区龙袍街道孙赵社区村民委员会诉被告六安市金城汽车运输有限责任公司、江苏海兴化工有限公司、岳阳市云溪区道仁矾溶剂化工厂案，江苏省南京市六合区人民法院（2014）六环民初字第2号民事判决书中显示：原告所诉称的被告运送DD混剂泄漏发生污染事故而致损害后果之间的因果关系基本上处于免证情形。

③ 参见何某英、何某玫、江某圣诉被告福州开发区天信贸易有限公司案，厦门海事法院（2015）厦海法事初字第43号民事判决书援引其先前所作的生效判决书中所作的认定："原告何某某诉称的肺部感染、原告何某某诉称的荨麻疹与粉尘则可能存在直接因果关系，原告何某某诉称的听力（双耳感音神经性聋）与噪声也可能存在直接因果关系。"

④ 参见赵某薇、赵某政诉中铁四局集团第四工程有限公司案，四川省米易县人民法院（2017）川0421民初181号民事判决书中认为："诉讼中，原告赵某薇、赵某政未提供相应的证据证明被告中铁第四工程公司修建高速铁路的行为具有违法性，故对原告赵某薇、赵某政要求判令被告停止排放污染物的诉讼请求，本院不予支持。"

⑤ 参见2021年发布的《噪声污染防治法》第二条第二款。

⑥ 参见2003年发布的《放射性污染防治法》第六十二条。

⑦ 张宝：《环境侵权责任构成的适用争议及其消解——基于4328份裁判文书的实证分析》，载《湘潭大学学报（哲学社会科学版）》2018年第2期。

权,即要想构成环境污染侵权必须先有环境污染,而环境污染的衡量标准就是环境污染物排放超标。我国当前能量型污染防治立法中规定采用超标排放才构成污染的标准,而实践部门又以排污者超标排放作为构成能量型污染侵权的必要条件,[①]但本书认为能量型污染侵权不应与物质型污染侵权在构成要件上有所区分。究其原因,排污超过环境质量标准作为构成污染的标准是环境行政执法的标准,并非能造成损害结果的标准。环境质量标准,属于公众健康保障底线,政府一般不允许超过这一标准排污,否则会予以法律制裁。没有超过这一标准排污,政府在执法上一般不会干预,但如果给他人造成损害后果,他人仍然有权请求其承担侵权责任。"环境污染侵权"这一用语的要害在于,容易让人演绎出先有环境污染后有侵权。实际上,环境污染属于环境本身受到损害的后果,属于一种公益性损害,这一概念对于受害者寻求其自身私益损害救济可能有害而无益,因为并非所有的环境污染侵权都遵循先污染环境再损害他人合法权益的顺序。即便环境污染侵权是先损害环境公益再损害他人私益,这只是两种损害后果出现的先后顺序问题。在私益损害救济中,受害者并无必要证明公益损害是其私益损害的必要条件,受害者只需证明侵权行为与其损害后果有因果关系即可,而环境污染侵权中的侵权行为实际上就是排污者的排污行为。实际上,环境是否受到污染,多数受害者并不关心,环境是否受到污染损害属环境公益损害的范畴,环境公益损害与环境私益损害是两个不同的范畴,对二者的评价应适用不同的价值规则。环境公益是否受到侵害并不是环境污染侵权成立的必要条件。正因如此,最高人民法院司法解释中规定排污达标并不是污染者免责的理由,而且司法解释并未对物质型污染和能量型污染作出区分。

无过错责任旨在填补受害者所遭受的损害,污染者无论有无过错,无辜受害者都应得到救济。但是,作为承担侵权责任一方的污染者,如果无论排多排少即无论超标还是达标排污,侵害他人权益都承担无差别侵权责任的话,污染者就无动力减少排污,如此则不利于环境公益的保护。故此,有学者主张环境污染侵权应"实行无过错责任与过错责任共同适用的二元归责体制,达标排放造成损害仍需要承担侵权责任,但以填补受害人损失为限;超标排放则认定为具有过错,除了填补损失外,由法官根据案件的具体情况判断是否适用惩罚性赔偿、精神损害赔偿或预防性责任方式(停止侵害、消除危险等)"[②]。这一观点业已在《民法

① 但也有人认为噪声污染侵权实行的仍然是无过错责任原则,因为只有噪声排放超标才构成噪声污染,一旦构成噪声污染之后侵害他人合法权益的,就不再考虑其行为主观过错之有无了。参见张新宝、汪榆森:《污染环境与破坏生态侵权责任的再法典化思考》,载《比较法研究》2016 年第 5 期。

② 陈海嵩:《论环境法与民法典的对接》,载《法学》2016 年第 6 期。

典》中体现出来，该法第一千二百三十二条就规定了环境故意侵权的惩罚性赔偿责任。

当然，环境污染侵权实行无过错责任的对象应限于污染物的排放者或产生者，而对于第三方主体则并不适用，《民法典》第一千二百三十三条规定针对第三人实行过错责任原则。在环境污染侵权案件中，如果原告所追责的对象不是排污者自身，而是相关的管理者或其他对污染损害预防负有法定或约定义务的人，此时，该管理者或其他对污染损害预防负有义务的人承担民事侵权责任需以存在主观过错为必要。

二、生态破坏侵权责任之实体构成要件

生态破坏是一个描述性术语，辞典上未见界定。就其字面意义来看，生态破坏即为生物的良好生存状态发生了破坏或恶化，这等同于环境科学上所说的环境问题。人们日常所谓的生态破坏或环境破坏则是与环境污染相对应的一类环境问题，即由于人类向环境中过度索取物质和能量导致环境要素的属性、结构和功能等发生对生物不利改变的现象，而环境污染则是人类向环境过度排放物质或能量导致环境质量发生不利改变的现象。环境污染和生态破坏两种过程容易混杂在一起，特别是对诸如土地、水、海洋、大气等环境要素的污染，常常伴随着生态破坏结果的出现。有时生态破坏也会伴随着环境污染的出现，[①]有学者认为二者“是环境问题的两种表现形式，互为因果”[②]，以至于有人认为生态破坏侵权与环境污染侵权适用相同的归责原则是顺理成章的。[③] 虽然生态破坏侵权有不少与环境污染侵权混杂一起，甚至有时环境污染与生态破坏互为因果，而且二者也有不少共同性，但是生态破坏侵权和环境污染侵权毕竟属于两种不同的侵权类型。

生态破坏侵权，又称环境破坏侵权，即行为人破坏生态环境，直接或间接侵害他人人身、财产等合法权益的现象。长期以来，我国学术界青睐于对环境污染侵权的理论研究，而忽视对生态破坏侵权的理论研究，以至于有人用环境污染侵权取代生态破坏侵权，进而在事实上忽视了生态破坏侵权与环境污染侵权之差别。

---

① 参见邓某庆等人诉被告湖南安化湘安钨业有限责任公司案，湖南省安化县人民法院(2015)安法民一初字第1429号民事判决书中原告诉称：“被告违规越界开采，村境内地下大部分被挖空，地下水位下降，土质干枯，致使林木不能生长，地面下沉(已发生三处地表塌陷)”以及“被告将尾砂非法排放大溶溪村，污染大溶溪水，致使村民不能生活、生产用水”。被告采矿活动既造成生态破坏，也造成环境污染。

② 吕忠梅：《论生态文明建设的综合决策法律机制》，载《中国法学》2014年第3期。

③ 参见张新宝、汪榆淼：《污染环境与破坏生态侵权责任的再法典化思考》，载《比较法研究》2016年第5期。

在民事司法实践中,过去生态破坏侵权没有专门案由,法院将生态破坏侵权案件要么作为普通民事案件对待,要么以“环境污染责任纠纷”作为案由,显得不伦不类,生态破坏侵权案件司法的特殊性未得到足够重视。鉴于此,2020 年修订的《民事案件案由规定》在“环境污染责任纠纷”之后新增“生态破坏责任纠纷”共同作为“侵权责任纠纷”的三级案由。与环境污染侵权相比,生态破坏侵权有着自己的独特性,特别是那些不是以环境污染为肇因的纯生态破坏行为产生的生态破坏侵权,很难用环境污染侵权来取而代之。事实上,环境污染只是造成生态破坏的次要原因,非环境污染造成生态破坏的案件大量存在。环境侵权到底是环境污染侵权还是生态破坏侵权,要看引起侵权的主要行为是排污行为还是生态破坏行为。根据侵权责任法的一般原理,生态破坏侵权责任构成也应从损害行为、损害后果、因果关系、主观过错等四个方面来考察,下面将分而述之。

(一)损害行为

生态破坏侵权中的损害行为,是指破坏生态而危害他人合法权益的行为。与环境污染侵权构成要件中的损害行为一样,该损害行为的要件暗含着行为主体,即损害行为人。生态破坏的损害行为人是指实施破坏生态环境的行为人,即从事生产活动造成生态破坏或生态破坏威胁从而危害他人人身或财产权益的单位和个人。可能的生态破坏侵权责任主体,既包括从事生产建设活动以及开发利用自然资源的大中型企业,也包括相关的小型企业、个体户和个人;既包括从事生产生活者,也包括相应的监管者。监管者虽然不是生态损害的行为人,但是其有关环境保护的决策或管理不当行为也能引发生态破坏,在生态破坏侵权案件中也可能成为适格的被告。司法实践中,生态破坏侵权案件的被告仍以企业被告为主,多与农村土地利用有关。相关环境资源的开发利用行为一旦危害到农民对其土地的利用时,极易引起相关的生态破坏侵权纠纷。

从现行环境立法来看,生态破坏侵权中的损害行为主要表现为以下几种情形:一是排污行为。生态破坏是由排污行为所造成,生态破坏是环境污染的后果,生态破坏侵权中的损害行为即表现为排污行为。此时,环境污染侵权与生态破坏侵权发生竞合。一些法律,特别是那些环境要素污染防治法律中可以发现排污行为可能引发生态破坏的后果，即环境污染侵权与生态破坏侵权可能发生竞合。① 二是非法、不当开发利用或破坏自然资源的行为。由于一些自然资源也可被视为环境要素，在一些自然资源的相关立法中，那些非法、不当开发利用或破坏自然资源而损害他人合法权益的行为，也就成为生态破坏侵权中的损害行为。② 三是违反生态保护的相关规定破坏生态而侵害他人合法权益的行为。③ 四是开采矿产资

① 如《海洋环境保护法》第八十九条："造成海洋环境污染损害的责任者，应当排除危害，并赔偿损失；完全由于第三者的故意或者过失，造成海洋环境污染损害的，由第三者排除危害，并承担赔偿责任。对破坏海洋生态、海洋水产资源、海洋保护区，给国家造成重大损失的，由依照本法规定行使海洋环境监督管理权的部门代表国家对责任者提出损害赔偿要求。"《水污染防治法》第九十六条："因水污染受到损害的当事人，有权要求排污方排除危害和赔偿损失。"该法第一百零二条对于水污染的定义是："指水体因某种物质的介入，而导致其化学、物理、生物或者放射性等方面特性的改变，从而影响水的有效利用，危害人体健康或者破坏生态环境，造成水质恶化的现象。"水污染能破坏生态环境，因水污染受到损害，应当包括水污染引起的生态环境破坏而受到的损害。《大气污染防治法》第一百二十五条："排放大气污染物造成损害的，应当依法承担侵权责任。"大气污染物最终会沉降到地面或水体，有的如酸雨会引起生态破坏而致人合法权益损害，故大气污染中环境污染侵权和生态破坏侵权也可能出现竞合的情形。《土壤污染防治法》第九十六条："污染土壤造成他人人身或者财产损害的，应当依法承担侵权责任。"该法第二条第二款对土壤污染下的定义："本法所称土壤污染，是指因人为因素导致某种物质进入陆地表层土壤，引起土壤化学、物理、生物等方面特性的改变，影响土壤功能和有效利用，危害公众健康或者破坏生态环境的现象。"显然，土壤污染能引起生态破坏，由土壤污染侵权的，可能会出现环境污染侵权与生态破坏侵权竞合的情形。《渔业法》第四十七条："造成渔业水域生态环境破坏或者渔业污染事故的，依照《中华人民共和国海洋环境保护法》和《中华人民共和国水污染防治法》的规定追究法律责任。"而以上两部法律中规定的是环境污染侵权与生态破坏侵权竞合。

② 如《森林法》第七十一条："违反本法规定，侵害森林、林木、林地的所有者或使用者的合法权益的，依法承担侵权责任"，《草原法》第六十六条："非法开垦草原……给草原所有者或者使用者造成损失的，依法承担赔偿责任。"《草原法》第六十七条："在荒漠、半荒漠和严重退化、沙化、盐碱化、石漠化、水土流失的草原，以及生态脆弱区的草原上采挖植物或者从事破坏草原植被的其他活动的……给草原所有者或者使用者造成损失的，依法承担赔偿责任。"《草原法》第六十八条："未经批准或者未按照规定的时间、区域和采挖方式在草原上进行采土、采砂、采石等活动的……给草原所有者或者使用者造成损失的，依法承担赔偿责任。"《草原法》第六十九条："违反本法第五十二条规定，擅自在草原上开展经营性旅游活动，破坏草原植被的……给草原所有者或者使用者造成损失的，依法承担赔偿责任。"《草原法》第七十条："非抢险救灾和牧民搬迁的机动车辆离开道路在草原上行驶，或者从事地质勘探、科学考察等活动，未事先向所在地县级人民政府草原行政主管部门报告或者未按照报告的行驶区域和行驶路线在草原上行驶，破坏草原植被的……给草原所有者或者使用者造成损失的，依法承担赔偿责任。"《渔业法》第三十九条："偷捕、抢夺他人养殖的水产品的，或者破坏他人养殖水体、养殖设施的……造成他人损失的，依法承担赔偿责任。"

③ 如《防沙治沙法》第四十二条："违反本法第二十八条第二款规定，未经治理者同意，擅自在他人的治理范围内从事治理或者开发利用活动的……给治理者造成损失的，应当赔偿损失。"《水土保持法》第五十八条："违反本法规定，造成水土流失危害的，依法承担民事责任。"《野生动物保护法》第三十八条："任何组织和个人将野生动物放生至野外环境，应当选择适合放生地野外生存的当地物种，不得干扰当地居民的正常生活、生产，避免对生态系统造成危害。随意放生野生动物，造成他人人身、财产损害或者危害生态系统的，依法承担法律责任。"《风景名胜区条例》第五十条："本条例第四十条第一款、第四十一条、第四十三条、第四十四条、第四十五条、第四十六条规定的违法行为，侵害国家、集体或者个人的财产的，有关单位或者个人应当依法承担民事责任。"《海岛保护法》第五十五条："违反本法规定……造成海岛及其周边海域生态系统破坏的，依法承担民事责任。"

源造成生态破坏而侵害他人合法权益的行为。[①] 司法实践中,生态破坏侵权中的损害行为主要表现为以下几种情形:一是环境污染行为,即污染行为造成生态破坏,环境污染侵权与生态破坏侵权竞合,此时生态破坏侵权一般为环境污染侵权所吸收而被视为环境污染侵权;二是叠加环境污染的生态破坏行为,如起初只有生态破坏行为,后又加入环境污染行为,引起环境污染与生态破坏损害相叠加混同,此时,生态破坏与环境污染哪一个被吸收主要看二者对于损害发生所起的主次作用;三是采矿造成水土流失、地下水枯竭从而侵害他人合法权益;四是违法进行项目建设施工引起水土流失而侵害他人合法权益;五是因不当行为导致渣土影响行洪或排水而危害他人合法权益;六是违反合同义务而破坏生态的行为,此时违约行为与生态破坏侵权行为发生竞合。

(二)损害后果

生态破坏本身是对生态环境的损害后果,生态破坏侵权的损害后果是指生态破坏造成他人人身和财产损害或损害威胁。在环境污染侵权与生态破坏侵权竞合或生态破坏侵权被环境污染侵权所吸收的情况下,生态破坏侵权的损害后果与环境污染侵权的损害后果一致,既可以引起他人人身健康损害,又可以引起他人财产损害。此时,生态破坏侵权损害后果与环境污染侵权损害后果的计算应该遵循相同的规则。而对于那些主要不是或全部不是由污染引起的生态破坏侵权,从现有法律规定来看,一般是造成财产损失的情形多见,而对于侵害他人人身权利的,除《野生动物保护法》有规定外,其他法条中尚无直接规定。因生态破坏侵权纠纷极易与一般财产损害纠纷相混同,过去因缺少生态破坏侵权案由,在未套用或无法套用环境污染责任纠纷作为案由时,有的法院则采用财产损害纠纷作为生态破坏侵权的案由。[②]

---

① 《矿产资源法》第三十二条:“开采矿产资源给他人生产、生活造成损失的,应当负责赔偿,并采取必要的补救措施。”《煤炭法》第二十五条:“因开采煤炭压占土地或者造成地表土地塌陷、挖损,由采矿者负责进行复垦,恢复到可供利用的状态;造成他人损失的,应当依法给予补偿。”

② 参见俄某诉祁连县交通运输局财产损害赔偿纠纷案,青海省祁连县人民法院(2017)青2222民初103号民事判决书中对原告诉称:“被告祁连县交通运输局在托勒河上修建大桥一座,并在上游砌护坡,致河水流向改变,导致原告草场网栏被毁,部分黑刺林和草原被水淹没冲毁,直到现在,河水依然在不断侵蚀草原,受损草原面积在不断扩大。”法院以“财产损害赔偿纠纷”为案由立案。最后经审理认定:“本案属一般侵权纠纷而非环境污染、破坏生态纠纷案件。”又如黑龙江省鸡东县人民法院(2017)黑0321民初2173号民事判决书中原告诉称:“矿业集团修建大坝的行为虽然无过错,但是其改变了千百年来河水的流淌方式,其在上游修建大坝对水库的流淌产生的阻滞作用是显而易见的。随着大坝石缝被填满,泥沙阻塞河道的现象会越来越向北延伸,河水溢出会越来越严重,导致朱某宝承包的45亩土地被淹。”法院以“财产损害赔偿纠纷”并认为:“朱某宝向矿业集团主张财产损害赔偿,追究的是一种侵权责任。而构成侵权责任必须具备以下条件,缺一不可。即违法行为、损害事实、违法行为与损害事实之间具有因果关系、行为人主观上具有过错。”

（三）因果关系

从上述关于生态破坏侵权中损害行为与损害后果的考察来看，生态破坏侵权中因果关系的形态呈现多样化。首先，在环境污染与生态破坏发生竞合或混同的情形中，生态破坏侵权被环境污染侵权所吸收时，二者以间接侵权为主，此类生态破坏侵权中因果关系与环境污染侵权中因果关系无异，二者遵守相同的规则。在此类生态破坏侵权案中法院援引有关环境污染侵权的法律规定来裁判并无不当。其次，在主要不是或完全不是由环境污染所造成的生态破坏侵权案件中，生态破坏侵权中因果关系则有直接侵权和间接侵权之分。薄晓波博士根据侵权行为直接作用对象的差异，将生态破坏侵权分为直接生态破坏侵权和间接生态破坏侵权。直接生态破坏侵权就是损害行为直接作用到受害人的人身、财产权益，比如直接砍伐他人林木的侵权行为；间接生态破坏侵权是指侵权行为并不直接对他人的民事权益造成损害，先只作用于生态环境，由于生态环境的恶化或与其他因素相结合之后，造成对他人人身、财产权益的损害。① 薄博士认为在直接生态破坏侵权中，财产损害与侵害行为之间的直接因果关系比较明了，适用普通侵权规则。直接生态破坏侵权与普通的人身或财产侵权具有共同性，这也是实践中有的法院采用财产损害赔偿纠纷作为一些生态破坏侵权案由的原因。而间接生态破坏侵权与一些物质型环境污染相类似，行为人的行为先作用到环境要素，可能经过较为漫长的时间才能造成生态退化、环境要素功能或结构的不利改变，再引起受害者的人身或财产损害。这就使得对那些间接生态破坏因果关系的链条追溯变得复杂困难，甚至有的因果关系存在与否事实上难以认定。这也是生态破坏损害纠纷并不像环境污染损害纠纷那样频发的重要因素之一。当然，还是有一些生态破坏侵权案件中因果关系证明相对简单，另有不少复杂的生态破坏侵权案件从损害后果回溯到损害行为借助于科学技术手段和专门知识也是有可能完成的。

（四）主观过错

生态破坏侵权中的主观过错，是指行为人对于生态破坏产生的损害后果所存在的主观上的故意或过失，主观过错决定了损害行为的违法性。在《民法典》颁布之前，生态破坏侵权行为的违法性可以从两方面来考察：一是构成生态破坏侵权行为需以行为违反有关环境行政法规范为前提，该行为构成民事侵权需以构成行政违法为必要，我国《森林法》《草原法》《渔业法》《水土保持法》《海岛保护法》《野生动物保护法》《自然保护区条例》《风景名胜区条例》等即作如此规定；二是

① 参见薄晓波：《论环境破坏侵权行为的归责原则与责任构成要件》，载《研究生法学》2011 年第 2 期。

构成生态破坏行为无须以违反有关环境行政法规范为前提，即构成民事侵权不以行政违法为必要，我国物质型污染环境防治法、《矿产资源法》、《煤炭法》等即作如此规定。《民法典》颁布之后，该法第一千二百二十九条将污染环境与破坏生态并列在一起作为环境侵权的两类行为，都实行无过错责任原则。因此，《民法典》统一了我国在环境保护单行法上关于生态破坏侵权构成在主观过错要件上的不同规定，一律实行无过错责任。而那些违反自然资源保护法和生态保护法，破坏生态并损害他人合法权益的，当然能构成生态破坏侵权。毕竟在《民法典》生效后，那些破坏生态损害他人合法权益的行为，即便未违反环境保护单行法律也能构成生态破坏侵权。当然，与环境污染侵权实行无过错责任的对象应限于污染物的排放者或产生者一样，生态破坏侵权实行无过错责任也是限于生态破坏行为的实施者，而对于第三方主体则并不适用。在非典型生态破坏侵权案件中，如果原告所追责的对象不是生态破坏行为人自身，而是相关的管理者或其他对生态破坏损害预防负有法定或约定义务的人，此时，该管理者或其他对生态破坏损害预防负有义务的人承担民事侵权责任需以存在主观过错为必要。

另外，按照2021年最高人民法院发布的《环境资源案件类型与统计规范(试行)》，生态破坏侵权案件应属于“其他生态破坏案件”，因为生物多样性保护案件、景观多样性保护案件、重点生态区域保护案件等多侧重于对于环境公益的保护，而生态破坏侵权则属于对于私益的救济。

第三节　环境民事司法中实体举证责任分配

本节所谓环境民事司法中实体举证责任分配，是指环境污染侵权、生态破坏侵权和环境公益侵权司法案件中其民事责任各实体构成要件的举证责任分配。为了明确环境民事司法中有关实体举证责任分配的一些特殊问题，有必要先考察一下我国民事司法中举证责任分配的一般理论及其存在的一些片面理解。以此为基础，进而更易理解环境民事司法中实体要件举证责任分配中的一些特殊规则。

一、民事司法中举证责任分配的一般理论

(一)对举证责任含义的澄清

举证责任无疑是民事司法中一个非常重要的概念，但是对其内涵我国法律及其解释中并没有给出一个明确而统一的界定，实际上，举证责任一词被赋予了多层含义。一方面，举证不仅是向法院提交证据，而且还要用证据进行证明以让法

官相信其主张的真实性与合法性;另一方面,“责任”不仅可作义务来理解,还可作“不利后果”即违反义务的不利法律后果来理解。如此,“举证”一词有双层含义,包括提证和证明,而“责任”一词也有双层含义,包括义务和不利后果。当事人向法院提起诉讼被正式受案后,法院则获得了对当事人实体权利义务关系的依法裁判权。奉行证据裁判主义的法院有权要求当事人对其主张的事实向法院承担提证证明义务,如果当事人能拿出证据证明其主张为真实合法,法院就依法支持当事人的主张,否则法院将否决当事人的主张。法院对于当事人主张的支持或否决就是当事人对法院承担的举证义务所产生的法律效果,具有诉讼法上的权利义务对应关系。当事人在程序法上所承担的举证义务,最终会影响到其实体法上的权利义务承担。如果当事人举证成功,则其实体权利主张会得到法院相应的支持,否则将被法院否决。而举证成功与否并不是举证义务是否得以履行或被违反的标准,即便双方当事人都积极履行了举证义务,总有一方可能会举证成功,另一方会举证失败。当事人这种败诉的不利后果本质上是法院判定其实体法上应承担的法律义务或不享有某种权利的体现,而不是其诉讼法上法律义务的体现。质言之,当事人在裁判上所承担实体不利的后果仍然是其在私法上权利义务的体现,并不是其对诉讼法上的举证义务违反的法律后果。举证义务是诉讼法上的义务,性质上属公法上的义务,违反公法上的举证义务应以妨害举证行为论处或其举证权利应受到某种限制。反观当前我国主流学术界与实务界所谓的举证责任,这一术语既承担着公法上举证义务的内涵,又承担着私法上法律责任的内涵,导致举证责任内涵中出现公私混杂、实体与程序混杂、义务与责任混杂等三种不同属性的事物混杂在一起的局面,这对举证责任这一术语来说显然是一种难以承受之重。所以,为消解这种混乱现象,对举证责任内涵的理解,应该做减法,使其含义回归到一种较为单纯的界定。

本书认为,民事司法中宜将举证责任作为当事人承担的公法上的责任来理解,举证责任实为当事人对其主张的证明责任,即当事人在诉讼中依法对其主张或反驳对方主张而向法院承担的举证证明以使法院相信其主张合法可信的责任。至于法院裁判中所体现的实体法上的不利后果也应该从举证责任中剥离出来,因为其本质上是当事人因违反实体法律义务所依法应承担的法律责任,而不是当事人违反程序法上举证义务的法律责任。但是,如果举证责任中的“责任”一词仅限于行为义务而无不利后果来理解,那么当事人对于举证义务的承担将无任何压力,责任将会被虚置。义务的履行完毕或结束应有一个满足标准的问题,那就是当事人的举证证明行为能达到让法院相信其主张的事实为合法可信的程度。达到了该标准,当事人的主张得到了法院支持,其关于该主张的举证责任将会被法院免除;达不到该标准,当事人的主张将得不到法院的支持,当事人将会因此承担基于该主张不被法院支持的后果,此为当事人需要承担的举证后果责任,有了这种后果承担才使举证责任在性质上更像责任。因此,在举证责任这一概念中,宜包含这种后果责任。但是,这种后果责任并不是实体法上的后果,而是诉讼法上的后果。因此,举证责任应作如下理解:当事人为了为使法院支持其主张而按照规定向法院承担的提供证据证明其所主张事实为合法可信的义务。由此,可以得出如下关于举证责任的几个结论:一是举证责任是当事人承担的对其主张提供证据加以证明的责任,提供证据只是手段,而证明则是目的,举证责任实质上就是举证证明责任或证明责任;二是举证责任中的责任分为行为义务和结果责任两种属性,举证责任作行为义务来理解时,是当事人向法院承担的举证证明义务,而举证责任作行为结果责任来理解时,是当事人对法院不支持其主张的一种风险负担;三是当事人对其主张的举证证明能获得法院确信其合法可信则意味着当事人履行举证行为义务满足了法院的要求,此时当事人举证成功,否则即为举证失败;四是当事人对其主张的举证行为义务的满足情况与举证结果责任的负担呈反向相关状态,即举证行为义务未得到满足,举证失败,当事人需承担法院不支持其主张的风险;五是举证责任仅限于主张,当事人对其主张承担相应的举证责任,某主张一旦获得法院支持,该项主张上的举证责任即被免除。

(二)法律对举证责任分配原则的规定及其含义厘清

举证责任分配是一个跨实体法和程序法的“两栖”问题,因此,我国实体法和程序法都有关于举证责任分配的规定。我国《民事诉讼法》仅有一个条款谈到举证责任分配,即该法第六十七条第一款规定:“当事人对自己提出的主张,有责任提供证据。”据此推知,我国实行“谁主张,谁举证”的举证责任分配原则,即所谓的举证责任正置。不可否认,这种对举证责任分配原则的规定有些暧昧,与明确而清晰地宣示举证责任分配原则还有一定的差距,以至于张卫平教授直接怀疑我国立法上根本就没有确立举证责任分配的原则。① 而且“提供证据”的用语易让人理解举证责任即为提证责任,而是否包括用证据进行证明并说服法官并不明确。从2022年最高人民法院修正的《关于适用〈中华人民共和国民事诉讼法〉的解释》第九十条②可以推知,除法律另有规定外,民事司法中对一项具体主张的举证责

① 参见张卫平:《证明责任倒置辨析》,载《人民司法》2001年第8期。

② 2022年最高人民法院修正的《关于适用〈中华人民共和国民事诉讼法〉的解释》第九十条:“当事人对自己提出的诉讼请求所依据的事实或者反驳对方诉讼请求所依据的事实,应当提供证据加以证明,但法律另有规定的除外。在作出判决前,当事人未能提供证据或者证据不足以证明其事实主张的,由负有举证证明责任的当事人承担不利的后果。”

任包括本证和反证的举证责任,而未能完成举证责任的一方将承担裁判上的不利后果。该条第二款将举证责任补充为举证证明责任。从该司法解释第九十一条①可以推知,我国民事司法中的举证责任分配主要采法律要件分类说,②即主张权利存在的一方就权利产生的法律事实承担举证责任,而主张权利不存在的一方就权利受到阻却的变更、消灭和妨害等法律事实承担举证责任。而我国实体法上关于举证责任的规定又被解读为举证责任分配的特殊情形,即所谓的"举证责任倒置"。例如,《民法典》第一千二百三十条规定:"因污染环境、破坏生态发生纠纷,行为人应当就法律规定的不承担责任或者减轻责任的情形及其行为与损害之间不存在因果关系承担举证责任。"类似的,还有《水污染防治法》第九十八条。

本书认为,我国民事司法中对于某一具体事实主张的举证责任分配应遵循"谁主张、谁本证"的基本原则。在民事司法中,原告向法院发起诉讼,提出内含权利与事实主张的诉讼请求,原告对其主张的事实承担举证责任,即为本证。法院则依据证明标准对相关证据进行审查核实并加以认证,一旦原告的举证证明效果达到了法院支持其主张的标准,原告主张得到法院的支持,原告暂时卸掉其举证责任,由被告承担反驳该主张的举证责任,即为反证。被告的反驳如果不能得到法院的支持,则需承担结果上的不利后果。原告的主张尚未得到法院的支持时,即便被告拒绝举证,原告的举证责任也不得卸掉。被告反证的举证责任一旦卸除,原告本证的举证责任就会得以重新恢复。此时,原告可以继续补充进行本证或反驳被告的反证。可见,"举证责任制度实际上包含着举证的顺序制度"③。针对某一具体主张,原告承担的本证责任与被告承担的反证责任并不是同时存在的。原告先行承担本证责任,此时,"谁主张,谁本证"可以解读为"谁先主张,谁先本证"。只有原告本证的举证责任得以卸除后,被告反证责任才得以出现,而被告反证责任得以卸除后,原告本证责任又得以恢复。随着原被告之间就本证与反证的轮回较量,当事人的举证责任出现从承担到卸除再到恢复的往返现象。这并不意味着举证责任在当事人之间来回移转,这只是当事人自身举证责任的承担与暂时卸除的一种更替现象。而根据李浩教授的观点,举证责任中的结果责任只能由

---

① 2022 年最高人民法院修正的《关于适用〈中华人民共和国民事诉讼法〉的解释》第九十一条:"人民法院应当依照下列原则确定举证证明责任的承担,但法律另有规定的除外:(一)主张法律关系存在的当事人,应当对产生该法律关系的基本事实承担举证证明责任;(二)主张法律关系变更、消灭或者权利受到妨害的当事人,应当对该法律关系变更、消灭或者权利受到妨害的基本事实承担举证证明责任。"

② 参见[德]莱奥·罗森贝克:《证明责任论》(第 5 版),庄敬华译,中国法制出版社 2018 年版,第 111 ~ 175 页。

③ 汤维建:《民事诉讼中证据交换制度的确立和完善》,载《法律科学·西北政法学院学报》2004 年第 1 期。

法律规定原被告一方承担，而行为责任则在当事人之间来回转移。[1] 这说明李浩教授所谓的结果责任是固定于一方当事人，而行为责任则在当事人双方之间来回移转，这就可能会出现行为责任与结果责任相分离的现象。而本书认为举证责任中结果责任与行为责任是对应的，如果行为责任转移，那么结果责任也就相应地同时转移，不存在一方承担行为责任而由另一方承担结果责任的情形。当然，在一方承担举证责任进行证明时，另一方出于某种动机有权提出证据进行反驳，此时另一方的举证证明行为可以视为其举证权的行使，而无关举证责任。一方承担举证义务，另一方不承担举证义务，但不承担举证义务的另一方可以行使举证权，因为举证是一种具有权利义务双重属性的行为。而这种不承担举证责任的一方当事人行使举证权的行为，在我国一些学者看来属于举证责任中行为责任的移转，实属错误解读，正是这种错误解读导致举证责任中行为责任与结果责任有时出现不相对应的现象。由此可见，就某一具体事实主张的举证责任承担在民事诉讼中是有规律可循的，正如裴苍龄教授等所言："举证责任的生灭运行是有规律的。"[2]

对于主张得以建立的各要件事实的举证责任分配，我国学术界公采流行于大陆法系的法律要件分类说。在一般情况下，实体法无明文规定时，民事司法裁判应适用法律要件分类说来对原告、被告双方进行举证责任分配，在实体法有明文规定的情况下应根据该规定来分配举证责任。诉讼程序是由原告首先向法院起诉并提出权利主张而启动，因此，根据"谁先主张、谁先本证"的原则，"诉讼因原告开始，自然就应当由原告首先举证加以证明"[3]。原告的举证责任得到卸除之后，被告才需要承担其负责的要件事实的举证责任，因为"当事人提供的证据应当证明其事实主张才完成举证"[4]。对于案件的总体裁判结果而言，应该如此下判：当原告未满足其举证责任，被告无须举证，法院可以直接驳回其诉讼请求；当原告满足其举证责任，而被告未满足其举证责任，则法院判被告败诉；对于原告先满足了其举证责任，被告后亦满足了其举证责任，原告无如法再成功完成对被告证明事实的反驳，法院应判原告败诉。因为被告承担举证责任的要件事实一般都是阻却原告权利请求基础的要件事实，一旦被告满足了其举证责任，则意味着原告请求权无法实现，故此应判其败诉。

时至今日，我国学术界对于"举证责任倒置"这一术语的理解可以简单分为两

---

① 参见李浩：《我国民事诉讼中举证责任含义新探》，载《西北政法学院学报》1986 年第 3 期。

② 裴苍龄、魏虹：《举证责任不能倒置》，载《政治与法律》2007 年第 1 期。

③ 张卫平：《证明责任倒置辨析》，载《人民司法》2001 年第 8 期。

④ 宋春雨：《〈关于民事诉讼证据的若干规定〉的理解与适用》，载《人民司法》2002 年第 2 期。

派：肯定派和否定派。肯定派，即认为举证责任倒置存在的一类学者，但他们关于举证责任倒置的理解也不尽相同。李浩教授认为："举证责任倒置有其特定含义，是指按照法律要件分类说在双方当事人之间分配举证责任之后，对依此分配结果原本应当由一方当事人对某法律要件事实存在负举证责任，转由另一方当事人就不存在该事实负举证责任。"[①]在此，举证责任倒置产生于法律要件分类说，是指被告先行承担某要件事实的反证责任。王利明教授认为："举证责任倒置，指法律基于对受害人的保护等原因考虑，将本应由提出主张的一方当事人（通常是原告），对其主张的事实，不直接承担举证责任，而应当由反对的一方就某种事实的存在或不存在负举证责任，如果反对的一方不能就此举证证明则要承担败诉后果的风险。"[②]这里，举证责任倒置产生于法律规定，是指被告要承担证实或证伪某一事实的举证责任，否则推定原告主张成立。据此，肯定派们认为举证责任倒置是关于"谁主张、谁举证"的举证责任分配这一基本原则的例外，一般适用于特殊民事案件的场合。否定派，即不承认举证责任倒置存在的学者，当然，他们关于举证责任倒置不存在的理由也不尽相同。张卫平教授认为，我国不存在一个举证责任分配"正置"的基本原则，就谈不上其例外的"倒置"了。[③] 李秀芬教授认为，在民事诉讼中不大可能出现"举证责任倒置"这一现象，因为民事诉讼具有对抗性，当事人一方不可能为另一方提供有利的证据，当事人要证明自己的主张要么自己举证，要么申请法院取证。[④] 所以，李秀芬教授认为，因民事诉讼存在对抗性，举证责任倒置不大可能会出现。裴苍龄教授认为，举证责任正置，即"谁主张，谁举证"的举证规则是符合举证责任生灭运行的客观规律的，而其倒置则意味着"谁否认，谁举证"缺乏根据，违反了客观规律，既不公平也不公正。[⑤] 显然，裴苍龄教授认为举证责任倒置有违规律。

在具体案件的司法中，举证责任的开启与承担是有其先后顺序的。我国民事司法中实行的"谁主张，谁举证"的原则可以解读为"谁先主张，谁先举证"和"谁后主张，谁后举证"。在庭审辩论中，本证与反证的出现是有先后顺序的。谁先主张，谁先举证即为本证，对方对本证的反驳即为反证。即便是当事人先行反证，也不是举证责任倒置之谓，当事人先行反证是当事人举证权行使的表现，并非承担了举证责任。举证责任倒置肯定派的主流观点认为在一些特殊案件中，按着"谁

---

① 李浩：《举证责任倒置：学理分析与问题研究》，载《法商研究》2003 年第 4 期。

② 王利明：《民事证据规则司法解释若干问题研究》，载《法学》2004 年第 1 期。

③ 参见张卫平：《证明责任倒置辨析》，载《人民司法》2001 年第 8 期。

④ 参见李秀芬：《反思"谁主张，谁举证"》，载《法学》2004 年第 1 期。

⑤ 参见裴苍龄、魏虹：《举证责任不能倒置》，载《政治与法律》2007 年第 1 期。

主张,谁举证”的原则,根据法律要件分类说某项或某些法律要件事实本应由原告承担举证责任,因案件的特殊性,法律规定由被告先行承担反证的举证责任。可见,肯定派们所谓的举证责任倒置只是案件部分要件事实的举证责任倒置,而不是全案事实的举证责任倒置,原告仍然承担着部分要件事实的举证责任。这里就存在这样一个问题:法律规定的某一要件事实由被告承担反证的举证责任,是否就意味着原告对该要件事实不再承担本证的举证责任或原告不用本证其主张就推定成立而直接由被告承担反证的举证责任呢?如果原告免于承担本证的责任,那就存在肯定派们所谓的举证责任倒置,因为此时被告承担反向本证的举证责任。而如果原告仍然承担着正向本证的举证责任,只有在本证举证责任卸除之后,反证的举证责任才会出现,原告本证的举证责任没有得以卸除,被告反证的举证责任就不会出现,那就不存在所谓的举证责任倒置。

二、环境污染侵权案中实体要件举证责任分配

当前,我国环境民事司法中适用的举证责任分配规则是《民事诉讼法》和最高人民法院相关司法文件中的一般性规定,以及实体法上关于该类案件举证责任的一些特殊性规定。环境污染侵权采无过错责任原则,典型的环境污染侵权构成要件有三个:排污行为、损害后果、因果关系。根据《民法典》第一千二百三十条的规定,作为受害者的原告承担举证责任的法律要件有两个:被告的排污行为和原告的损害后果;而作为排污者的被告承担的举证责任的实体要件有一个:因果关系,即被告承担不存在因果关系的举证责任。当然,这是从侵权责任构成要件的角度来分配举证责任的,被告如果想达到免除或减轻侵权责任的诉求,还有其他事项可供证明,如原告自己过错造成的损害、不可抗力等。《民法典》关于环境污染侵权案中实体要件举证责任分配的规定基本上延续了原《侵权责任法》第六十六条①的规定。按照肯定派学者的解读,这就是关于因果关系“举证责任倒置”的规定。根据该条款,在环境污染侵权案中,原告无须先行对被告的排污行为与自己的损害后果之间具有因果关系这一实体要件进行本证,即免除了原告在因果关系上的本证责任。按照法律的规定,环境污染侵权案中实体要件举证责任分配规则如表1所示:

① 原《侵权责任法》第六十六条:“因污染环境发生纠纷,污染者应当就法律规定的不承担责任或者减轻责任的情形及其行为与损害之间不存在因果关系承担举证责任。”

表 1　法律对环境污染侵权实体要件举证责任分配

当事人	举证责任分配		
原告	排污行为	损害后果	
被告			因果关系(不存在)

根据表 1,在环境污染侵权案中原告需先行承担排污行为和损害后果两要件的举证责任,原告举证成功后,由被告承担自己的排污行为与原告的损害后果之间不存在因果关系的举证责任。法条上专门明示证明不存在因果关系的举证责任由被告承担,这实际上是对因果关系这一实体要件本证责任的分配,即反向本证。申言之,即原告在因果关系这一实体要件上不承担正向本证责任,改由被告承担反向本证责任。原告只要完成了排污行为、损害后果两实体要件的本证责任之后,就可推定二者之间存在因果关系,继而推定侵权责任成立,改由被告反证。显然,这种推定因果关系的存在是由法律直接作出的推定,被称为法律推定。如果排污行为和损害后果两要件经原告本证成功,因果关系则无须原告证明即可推定存在,如果被告主张不存在因果关系,需对该事实主张承担本证责任,即因果关系不存在的本证责任,相对于因果关系存在而言属反向本证。

但是,2015 年最高人民法院发布的《关于审理环境侵权责任纠纷案件适用法律若干问题的解释》则对于上述法条关于污染侵权中因果关系的举证责任分配规则作出变通性规定,即要求受害人原告承担“污染者排放的污染物或者其次生污染物与损害之间具有关联性”①的举证责任。因此,在该司法解释施行之前的案件,因采无过错责任原则,我国环境污染侵权案中原告承担的实体要件举证责任有排污行为和损害后果两要件,因果关系是责任构成必不可少的一个要件而法律上又不要求原告承担举证责任,意味着因果关系这一要件在法律上直接予以推定。这就是理论界所谓的因果关系“举证责任倒置”的规范依据,认为法律及最高人民法院相关司法文件直接将因果关系这一要件的举证责任“倒置”分配给了污染者被告。“举证责任倒置规定的目的在于减轻环境污染侵权案件中处于相对弱势地位的污染受害者的举证责任,平衡两造双方的举证能力,强化对污染受害者

---

①　2015 年最高人民法院发布的《关于审理环境侵权责任纠纷案件适用法律若干问题的解释》第六条:“被侵权人根据侵权责任法第六十五条规定请求赔偿的,应当提供证明以下事实的证据材料:(一)污染者排放了污染物;(二)被侵权人的损害;(三)污染者排放的污染物或者其次生污染物与损害之间具有关联性。”

的救济与保护"[①]。依此规定,受害者只要证明自己有损害后果和污染者有排污行为,在理论上他可以起诉任何一个排污者,排污者要摆脱责任需承担因果关系不存在的举证责任。此规定虽然大大减轻了原告的举证责任,但是对于被告来说又显得极为不公平。在2015年最高人民法院发布的《关于审理环境侵权责任纠纷案件适用法律若干问题的解释》施行之前,实践中很多法院对于这种因果关系举证责任倒置规定未予适用,因为适用举证责任倒置会导致因果关系认定在客观性和可靠性方面无法接受实践的检验。正是因为这种因果关系举证责任完全倒置的规定在实践中适用困难,最高人民法院出台司法解释对这种因果关系举证责任完全倒置的规定进行了矫正,要求原告先行承担损害后果与排污行为存在关联性的举证责任,原告举证成功后,法院推定因果关系存在,再由被告承担因果关系不存在的反证责任。学术界一般认为这种规定属于对因果关系的事实推定,是对举证责任正置的回归。但是,这种规定也不无问题:一是司法解释改变法律上关于因果关系举证责任倒置的规定,其本身的合法性存疑,实践中不少法院仍然适用法律上关于因果关系举证责任倒置的规定而拒绝适用司法解释上这种正置的规定;[②]二是"关联性"含义不明,在实践中出现对其含义理解混乱的问题,而这种对"关联性"不同的理解又与其不同的证明标准相对应,出现证明标准不一的问题;三是立法者和学界一般倾向于减轻受害者原告的举证责任,但是这种因果关系举证责任正置的回归若再加上较高的证明标准,实际上可能无法达到减轻受害者原告举证责任的目的。

根据现行司法解释的规定,环境污染侵权案中实体要件举证责任分配规则如表2所示:

---

① 薄晓波:《倒置与推定:对我国环境污染侵权中因果关系证明方法的反思》,载《中国地质大学学报(社会科学版)》2014年第6期。

② 参见李某富、王依某诉临沂市绿康胶粘剂有限公司案,山东省临沂市河东区人民法院(2015)河民初字第2122号民事判决书中认为:"本案中原告王依×所患××虽然不能直接认定系被告绿康公司排放的非甲烷总烃导致,但是按照举证责任的规定,被告的证据不能证实王依X的损害与非甲烷总烃之间无因果关系。"又如天津市西青区人民法院(2017)津0111民初1603号民事判决书中认为:"环境污染侵权作为一种特殊侵权,在构成要件的因果关系方面也有特殊性,实行推定因果关系规则,即在环境污染责任中,只要证明污染者已经排放了可能危及人身健康或者造成财产损害的物质,而当事人的人身或者财产或者环境本身受到损害,即可推定这种危害是由该排污行为所致。有关污染行为与损害之间不存在因果关系的问题由污染者进行举证,如果举证不能,则就应当认定因果关系成立。"再如吉林省桦甸市人民法院在(2017)吉0282民初2409号民事判决书中认为:"《中华人民共和国侵权责任法》第六十六条规定……本案中桦甸市山威硅灰石矿业有限公司提供的证据不足以证明张某军的损害结果与其排放行为不存在因果关系,并且明确表示对排放行为与鱼死亡是否存在因果关系不申请司法鉴定,故其应该承担举证不能的不利后果,即应承担损害赔偿责任。"

表 2 司法解释对环境污染侵权实体要件举证责任分配

当事人	举证责任分配		
原告	排污行为	损害后果	关联性
被告	—	—	—

需注意的是,法律和司法解释对于实体要件举证责任的初始分配都是本证责任,即需要当事人主张该实体要件并举证证明成功,否则本证责任不得卸掉,进而承担不利的后果。从表 2 可以看出,最高人民法院在对环境污染侵权案中实体要件进行初始分配时,使用"关联性"一词代替了"因果关系"。原告主张被告环境污染侵权责任成立需完成三要件:排污行为、损害后果和关联性的本证责任。而被告则在原告对三要件举证成功之前,无须承担举证责任,但享有举证权。此时,被告的反证行为并非举证责任承担,只有在原告举证成功举证责任卸除后才承担反证责任。如是,最高人民法院通过司法解释对于实体法上关于环境污染侵权案中实体要件举证责任分配作出如下变更:一是用"关联性"要件取代"因果关系"要件,即环境污染侵权责任成立的实体要件为排污行为、损害后果和关联性;二是将因果关系法律推定改为事实推定,即原告需承担关联性举证责任,原告举证成功后,法院推定因果关系存在,而不再是法律直接推定因果关系存在;三是将因果关系举证责任倒置改为关联性举证责任正置,原告本证关联性存在,原告本证成功后,再由被告承担因果关系不存在的反证责任,这本质上属于关联性举证责任正置;四是被告反证时,既可以反证关联性不存在,也可以反证因果关系不存在,二者虽证明标准和难度有异,但法律效果相同。虽然最高人民法院仍然强调"被告应当就法律规定的不承担责任或者减轻责任的情形及其行为与损害之间不存在因果关系承担举证责任",这一规定表面上是对实体法上关于因果关系举证责任分配规则的再现,然而,实际上在这一句话之前,添加上了实体法上没有的前提条件:"原告应当就存在污染行为和损害承担举证责任,并提交污染行为和损害之间可能存在因果关系的初步证据。"①从举证责任分配来看,原告需承担:排污行为、损害后果以及二者之间可能存在因果关系的举证责任,而"被告应当就法律规定的不承担责任或者减轻责任的情形及其行为与损害之间不存在因果关系承担举证责任"。就因果关系不存在的举证责任分配来看,该证明责任不再是本证责任而是反证责任,反证责任从属于本证责任,只有在对方本证责任卸除后才开启。

---

① 参见 2014 年最高人民法院发布的《关于全面加强环境资源审判工作为推进生态文明建设提供有力司法保障的意见》第八条。

以上是关于典型的环境污染侵权案中实体要件举证责任分配规则,而那些非典型的环境污染侵权案中,被告并非实际排污行为人,那么,原告在实体要件上的举证责任会有所扩展。除了要承担排污行为、损害后果和关联性的举证责任,原告还需要承担被告的行为违反了对排污者污染损害预防的法律义务以及被告存在主观过错的举证责任。

当然,随着《民法典》的实施,原《侵权责任法》以及与之相关的司法解释将随之步入历史。但是,如前所述,《民法典》在环境污染侵权案中因果关系举证责任分配这一问题上基本上延续了原《侵权责任法》的规定。2020 年最高人民法院修正的《关于审理环境侵权责任纠纷案件适用法律若干问题的解释》仍然保留了 2015 年司法解释第六条中关于环境污染侵权案中实体要件举证责任分配规则。

三、生态破坏侵权案中实体要件举证责任分配

过去在实务中,由于生态破坏侵权缺少独立的案由,生态破坏侵权案件要么被归入环境污染案件之中,要么归入其他财产损害赔偿纠纷之中。法院在审理生态破坏侵权案件时,要么援引环境污染侵权案件,要么援引普通侵权案件有关实体证明对象举证责任分配规则来对生态破坏侵权案件实体证明对象进行举证责任分配。《民法典》第一千二百二十九条和第一千二百三十条将环境污染侵权与生态破坏侵权并列,且适用相同的举证责任分配规则,与此同时,最高人民法院于 2020 年对《民事案件案由规定》作出了相应修订。至此,在生态破坏侵权案件司法中,法院再无理由援引普通侵权案件有关实体证明对象举证责任分配规则。从上述关于环境污染侵权案件实体举证责任分配规则考察可知,原告需承担排污行为、损害后果和关联性的举证责任,而生态破坏侵权案件中实体要件举证责任分配规则是否也如法炮制?这里焦点问题仍然集中在因果关系这一要件上,原告是否也需承担生态破坏行为、损害后果和关联性的举证责任?过去的司法实践中,尚未见先例。过去因法律对生态破坏侵权责任构成的实体要件规定不明确以及缺少相关的案由规定,对于生态破坏侵权案件中实体要件的举证责任分配难以总结出有说服力的实践经验。2020 年修正的《关于审理环境侵权责任纠纷案件适用法律若干问题的解释》中,最高人民法院将环境污染侵权案件与生态破坏侵权案件等同对待,二者适用相同的举证责任分配规则。①

---

① 2020 年最高人民法院修正的《关于审理环境侵权责任纠纷案件适用法律若干问题的解释》第六条:“被侵权人根据民法典第七编第七章的规定请求赔偿的,应当提供证明以下事实的证据材料:(一)侵权人排放了污染物或者破坏了生态;(二)被侵权人的损害;(三)侵权人排放的污染物或者其次生污染物、破坏生态行为与损害之间具有关联性。”

第三章　环境民事司法(下)

第一节　环境民事案件实体要件证明要点及证明标准

所谓环境民事案件实体要件证明要点及证明标准是指在环境民事司法中,证明那些实体事实需要完成的要素及其相应的证明标准。环境侵权案中,生态破坏侵权与环境污染侵权在实体要件证明上采用相同的规则,因生态破坏侵权案由刚设立不久,该类案件的司法规律尚在探索中,本章仅呈现环境污染侵权案中实体要件证明要点及证明标准。在环境污染侵权案中,实体要件事实分别为:损害行为、损害后果与因果关系,下面分而述之。

一、排污行为证明要点及证明标准

(一)环境污染并非所有环境污染侵权案件的必要证明对象

一提到环境污染侵权,似乎对环境污染的证明就是必不可少的证明对象。实际上,多数情况下的环境污染侵权案中,并无必要对于环境是否受到污染进行证明。环境污染侵权责任有三个构成要件:排污行为、损害后果和因果关系。受害者只要能证明自己的损害后果与排污者的排污行为具有因果关系,环境污染侵权责任即可成立。环境污染侵权是指受害人的人身或财产权益受到排污者排污行为的侵害,有的是污染物对之直接侵害,有的是污染物通过污染环境对之进行间接侵害。无论是直接侵害还是间接侵害,排污者的排污行为才是根源。在直接侵权的情况下,排污者的污染物直接作用到受害者的人身或财产之上,并未经过环境介质,因此,此时环境是否受到污染根本无须证明。在间接侵权的情况下,对于环境污染的证明也属多此一举。环境污染是指环境本身受到污染物的危害,一般是指环境公益受到了侵害,而环境污染侵权中,受害者要保护的一般是自己的人身、财产权益,是受害者的私益受到了侵害。在环境污染侵权案件中,受害者其实并不关心环境是否受到污染,受害者只需证明排污者的排污行为与自己的权益损害有因果关系即可。让受害者先证明环境受到污染,然后再证明环境污染侵害到自己的权益,如此一来对环境污染的证明就如同一堵挡在受害者寻求权益救济道路上的墙。① 这堵墙要求受害者证明环境公益先受到损害,然后才有自己的私益受到侵害,其荒谬性显而易见。环境公益受到损害与受害者私益受到损害是两个完全不同的领域,二者之间并没有必然的先后关系,公益损害也不是私益损害的必要条件。以粉尘污染侵权诉讼为例,排污者排放粉尘进入大气环境,侵害受害者的人身或财产权益,受害者只需证明排污者所排放粉尘的行为与受害者的权益受害之间有因果关系即可,根本不需要证明粉尘是否造成大气环境污染。但是,当环境污染侵权案件中受害者的私权客体属于环境要素的一部分或私人环境空间时,就需要证明案涉环境要素或私人环境空间受到了污染损害,而该证明实际上是对损害后果或因果关系的证明,而非对排污行为的证明。例如,渔业水污染纠纷中,排污者排放的污染物进入受害者的养殖水体导致其发生死鱼损害,受害者一般会请求当地环境监测站对于该养殖水体进行监测,检测水体是否受到污染。实际上,该养殖水体是受害者财产权的客体,受害者请求对养殖水体进行消毒、清污、置换或恢复原状等都属于对该养殖水体的保护。类似地,土壤污染纠纷中受害者对于其土壤受到污染的证明也是如此。

在噪声等能量型污染纠纷案中,法院一般要求对受害者所处的环境是否受到污染进行证明,而此时对环境是否受到污染的证明并非对排污行为的证明,而是对损害后果或因果关系的证明。在噪声污染侵权诉讼中,法院常常以声环境质量标准作为衡量环境噪声能否产生损害后果的标准,来判断噪声污染侵权案件中因果关系是否存在。显然,这个标准只是针对一般人的噪声忍受标准或社区标准,② 属于行政法上公共利益应受保护的标准,并非侵权法上私权利应受保护的标准。损害后果是否发生是一种事实判断,并非价值判断,这种通过人为设定标准来否定损害后果发生的事实显然有违科学原则。质言之,用公共环境质量标准来衡量损害后果能否发生或因果关系是否存在并非科学上的结论,而是一种公共政策选择。实际上,环境质量标准主要是针对公益保护,而非针对私益保护,在侵权法上适用环境质量标准来衡量私益是否受到侵害可谓移花接木或不得已而为之。因为立法者不可能像制定鞋子一样专门为私人量身制定其适用的环境质量标准,在环境污染侵权诉讼中对私人环境是否受到污染损害没有特定的评价标准,无可奈何只能援引公共环境质量标准来衡量。只要双方当事人接受,法院当然趋之若

① 如浙江省温岭市人民法院在(2014)台温民初字第 813 号民事判决书中认为:“原告提供的证据不足以证明被告排放污水污染了环境。环境污染是指污染物的排放超过区域环境容量造成污染损失的行为,在被告未超标排放的情况下,不能仅以被告有排放行为即认定其污染环境。”

② 参见尤明青:《论环境质量标准与环境污染侵权责任的认定》,载《中国法学》2017 年第 6 期。

骛,此时对环境噪声是否超标的证明既是对损害后果的证明又是对因果关系的证明。一定范围内的私人环境空间更适宜作为公民声环境安宁权的客体来看待,因为私人环境空间作为环境要素的一部分,对其污染损害作为权利损害的后果才涉及污染的评价问题。该环境空间内噪声超标就是指其声环境安宁权受到了侵害,声环境质量标准为公民声环境安宁权的保护设置了一个统一门槛。类似地,电磁辐射、电离辐射、光辐射等标准也是为公民环境辐射安全权保护相应设定了一个统一标准。在此标准之下,允许向环境排放污染物,在此标准之上一般不允许排放,①这是一种社会经济发展与私权保护相衡量的结果。这是针对损害环境安宁权而言的,而对于人身、财产权损害则不需要环境污染的证明,只需证明因果关系存在即可。对于在此类环境质量标准之下发生的污染损害,一般情况下不应予以停止侵害、消除危险、恢复原状的救济,而对于实际发生的人身、财产损害后果,应根据受害者对于因果关系的证明情况个案施以赔偿损失或排除妨碍的救济,而不应一概拒绝予以救济。② 因为低于声环境质量标准的噪声“虽不具违法性,但不能否认其危害性”③。对于噪声污染等能量型污染,不得以环境质量达标为由否认构成加害行为。④ 法院应注意声环境质量超达标与原告的人身、财产权损害之间可能的对应关系,超标时关联性存在的盖然性较高,达标时则关联性存在的盖然性较低,从而把握适当的救济力度。因此,从侵权责任法的角度来看,环境是否受到污染并非环境侵权案件的证明对象,受害者原告只要能证明其损害后果与被告的排污行为有因果关系即可,无论其排污是否造成环境污染都不影响侵权责任的成立。只有在受害者的权利客体属于环境要素的一部分时,环境污染作为一种损害后果才有证明的必要。

(二)污染物无须特别证明

实际上,法律对于污染物并没有规定一个统一的评判标准,或者说是采零门槛标准。在证明排污行为时,一般情况下污染物这个子要件并不需要特别的证明。经济学上,污染物并非天生就是污染物,只是一种放错地方的资源。某种物

---

① 在此标准之上也不必然停止侵害、消除危险,有时也需进行利益衡量。参见河南省襄城县人民法院(2014)襄民初字第316号、第630号民事判决书;湖南省宁乡县人民法院(2016)湘0124民初3203号、3205号、3207号民事判决书;湖南省宁乡县人民法院(2016)湘0124民初6618号民事判决书等。

② 对此,陈伟博士持有不同观点:“如果环境质量标准的设定符合当时的科技水平和社会价值追求,则在标准之下的损害应被理解为无法预见的异常情况,即意外事件。”参见陈伟:《环境质量标准的侵权法适用研究》,载《中国法学》2017年第1期。

③ 如四川省广汉市人民法院(2015)广汉民初字第248号民事判决书中认为:“本案中的低频噪声虽不具违法性,但不能否认其危害性。”实际上,本案中环境噪声已经超标,具有了违法性。

④ 参见尤明青:《论环境质量标准与环境污染侵权责任的认定》,载《中国法学》2017年第6期。

质是否是污染物取决于人们在一定的时空条件下就一定的对象而言对其功能或意义所作的价值判断,既具有客观性又具有主观性。一种物质进入环境中是否被作为污染物对待,主要是从该物质接收者可能受到的危害性来评判的。例如,农民向农田施用肥料,这些肥料本身具有某种污染危害性,同时在合理施用的情况下,肥料又有利于农作物生长从而可提高其产量。农民在施用肥料时并未将之视为污染物,因为农民认为合理施用肥料所产生的积极作用大于其作为污染物对农田所起的消极作用。此时,肥料本身作为污染物的属性并未改变,只是人们在正确的时间正确的地点针对正确的对象对其作出了正确的利用。一般情况下,人为排入环境的废弃物质本身具有某种污染危害性,凡是排污者向环境要素中引入这些物质,都可能会受到法律的规制,国家为此出台了一系列的污染物排放标准和环境质量标准。现行的污染物排放标准,实际上是行政部门对于排污者排放这些物质的控制标准,超标排放即为违法行为而不被允许,达标排放可允许。但是,超标排放并不意味着环境必然受到了污染,达标排放也并不意味着环境未受到污染。环境是否受到污染则采相应的环境质量标准来进行评价,环境中某污染物的含量超出适用该环境的质量标准即表明该环境受到了污染损害。无论是物质型污染,还是能量型污染,对污染物的评价是没有标准的或采零门槛标准,而对于受污染物作用的环境要素或个体来说,则以允许排入或接收污染物的限值作为是否受到污染损害的评价标准。无论哪种情形下,污染物排放标准既不是环境污染的评价标准,也不是污染物的评价标准。实践中,有的法院认为被告达标排污的行为不能视为污染环境的行为①或者达标排放的废物不属于污染物②等都属于未能正确理解排污行为证明要点的认识。

因此,有必要把"污染行为"理解为排污行为。虽然多数情况下,人们将污染行为与排污行为等同起来,然而,诉讼中仍有人在二者差别上动脑筋。排污行为要件可分为主体、客体和行为三个子要件,即排污者、废弃物(或称污染物)、排放。而污染行为可以分为:主体、客体、行为和环境污染四个子要件,即污染者、污染

---

① 如陕西省白河县人民法院(2015)白河民初字第00682号民事判决书中认为:"原告提供的光盘和照片,仅能证明原告的房屋、被告钰宏旺公司办公场所的位置,被告钰宏旺公司倾倒废渣的情况。虽申请本院在环保局调取证据,环保局回函载明水、粉尘均达到国家标准,噪音监测中一处超标2.7分贝但已责令整改到位。原告未能提供证据证明被告实施了环境污染的侵权行为。"另如江苏省溧阳市人民法院(2015)溧环民初字第367号民事判决书中认为:"其排污行为只要不超出法定标准,尚不能视为污染环境行为,除非有相反证据证明。"

② 如湖北省枣阳市人民法院(2017)鄂0683民初473号民事判决书中认为:"被告湖北润阳公司所排放的含铅废气废水,符合国家标准,为达标排放,不属于污染物,原告张某某未能提供证据证明被告湖北润阳公司排放了污染物。"

物、排放、环境污染。严格意义上来说，污染行为比排污行为的证明事项要多，进而证明标准也就更高。实际上，环境污染侵权案件中，绝大多数情况下原告都没有必要证明被告排放的污染物使环境受到污染的程度，除非原告受到损害的权利客体属于环境要素的一部分，比如水、土壤、私人环境空间等。而此时对于环境污染的证明，并非对于排污行为的证明，而是对于损害后果或因果关系的证明。由于环境污染这一事项并非属于排污行为要件的证明事项，而使用“污染行为”又容易使部分法院增加原告在排污行为上的证明事项，因此，有必要将“污染行为”这一用语重新回归为排污行为。申言之，环境污染侵权实际上就是指排污侵权，其中，损害行为或加害行为就是指排污行为。典型的排污侵权案件中，对排污行为要件的证明实质上就是证明排污者排放了废弃物或污染物。这一要件中包括排污者、排放行为和废弃物等三个子要件。排污者属于被告当事人的范畴，在此不再多述。排放行为一词应作广义理解，无论是正式的或非正式的，直接的或间接的，有意的或无意的，只要是人为地将某种废弃物质或能量引入环境之中，都可视为排放行为。对于排放行为的证明，同时应尽可能指出其废弃物排放的时间、地点、去向等。在对废弃物进行证明时，受害者可以指明废弃物大致的种类、数量、危害性等，也可以先指明其大致的种类，废弃物的危害性可以放在关联性或因果关系中证明。当然，废弃物的危害性有时也无须指明。

（三）适当降低证据形式要求，广泛适用事实推定

由于证据偏在，原告对于被告排污行为取证困难，法院在审查证据时更应注重其内容的真实性而非形式的契合性。环境污染侵权诉讼中，受害者原告多为村民，他们最常用的证明手段就是找知情者证明，即书面证言和口头证词。而农村属于熟人社会，很多知情人并不愿意作证，证人出庭尤为不易，出庭作证的多与当事人间有一定的利害关系，因此，法院对证人证言需要查证是否属实，而不能仅以证人与原告有利害关系为由就否决其证明资格。[①] 对于证人所描述的排污事实，有的证人证明被告有排放浓烟、刺鼻的气体、黄色的废水等，已经表明被告存在排污行为，法院不能以他们并非专业人员无法判断被告是否存在排污或超标排污为由而否定其证明力。[②] 对于对方无异议的证人证言，法院不应审查过于严格而将

---

① 如重庆铁路运输法院（2016）渝8601民初162号民事判决书中对于认为：原告与其证人“双方之间具有一定利害关系，对该二人的证言，不予认证”。

② 如江苏省溧阳市人民法院（2015）溧环民初字第367号民事判决书中认为：“原告庭审中虽举证证人万某证言曾在村里闻到刺鼻气味的陈述，但证人受其自身专业知识所限，不能准确描述所谓污染物种类及其指标值，仅凭该证人证言不能得出维多公司存排放气体超标的事实。”

之排除。① 原告取证的另一个手段就是拍照,有的原告举示被告有排污行为的照片,法院不能以照片不能证明被告排污是否超标或仅能证明当时有排污行为为由而否定其对排污行为的证明力。②

2019年最高人民法院修正的《关于民事诉讼证据的若干规定》第十条列举了当事人无须举证的情形③,其中包括法院已经推定的事实。因此,在一些类型的案件中,法院可以主动推定排污行为的存在,无须原告过多举证。实践中,至少在以下情况下法院可以经验法则推定被告存在排污行为:发生环境污染事故后,官方媒体已经有报道的情况下;被告未建设或未运行相关污染处理设施而运营具有高污染性企业的情况下;④主管部门已经对于被告的违法排污行为实施过行政处罚的情况下;当事人就污染损害达成过赔偿协议的情况下;⑤排污者与第三人签订污染物无害化处理协议而未能证明协议获得履行的情况下;⑥排污者施用具有污染属性的化学品的情况下;⑦特定设施或活动所产生的特定污染物排放,比如电信发射塔产生电磁辐射、锅炉烟囱产生的粉尘排放、水泥厂产生的粉尘排放、供暖管道吹管产生噪声排放、建筑施工产生噪声排放、牲畜养殖场产生的恶臭排放等。

---

① 如重庆市涪陵区人民法院(2015)涪法环民初字第00005号民事判决书中审核原告证人证言时认为:"被告虽未提出异议,但证人出庭作证表示其未全程参与对死鱼的称量过程,出庭作证的证人应当客观陈述其亲身感知的事实并且不得使用猜测、推断或评论性的语言,故本院对该证据不予采信。"

② 如河南省商城县人民法院(2016)豫1524民初660号民事判决书中认为:原告所举示的照片"仅能证明其拍摄时状态,但被告未提供证据证明拍摄的具体时间,不能证明现在状态,故本院不予采信"。

③ 2019年最高人民法院修正的《关于民事诉讼证据的若干规定》第十条:"下列事实,当事人无须举证证明:(一)自然规律以及定理、定律;(二)众所周知的事实;(三)根据法律规定推定的事实;(四)根据已知的事实和日常生活经验法则推定出的另一事实;(五)已为仲裁机构的生效裁决所确认的事实;(六)已为人民法院发生法律效力的裁判所确认的基本事实;(七)已为有效公证文书所证明的事实。前款第二项至第五项事实,当事人有相反证据足以反驳的除外;第六项、第七项事实,当事人有相反证据足以推翻的除外。"

④ 如河北省隆化县人民法院(2014)隆民初字第5041号民事判决书中原告诉称:"被告开办的养鸡场没有取得环保审批手续……没有采取任何措施,将鸡粪随意堆放或倾倒在河里,造成严重污染,蚊蝇、臭气使原告无法开窗,严重影响原告的正常生活。"同时,原告举示的照片证明被告造成污染,被告也认可其照片的真实性。但是,法院却认为:"原告提供的证据不足以证明被告实施了污染行为。"本案中,法院对于排污行为的证明要点把握过严,即要求原告证明达到环境受到污染的程度。而实际上,原告只需证明被告存在排放废弃物的行为即可,法院完全可以常识推定。

⑤ 如湖南省安化县人民法院(2015)安法民一初字第1429号民事判决书中认为:"根据被告提供的2003年12月1日与原告所在村委签订并已履行的《污染补偿协议书》,该协议证实被告已认可有尾砂排水污染行为。"

⑥ 如湖北省武汉市江夏区人民法院(2016)鄂0115民初202号民事判决书中认为:"被告武汉中粮肉品公司提交的与第三人武汉灵山农业园管理处签订的废水消纳协议中明确约定废水必须经过无害化处理,但其提交的证据不能证明其排放的废水经过了无害化处理。"

⑦ 如北京市密云区人民法院(2015)密民初字第03428号民事判决书中认为:"融雪剂对于土壤和植物具有污染作用,是众所周知的事实。对此,被告并未反驳,亦未提交证据证明其未使用融雪剂。"

二、损害后果证明要点及证明标准

(一)损害赔偿范围

损害赔偿范围属于民事损害赔偿法研究的范畴,在理论上环境侵权诉讼中损害赔偿范围与普通侵权诉讼的赔偿范围并无差异。对于损害赔偿的范围,现在流行的是以因果关系二分法为基础的法律上的损害说。受害者所遭受的损害被分为事实上的损害与法律上的损害,①只有法律上的损害才被作为可赔偿的损害,进而纳入赔偿范围。因果关系被分为事实上的因果关系和法律上的因果关系,②在受害人所遭受的事实损害中,只有那些与侵害行为具有法律上的因果关系的损害才能作为法律上的损害纳入赔偿范围。因此,如何确定法律上的损害成为确定损害赔偿范围的关键。从证据法上来看,这就涉及证据的关联性问题,即原告举示损害后果的证据与被告的侵害行为是否具有关联性,③而此处的关联性就是学者们所谓的法律上的因果关系。在环境侵权实行无过错责任的前提下,其法律上的损害实质上取决于因果关系的因素。申言之,当被告的加害行为并非受害者所遭受损害的唯一原因时,被告无须承担原告损害后果的全部赔偿责任。环境侵权损害赔偿与普通侵权损害赔偿一样采补偿性赔偿原则,其损害赔偿范围包括人身利益损害、财产利益损害和精神利益损害。实践中,财产利益损害常被分为直接损害与间接损害,而鉴于直接损害与间接损害在很多场合不宜区分,宜采现有利益损害与应得利益损害④的分类。虽然环境污染侵权案件类型多样,但是实践中比较常见的只有几种:渔业水污染纠纷、水污染纠纷、大气污染损害纠纷、工业噪声污染纠纷、居民楼公用机电噪声污染纠纷、土壤污染纠纷、其他污染损害纠纷。

我国环境污染侵权涉及财产利益、人身利益与精神利益的损害,其损害赔偿

---

① 法律上的损害即受害人遭受的事实上损害之中行为人应当赔偿的损害。参见叶金强:《论侵权损害赔偿范围的确定》,载《中外法学》2012 年第 1 期。

② 事实上的因果关系是指侵害者的行为在事实上属于造成受害者损害的原因,而法律上的因果关系是指在事实上的因果关系存在的前提下,根据法律的规定、司法政策,以及社会福利和公平正义等价值方面的要素来确认加害人是否应当对损害承担法律责任,加害人应当承担责任的即为存在法律上的因果关系,反之,则不存在法律上的因果关系。我国也有不少学者主张将因果关系分为责任成立的因果关系与赔偿范围的因果关系。参见胡吕银:《论侵权行为法上的因果关系——兼评因果关系两分法》,载《扬州大学学报(人文社会科学版)》2001 年第 5 期。

③ 如广东省广州市番禺区人民法院(2015)穗番法民一初字第 681 号民事判决书中记载其在采认证据时认为:"现无证据证实被污染的涉案成品与洗衣房污染环境无关联性。"

④ 所谓现有利益损害,即受害人在损害发生时所持有利益的减少;所谓应得利益损害,即受害人因损害发生所导致的应当获得利益的缺损。参见宁金成、田土城:《民法上之损害研究》,载《中国法学》2002 年第 2 期。

范围因案件类型不同而有所差异。在各类污染侵权案件中,财产利益损害赔偿范围差异较大,其中,现有利益损害主要包括种植物损失、养殖物损失、其他财产损失等由污染所直接侵害的财产权客体损害,以及清污费、应急处置费、自救费、定损费等为应对污染损害而产生的费用支出;应得利益损害一般指因污染所导致的受害者应该获得的那部分预期收益损失,而人身损害与精神损害赔偿的范围相对固定。在个案中,受害者应根据其实际遭受的利益损害或产生的费用支出来主张赔偿,其损害赔偿范围是具体而特定的。受害者所主张的为应对污染损害而产生的费用支出并非其全部的实际的费用支出,而是必要的合理的费用支出。实践中还存在电磁辐射、电离辐射、核污染等损害赔偿案件,受害者因此类污染所遭受的人身、财产和精神损害依法应得到及时、合理的赔偿。法院在裁判此类案件时,应准确把握有关实体要件的证明要义,将证明重点放在因果关系上,只要被告不能排除其致害可能,即应给予受害者以相应的损害赔偿救济。

(二)法院酌定赔偿数额

因为原告受到损害的财产在很多时候难以确定价值,在环境侵权诉讼中由第三方专业机构评估定损的情形屡见不鲜。但是,有时第三方专业机构可能无此定损能力或虽有能力但不接受委托,或者虽接受委托但其所作的评估意见未被法院采纳,这种情况下定损的任务又重回法庭。在原告已经证明自己确实遭受损失但不能确定受损价值的情况下,如果法院奉行证据裁判主义仅以无证据支撑确定的损失数额为由而拒绝给予原告以损害赔偿救济,对于原告显然不公平,而且并未真正解决纠纷。在此情况下,法院应充分发挥审判职能,主动酌定合理损害赔偿数额。法院酌定事项一般有三种:一是酌定赔偿数额;二是酌定受损财产数量;三是酌定赔偿份额,此三种情形其实都是法院在确定具体的赔偿数额时使用酌定权的表现。法院酌定损害赔偿数额时,实际上是法院行使司法自由裁量权的过程,该司法自由裁量权应该有一个行使裁量基准,否则其酌定出来的赔偿数额难以服人。实践中,有的法院酌定护理费时以上年度居民服务、修理和其他服务业中在岗职工平均工资标准作为依据;①有的法院酌定误工费时以城镇居民人均可支配收入作为参考依据;②有的法院酌定果树损失补偿额时参照征地地上附着物和青苗补偿标准来计算;③有的法院酌定死鱼价格时以民事诉讼证据规则、公平原则为

---

① 参见福建省南平市延平区人民法院(2015)延民初字第3701号民事判决书。

② 参见江苏省东台市人民法院(2016)苏0981民初5583号民事判决书。

③ 参见山东省济南高新技术产业开发区人民法院(2015)高民初字第2116号民事判决书。

依据;[①]有的法院酌定责任份额时以共同责任人各自所起的实际作用为依据;[②]有的法院酌定责任份额时以《排污费征收标准及计算方法》所折算出来的各自污染量为依据;[③]等等。可谓有理有据。但是,有的法院虽然给出了其酌定的具体基准,却有脱离现实之虞。例如,有的法院在酌定打捞死鱼的人工费时按当地交通事故人身损害赔偿计算标准中的误工费来计算,未免脱离事实。因为死鱼打捞人工费属于临时紧急用工费,具有一定的专业性和风险性,需要供需双方讨价还价来确定,实践中在当地有一定的行业标准,如果不考虑其实际情况仅以平均化的误工费计算作为依据,明显不尽合理。对于环境噪声超标造成的精神损害赔偿问题,虽然有关司法解释已指出确定数额所应考虑的因素[④],但是法院在酌定精神抚慰金时仍缺少明确的基准。这种因同质污染物造成同质损害后果的案件,法院在酌定同质损害赔偿时应具有相同的裁量基准,比如赔偿数额与超标分贝数量、受害时长成正比等。当然,法院应如何酌定损害赔偿数额仍需具体问题具体分析,坚持实事求是的原则,并无统一的公式可循。在酌定损失数额或份额时,法院只要基于其所查明的案情,综合考量有关法律原则、规则以及常识等因素来确定一个合理数值即可。

(三)法院审核证据时适当降低证据形式要求

原告对损害后果证明难的原因之一就是法院过于注重证据的形式要件审查,原告所出示的有关证据因为存在证据形式上的某种缺陷而被法院拒绝认证。在农村,村民对于村委会等基层组织的归属感较强,村民遇到污染纠纷一般首先向本地村委会寻求帮助,村干部会及时参与污染纠纷的调查与调解工作,他们掌握着本村内部发生的一些污染纠纷情况。在诉讼程序中,村民有要求村委会在其职权范围内出具有关承包关系、受损财产归属、受损财产数量等损害情况证明的习惯。基层组织所出具的书面证言并非行政机关的公文书证,法院应核查是否属

① 参见四川省绵竹市人民法院(2015)绵竹民初字第2631号民事判决书。

② 参见浙江省德清县人民法院(2018)浙0521民初1438号民事判决书。

③ 参见重庆市涪陵区人民法院(2015)涪法环民初字第00005号民事判决书。

④ 2020年最高人民法院修正的《关于确定民事侵权精神损害赔偿责任若干问题的解释》第五条:“精神损害的赔偿数额根据以下因素确定:(一)侵权人的过错程度,但是法律另有规定的除外;(二)侵权行为的目的、方式、场合等具体情节;(三)侵权行为所造成的后果;(四)侵权人的获利情况;(五)侵权人承担责任的经济能力;(六)受理诉讼法院所在地的平均生活水平。”

实,[①]而不能仅以存在形式上的瑕疵而否定其证据资格。[②] 农村交易习惯上一般是一手交钱一手交货,村民间买卖商品很少签订书面合同或索要正式发票,卖家出具收据的情形都不常见。面对原告举示的收据,被告常以不是正式发票为由不予认可,法院此时应结合农村交易的习惯来判断该收据所反映事实的真实性,[③]而不能仅以其不符合形式要件为由而直接予以排除。[④] 诉讼证据是为了帮助法院查明案件事实的,经核实的收据可以证明交易事实的存在,并非一定需要发票,又不是为了财务报销之用。因此,对于原告所举示的销售单、送货单、收据等证据,[⑤]法院不应仅以不符合形式要件为由一律予以排除。一方面,这些证据符合农村日常交易习惯,有的证据瑕疵可能因原告缺少取证经验所致,而且这些缺陷也可以通过一定的方式予以补正;另一方面,虽然有的证据不能直接采信,但可以作为发现案件事实的线索,转化为其他证据形式来使用。例如,有的收据虽然不是正式发票,但可以通过上面记载的开具人等信息,要求开具人出庭证明实际交易的对象、商品、价格、时间和地点等事实,用以弥补该收据的形式要件缺陷。申言之,即使有些收据不能作为书证使用,也可以作为书面证言使用,法院可以通过要求出具人出庭作证的方式或主动向出具人核实该收据所反映交易的真实性,而不应直接予以排除。另外,农村实践中统计死鱼重量时并不会全部上秤称重,而是先称出单桶死鱼的重量,然后一桶一桶来量死鱼,记下所量桶数,最后以桶数与单桶重量之积来计算总重量。这样的称重方式虽然并不准确,但是快速简便,符合大量死鱼时的称重习惯,如此取得死鱼数量的证据虽非出自第三方机构之手但仍然是可

---

① 如安徽省淮南市八公山区人民法院(2016)皖 0405 民初 981 号民事判决书中记载:被告对于原告所举示的村委会证明认为“无制作人签名”,法院通过询问制作人的方式核实了该份证明的真实性,最后法院对该证明予以采信。

② 如重庆铁路运输法院(2016)渝 8601 民初 162 号民事判决书中对于原告所出示的村委会证明认为:“该证明从形式要件上仅有该村民委员会加盖印章,没有负责人及制作该证明材料的人员签名或盖章,结合日常生活经验,该村民委员会的该份证明,不具关联性,不予认证。”

③ 如湖北省秭归县人民法院(2014)鄂秭归民初字第 01119 号民事判决书中记载:对于原告举示的收款收据,被告对真实性、合法性有异议,法院认为“虽然该组证据不是正规发票,但日常交易中,收款方只开具收据而不开具正规发票的现象普遍存在,被告未能提供相反证据,可以采信”。

④ 如云南省耿马傣族佤族自治县人民法院(2014)耿民初字第 244 号民事判决书中记载:原告举示“购买柴油的收据两份,欲证明原告清塘使用柴油机抽水支出的加油费 2300.00 元”,被告“有异议,认为不是正规发票”,法院最后以原告收据因不是正规的发票而不予采信。又如黑龙江省大庆市大同区人民法院(2015)同民初字第 377 号民事判决书中认为:原告“证据系手写收据,形式上不符合销售票据的形式要件,故对该组证据欲证明的问题,本院不予确认”。

⑤ 如河北省黄骅市人民法院(2015)黄民初字第 3840 号民事判决书中认为:“尽管原告提供的销售单、送货单、收据等证据为非正式发票,可是上述票据的出具比较符合当地养殖业的交易习惯。”

信的。[①] 总之,有关损害后果方面的证据,法院在审核时不应过分关注其形式要件,而应结合农村纠纷的实际,尊重农村存在的本地习惯,实事求是地核实有关证据所反映的事实是否具有真实性、关联性,而非仅以形式要件不合法而直接拒绝认证。

三、关联性证明要点及证明标准

如前所述,最高人民法院通过颁布司法文件,要求环境污染侵权案中原告须承担排污行为与损害后果之间具有关联性的举证责任。在环境污染侵权案件中,司法解释对受害者原告证明损害后果与排污行为之间存在关联性的含义及证明要点却未加明确,司法实践中各法院对于关联性的理解各抒己见。不仅如此,由于对关联性含义的理解不一,不同的法院在对原告关联性的证明标准把握上存在较大的差异。显然,这种法院对关联性之证明采用不同的判断标准会导致原告对于关联性的证明无所适从。

逻辑学上,关联性属于因果关系的上位概念,因果关系可以归为关联性的范畴,而因果关系是一种事物之间引起与被引起的关系。在环境污染侵权司法中,由于排污行为与损害后果之间因果关系证明的复杂性,无论将举证责任分配给哪一方,当事人对于该要件的证明都比较困难。根据司法解释的规定,因果关系的证明负担被一分为二:一是关联性之存在,将本证责任分配给受害者原告,属因果关系之初步证明,并实行较低的证明标准;二是关联性之排除,由污染者被告承担反证责任,并实行较高的证明标准。原告承担的关联性证明实际上为被告反证因果关系不存在划定了证明对象范围和路径,被告可通过反驳原告证明关联性所依据的事实来反证因果关系不存在,比笼统地直接要求被告承担因果关系不存在本证责任更具有公正性与合理性。本书认为,此处关联性是指被告排放的涉案污染物或次生污染物引起原告所诉称损害后果的可能性。由此,关联性由三要素组成:一是危害性条件,即被告所排放的污染物或次生污染物具有危害性;二是暴露条件,即受害者的人身或财产有在涉案污染物或次生污染物及其污染的环境中暴露的情形;三是可能的对应关系条件,即被告所排放的污染物或次生污染物的危害性与原告所遭受的损害具有可能的对应关系。因此,在损害后果和排污行为两要件已获证明的基础上,原告可以从以下几方面着手证明关联性存在。

---

① 如四川省泸州市纳溪区人民法院(2017)川0503民初1294号民事判决书中认为:“对原告在打捞、清理死鱼过程中,采用以一桶的重量为计量基础乘以桶数作为死鱼的重量,切合当时的具体情况和习惯,本院予以认定,被村民捡走和打捞的死鱼重量确定为12,011斤。”

1. 危害性条件

即被告所排涉案污染物具有危害性。环境科学上,污染物是以其危害性为基础来界定的。某种物质之所以被定性为污染物,因为经一定时间一定剂量该物质的作用之后,一般的受者对象都会发生一定的损害后果,比如危险化学品、工业“三废”等。根据受者对象之不同,污染物的危害性可以分为对一般对象的危害性和对特定对象的危害性。对于一般对象而言,污染物的危害性常表现为其在环境中发生污染作用的数量、浓度以及作用的时间长短等指标。随着环境科学的发展,污染物的危害性逐渐成为人类社会的经验性知识,污染物也因其具有危害性成为法律所规制的对象。环境实体法对污染物排放行为进行规制,主要是防止其对一般对象产生不可接受的危害。一旦排放某种物质的行为被纳入环境实体法规制的对象,就说明该物质具有污染危害性,因此,一般情况下污染物的危害性证明可由被告的排污行为要件证明所吸收,无须另行举证。在环境污染侵权诉讼中,原告只要证明被告有某种污染物的排放,根据其作业属性或排放特点即可推定该污染物具有危害性。[①] 在另一些情况下,某种物质排放不会对一般的受者发生损害,却会对特定的受者发生损害。例如,水果中富含铁元素可能被作为有益的卖点来宣传,但是,过量的铁元素也可能导致水果发黑甚至腐烂,成为一种污染物。[②] 因此,主张铁元素污染侵权的原告需要对该物质具有危害性进行证明。当然,由于一般人缺少这样的知识,此时需要专业机构或专家的帮助。经济学上,污染物并非天生就是污染物,而是一种放错地方的资源。环境科学上,某种物质之所以被作为污染物,是因为它在特定时间、特定地点,针对特定对象而言具有危害性。对于非常见污染物,有的被告要求原告证明其所排放的涉案物质具有一定的危害性,否则被告否认其所排物质会产生损害后果。[③] 此时,被告要求原告证明其所排物质具有危害性是指这种物质对原告的人身或财产等特定对象能够产生的危害性,而非对环境本身的危害性。被告所排污染物针对原告人身或财产的危害

---

① 如贵州省遵义市播州区人民法院(2014)遵县法民初字第 4137 号民事判决书中认为:“被告在离居民区极近、离学校较近、当地县级人民政府的划定的禁养区域内,未经环境影响评价和进行排污登记,进行规模养殖……对学校和居民环境造成侵害,其行为具有违法性和环境危害性。”本案中,法院对于被告排放污染物的危害性直接依常识判定。又如四川省广汉市人民法院(2015)广汉民初字第 248 号民事判决书中认为:“本案中的低频噪声虽不具违法性,但不能否认其危害性,该噪声会对原告的生活造成影响。”

② 如河南省漯河市郾城区人民法院(2016)豫 1103 民初 3035 号民事判决书中查明:“被告购置的硫酸亚铁,在运输的过程中,因防护不当,部分硫酸亚铁洒落到许泌公路上,经来往车辆碾压,硫酸亚铁粉尘飘到路边原告的梨果上,致使部分梨果表皮发黑。”

③ 如浙江省温岭市人民法院(2015)台温民初字第 9 号民事判决书中记载被告辩称:“原告所提供的证据是无法证明被告排放的废气属于污染环境的行为或存在危害性。”

性一旦得以证明，那么被告的排污行为与原告的损害后果之间的关联性或因果关系就可得以直接证明。如果原告仅证明了被告所排物质对于环境本身的危害性，那么被告的排污行为与原告的损害后果之间的关联性或因果关系仍未得以证明。原告可以通过证明该物质排放行为属法律规制对象，被告为此缴纳排污费或污染税，双方达成的损害赔偿协议，援引权威科研文献、法院既判文书，委托鉴定，以及通过具有专门知识的人作证等多种途径来证明被告所排涉案物质的危害性。

有些被告认为其排污达标，特别是排放废弃能量达标就不会产生危害，实践中也有不少法院支持被告此类抗辩主张而判原告败诉。但是，司法解释明确规定："侵权人以排污符合国家或者地方污染物排放标准为由主张不承担责任的，人民法院不予支持。"[①]据此，法院因被告达标排放而认为不产生污染危害进而判原告败诉的做法是错误的。污染物的危害性与其作用剂量和作用时间都成正比关系，而我国当前污染物排放标准是以排放浓度为尺度而并未考虑其排放时间长短以及由此产生的排放总量，单一的污染物浓度排放指标并不能全面地反映出污染物的危害性。污染物（包括能量）达标排放并不意味着不会产生危害，达标排放能否构成污染危害还需要和其他指标结合起来进行衡量，比如特定时间内区域污染源数量的多少、受作用时间的长短、产生次生污染物的可能性、受者个体敏感度等。因此，法院仅以被告达标排放为由来判定被告的排污行为与原告的损害后果之间不存在因果关系的认识是错误的。[②]

2. 暴露条件

即受害者的人身或财产存有在涉案污染物或次生污染物及其污染的环境中暴露的情形。暴露条件属自然的、逻辑上的客观条件。有些情况下，比如发生交通事故导致所运输的危险物质泄漏，被告所泄漏的有害物质直接作用到原告的人身、财产上，暴露路径直接且明显。此时排污行为与损害后果之间的关联性或因果关系非常明了，法院一般会直接予以认定，无须当事人另行举证。能量型污染纠纷中，受者的人身或财产也是直接暴露在这种废弃能量之中的。废弃能量在环境中以排放源为中心向四周逐渐耗散衰减，因此，受者与能量排放源位置的距离就成为该污染物能否致害的关键因素。多数情况下，涉案污染物到达受者所在地

---

① 参见 2020 年最高人民法院修正的《关于审理环境侵权责任纠纷案件适用法律若干问题的解释》第一条第二款。

② 如湖北省十堰市茅箭区人民法院(2016)鄂 0302 民初 3245 号民事判决书中认为："证明因果关系不存在，则应证明已运行的变压器周围环境参数符合国家标准。因为电磁辐射的国家标准兼具科学属性和法律属性，具有强制性和权威性，电磁辐射的国家标准既是行为规范又是裁判规范，因此证明变压器周围环境符合国家规定的标准，即可视为变压器的存在与受害人的损害之间不存在因果关系。"

环境,还需要受者能有机会接触到该污染物或次生污染物,[①]即暴露机会。暴露条件是关联性证明中的必要条件,如果缺少暴露条件,法院可以认定关联性不存在进而推定因果关系不存在。[②] 实体法上关于因果关系举证责任倒置的规定之所以被很多法院拒绝直接适用,就是因为原告起诉被告后在未证明存在相关暴露条件的情况下直接要求被告承担因果关系不存在的本证责任,有违基本常识。

如果原告因其所在地区域环境要素被涉案污染物污染而受害,原告接触到这种涉案污染物或次生污染物是可以推定存在的。比如,原告所在地属于被告排放的大气污染物扩散所及区域,因为存在众多的同类受害者,此时原告的人身或财产接触这种涉案污染物或次生污染物可以推定属实。如果原告不是因为涉案污染物污染其所在地区域环境要素而受害,而是原告自己的人身或财产单独因涉案污染物的暴露而受害,那么原告就其对涉案污染物暴露条件的证明就非常必要。此时,如果污染源单一,暴露条件可以通过在原告受损的位置检测到涉案污染物或次生污染物加以证明。如果污染源不单一,除了需要能在原告受损位置测到涉案污染物或次生污染物外,还要综合当地的自然地理条件、当时的气象条件、食物链、人类活动等多种因素加以研判。同时,原告对暴露条件的证明需要达到高度盖然性的标准。实践中,原告根据自身的案情,可结合原被告双方的地理位置条件、时间条件、当时的气象条件、涉案污染物属性、损害事故属性、被告作业属性、受害对象属性、污染源数量等因素综合对暴露条件进行证明。在证明路径上,原告可以向有关行政机关进行投诉,由行政机关进行调查处理,然后以行政机关出具的公文书对暴露条件进行证明;也可以及时委托有资质的环境检测、鉴定评估、公证机构等第三方服务机构进行检测、鉴定评估或证据保全等获得相关证据;在司法程序中还可以通过法院现场勘验、赔偿协议、有关专家意见等来对暴露条件进行证明;可能时,原告还可以通过自行取证对暴露条件进行证明。

3. 可能的对应关系条件

被告所排放的污染物或次生污染物的危害性与原告所遭受的损害之间具有可能的对应关系。针对可能的对应关系条件,原告可根据情况从以下三个方面中选其一来证明:一是从查找损害原因来看,原告可以通过证明导致其受损的原因中可能有被告的排污行为,或者证明被告的排污行为是致其损害的可能原因之

---

① 陈伟教授根据污染物致害的时空顺序,将这两种致害阶段称为到达的因果关系与致害的因果关系。参见陈伟:《环境侵权因果关系类型化视角下的举证责任》,载《法学研究》2017 年第 5 期。

② 如江苏省淮安市清浦区人民法院(2014)浦环公民初字第 005 号民事判决书中认为:"被告排放的猪尿猪粪没有直接流入鱼塘,且原告鱼塘与被告猪场距离在 500 米以上,原告无证据证明原告鱼塘鱼体死亡与被告排放猪尿猪粪之间存在因果关系。"

一，来证明可能存在的对应关系；二是从查找损害后果来看，原告可以通过证明其损害后果属于被告排污行为所可能导致的危害后果，或者证明其损害后果属于被告排污行为所可能导致的损害后果之一，来证明可能存在的对应关系；三是证明被告排污导致原告所处环境质量中涉案污染物含量超标。

原告受到损害后，一般都会对其致害原因进行查找。致害原因无论单一还是众多，只要原因确定明了，这种损害行为与后果间有无对应关系就可直接确定，此时关联性或因果关系之有无也可直接推定。困难主要是存在于那些致害原因不定或不明的案件。所谓原因不定，就是可能的致害原因众多，无法确定哪个或哪些是真正的致害原因；所谓原因不明，是指所有可能的致害原因暂时都被一一排除，无法找到确定的致害原因或可能的致害原因。对于致害原因有众多可能而又难以确定下来的，只要被告排污行为位列其中无法排除，即可认定存在这种可能的对应关系，进而可推定关联性存在，[①]被告如果反证失败则侵权责任成立。如果还存在有其他众多可能原因无法排除，法院不能要求被告承担原告全部损害的赔偿责任，可以依据公平原则来判。[②] 对于原因不明的案件，因为原告无法完成可能的对应关系证明而导致关联性无法推定，此时原告未能完成举证责任，法院应判其败诉。[③] 实践中，很多法院并未区分原因不定与原因不明的差异，将原因不定直接归入原因不明而判原告败诉，根本原因是法院对于关联性证明标准把握不准。[④]原告对这种对应关系存在的证明责任只是一种可能性证明并非一种确定性证明。有的法院要求原告证明必须存在确定的对应关系，否则不予认定存在关联性，实

---

① 如安徽省全椒县人民法院（2016）皖1124民初1941号民事判决书中显示原告已证明二被告位列四大共同污染源之中，法院应推定二被告的排污行为与原告所受损害之间存在关联性。

② 如江西省安福县人民法院（2016）赣0829民初7号民事判决书中认为："原告刘某英年事已高，患病的风险很大，且疾病的产生的原因有多种多样，其受被告生产行为影响的可能性很大"，法院推定"两原告的疾病与被告的生产行为之间存在初步的关联性"。法院依"无法得知原告方的损害结果与被告生产行为之间的关联程度大小"为由酌定被告承担一定数额的损害赔偿责任。

③ 如湖北省荆门市东宝区人民法院（2017）鄂0802民初334号民事判决书中认为：原告的"苗木死亡原因不明"，陕西省榆林市横山区人民法院（2017）陕0803民初3649号民事判决书中认为：原告"死羊原因不明"，而"原告认为死羊是因食用了二被告倾倒的生活垃圾及其施工使尘土污染的饲草所致"并申请三个证人出庭作证，而证人证言间相互矛盾。最后，法院以原告的损害后果与被告的施工行为缺少关联性而驳回原告的诉求。

④ 如福建省龙岩市新罗区人民法院（2015）龙新民初字第5105号民事判决书中原告已经举出行政机关公文书载明："不排除非法开采稀土加重渔业水质污染的可能"，而法院却认为："原告主张本案白沙水库死鱼事故系因被告吴某材在水库上游山场非法开采稀土引起未提供相应证据。"显然，法院未明白关联性证明之要义，将原因不定归于原因不明而判原告败诉。另如甘肃省张掖市甘州区人民法院（2015）甘民初字第546号民事判决书中认为原告虽举出行政机关公文书证明被告确有污水排入原告的养殖鱼塘，但又认为原告的死鱼并不排除其他原因，最后判原告败诉。本案中，法院也未把握关联性证明之要义。

际上就是要求原告对实质上存在的因果关系进行举证,未能准确理解关联性证明的要义。[①] 关联性证明只是因果关系的初步证明,即对因果关系存在的可能性进行证明,并非对因果关系的实质证明。原告只需证明被告的排污行为是引起原告损害后果可能的原因就达到了这种初步证明的标准,就可推定关联性存在而由被告反证关联性不存在。

就查找损害后果而言,一种排污行为在环境中能产生哪些损害后果不仅取决于排污行为自身,还取决于受污染的环境状况以及污染物或次生污染物所作用的对象,既存在某种确定性,又存在很大的不确定性。如果原告无从知晓被告的排污信息和受污染环境的实际状况,原告可通过阐明被告排污行为在理论上可能产生的损害后果来论证被告所排污染物或次生污染物的危害性与原告所受损害后果之间存在可能的对应关系。因为原告对于可能的对应关系的证明只需引起合理怀疑即可,而这种理论上的推断就是一种合理怀疑。不可否认,这种理论上可能的损害后果很容易被被告证明其与实际情况不符予以排除。即使被告不能推翻这种依据理论推导出来的结论,因为原告对其证明只是达到一种较低的盖然性水平,法院在判定被告承担责任时应考虑这种盖然性大小以及所起作用的可能比例以保证裁判结果的公正。[②] 当然,原告推断排污行为在理论上所能产生的损害后果,需要有相关的科学理论、权威科研文献或常识作为依据,否则将无说服力。[③]

环境质量标准中某污染物超标并不一定是损害必然发生的标尺,但是它可以作为损害可能发生的标尺。如果原告能证明被告排污导致其所处环境中涉案污染物含量超过国家或地方环境质量指标,那么,被告所排污染物或次生污染物的

---

① 如贵州省遵义市播州区人民法院(2016)黔0321民初648号民事判决书中认定被告排放的污染物系高危险致癌物,存在暴露条件,但是,对于污染物与原告所患癌症之间的关联性以"医学知识不能确定"为由而不予推定。显然,法院对关联性证明要义未能准确把握。"医学知识不能确定"即表明了不能排除这种对应关系存在的可能性,此时法院可以推定关联性存在,改由被告反证"医学知识确定不存在"这种可能性。因为对于关联性的证明,原告本证的证明标准是产生合理怀疑,相应地被告反证的证明标准就是排除合理怀疑。

② 如福建省福清市人民法院(2014)融民初字第2863号民事判决书中认为:"从另一方面说也不排除被告在某一施工过程中,对附近小范围海域某一时间段的水质会产生一定的环境影响,会对附近的养殖区造成一些污染。故本院认为被告的施工建设与原告的花蛤大量死亡存在一定的因果关系,但不是主要因素。"

③ 如湖北省通山县人民法院(2014)鄂通山民一初字第163号民事判决书中认为:"恶臭气体不能导致九宫农庄的固定资产损坏,即使后面有所损坏也是原告怠于管理导致损失扩大,被告对此不应负赔偿责任。"原告将固定资产损坏作为恶臭可能的危害后果有违常识而被法院直接否决。又如北京市密云区人民法院(2016)京0118民初3991号民事判决书中认为:"公开的资料显示,融雪剂对于水泥路面具有腐蚀作用。"

危害性与原告所受损害后果之间存在可能的对应关系就可认定存在。污染物超标很可能发生损害后果，因而污染物超标可以用来证明排污与损害之间可能存在的对应关系，但是超标并不必然发生损害后果，所以，被告可以举证对之排除以求免责。而达标也并非不能发生损害后果，如果原告能证明排污与损害之间存在因果关系，被告仍难免责。当然，并不是受者所处的环境都有环境质量标准可供参考，而且已有的环境质量标准中并非纳入了所有可能的污染物，很多情况下某种污染物是否超标并没有环境质量标准可供衡量。此时，依靠环境质量标准来证明这种可能的对应关系难以行得通，仍需选择其他路径证明。至此，关联性或因果关系存在的证明途径并非唯一。实践中，有的法院认为原告在损失发生后未能保存有关检材导致被告无法鉴定受损原因，以原告存在过错为由判原告败诉显然是错误的。① 当然，也有法院认为原告并没有为被告保存检材的法定义务，而且检材并非证明因果关系的唯一证据。②

在证明标准上，危害性条件与暴露条件属确定性范畴，原告的证明必须达到高度盖然性标准，而可能的对应关系条件则属可能性范畴，原告证明只需达到引起合理怀疑的程度，为被告反证因果关系或关联性不存在提供排除范围即可。存在这种对应关系，就说明原告已经举证成功。③

第二节　科学证据之适用

一、科学证据之谓

环境民事司法中，对一些专门性问题经常借由专门的机构或人员通过鉴定、评估、检测或化验后形成具有科学技术性的报告、意见等形式的证据来加以证明，学理上称之为科学证据。无论是环境私益侵权司法还是环境公益侵权司法，对于

---

① 如湖南省岳阳市云溪区人民法院（2016）湘0603民初301号民事判决书中认为："由于原告未向本院提交死亡珍珠蚌的样本，无法鉴定的责任在原告"，最后判原告败诉。另如山东省滕州市人民法院（2016）鲁0481民初1922号民事判决书中认为："由于死亡蜜蜂的样本已不存在，无法鉴定因果关系的责任在原告，故原告未完成初步举证（因果关系的）责任。"

② 如安徽省安庆市宜秀区人民法院（2014）宜秀民一初字第00459号民事判决书中认为："至于被告主张原告未保管死鱼导致其无法排除因果关系的问题，本院认为，首先，原告没有为被告保存因果关系方面证据和证明因果关系的法定义务；再则，原告非专业机构，对死鱼样本的妥善保管有很大难度，且本案中死鱼样本并非因果关系的唯一证据；更何况对不存在因果关系负有举证责任的主体应为被告。"

③ 参见李庆保：《环境民事诉讼证据制度研究》，法律出版社2021年版，第161~184页。

案件事实的证明人们青睐科学证据,科学证据被捧为“证据之王”[①],胜诉的动机驱使着诉讼双方寻求获取对自己有利的科学证据。科学证据的范围比较广泛,本章主要是指在环境民事司法中所适用的由专门机构或人员对于排污是否超标或造成污染、关联性或因果关系是否存在、具体的伤情等级或损害数额是多少等实体性证明主题所作的鉴定意见、评估报告、检测报告或专家意见等,或称之为环境损害鉴定[②]。此处用“鉴定”一词来统一指代环境民事诉前或诉中通过专门机构或专家开展鉴定、评估、检测、化验等手段获取有关待证事实证据的活动。[③] 从鉴定主体来看,有机构鉴定,也有专家鉴定。从鉴定主体的资质来看,有获得特定资质的环境鉴定机构和人员的鉴定,也有未获得特定资质的机构和人员的鉴定。从适用对象上来看,环境损害鉴定既包括对环境损害,即环境公益损害的鉴定,又包括对民事主体因排污行为造成的人身、财产等损害,即私益损害的鉴定。从鉴定事项上来看,环境损害鉴定主要包括污染物的属性、污染物的数量、是否构成污染、排污是否超标、排污与损害间是否具有因果关系、损害的原因、损害的等级、损害的数额等鉴定。从适用程序上来看,环境损害鉴定既包括适用于诉讼程序的鉴定,又包括适用于非诉程序的鉴定。

二、环境民事司法中适用科学证据面临的困境

(一)案件事实证明过于依赖科学证据

环境污染侵权案件中科学证据的适用频率较高。本书编者从中国裁判文书网随机下载近千例环境污染侵权案裁判文书,经统计分析后发现,裁判文书载明获得科学证据或虽申请鉴定评估而未能成功的占比超四成,说明环境污染侵权诉讼中科学证据的适用频率较高。实践中,一些法官在审判环境污染侵权案件时,对于原告主张受到损害的事实,首先考虑对该事实是否做过鉴定。如果原告没有鉴定意见为据,法官就以当事人的主张没有事实依据直接予以拒绝,而不予主动

---

① 吕忠梅、张忠民、熊晓青:《中国环境司法现状调查——以千份环境裁判文书为样本》,载《法学》2011 年第 4 期。

② 王旭光认为环境污染损害鉴定是“具有合法鉴定资质的鉴定人对环境污染造成的损害进行因果关系技术判断并对环境损害进行量化、评估的活动,是环境监管部门行政执法、司法机关依法裁判的证据来源、定案根据,是构建环境损害赔偿制度必需的技术支撑”。参见王旭光:《环境损害司法鉴定中的问题与司法对策》,载《中国司法鉴定》2016 年第 1 期。

③ 2020 年最高人民法院修正的《关于审理环境侵权责任纠纷案件适用法律若干问题的解释》第八条:“对查明环境污染、生态破坏案件事实的专门性问题,可以委托具备相关资格的司法鉴定机构出具鉴定意见或者由负有环境资源保护监督管理职责的部门推荐的机构出具检验报告、检测报告、评估报告或者监测数据。”此处“检验报告、检测报告、评估报告或者监测数据”就是诉中产生的一些科学证据形式。

查清或酌情支持。[①] 有的案件中原告的损失真实存在,但因无证据证明确定数额而自行估算数额,法院要求原告申请评估而原告未申请评估,法院直接予以拒绝而不予酌情支持。[②] 有些被告对原告所主张的损害赔偿数额不予认可,[③]只认可鉴定,并称鉴定损失多少就赔多少。[④] 无论是法官还是当事人,无论于诉前还是诉中,都对科学证据产生过度偏好。[⑤]

(二)各诉讼主体对科学证据的认可率差异悬殊

既然科学证据是通过专业机构或人员运用科学技术知识和手段所获取的对事实的一种科学技术上的证据,那么,所有的诉讼主体都应本着尊重科学的态度而对科学证据予以认可,除非这种证据不科学。实践中,法院、原告、被告、公益诉讼人等对于科学证据的认可程度却差异很大。环境污染侵权司法中,法院对科学证据的认可率较高,而当事人共同认可率较低。被告对于原告在诉前所获科学证据的认可率非常低,而法院对于原告诉前所获科学证据的支持率较高。对于诉中所获科学证据,原告的认可率也明显高于被告,而法院的支持率则非常高,因为绝大多数情况下这些科学证据是在法院的委托下取得的。当事人对于科学证据的分歧率较高,体现出二者的利益冲突,同时反映出适用科学证据存在易受攻击的缺陷,而法院对于科学证据的较高支持率则反映出其对科学证据的依赖与偏好。

(三)科学证据在适用时受到质疑众多

司法实践中,当事人一方所提交的科学证据能被对方认可的并不多,多数科学证据受到另一方当事人或法院的质疑,这些质疑大体上能反映出科学证据在适用中存在的一些缺陷。不同的诉讼主体在诉讼中因其立场和关注的对象有所不同,其质疑点也有所侧重,但是范围相同。环境民事司法中,当事人与法院对于科

---

① 如湖南省株洲市天元区人民法院(2015)株天法民一初字第1885号民事判决书中认为:“在诉讼过程中,原告罗某恩不同意对其主张的农田损失进行评估鉴定。原告诉称的理由缺乏事实依据,故对原告罗某恩的诉讼请求,本院不予支持。”又如河北省滦平县人民法院(2016)冀0824民初1713号民事判决书中认为:“原告饲养的牛死亡,未对死因及损失情况进行鉴定……对原告要求赔偿经济损失的诉讼请求,本院不予支持。”

② 如海南省澄迈县人民法院(2016)琼9023民初1139号民事判决书认为:“经本院要求,原告未申请对受污染瓜菜的损失进行评估,原告受污染瓜菜的实际损失无法确定。因此,原告关于瓜菜实际损失40,000元的主张,本院不予支持。”

③ 如陕西省定边县人民法院(2017)陕0825民初2331号民事判决书中记载在质证环节,对于原告举示的“西京医院诊断证明及收费票据、门诊病历,证明原告陈某某在立案诉讼后治疗及花费医疗费3076.91元”,被告认为:“没有经过鉴定的花费不认可。”

④ 如吉林省桦甸市人民法院(2017)吉0282民初2671号民事判决书中记载证人证明被告王某良要求原告:“作鉴定,鉴定多少钱王某良给多少钱。”

⑤ 参见吕忠梅、张忠民、熊晓青:《中国环境司法现状调查——以千份环境裁判文书为样本》,载《法学》2011年第4期。

学证据的质疑之点多集中于鉴定权、鉴定主体工作活动的合规性、鉴定意见形式要件、鉴定意见内容、鉴定意见的证明力等方面。其中,对鉴定权方面的质疑主要涉及:鉴定主体的资质、鉴定主体的权利与义务、鉴定的启动权、鉴定回避等;对鉴定主体工作活动方面的质疑主要涉及:鉴定程序的规范性与严谨性、鉴定活动的中立性、鉴定方法的适当性、鉴定活动的实证性与公开性等;对科学证据形式方面主要涉及:鉴定主体的签名与盖章、书证的原始性等;对科学证据内容方面主要涉及:适用标准的正确性、鉴定依据的原始真实性与充足性、计算方法的科学性、考虑因素的全面性、鉴定范围和数据的准确性与完整性、鉴定意见内容的完整性与确定性、鉴定结论的合理性等;对科学证据的证明力方面主要涉及:关联性、客观性、科学性、合法性、合理性等。

(四)科学证据适用制度供给不足

科学证据作为一种特殊证据类型,在环境民事司法中受到青睐并得到广泛适用,但是,我国当前没有关于科学证据适用的专门而系统的规定。2019 年最高人民法院修正的《关于民事诉讼证据的若干规定》中补充完善了不少有关司法鉴定事项的规定,以至于该规则中有关司法鉴定事项的条款达到了 18 条。[①] 但是,从环境民事司法中科学证据适用的实践来看,这些规定仍嫌不足,如鉴定程序启动权不明、鉴定资质门槛设置过高、鉴定主体的基本权利和义务不甚明晰、鉴定意见缺少明确的审查认证原则等。

三、环境司法鉴定之适用对策

(一)正确认识科学证据在环境司法中的作用

毋庸置疑,环境民事司法中适用科学证据有其客观基础。环境民事司法中所涉及的污染物属性认定、污染物排放是否超标、是否构成污染、受损价值的确定、是否存在因果关系、生态环境期间服务功能损失、生态环境修复费等与传统诉讼相比较都是新型的又相对复杂的证明事项。总体上,除了因果关系是否存在有时能依靠经验判断解决外,多数情况下判断这些事项并不存在所谓的经验与常识,更多地需要检测、评估和鉴定。在环境民事司法中,当证明上述事项缺少其他可信证据时,法官和当事人就会广泛适用科学证据。当然,人们对科学的信仰也使得科学证据能大行其道。现代社会里,科学技术知识作为一种权威知识已经深入人心。科学证据是由第三方专业机构和专家在其专业领域里借助于科学技术性手段所作的专业性判断,因此,相对于其他言词证据而言,人们更青睐科学证据皆

---

① 参见 2019 年最高人民法院修正的《关于民事诉讼证据的若干规定》中第三十条至第四十二条,第七十九条至第八十二条,第九十八条。

源于对其科学性的信仰。然而,过犹不及。如果没有科学证据的证明,法官似乎难以查明案件的是非曲直,有的法官甚至直接以举证责任来裁判案件。显然,此时法官产生了一种适用科学证据的审判路径依赖。在案件事实没有其他可信的证据又不能获取科学证据的情况下,有些法官担心自己凭借经验常识或自由裁量权来裁判案件会导致案件裁判结果经受不住考验,进而可能触发错案追究机制,稳妥的做法就是直接以举证责任来裁判。如此,环境民事司法中法院试图通过司法鉴定这一第三方程序来化解自身面临的压力与风险,[①]适用科学证据成为一些法官摆脱司法责任的一枚重要护身符。

科学证据之所以被如此冠名,皆因其具有"科学性",然其并不是真相的化身。在科学上对于那些既往事实的取证,只能是人们在权衡可行性的基础之上运用特定的专门知识和手段对于有关事实所作的一种尽可能贴近真相的回顾性解读,而对那些将来事实的取证,显然也是在现有的认知水平之下运用特定的专门知识和手段对于有关事实所作的一种尽可能合理的推断性预测。无论是回顾性解读还是推断性预测,其得出的结论都与取证主体的能力与水平、取证主体的价值观等心理因素、取证工具与手段、取证程序、取证时机、取证环境、取证方法、取证对象等多种因素相关,具有主观色彩。实践中,有的法院在裁判文书中明确指出鉴定意见是鉴定人员的一种主观判断。[②] 质言之,环境民事司法中所使用的鉴定意见、专家意见等形式的科学证据是一种以书面形式为载体的特殊的言词证据。[③] 科学证据本身并非真理,而是人们利用科学技术知识和手段对于有关事实真相所作的一种解读或预测,难免会偏离事实真相或出现主观差错。因此,所谓科学证据的科学性是相对而言的,科学证据事实并非科学上的真相。这就是为什么实践中各诉讼主体对于科学证据的内容能持有那么多的异议,当事人双方对于科学证据能产生那么大的分歧。显然,并非异议者都不尊重科学,而是因为科学证据本身并不一定是真实性的化身。更何况,司法中作为定案证据使用,科学证据还要受合法性、关联性的约束。

就因果关系是否存在而言,其结论在科学上是唯一的,而不同的鉴定机构所得出的鉴定意见或结论可能相左。当鉴定意见相左时,科学证据反映事实真相的概率也只有50%。就与事实真相的接近程度而言,这种通过鉴定机构对于有关事

---

① 参见张敏纯:《我国环境侵权诉讼中科学证据认定规则的构建——以美国经验为借鉴》,载《学术界》2014年第10期。

② 如黑龙江省哈尔滨市道外区人民法院(2013)外民二初字第919号民事判决书中指出:"鉴定意见本身是构建在其它证据材料基础上,得出的鉴定人的主观判断。"

③ 参见张斌:《论科学证据的概念》,载《中国刑事法杂志》2006年第6期。

实存在与否所作的判断与法官或普通人所作的判断有时并无多大差异。差异之处可能就在于,鉴定机构所得出的判断多基于检测数据、理论、公式、模拟、演示、归纳、分析、推理等专业性知识,更具有所谓的“科技色彩”,而法官或普通人所作的判断多基于经验、常识、感觉、分析、推断等经验性知识,更具有所谓的“经验色彩”。科技判断和经验判断有时相互验证,有时相互背离,但在非此即彼的情形下,二者成功反映事实真相的概率都是50%,无异于抓阄进行事实决断。因此,在纠纷解决上仅就非此即彼的事实决断而言,科技判断相比经验判断其实并无多少优势。而实践中,有的案件中科学证据因违背人们的既有经验与常识而被弃之不用;①有的案件中在寻求科学证据无果的情形下,更有责任心的法官为了解决问题,仍然会采用经验判断②而非直接以举证责任来裁判案件;另有的案件中法院表面上认可了科学证据,但实际上仍然依靠经验判断来处理问题。③ 事实上,当科技判断与经验判断相背离时,人们更愿意相信经验判断而认为科技判断是“伪科学”。在纠纷解决时,符合常识的经验判断通常比违背常识的科技判断更易被当事人所接受。在缺少常识经验的情况下,人们更倾向于接受科技判断,进而以此为基础逐渐建构起新的经验判断。

在科学并不发达的古代,人们并未经常借助于科学证据来解决纠纷,而今人也应破除对科学证据的迷信,在一些案件中探寻其他更优的纠纷解决路径。在科学证据并非真正科学而且科技判断在解决纠纷时并不一定比经验判断更优的情况下,在环境民事司法中如果不宜或不能适用科学证据,法官和当事人应寻求其他路径来满足纠纷解决的需要。特别是案件主审法官,应理性司法,敢担当作为,充分运用释明权,积极适用调解,引导当事人作出理性选择,而不是一味地依赖科学证据或举证责任来判案。如果必须适用科学证据,也应尽可能地以更为平等和经济的方式来适用以提升整体司法的公平性与经济性。

(二)严格把关司法鉴定启动程序

案件进入司法程序后,司法鉴定的启动需要当事人提出鉴定申请,由法院决

---

① 如江苏省常熟市人民法院(2015)熟环民初字第00006号民事判决书中记载:鉴定机构所作的“监测报告中,声源运行和声源停机时测得等效声级数值高低有反置现象,而且声源停机时仍有超标的情况”。这就是所谓的科技判断违背经验判断而被否决的情形。

② 如江西省安福县人民法院(2016)赣0829民初7号民事判决书认为:“目前在没有科学的鉴定结论的情况下,本院可以依据日常生活经验和生活常理对二者的因果联系进行判断。”

③ 如江苏省江阴市人民法院(2014)澄环民初字第0001-2号民事判决书认为:“虽然该司法鉴定意见认为没有证据表明吴某患有神经症与沿江高速公路噪声污染相关,但噪声对人体的影响是客观存在的,亦为公众所普遍认可,而长期处于高噪声环境下的居民,其身心健康势必受到不良影响和一定程度的损害,故对于吴某、张某芝要求沿江高速公司赔偿自2004年8月19日到噪声降至国家标准以下之日期间遭受噪声污染的损失予以支持。”

定是否准许。当法院决定准许鉴定申请时,由法院委托鉴定。换言之,法院不允许当事人在诉中自行委托鉴定,必须向法院申请并由法院决定委托鉴定。一方面,因为在诉中当事人举证行为要遵守举证时限制度,允许当事在诉中自行委托鉴定容易造成证据突袭和诉讼迟延;另一方面,当事人一方于诉中自行委托鉴定如果未得到法院支持,另一方如不予配合将导致鉴定不能。因此,在司法程序中,鉴定程序的启动主体为"当事人 + 法院",而不能仅为当事人自己。2019 年最高人民法院修正的《关于民事诉讼证据的若干规定》第三十条、第三十一条、第三十二条对于诉中当事人申请法院委托鉴定作出了明确规定,但是对于当事人在诉中自行委托鉴定未加明确禁止,显然存在不足。当事人在诉中自行委托鉴定评估容易构成证据突袭,法院不应对此类鉴定评估意见组织质证。当然,经法院允许当事人在诉讼中可以聘请有关专家出庭就有关专业问题发表意见,此时的专家应视为当事人一方聘请的专家证人,[①]并非以司法鉴定人的身份出庭。

(三)坚持科学的审查认证原则

本书认为,法官审查认证科学证据时应至少坚持以下原则。

1. 形式审查与实质审查相结合

法官在审查一项科学证据的真实性、合法性时,既要对其作形式审查,又要对其作实质审查。形式审查主要涉及其合法性问题,重点审查鉴定人是否履行了其合法鉴定义务,如能排除这方面的疑问,即可认证鉴定文书的合法性。而实质审查则涉及鉴定意见的科学性与真实性,重点审查鉴定人所确定的工作方案是否恰当、鉴定所依据的原理和方法是否正确、检测的工具是否符合要求,检材是否原始真实等。当然,法官在对鉴定意见作实质审查时可能面临着专业障碍。为此,最高人民法院可以建立一套科学证据专家辅助审查系统,这套系统包括专家库、科学证据网上辅助审查系统。司法鉴定意见在呈堂之后,可以先组织当事人质证,如果当事人双方对该鉴定意见的真实性与科学性都无异议,法院即可采认之。如果当事人对该司法鉴定意见的真实性有异议,可申请鉴定人出庭作证以释明。当事人在鉴定人作出解释或说明后仍然持有异议而法院因专业问题难以决断的,此时法院可以向当事人释明,申请启动专家辅助审查程序。法官按照规定将鉴定意见、当事人的异议与鉴定人的解释和说明传至网上辅助审查系统,随机选定三名可参与该类鉴定意见审查的专家在网上就有关异议是否成立进行评审。如果两名以上认为异议成立,即可认定异议成立,否则认定异议不成立。

---

① 参见王利明:《审判方式改革中的民事证据立法问题探讨》,载《中国法学》2000 年第 4 期。

2. 书面审查与口头审查相结合

所谓书面审查就是对于鉴定文书内容作书面审查,排除有关其真实性、合法性等异议。所谓口头审查就是在书面审查的基础之上,如果发现其中异议需要鉴定人出庭作出解释说明的,要求鉴定人出庭作证,对鉴定文书内容作口头审查。鉴定文书是以书面形式为载体的言词证据,应该首先对鉴定文书作书面审查,如果仍有异议不能排除的则应考虑进行口头审查。书面审查与口头审查相结合原则就是以书面审查为主体,以口头审查为补充,先书面审查,后视情况需要再进行口头审查。2019 年最高人民法院修正的《关于民事诉讼证据的若干规定》第三十六条[①]和第三十七条[②]就是对书面审查的规定,而该司法解释中第七十九条、第八十条、第八十一条则是对口头审查的规定。

3. 全面审查

所谓全面审查是指对鉴定工作从启动到鉴定文书出具作全面审查,既审查其委托主体有无权利委托,还审查受托主体有无受托事项的鉴定资质;既审查鉴定程序的合规性,又审查鉴定结果的真实性;既审查鉴定依据的原始真实性,又审查鉴定方法的正确性;既对鉴定文书作形式审查,还对其作实质审查。总之,鉴定工作任何地方的纰漏与瑕疵都可能引起对其法律效力的质疑。申言之,对其审查坚持全面审查原则。实践中,有的法官认为鉴定机构采用何种方法进行鉴定评估不受法院审查。[③] 该理由值得商榷。鉴定机构采用何种方法进行鉴定评估不受法院审查的前提是这些方法得出的结果具有同一性,即所谓"条条大路通罗马"。但是,如果这些方法本身各有特定的适用对象,[④]或虽然适用对象无差别但得出的结论本身各不相同,可能会导致结论差异过于悬殊,那么,法院应该审查鉴定评估中所采用方法的适当性,同时还应审查所采用的方法是否实际得以正确运用。

---

① 2019 年最高人民法院修正的《关于民事诉讼证据的若干规定》第三十六条:"人民法院对鉴定人出具的鉴定书,应当审查是否具有下列内容:(一)委托法院的名称;(二)委托鉴定的内容、要求;(三)鉴定材料;(四)鉴定所依据的原理、方法;(五)对鉴定过程的说明;(六)鉴定意见;(七)承诺书。鉴定书应当由鉴定人签名或者盖章,并附鉴定人的相应资格证明。委托机构鉴定的,鉴定书应当由鉴定机构盖章,并由从事鉴定的人员签名。"

② 2019 年最高人民法院修正的《关于民事诉讼证据的若干规定》第三十七条:"人民法院收到鉴定书后,应当及时将副本送交当事人。当事人对鉴定书的内容有异议的,应当在人民法院指定期间内以书面方式提出。对于当事人的异议,人民法院应当要求鉴定人作出解释、说明或者补充。人民法院认为有必要的,可以要求鉴定人对当事人未提出异议的内容进行解释、说明或者补充。"

③ 如四川省冕宁县人民法院(2017)川 3433 民初 23 号民事判决书中对于被告关于"评估方法不合理,比如丰枯比不合理、设计发电量不等于实际装机容量等"的异议,认为"评估机构是专业机构,采用何种方法进行评估不属于法院审查范围。"

④ 如江苏省常熟市人民法院(2016)苏 0581 民初 5740 号民事判决书中原被告双方都认为鉴定机构应该采用附录 C 的检测方法而不应采用附录 B 的检测方法。

4. 排除当事人异议

所谓排除当事人异议原则是指只有对当事人关于科学证据的真实性、合法性与关联性上的异议加以排除，科学证据才能作为定案证据使用。毋庸置疑，作为定案证据的科学证据，必须具有证据的真实性、合法性等属性。虽然科学证据并非科学真理，但对其真实性只要当事人无异议就可予以当然推定，毕竟诉讼中适用科学证据是为了解决纠纷而并非为了科学研究。只要当事人对其真实性无异议，法院并无必要确认其为真理。有时，当事人对科学证据真实性的异议并非都合理，法院有权力判断这些异议是否合理。诉讼中，法院只需考虑那些合理的异议，而对那些不合理的异议直接予以排除。这里的问题是对异议如何排除，对于异议排除的举证责任由谁承担？实践中，对于法院委托的鉴定评估，多数法院认为应由异议提出者承担本证的责任，即异议提出者负责举证证明其异议成立，否则推定其异议不成立。法院要求异议者拿出实质性的证据来推翻其认为科学证据上有异议的部分，否则将认为其异议不成立而对科学证据加以采信。[①] 实践中，有的法院对双方都适用该规则，如果双方都拿不出实质性证据来加以推翻，法院就予以采信。[②] 如此，由法院委托所获得的鉴定评估得到了法院推定成立的效力。而在环境侵权之诉中，对于当事人于诉前自行委托或其他主体委托的鉴定评估，法院并不予以推定成立。[③] 在环境民事公益诉讼中，对公益诉讼人或原告于诉前所获取的科学证据，法院又作推定成立。[④] 法院这种对自己委托与其他主体委托所获取科学证据的效力采取差别对待以及在环境民事公益诉讼与环境民事私益

---

① 如湖北省秭归县人民法院(2014)鄂秭归民初字第01119号民事判决书认为:“被告未能提供证据证明存在鉴定机构或者鉴定人员不具备相关的鉴定资格、鉴定程序严重违法、鉴定结论明显依据不足或者经过质证认定不能作为证据使用的其他情形，因此，被告申请对原告鱼苗死亡与其行为是否存在因果关系重新进行鉴定，本院不予准许。”另如贵州省遵义县人民法院(2015)遵县法环民初字第2号民事判决书中认为:鉴定机构“依法作出的鉴定意见，在没有相反证据证明的情况下，一般应当采信”。

② 参见江苏省常熟市人民法院(2016)苏0581民初5740号民事判决书。

③ 如江西省南昌县人民法院(2014)南三民初字第67号民事判决书中对于“被告保险公司提供《公估报告》证明原告财产损失金额”并未推定合法有效，而是对其进行实质审查。另如云南省曲靖市沾益区人民法院(2015)沾民初字第523号民事判决书中记载针对原告于诉前委托所获得的鉴定评估报告，法院认为:“被告方提出异议……故不予采信。”

④ 如广州海事法院(2017)粤72民初431号民事判决书中对于公益诉讼人提供的环境损害鉴定评估报告书认为:“在被告未能提供相反证据足以反驳的情况下，本院对环科所认定的环境损失鉴定评估费的数额予以确认。”又如广东省广州市中级人民法院(2016)粤01民初51号民事判决书中针对被告提供的其与检察机关于诉前共同委托获取的评估报告认为:“现在被告未能举证证明该评估行为存在违法情形或有相反证据推翻该评估报告的情况下，本院对该评估报告予以采信。”

诉讼中厚此薄彼的做法有失公正。法院应秉持客观中立的原则,[①]无论科学证据是诉中由法院委托取得还是诉前由当事人或其他主体委托取得,无论是环境侵权之诉还是环境民事公益诉讼,对其异议未排除之前都不能作推定成立。对鉴定文书中证据三性的异议排除责任应采取二分法,即对鉴定文书中存在合法性、真实性的异议应由鉴定人负责排除,而对于其关联性的异议应由提出鉴定文书的一方负责排除。据此,当事人对于鉴定文书的合法性、真实性提出异议的,法院应要求鉴定人负责排除,[②]因为该鉴定文书是由鉴定人出具,鉴定人必须证明其合法性和真实性。而对于鉴定文书关联性的异议则应由提出鉴定文书一方的当事人负责排除。[③] 当然,鉴定人对于鉴定文书中瑕疵排除责任最终还是归属于对待证事实负举证责任的一方。当鉴定人已经对于当事人的异议作出解释或说明,当事人仍坚持其异议的,法官如认为当事人异议成立,则可以支持当事人;法官如认为该异议可以排除的,则应予以排除;法官对能否排除异议难以判断的,可以释明当事人申请启动专家辅助审查程序来解决。另外,如果经专家审查后认为,该鉴定文书中的结论本身在科学上具有不确定性而难以作排除或支持的判断时,法院应依公平原则来裁判案件,酌情判被告承担补偿责任,而不应依举证责任判一方全赢或全输。[④] 因为既然待证事实在科学上具有不确定性,说明关于该事实的举证证明存在当事人难以控制的客观风险,该事实的举证责任无论由哪一方当事人来全部承担都不公平,故此可由当事人公平承担该举证不能的风险。[⑤]

5. 效力区分

所谓效力区分是指当鉴定文书中部分内容因存在瑕疵而不被采信并不必然引起其他无瑕疵部分的内容被弃之不用,鉴定文书中可单独成立的无瑕疵的那部分内容仍然有效或可以作为裁判参考的依据。效力区分原则虽在有关立法与司

---

① 2019 年最高人民法院修正的《关于民事诉讼证据的若干规定》第八十五条:“人民法院应当以证据能够证明的案件事实为根据依法作出裁判。审判人员应当依照法定程序,全面、客观地审核证据,依据法律的规定,遵循法官职业道德,运用逻辑推理和日常生活经验,对证据有无证明力和证明力大小独立进行判断,并公开判断的理由和结果。”

② 2019 年最高人民法院修正的《关于民事诉讼证据的若干规定》第三十七条:“人民法院收到鉴定书后,应当及时将副本送交当事人。当事人对鉴定书的内容有异议的,应当在人民法院指定期间内以书面方式提出。对于当事人的异议,人民法院应当要求鉴定人作出解释、说明或者补充。人民法院认为有必要的,可以要求鉴定人对当事人未提出异议的内容进行解释、说明或者补充。”

③ 本书认为对鉴定文书中证据三性的异议排除责任应采取二分法,即对鉴定文书中存在合法性、真实性的异议应由鉴定人负责,而对于其关联性的异议应由提出鉴定文书的一方当事人负责。

④ 如贵州省遵义市播州区人民法院(2016)黔 0321 民初 648 号民事判决书中对于被告排污与原告患癌之间的关联性因存在不确定性,对此问题鉴定机构不承鉴且专家不愿出庭作证,法院依举证责任判原告败诉有失公平。

⑤ 参见山东省胶州市人民法院(2014)胶民初字第 4029 号民事判决书。

法解释中未加明确规定，但在实践中法院在审查认证科学证据时贯彻效力区分原则的不在少数。[①] 毕竟证据是一种稀缺资源，人非圣贤孰能无过？当案件证明缺少有效证据而鉴定文书中部分内容可单独成立时，不能因为其他部分内容存在缺陷就牵连否定该部分内容的效力或参考价值。

第三节　典型环境民事司法案例裁判评析

本节中所谓的典型案例是指在环境民事司法实践中遇到的问题具有一定的代表意义，体现了环境民事司法的某方面裁判特点或难点的案例，并非指最高人民法院发布的相关典型案例。为了行文需要，本书对所选案例中有关内容做了一些技术处理。本书对各案例的评析一般只限于标题中所提的问题，对裁判文书中其他方面内容不做评析。

一、空调水也是污染物？

【案情简介】王某承包地及转租地与添利公司相邻。2013 年 6 月，王某与添利公司签订协议，双方约定之前至协议签订之日因添利公司污水排放给讼争地造成的损失由添利公司补偿王某 6 万元。2013 年 8 月，环保执法部门对讼争地现场检查的情况为农田里大面积积水，部分死水积水处水体呈五颜六色，添利公司围墙侧冷却塔的冷却水仍然有少量溢出地表并渗漏。2016 年 3 月，王某将添利公司诉至法院，法院以“环境污染责任纠纷”为案由立案。2016 年 5 月，王某向法院申请对其承包及转包的土地及水是否受到污染进行鉴定，后在法院指定的期限内未提交相应的鉴定费用。法院经审理后认为，在环境污染诉讼中，为了保障受害人的合法权益，采用举证责任倒置规则。但是，举证责任的倒置并非意味着王某不负举证责任。按照环境污染责任的构成要件，王某对损害的事实和损害的后果依然负有举证责任。本案中，双方讼争的水体及土地是否受到污染应当经过专业鉴定，不能仅仅根据水体的颜色就认定讼争地存在水污染，但是原告未缴纳鉴定费而放弃了鉴定，应由其承担不利的法律后果。至于原告讼争土地上树木枯死的情况，其成因较多，不能据此简单断定系由污染所致。最后，法院判决驳回王某的诉讼请求。[②]

---

① 参见浙江省宁海县人民法院（2014）甬宁力民初字第 166 号民事判决书、重庆市江津区人民法院（2015）津法环民初字第 00014 号民事判决书、广东省阳江市阳东区人民法院（2015）阳东法合民初字第 243 号民事判决书、重庆市渝北区人民法院（2016）渝 0112 民初 11897 号民事判决书等。

② 参见（2016）闽 0182 民初 1126 号民事判决书。

【简评】空调水是空调冷凝器直接从空气中收集来的水蒸气,如同天上下的雨是地面水汽蒸发遇冷凝结而成。当然,空调水并非如自来水或蒸馏水那样干净,也含有一定的杂质。就一般对象来说,空调水通常并不被认为是污染物。环境科学上,某种物质并非天生就是污染物,其是否为污染物,主要看它的引入是否具有致害性,污染一词本身体现了一种相对关系的属性。在一般环境污染侵权案中,污染物作为排污行为的组成要素其实并不需要特别证明。是否是污染物,要结合时间、地点、环境条件、可能发生的环境效应以及损害结果来判断,损害结果包括现实的损害结果和潜在的损害风险。因此,人们不能抽象而笼统地说空调水是不是污染物,主要看它的引入会不会对特定对象有害。当空调水被引入普通的排水渠或下水道,一般不具有致害性,不用缴纳排污费。当空调水流入农田,如果该农田本身就是长期蓄有一定含水量的水田,空调水并未改变原有水体的性质,不会产生危害,此时也不能视为污染物。但是,农民会有这样的常识:过量雨水流入需要保持一定干度的土地(如旱地),而水长期积在那里不能及时排除,水体会因富营养化而变成污水,土壤因长期浸水也会发生盐碱化,土地上的不耐水植物可能会枯死。此时,雨水就会变成有害的污染物,空调水亦是如此。因此,污染物实际上就是在错误的时间、错误的地点、针对错误的对象而被错误地引入的致害物质。本案中,原告诉称被告外渗的空调水给其土地和地上附着物造成损害,对于原告而言,涉讼空调水无疑属于污染物,也无须鉴定。被告想脱责需要证明其空调水排放不可能造成原告诉称的损害后果,即二者不存在因果关系,空调水是不是污染物并非本案的焦点。

二、井水属于地表水还是地下水?

【案情简介】原告系云湖村和石井铺村的村民,被告华绿公司位于云湖村和石井铺村范围内,投资建设年产10万吨复合肥项目。2014年2月,当地环保局执法大队委托环境监测机构作出监测报告:其水质分析结果的内容显示原告家井水氨氮为0.713mg/L,按《地表水环境质量标准》表Ⅰ-Ⅲ类,氨氮含量并未超标,而按《地下水质量标准》续表Ⅰ-Ⅲ类标准,氨氮含量则超标。2015年10月,原告认为被告厂内的南水塘、循环沉淀水池和蓄水池氨氮含量严重超过标准并存在渗漏可能性,致使原告家井水氨氮超标,损害了原告及家人的健康,遂诉至法院要求赔偿。原告认为,本案应当适用《地下水质量标准》作为监测井水氨氮含量超标的根据,原告的井水属于《水文地质术语》国家标准规定的"地下水"范围。法院认为,原告家井水经环境监测机构多次监测,其监测数据结论均表明井水NH3-N含量符合《地表水环境质量标准》,证明其井水并未受到污染,原告提出的水污染事实并不存在,遂判决驳回原告的诉讼请求。①

【简评】本案中,原告家井水的定性非常关键,如果被定性为地下水,将适用较低含量的氨氮标准,那么,原告就可能因其井水受到污染而获得赔偿,相反,则会被判败诉。本案中,法官并未直接明言原告家井水属于地表水,而是根据环境监测机构出具的监测报告,按地表水质标准判断原告井水氨氮并未超标。《水文地质术语》(GB/T 14157—93)中,地下水是指:"埋藏在地表以下的各种形式的重力水。"而井水,是从在地表向下挖掘或者钻孔形成的取水设施提取上来的水。一般认为,深度不大甚至只有几米的井水,属于浅层地下水。而本案中,原告家的井水到底属于地表水还是地下水,属于案件争点。判案时遇到这类属于争议焦点的科学问题时,法官不应表面上回避,而实际上站队。法官应主动向权威机构或专家咨询,结合案情加以判断,作出令当事人信服的裁判。

三、依被告经营性质就能认定存在污染?

【案情简介】被告鑫源公司经营范围为铝矿采选、加工、销售、石子加工及销售,被告生产经营的运输车辆,常年运输生产材料从原告白某的家门口道路通过。2017年7月双方协议对被告鑫源公司在生产经营运输尾矿过程中对原告住所构成环境污染问题,被告每年一次性赔偿原告污染损失1.5万元,直到被告环境污染情形彻底消失为止。协议第四条约定,乙方在运输尾矿砂时必须采取遮盖措施,以减轻环境污染程度。双方签订协议后,被告支付给了原告2017年7月1日至2018年6月30日的赔偿款1.5万元,2018年7月1日至2019年7月1日没有给付原告赔偿款。原告诉至法院,请求按照协议依法判决被告履行给付义务,法院以"环境污染责任纠纷"作为案由立案。被告辩称其不存在污染环境的行为,自原告村中道路运输沙子,运输沙子是有季节性的,不是常年运输,并在运输中采取了遮盖等防护措施,没有对原告造成损害。法院经审理后认为,本案中被告鑫源公司的经营性质决定了其车辆从原告家经过确实存在粉尘及噪音污染,原被告之间于2017年7月1日签订的协议是在双方自愿平等的基础上达成,是双方真实意思表示,协议合法有效。被告已经按照协议赔偿给原告2017年7月1日至2018年6月30日的赔偿款1.5万元。被告生产经营期间按协议约定环境污染没有消失,被告就应当按协议履行,被告也没有证据证明2018年7月1日至2019年6月30日环境污染消除或者其车辆不再从原告处通过,被告在此期间没有按约定给付原告赔偿款1.5万元,从交易安全出发根据诚信原则,按合同的约定及侵权事实原告的主张不违反法律规定,应当予以支持。被告的抗辩理由依据不足,不能成

① 参见(2015)潭民一初字第134号民事判决书。

立,最后判决原告胜诉。①

【简评】日常生活中,很多环境污染损害能否出现凭常识即可判断。但是,坚持证据裁判主义的法官们很多不敢以常识来判案,他们要求当事人出示相关的证据,否则,以举证不能判其承担不利后果。本案中,法官依被告经营性质就认定存在污染,其实就是依常识在判案。所谓的经营性质,并不是说某种业务经营就必然会出现相应的污染损害,而是依常识,这种经营在当地未采取严格的污染防治措施的情况下,必然会出现涉案的污染损害。而这种涉案的污染损害,在很多情况下因监测不及时而很难取得相应的科学证据。但是,在日常生活中,朴实的老百姓对于这种常识性的污染损害很难抵赖,这就是法官为何在没有所谓的确凿证据的情况下也能判案的原因。类似地,还有农村养猪、家庭作坊加工等行为导致邻里污染损害,也是法官可以根据经营性质判定污染损害存在的情形。

四、个人也能提起环境民事公益诉讼?

【案情简介】被告刘某在岳阳楼区洛王办事处某门面经营汽车修理业务多年,但未办理工商登记,未依法取得排污许可证。被告刘某在对维修车辆进行喷漆作业过程中未采取相关措施,致使喷漆产生的刺激气体直接排放到大气中,造成其门面周边大气污染,严重影响周边居民的生活环境。岳阳楼区洛王社区居民曾多次通过“12345”公众服务热线投诉,要求被告停止排放污染物。2015 年 6 月,岳阳市环境执法部门责令被告立即停止违法排放污染物的行为。被告未采取有效措施的情况下仍继续在其经营的门面内从事喷漆作业,被告的行为严重影响了原告季某等周边五位居民的身体健康,故季某等向法院提起诉讼。法院经审理后认为:本案系因被告刘某在其经营的门面内从事喷漆作业,未采取相关环保措施导致自然环境遭受污染,并对包括五原告在内的周边居住人员的人身有造成损害的危险而引发的大气污染责任纠纷。本案被告刘某经营的维修服务中心未取得排污许可证,直接将废气排放大气中,构成违法排放污染物。被告的经营场所周边居民住所集中,喷漆作业过程中所产刺激性气体改变了周边居民正常的大气环境,且超出一般公众普遍可忍受的范围,长期呼吸将会造成人身损害,被告的行为已构成对原告健康权的侵害,应当承担侵权责任。五位原告作为被告经营场所周边的居民请求被告停止侵害行为的理由正当,依法应予以支持,遂判原告胜诉。②

【简评】本案中,原告季某等五位居民提起针对被告刘某违法排放大气污染物的诉讼,看似为一般意义上的环境民事公益诉讼。而依现行法律和司法解释,并

---

① 参见(2019)冀 0826 民初 3687 号民事判决书。

② 参见(2016)湘 0602 民初 3976 号民事判决书。

没有放开个人提起环境民事公益诉讼的资格。本案中，原告诉求自己作为被告刘某经营场所的周围居民，更经常暴露在被告污染的大气环境中，其生命健康权更易受到这种大气污染物的损害。虽然原告并未发生现实的损害后果，但是，因其长期处于这种污染的大气环境中，受害风险非常高。实际上，本案属于相邻环境关系的范畴。国内外发生的邻避运动，大多就是针对周围可能发生环境损害风险的一种抗争行为。传统物权法上的相邻权存在于不动产之间的通行、通风、采光等领域，而按照2020年修订的《民事案件案由规定》，本案则属于“相邻污染侵害纠纷”，不动产的业主可以就相邻环境污染侵害提起诉讼。表面看来，这是一起针对环境公益保护的民事诉讼。实际上，这种大气污染既侵害了环境公益，同时也侵害了私益，属于环境民事公益与环境侵权诉讼的竞合。本案中，法院承认居民对于周围大气环境保持良好质量的诉的利益非常关键，而这种诉的利益就是基于相邻环境关系产生的。显然，针对本案中的权益维护，通过行政执法手段比司法诉讼手段更为高效。

五、关联性就是因果关系？

【案情简介】被告新华公司是一家生产、销售微晶石板材、陶瓷制品的企业，原告蒋某承包位于新华公司西南方向四百多米远的100多亩农地种植韭菜。2015年11月起，原告发现其种植的韭菜出现叶尖枯黄的现象，怀疑是新华公司偷排废气所致，遂向当地环保及农业部门反映此情况，要求新华公司赔偿损失。2016年1月，当地环境保护监测站出具监测报告，认为新华公司在废气污染物、燃料含硫量排放方面均在标准限值范围内。经检测机构化验，涉案韭菜土地上提取的韭菜样本含氟量超标。蒋某认为，新华公司排放的废气中含有氟化物，当刮北方或东北风时，含氟废气随风飘至蒋某的韭菜地被韭菜吸收导致氟含量超标，最终导致韭菜叶片枯黄。双方就赔偿事宜协商不成，蒋某等人将新华公司诉至法院。一审法院认为本案为环境污染责任纠纷，原告需对损害后果与被告废气排放之间的因果关系承担初步的举证责任，而根据现有证据未能显示原告的损害是由被告排放废气所致，故原告应承担举证不能的后果，遂判原告败诉。蒋某不服，提起上诉，请求改判，主要理由是一审法院对举证责任的理解与分配错误。一审法院混淆了关联关系和因果关系，错误地把关联关系等同于因果关系，从而错误地认为原告应就污染物与损害之间的因果关系承担举证责任。一审法院偷换概念，用所谓的“初步的因果关系”替换了法律规定的“关联性”，把关联性等同于因果关系。同时认为，现有证据充分证明了被告的污染行为与蒋某等人韭菜受损具有高度关联性，原告完成了举证义务。二审法院经审理认为，被侵权人和污染者双方都负有提供证据的责任，法院应当结合双方的证据综合全案判断因果关系是否存在。被侵权人应当对因果关系提出初步证据,以证明污染者排放的污染物或者其次生污染物与损害之间具有关联性,该因果关系初步证据的证明标准应为可能性而非高度盖然性。因此,上诉人仍应对被上诉人排放的废气与韭菜枯黄之间的因果关系承担初步的举证责任。现有证据虽反映被上诉人排放的废气中含氟化物,而考虑含氟废气的排放与韭菜受损之间是否存在关联性还应当分析含氟废气的扩散途径以及如何到达韭菜地的问题。虽然韭菜地与被上诉人公司相距才数百米,但上诉人认为由于2015年11月刮北风把新华公司的废气吹至上诉人的韭菜地上,而此后韭菜则长势良好,按照上诉人的主张,其韭菜枯黄还受天气、风向等偶然性因素的制约,新华公司排放的含氟废气亦非对其韭菜地产生长期、持续的影响。同时,检测机构出具的检测报告所采用的标准只规定了食物中氟含量的测量方法,以确定食物中氟含量是否超标,检测报告并未说明涉案韭菜里含氟量对韭菜生长所产生的影响。在被上诉人排放废气的氟化物含量低于标准限值的情况下,上诉人没有提供相应的证据证明被上诉人排放废气的氟化物含量已可能导致韭菜枯黄。故法院认为上诉人并未完成被上诉人排放的废气与韭菜枯黄之间具有关联性的举证责任。遂判驳回上诉,维持原判。①

【简评】自从最高人民法院通过颁布司法解释将环境污染侵权案件中由实体法规定的所谓因果关系举证责任倒置改为正置之后,实践中对于关联性的理解及证明标准就成为困扰法院和当事人的一个问题。现在通行的理解是,关联性就是初步的因果关系或因果关系存在的可能性。逻辑学上,关联性是因果关系的上位概念,其证明难度和标准较低。最高人民法院将关联性的证明责任分配给了原告,实际上就是让原告承担初步的低标准的因果关系的举证责任而不是像实体法上所规定的那样,完全由被告承担因果关系不存在的举证责任。而关联性如何理解?包括哪些证明要点?证明标准如何掌握?这些问题并没有一个官方的解释,任由各办案法官根据自己的理解作个案裁量。本案中,上诉人挑战初审法官对于关联性和因果关系的理解及举证责任分配规则,实际上没有找准问题之核心。上诉人可以挑战两个问题:一是相关司法解释关于环境污染侵权案中因果关系举证责任分配是否符合实体法的规定,当司法解释与实体法的规定相抵触时,抵触的部分应当不得适用;二是依据相关司法解释,上诉人的证明已经达到了关联性存在的证明标准,即引起合理怀疑的证明标准(亦为可能性标准),然后由被上诉人承担关联性或因果关系不存在的反证责任,且需达到排除合理怀疑的证明标准。但无论如何,在司法系统内部挑战司法解释的权威,鲜有成功的先例。具体到本

---

① 参见(2017)粤06民终2566号民事判决书。

案，法院作出不利于上诉人的裁判，显然是对关联性坚持了较高的证明标准（证明被上诉人排放废气的氟化物含量已可能导致韭菜枯黄），同时认为被上诉人不存在主观过错（被上诉人排放废气的氟化物含量低于标准限值）。

六、室内空气污染纠纷也属于环境污染责任纠纷？

【案情简介】原告邵某购买了被告家具公司生产的多件环保型实木家具使用，三个月里，原告一家三人不同程度出现身体不适现象。随后，原告委托室内环境检测机构对其家中居室内空气环境进行检测并出具检测报告，结论为：甲醛、TVOC 的浓度超标。不久，原告邵某与其妻入住医院，二人被诊断患有：慢性甲醛中毒、慢性浅表性胃炎、食管炎、直肠息肉等疾病。为治疗上述疾病，原告为此花费巨额医疗费并产生相关经济损失。对此，2005 年 11 月，原告将被告诉至法院要求赔偿医疗费及相关经济损失。被告辩称本案案由并非环境侵权纠纷，不应适用举证责任倒置原则，应当为产品质量引发的一般侵权责任纠纷。该案经一审、二审、发回重审、二审。2009 年 7 月，二审法院认为，确定本案是购买使用家具造成室内环境污染引起的人身损害赔偿纠纷，案由定为"环境污染侵权纠纷"，一审法院适用法律恰当准确，被告生产的家具甲醛超标是污染环境的违法行为。根据最高人民法院《关于民事诉讼证据的若干规定》（该规定为 2001 年版——笔者注）第四条第（三）项规定：因环境污染引起的损害赔偿诉讼，由加害人就法律规定的免责事由及其行为与损害结果之间不存在因果关系承担举证责任。根据该规定，环境污染应当属于特殊的侵权行为，环境污染损害赔偿责任应适用无过错责任原则，环境污染致人损害案件中的受害人则无须对加害人的主观过错进行证明，加害人也不得以自己没有过错进行抗辩。受害人实际上根本无须就因果关系作哪怕最初的证明，而加害人则应就法律规定的免责事由及其行为与损害结果之间不存在因果关系承担举证责任，即举证责任倒置。本案被上诉人购买了上诉人的家具使用了一段时间后出现身体不适症状，且久治不愈。被上诉人入住医院，被诊断为慢性甲醛中毒等。因此，被上诉人身体健康损害与上诉人生产的家具甲醛超标有因果关系。上诉人不认可，则应就其生产的家具甲醛释放与被上诉人的人身损害之间无因果关系及法律规定的免责事由承担举证责任。否则，上诉人就应对被上诉人的人身损害承担赔偿责任。遂维持原审法院判决，驳回上诉。①

【简评】本案为购买使用含甲醛家具造成室内空气污染损害人身健康的案件。对于该案的案由，不同的人有不同的认识。有人认为，本案是由产品质量瑕疵造成的人身健康损害问题，涉案室内空气污染不属于《环境保护法》所称的环境污

① 参见（2015）青民五终字第 1968 号民事判决书。

染,不适用环境污染侵权无过错责任以及特殊的因果关系举证责任分配规则。在司法实践中,室内空气污染侵权案件作为特殊形式的环境污染侵权案件已有不少先例。当然,室内污染致害案件也有很多被作为一般健康权侵权纠纷或装饰装修合同纠纷来认定处理。本案历经多次审理,最终确定将室内空气污染致人身损害案作为环境污染侵权案来处理。这一做法的好处是有利于救济受害者,不利之处是可能会抬高相关产品的成本或打击无过错的产品生产经营者。虽然,2020 年修订的《民事案件案由规定》中并未出现"室内污染责任纠纷"的案由,但是,2021 年最高人民法院发布的《环境资源案件类型与统计规范(试行)》在解释"大气(空气)污染案件"时,将之界定为:"因排放污染物造成大气环境损害,或者车船、住宅、经营场所等全封闭、半封闭空间空气环境损害的案件;因大气污染或者空气污染致使他人人身、财产损害,或者造成公众健康损害的案件。"据此,室内空气污染致害案件将被作为"环境介质污染案件"进行统计。当然,室内空气污染致害案与典型的环境污染侵权案相比确有其特殊性,理论与实务界应实事求是地探讨并建立其特殊的裁判规则。

七、达标就不会产生污染损害吗?

【案情简介】原告唐某租赁 50 亩土地及住房,修建了树脂大棚,搭建了鸡舍,从事禽类养殖。2015 年 10 月开始,原告养殖场的野鸡出现异常,先后出现其养殖的鸡和孔雀死亡现象。原告请求专门人员经对环境、水源、食物综合分析后,诊断出死亡原因是养殖场鸡棚上高压线辐射造成野鸡和孔雀应急反应死亡。随后原告赶紧将鸡棚外无症状的 100 余只野鸡转移到离高压线较远处饲养,这部分被转移的野鸡得以存活,但其余 4000 余只野鸡和孔雀全部死亡,原告因此遭受经济损失。经查,通过原告养鸡场的 14 根高压线是由被告国网南充公司投资建设。原告将被告诉到法院要求被告对此承担相应的法律责任。法院经审理后认为,原告已尽到了证明被告排放电磁辐射污染物和受到财产损害事实的举证义务。原告所养殖之野鸡死亡,根据原、被告提供的证据表明系发生在 2015 年国庆节前后,而案涉线路通电是在 2015 年 9 月 30 日,故不排除原告损害与被告排污行为之间存在关联性。但是,原告所饲养之野鸡死亡不排除在案涉线路通电前已发生,且无相关证据表明非因疾病死亡,同时原、被告所举专业机构出具的监测报告已证明案涉线路排放的电磁辐射即电场强度、磁场强度远远低于国家标准限值,不足以对周围环境造成污染,从而造成原告养殖之野鸡死亡,故无法证实被告国网南充公司所有的案涉线路电磁辐射与原告养殖之野鸡死亡具有因果关系。最后,法院判决驳回原告的诉讼请求。①

【简评】本案中,法官应该是比较熟悉司法解释中关于环境污染侵权案件举证责任分配的规则。原告承担被告排污行为、损害后果以及二者之间关联性的举证责任。法官也在裁判文书中分析原告完成了排污行为、损害后果和关联性的举证责任。但是,法官却作出了匪夷所思的裁判结果。按照举证责任分配规则,原告满足了举证责任之后,应由被告进行反证,否则,被告应承担不利后果。而法官在阐述原告完成举证责任之后,接着又以被告排污达标未成造成环境污染为由来排除被告的排污行为与原告的损害后果之间的因果关系。显然,法官仍然以排污超标——造成环境污染——造成他人损害后果这样的逻辑链条来推断因果关系。此逻辑推理为:因为法条上规定电磁辐射排放超标才会造成环境污染,如果没有造成环境污染,就不会造成他人损害后果,又因为被告排污未超标,被告也就未造成环境污染,所以,原告的损害后果就不是被告排污造成的。这个逻辑推理的要害在于环境污染这个概念针对的是环境公益受到污染损害,并以环境质量标准为尺度,排污标准是政府对向环境排污行为的一种行政规制尺度。而环境污染侵权责任针对的是排污行为对于他人人身、财产权益侵害的一种救济,基本上无关环境是否受到污染损害,也无关排污是否达标。排污超标可能造成他人损害,排污达标也可能造成他人损害,而且排污超标也并不必然会造成他人损害,排污达标也并不必然不会造成他人损害。因此,2015 年最高人民法院发布的《关于审理环境侵权责任纠纷案件适用法律若干问题的解释》第一条明确规定:"因污染环境造成损害,不论污染者有无过错,污染者应当承担侵权责任。污染者以排污符合国家或者地方污染物排放标准为由主张不承担责任的,人民法院不予支持。"诡异的是,法官并不直接明言被告无主观过错或排污符合标准来帮助被告免责,而是迂回间接地以排污达标未造成环境污染或因果关系未得到证实为由来帮助被告脱责。其实,对于被告脱责而言,二者效果等同。如此裁判的原因可能因案而异,而被告作为大型央企易受到更多保护可能是案外隐因。

八、原告无法证实自己的损害后果,法官也能判赔吗?

【案情简介】原告史某与某村签订 20 亩鱼塘养殖承包合同。该鱼塘西面与被告厂区相邻,北面、南面、东面都是鱼塘,被告厂区地势高于诉争鱼塘。2016 年度,原告在诉争鱼塘内投放了虾苗。2016 年 7 月中下旬,被告填埋其厂区内池塘,与此同时,诉争鱼塘内虾苗出现缺氧的情况,不日死亡殆尽,北面、南面、东面鱼塘内并未发生污染情况。原告向环保部门及渔政部门报案,经环境监测站对被告东侧

① 参见(2017)川 1325 民初 1249 号民事判决书。

鱼塘水及塘边窨井水进行采样,并出具检测结果显示:两处样本化学需氧量、氨氮量、总磷含量超标。环境监察机构向被告公司制作的环境监察现场记录表载明:企业主要从事工业氧、氮的生产及二氧化氮、氮气充装;该企业无工业废水产生,但有生活污水产生等。双方就赔偿事宜调解失败,原告将被告诉到法院。在案件审理过程中,法院向有关政府管理人员了解得知,2016 年 7 月中下旬有关部门接原告报案后现场查勘,被告公司内原有一处池塘,该池塘原系用于养殖,弃养后被倾倒了一些厂区生活垃圾。污染发生时,现场对厂区东侧窨井水及原告池塘水进行取样,由于周边没有其他排污来源,厂区地势较高,诉争鱼塘地势较低,基本可以确定系被告在填埋厂区池塘过程中,污水外溢或经管道流入原告鱼塘,导致虾子缺氧致死。对于虾塘损失数额,由于当时死虾没有统一过秤,具体损失金额难以确定。原告称,污染虾塘面积 17 亩,原告实际按照 700 元每亩支付承包金,另外支付电费、虾饲料费、螺丝、治理绿藻、改善水质等费用累计 86,000 元。虾苗快速死亡,易附着鱼塘淤泥内,无法打捞进行称重,现早已腐坏在鱼塘内。法院根据被告工厂的经营性质、存在填埋其厂区内池塘的行为、厂区地势明显高于诉争鱼塘地势、厂区与原告鱼塘间的窨井水氨氮量及化学需氧量均明显高于诉争鱼塘等,同时排除天气导致原告损害并参考管理机构工作人员的证言认定被告填埋厂区内池塘导致污水外溢与原告的损失之间具有关联性。对于损失金额的认定,由于污染事故发生时,原告并未第一时间对死虾进行打捞称重,现死虾均已腐坏在鱼塘内,对于死虾的具体数量,原告已举证无门。最后法院综合原告养殖的水域面积、一般青虾的养殖水平、折损概率等因素,酌定判被告赔付原告损失 35,000 元。①

【简评】本案中,涉案虾塘因受污染而导致虾子快速死亡,原告未能第一时间进行证据固定,导致其在诉中难以为其损害后果提供有说服力的证据。在一些案件中,原告能证明被告有排污行为,自己有损害后果,也能证明二者之间存有关联性,但是,原告无法证明自己损失的确切数额,只能大致估计一个损失数据。由于被告对原告自己估算的损失数据不认可,实践中有不少法院以缺少证据证实为由判决驳回原告的诉讼请求。法院作出如此裁判,似乎在法律上并无不当,但是,这显然与老百姓对于司法的期待存在距离。作为纠纷解决的最后场所,当事人对自己的损失举证无门时,法院应秉持“有损害必有救济”的原则,摒弃绝对的证据裁判主义,敢作敢为,能动司法,酌情判赔,给弱者以更多关怀,努力让人民群众在每一个司法案件中感受到公平正义。本案法官就表现出敢作敢为,能动司法的职业

---

① 参见(2017)苏 0481 民初 7 号民事判决书。

精神。

九、还可以对鉴定报告进行鉴定？

【案情简介】原告水产所自20世纪80年代在鸭河口水库依法享有渔业资源的养殖、使用、收益、分配权，被告鸭电公司是一座大型现代化燃煤火电厂。因生产需要，被告与鸭河口水库工程管理局签订协议，利用鸭河口水库作为冷却水源，将循环冷凝使用的温水通过管道排入水库。原告发现，被告公司并网发电后，水库中常规鱼类的产量明显下降，小银鱼几乎绝迹。为查找原因，原告于2001年8月委托专业鉴定机构1对被告水库抽水及向水库排热废水对水库渔业造成的损失进行调查鉴定。同年底，专业鉴定机构1出具鉴定报告：鸭电公司从水库抽水并把含热废水排入水库，造成了水库渔业总产量下降，在1998年5月至2001年12月造成直接损失707万元。据此，原告于2003年向法院提起诉讼，该案经一审、二审，又被再审发回重审。重审过程中，当事人双方共同选定资质更高的专业鉴定机构2对专业鉴定机构1所出具的鉴定报告的客观性、科学性等进行评估和复核。2013年7月，专业鉴定机构2作出与专业鉴定机构1相类似的鉴定意见：自1998年5月至2001年12月，鸭电公司自水库抽水和冷却排水热污染造成鸭河口水库水产品经济损失共计497万元。后一审法院判被告赔偿原告经济损失40多万元。被告不服提起上诉，二审法院判决驳回上诉，维持原判。①

【简评】本案属于余热水污染导致的渔业纠纷，两方当事人都是国有企业，官司打了十多年，利益博弈可谓异常激烈，最后以原告取得名义上的小胜而剧终。其实，本案案情相对明了，争议焦点是赔多少的问题。对于污染损失数额，原告负有举证责任。环境民事司法中，经常会遇到某些事实取证需借助于有资质的专业机构进行鉴定、评估的情况。本案原告于诉前委托有资质的专业鉴定机构对于因果关系与损失数额进行鉴定和评估，属于正常取证的基本权利。法院和另一方当事人可以在诉中对于该鉴定报告进行审核和质疑，鉴定机构需对其出具鉴定报告的合法性、科学性负责。如果鉴定报告经受不住质疑，鉴定报告可能部分或全部被法院拒绝采用。但是，囿于对鉴定报告审查缺少科学知识，法院和当事人有时也难以判断鉴定报告是否合法、客观和科学。此时，比较惯常的做法就是由鉴定人出庭接受质询或听取具有专门知识的人的意见以辅助判断。而本案中，法院允许当事人重新选定另一家鉴定机构直接对于先前的鉴定报告进行评估和复核，属于罕见事例。要害在于，如果新鉴定机构对于原鉴定机构的鉴定报告给予否定或部分否定，那么，能据此断定新鉴定机构就一定比原鉴定机构作出的鉴定意见更

---

① 参见(2017)豫13民终1046号民事判决书。

为客观、科学吗？显然不能。他人还可以再次怀疑新鉴定意见的科学性和客观性,需要再次对新鉴定进行鉴定,如此往复,鉴定本身却成了纷争。司法鉴定本质上是纠纷解决的一种辅助工具,而其本身不能沦为纠纷的对象。鉴定机构开展鉴定活动应忠实于科学、事实和法律,而不应以资质论高低。否则,就有大鱼吃小鱼之虞。如果可行,当事人可以另行委托鉴定,而不应对原鉴定报告进行鉴定。

十、振动损害财产不属于环境污染侵权?

【案情简介】孙某在唐曹公路旁边经营大棚种植,2014 年 6 月,唐山公路公司对唐曹公路进行扩建。该工程施工期间,该段公路没有采取断交措施,属于半辅通车半辅施工情形。庭审中,孙某提交了由某价格评估事务所出具的关于孙某所属蔬菜大棚损失的价格结论书,用以主张孙某蔬菜大棚损失为 4 万余元。一审法院认为,本案中,孙某所主张的蔬菜大棚损失属于一般侵权情形,孙某应当就其损失结果同唐山公路公司侵权行为之间存在因果联系承担举证责任。庭审中,孙某所举证人证言能够对其受损事实予以确认,但不足以证实其蔬菜大棚损失系被告施工所产生的振动所致,加之唐山公路公司庭审中提交的工程变更方案审查意见单已经载明压路机静压方式施工,且孙某亦认可该施工路段在施工过程中并未完全封闭,其间仍旧有其他过往车辆通过,故孙某未能提交充足证据证实该大棚受损系唐山公路公司施工振动所致,应当据此承担相应不利后果。孙某诉请被告赔付其蔬菜大棚损失的主张理据不足,对其诉请,不予支持。一审法院判决驳回原告该项诉讼请求,孙某不服提起上诉。二审法院认为,根据《环境保护法》的相关规定,“振动”是环境侵权的一种形式,但该款中的振动是指以弹性波的形式在地面、墙壁等环境中传播的对人体及生物带来有害影响的振动。本案中上诉人所主张的实际受损标的物为大棚墙体,并非人体或生物,故不适用环境污染侵权的法定情形,双方所争议的侵权行为属于一般侵权,上诉人应承担损失后果与侵权行为之间存在因果关系的举证责任。上诉人未能提交相关证据,故本院对上诉人关于赔偿大棚损失的主张不予支持。二审法院最后判决驳回上诉,维持原判。①

【简评】本案中,一审法院认为振动不属于环境侵权,二审法院虽认为振动依法属于环境侵权的一种形式,但是,这种侵权限于对于生物体的损害,而对于财产的损害则不属于“环境污染侵权的法定情形”。《环境保护法》第四十二条明确规定“振动”属于受控能量型污染物。法条中并未对于振动侵害对象作出区分,不知道二审法院的法官是如何知道“但该款中的振动是指以弹性波的形式在地面、墙壁等环境中传播的对人体及生物带来有害影响的振动”？环境污染侵权是指排污

---

① 参见(2017)冀 02 民终 5501 号民事判决书。

行为造成他人人身、财产权益受到损害的现象,即环境污染侵权既可能损害人身,也可能损害财产。未见权威专家指出振动污染有别于其他污染,它针对人身损害可以视为污染侵权,而针对财产损害只能被视为一般侵权而不能作为污染侵权。退一步来讲,即便存在振动对于财产的侵害事实上与普通侵权无差别的情形,法律既然将振动作为受控污染形式,振动侵权也就属于环境污染侵权。此时,振动对于财产侵害与普通财产侵权无差别也因被环境污染侵权所概括吸收而变得有差别,相关案件的实体要件举证责任分配也应按环境污染侵权案件的举证责任分配来对待,而不应再作区分。

第四章　环境行政司法

第一节　环境行政司法概述

一、环境行政司法的概念

环境行政司法是行政司法的一个专门领域，是专门针对环境行政类案件的司法活动。环境行政司法是指公民、法人和其他组织[①]在行政管理领域里认为环境行政机关及其工作人员的环境行政行为侵犯其合法权益而依法提起行政诉讼，人民法院经审理并依法作出相应裁判的司法审判工作。本书所称的环境行政司法案件，仅限于人民法院受理并作出裁判的环境司法类案件，不包括环境行政公益案件司法，也不包括环境行政机关申请人民法院作出的非诉执行类案件以及人民法院对自己所作裁判的司法执行类案件。典型的环境行政司法案件中有三类诉讼主体：作为裁判方的人民法院，作为原告方，即行政相对人或与具体行政行为有利害关系的公民、法人和其他组织，以及作为被告方的环境行政主体（2018 年机构改革前一般为环境保护机关，改革后一般称为生态环境机关）。在一些非典型环境行政司法案件中，被告方还包括相关的地方人民政府以及其他政府工作部门，例如，在经过行政复议的案件中，被告方可能还包括行政复议机关；在行政强拆案件中，被告方可能还包括其他参与强拆的主体。有时，在一些环境行政司法案件中，还包括诉讼第三人，该诉讼第三人一般是站在诉讼当事人一方参加诉讼，跟诉讼结果存在某种利害关系。

环境行政司法并没有独立的或专门的一套司法程序，作为行政司法的一个领域，环境行政司法适用的是普通行政诉讼程序，即行政诉讼法及其相关司法解释的规定。但是，没有专门的环境行政司法程序，并不意味着环境行政司法没有特

---

① 根据《民法典》第二条，作为民事主体的行政相对人应使用“自然人、法人和非法人组织”来概称，此处仍沿用 2017 年修正的《行政诉讼法》第二条中使用对行政相对人的概称的“公民、法人或者其他组织”。

殊程序规则。随着我国环境司法专门化的发展,在环境行政司法领域里跨行政区划的案件集中管辖已呈特色。为了解决环境行政纠纷,环境行政司法不仅要适用普通行政诉讼程序法,更重要的是适用环境行政法,包括环境行政实体法以及相关环境行政程序规则。①

二、环境行政司法的功能

传统上,行政司法以监督公权力和救济私权利为两大基本功能,环境行政司法也不例外。进入新时期,最高人民法院还强调了环境行政司法的"监督和预防功能"②。环境行政司法监督公权力就是人民法院通过对环境行政争议的处理,运用司法权审查环境行政主体运用行政职权所作环境行政行为的合法性与合理性,对于环境行政主体是否依法正确行政进行监督和制约,对于违法环境行政行为予以撤销或不能撤销就确认其违法,对于合法但不合理的环境行政行为必要时予以直接变更,而对于合法且合理的环境行政行为则予以维持,并将裁判结果向社会公众公开。当环境行政机关的行政行为在环境行政诉讼中因违法被人民法院撤销或确认违法,这其实就对环境行政行为进行了司法评判,行政系统将根据这种司法评判结果启动相应的内部考核追责程序,对相关责任人员予以追责,促使其依法行使职权,正确履行职责。由此,人民法院通过环境行政司法活动对环境行政主体及其工作人员行使环境行政职权的情况开展司法监督,监督其合法行政。

环境行政司法的另一大基本功能就是救济私权利。公民、法人和其他组织不服环境行政机关所作的环境行政行为,认为环境行政行为侵害了其合法权益,依法向人民法院提起环境行政诉讼,请求人民法院判决撤销违法的行政行为并对其受到损害的私权利予以救济。其实,救济私权利与监督公权力是一个硬币的两面,二者不可分割。环境行政相对人因承受环境公权力的直接作用,更有动力监督环境公权力的合法行使,因为环境公权力不能合法行使,环境行政相对人就成为该公权力行使的直接受害者。在环境行政管理领域,环境行政主体作出对行政

---

① 吕忠梅教授通过实证调查分析发现,在环境行政司法案件中,法官"裁判依据主要是程序法,很少依据实体法进行裁判"。参见吕忠梅:《环境行政司法:问题与对策——以实证分析为视角》,载《法律适用》2014 年第 4 期。可能是时代在进步,本书编者在梳理相关环境行政司法案件时,发现依据环境行政实体法进行裁判的案件并不在少数。

② 2016 年最高人民法院发布的《关于充分发挥审判职能作用为推进生态文明建设与绿色发展提供司法服务和保障的意见》第二十一条:"发挥环境资源行政审判监督和预防功能。充分认识行政审判对于合理开发利用自然资源、预防环境污染和生态破坏方面的重要作用。注重通过审理建设项目环境影响评价审批等相关行政案件,督促行政机关依法及时履行行政监管职责,支持行政机关依法查处建设项目未评先批、未批先建等违法行为,防止存在重大生态环境风险的项目开工建设。通过审理信息公开相关行政案件,保障人民群众的知情权和监督权,提高人民群众参与环境保护的积极性,使公众参与原则落到实处。"

相对人的权利有影响的行政行为必须遵循正当程序,但是,这种环境行政程序仍由环境行政主体所主导和支配,行政相对人处于从属地位,难以在行政管理领域进行直接的制衡。环境行政主体是否实际遵守这些正当程序,是否依法保障了行政相对人的合法权益,仍有待于第三方主体的居中判断。因此,允许行政相对人对环境行政主体的行政行为提出异议,允许行政相对人以原告身份通过启动第三方司法程序来审查行政行为的合法性与合理性,本身既是对私权利救济的体现,也是以权利制衡权力的体现。

环境行政司法的第三个功能,即保护生态环境或维护环境社会公共利益。随着生态文明战略在我国的实施,近年来环境司法专门化也在向纵深推进,环境司法专门化的一个根本动因就是保护生态环境。2014 年修订的《环境保护法》第六条第一款规定:“一切单位和个人都有保护环境的义务。”显然,人民法院也有保护环境的义务。人民法院履行保护生态环境的义务,主要通过环境司法裁判工作来实现。相较于监督公权力与救济私权利两大基本功能,保护生态环境则属于环境行政司法的附带功能。人民法院通过监督环境行政机关依法履行行政职权并保护环境行政相对人的合法权益,正确适用环境法律解决环境行政争议,保障生态环境法治的顺利推进,间接实现生态环境保护的功能。近年来,在一些环境行政司法案件中,人民法院在裁判文书中直接对于生态环境保护的价值进行确认,①体现了环境司法的理念,具有宣传教育和警示意义,也有利于生态环境保护理念深入人心。

另外,环境行政司法还具有公共政策形成功能。司法需要进行利益衡量,环境行政司法通常会涉及环境保护与经济发展、公益与私益保护、实体正义与程序正义取舍等方面的利益衡量问题。法院在个案裁判中进行利益衡量时,往往体现了一定的公共政策取舍倾向,其司法裁判具有相应的公共政策形成功能。例如,在一些案件中,环境行政机关对于一般主观恶性较小的企业违法行为科以较重罚款,企业不服而提起行政诉讼。法院认为该处罚可能会加重企业的负担,不利于当地法治营商环境的优化,因而在判决文书中将环境行政机关的处罚变更为较

---

① 参见(2020)豫 11 行终 50 号和(2020)豫 11 行终 223 号行政判决书,法院认为:“良好的生态环境是人类生存与发展的前提,维护生态环境是每个公民、法人和其他组织应尽的法定义务。”又见(2020)湘 0703 行初 125 号行政判决书,法院指出:“绿水青山就是金山银山。过去我们更多地追求经济发展和收入增长,有意无意地忽视了生态环境的保护,导致企业的负外部性加剧,生态环境恶化,环境污染很长一段时间得不到有效治理。现在,我们应该倡导生态优先理念,推动经济与社会绿色可持续发展。无论是作为管理者的政府,还是作为市场主体的企业以及全社会每一个公民个人,均应积极履行环境保护的法律责任和社会责任。只有我们共同努力履行法律义务,践行社会责任,搞好环境治理和环境保护,才能使我们赖以生存的自然环境天更蓝、水更清、地更绿,真正实现人与自然的和谐共生。”

轻,此时法院裁判体现了其在经济发展与环境保护之间的利益衡量。由此,通过环境行政司法裁判,法院树立了一种优化法治营商环境,保护民营企业的公共政策。①

三、环境行政司法管辖

普通行政案件在级别管辖与地域管辖上遵循《行政诉讼法》的一般规定。在级别管辖上,以基层人民法院管辖第一审行政案件为原则,以中级人民法院管辖被告为县级以上人民政府、海关以及辖区内重大、复杂的一审行政案件为补充,以高级人民法院和最高人民法院管辖辖区内重大、复杂的一审行政案件为例外,以行政区域为基础将案件在各层级人民法院之间进行金字塔式分配管辖权。在地域管辖上,一般遵循"原告就被告"的原则;因限制人身自由的强制措施而诉的案件,也可以适用"被告就原告"的原则;因不动产而诉的案件则专属不动产所地法院管辖。

在环境司法专门化的趋势下,我国对于环境资源类案件的司法管辖也作出了相应调整,主要体现在新一轮司法改革上。根据《人民法院第四个五年改革纲要(2014—2018)》,为了破除司法地方保护主义,优化司法资源配置,在全国范围内开始建立与行政区划适当分离的司法管辖制度。其中,涉及环境行政案件司法管辖改革的主要有以下几方面:一是最高人民法院设立巡回法庭,审理跨行政区划的重大民商事、行政等案件,当然也包括重大环境行政案件,确保国家法律统一正确实施。二是设立跨行政区划的法院,构建普通类型案件在行政区划法院受理、特殊类型案件在跨行政区划法院受理的诉讼格局。将铁路运输法院改造为跨行政区划法院,主要审理跨行政区划案件、重大行政案件、环境资源保护等易受地方因素影响的案件。三是改革行政案件管辖制度,通过提级管辖和指定管辖,逐步实现易受地方因素影响的行政案件,包括环境行政案件由中级以上人民法院管辖。四是改革环境资源案件管辖制度,推动环境资源审判机构建设,进一步完善环境资源类案件的管辖制度。2016 年,最高人民法院提出:"探索实行跨行政区划

---

① 参见(2020)豫 1727 行初 49 号行政判决书,法院认为:原告"环境违法行为一般,且其对存在的问题已进行了整改,考虑到疫情影响下的企业生产经营等实际情况,本着优化法治营商环境,坚持处罚与教育相结合的原则,可对原告在法定的处罚幅度内从轻处罚"。无独有偶,在另一份(2020)冀 0927 行初 9 号行政判决书中,法院亦坚持:对原告"既要坚持支持和保护民营企业发展,又要体现教育与处罚相结合的原则,轻微违法不应对其处以高额罚款,且因为今年新冠肺炎疫情,给国民经济、各行各业造成了巨大的经济损失,原告××公司也不例外,在疫情刚刚过去,企业全面复工复产的大环境下,行政执法机关在执法过程中应结合实际,不搞'一刀切',对于违法行为轻微的企业,给与相应程度的惩罚,亦能体现《行政处罚法》的立法目的"。

集中管辖”的目标任务。[①] 2018 年,最高人民法院进一步提出:“持续推进环境资源管辖制度改革,探索将跨省级行政区划等重大环境资源案件纳入跨行政区划集中管辖范围,推进跨区域司法协作、全流域协同治理。”[②]《行政诉讼法》第十八条第二款规定:“经最高人民法院批准,高级人民法院可以根据审判工作的实际情况,确定若干人民法院跨行政区域管辖行政案件。”因此,经最高人民法院批准,各省(包括自治区、直辖市)高级人民法院结合实际相继出台了本行政区域内的跨行政区划的集中管辖方案,这些集中管辖法院有的实行“二合一”,有的实行“三合一”。同时,一些省(包括自治区、直辖市)高级人民法院也确定了跨省级行政区划的环境资源案件管辖法院。如天津铁路运输法院管辖天津全市初审环境行政案件,其上诉审法院则为北京市第四中级人民法院。综上,当前环境行政案件的司法管辖呈现“双轨制”特点,即在尚未实行环境资源类案件集中管辖的行政区域,环境行政案件仍按《行政诉讼法》的规定来确定管辖法院;在已经实行环境资源类案件集中管辖改革的行政区域,环境行政案件一般由高级人民法院确定的省级行政区域内跨行政区域法院集中管辖,有些地方还实行跨省级行政区域法院对初审或上诉审案件的集中管辖。

四、环境行政案件的类型与案由

(一)环境行政案件的类型

从不同的角度依据不同的标准,环境行政案件可以被分为多种不同的类型。就一般司法对象而言,环境行政案件可以分为经复议的行政案件和未经复议的行政案件,行政作为类案件和行政不作为类案件,共同诉讼类案件与非共同诉讼类案件,行政许可类、行政征收类、行政处罚类、行政复议类、行政信息公开类、采取行政强制措施类等案件,不一而足。

从环境资源保护的对象来看,环境行政案件可以分为环境污染类行政案件、生态破坏类行政案件与自然资源保护类行政案件。2021 年,最高人民法院发布的《环境资源案件类型与统计规范(试行)》以“主导价值”为标准,将环境资源案件分为“环境污染防治、生态保护、资源开发利用、气候变化应对、生态环境治理与服务”等五大主题类型。这五大主题环境资源案件中包括法律关系属性为行政性质的案件,即环境污染防治类行政案件、生态保护类行政案件、资源开发利用类行政

---

① 参见 2016 年最高人民法院发布的《关于充分发挥审判职能作用为推进生态文明建设与绿色发展提供司法服务和保障的意见》第二十六条。

② 参见 2018 年最高人民法院发布的《关于深入学习贯彻习近平生态文明思想为新时代生态环境保护提供司法服务和保障的意见》第十七条。

案件、气候变化应对类行政案件、生态环境治理与服务类行政案件。在最高人民法院所划分的五大主题环境资源案件中,每一大主题环境资源案件还包含若干亚类型,这种划分方式无疑会扩大环境资源专门审判机构的受案范围,但同时也会使得环境资源类案件类型更为多样化更具有综合性,某亚类型的环境资源案件可以包括传统上属于民事、刑事、行政性质的案件。法官在司法时,不能再仅以主导法律关系性质所呈现的规律来裁判案件,还要注意“贯彻绿色原则,体现生态环境保护优先和资源可持续利用的价值追求,遵循预防为主、损害担责、注重修复等环境资源司法理念”。环境主题司法规律的发现与总结,显然不是一蹴而就的,当前实践中仍然是以案件主导法律关系性质为依据开展司法的。

（二）环境行政案由

环境行政案件的案由也可以在一定程度上反映出该案的类型。为了明确被诉对象、区分案件性质、提示法律适用、引导当事人正确行使诉讼权利,2020 年最高人民法院发布的《关于行政案件案由的暂行规定》删除了 2004 年施行的最高人民法院《关于规范行政案件案由的通知》(已失效)规定的“管理范围 + 具体行政行为种类”案由确定方法中的“管理范围”,而保留并进一步完善了以“行政行为”来确定行政案由的方法。[①] 根据该暂行规定,环境行政案件案由分为三级,一级案由为“行政行为”,即环境行政主体与行政职权相关的所有作为和不作为;二级案由主要包括:环境行政处罚、环境行政强制措施、环境行政强制执行、环境行政许可、环境行政征收或者征用、环境政府信息公开、环境行政复议、环境行政确认、环境行政补偿、环境行政赔偿等各类型具体行政行为;三级案由主要是对按照法律法规等列举的环境行政行为名称以及环境行政行为涉及的权利内容等进行划分,如罚款、没收违法所得、吊销许可证件、责令关闭、责令停产停业、责令限期拆除、驳回行政复议申请决定等。实践中,当被诉为单一行政行为时,环境行政案件开列案由优先适用三级案由;无对应的三级案由时,适用二级案由;二级案由仍然无对应的名称,适用一级案由。例如,法院将案由开列为“原告 × × 诉被告 × × 县环境保护局环境违法行政处罚一案”[②],使用的是二级案由。当被诉为多个行政行为时,可以并列适用不同的案由,例如,法院将案由列为“原告 × × 采石场诉被告

① 在目前的中国裁判文书网(https://wenshu.court.gov.cn)仍能看到最高人民法院《关于行政案件案由的暂行规定》在 2021 年 1 月 1 日实施之后以“环境保护行政管理”为案由的环境行政裁判文书[如(2021)最高法行申 48 号行政裁定书]。这可能只是网站延续的一种案件统计方法,因为在该例裁判文书中,最高人民法院是以“行政行为”来作为案由的。

② 参见(2020)豫 0721 行初 26 号行政判决书。

××县环境保护局、××县人民政府罚款、行政复议一案”①，是并列适用三级案由和二级案由。对于原告起诉那些不可诉行政行为的案件，则根据相关法律与司法解释的规定确定或根据被诉行为名称来确定案由。而如果原告起诉的对象中既有可诉行为又有不可诉行为如何开列案由，上述暂行规定并未明确。本书认为，此时法院可以可诉行为吸收不可诉行为，案由中只开列可诉行为而不列不可诉行为，在裁判文书中对不可诉行为一并进行针对性处置。最高人民法院强调，对于上述暂行规定中未列举案由的案件，可依据相关法律、法规、规章及司法解释对被诉行政行为的表述来确定案由，不得使用“其他”或者“其他行政行为”概括案由。根据所列的案由，环境行政司法实践中以下案件较为常见：环境行政处罚行为、行政强拆行为、环境影响评价文件批复行为、环境行政许可行为、环境特许合同行为、行政补偿行为、环境行政复议行为、采取行政强制措施的行为、政府环境信息公开行为、环境行政不作为等。

第二节　环境行政司法中实体事实举证责任分配

一、行政司法中对于实体事实举证责任分配的一般原则

行政司法中的实体事实，是指在讼争的行政管理法律关系中行政主体（行政诉讼法律关系中的被告）与行政相对人（行政诉讼法律关系中的原告）之间存在的管理与被管理相关的法律事实。这些事实主要包括：在行政不行为案件中原告行政相对人提出申请的法律事实、在请求损害赔偿案件中原告行政相对人所遭受被诉行政行为损害的事实、行政主体对原告行政相对人进行行政处理时所依据的行政相对人一方的行为事实、原告行政相对人造成具体公益损害事实以及行政相对人的行为与具体公益损害之间存在因果关系的事实（部分以公益损害结果为要件的行政处理行为）、规范性文件、被诉行政主体遵守了正当程序性事实、双方当事人主张减轻或免除法律责任所依据的事实等。《行政诉讼法》第八条规定“当事人在行政诉讼中的法律地位平等”，这与我国《民事诉讼法》第八条规定“民事诉讼当事人有平等的诉讼权利”相对应，说明我国行政诉讼与民事诉讼在基础构造上具有内在的一致性。我国民事诉讼举证责任分配的基本原则是“谁主张，谁举证”，那么，这是否意味着我国行政诉讼中也实行“谁主张，谁举证”的举证责任分配原则呢？显然不是，因为不像民事诉讼的原被告在讼争的民事法律关系中处于

① 参见（2021）辽1402行初3号行政判决书。

平等的地位,行政诉讼的原被告的讼争行政管理法律关系中的地位是不平等的。被告行政主体在行政管理法律关系中处于管理者的地位,对行政相对人的相关行为和财物依法履职处理。依据行政法治原则,行政主体在作出影响行政相对人的权利义务的行政处理行为时必须合法,必须具有相应的事实和法律依据,同时遵循正当的行政程序。在行政管理程序终结后,行政主体要对案件进行归档,将其作出行政行为时所依据的调查取证材料和法律依据,所制作的行政处理文书等材料全部归入卷宗存档备查。法院行政司法的基本目的是保护行政相对人的合法权益,监督行政主体依法行使职权,而保护行政相对人的合法权益,重点是要审查行政主体的行政行为是否合法。因此,《行政诉讼法》第六条规定法院对行政行为是否合法进行司法审查。在行政管理领域,行政主体作出的行政行为往往具有单方意志属性,行政主体作出行政行为所依据的事实和法律方面的证据偏在于行政主体一方。如果坚持民事诉讼中“谁主张,谁举证”的举证责任分配原则,由行政相对人承担行政主体作出行政行为合法的举证责任的话,那么,行政相对人因难以完成举证任务而必将败诉。这有悖于诉讼武器对等原则,不利于保护行政相对人的合法权益,也会助长行政主体在行政管理领域更加背离行政法治原则。正因为在行政管理领域里存在这种法律地位不平等和证据偏在现象,在行政诉讼领域就必须在举证责任分配上作出适当平衡,由实际地位高和证据偏在的那一方承担主要的实体事实举证责任。因此,《行政诉讼法》第三十四条规定被诉行政主体需承担其行政行为合法性的举证责任。根据行政行为合法性要件的一般原理,行政行为合法必须做到:主体资格、职责权限、内容、程序、形式等方面同时合法。法院在行政司法时重在审查行政行为的合法性,被诉行政主体需承担其所作行政行为合法性的举证责任,这就意味着在行政诉讼中,被告一方承担较重的举证责任,而原告一方则承担着较轻的举证责任。因为行政主体在行政管理程序中必须依法行政以及行政卷宗制度的建立,在行政司法程序中,被告只需依法将其在行政管理程序终结后所存行政卷宗的相关事实证据与法律文书材料向法庭出示即可。在行政管理程序中,行政主体只要严谨依法取证,严格依法作出行政处理,即便法律规定被诉行政主体在行政司法程序中承担主要举证责任,也并未给其增加额外的履职负担。在行政司法程序中,一般不允许被诉行政主体再自行搜集证据。在举证期限内,被告无正当理由不能提供证据的即可推定其作出行政行为时没有相关证据。

以下以一审为基础,简要呈现常见的环境行政司法案由中原告与被告对于实体事实的举证责任承担情况。

二、常见环境行政司法案件中实体事实及其举证责任分配

(一)行政处罚行为

行政处罚行为是环境行政司法中最为常见的一个案由。《行政处罚法》第二条[①]规定了行政主体实施行政处罚的条件、内容与性质。作为一种法律责任类型,行政主体对行政相对人施加行政处罚的前提是存在行政相对人行政违法的事实,而且行政主体的行政处罚必须合法。在环境行政司法案件中,原告行政相对人不服环境行政主体科处的行政处罚而诉至法院一般都会请求撤销行政处罚。原告诉称的理由,要么是自己未违法不应受行政处罚,要么是自己虽违法但行政处罚也不合法。在案件诉讼中,当事人承担举证责任是有先后顺序的,只有在一方举证责任卸除后,另一方的举证责任才得以开启。因此,在环境行政处罚司法案件中,原告承担的第一项实体事实举证责任是证明自己存在被环境行政机关科处行政处罚的事实。原告需向法院提供自己收到环境行政机关送达的行政处罚决定书等法律文书。原告承担的第二项实体事实举证责任是关于不服环境行政处罚的理由,指出行政处罚中所存在的事实或/和法律问题。当然,这种不服行政处罚的理由也同时构成了起诉的形式条件之一,即“有具体的诉讼请求和事实根据”[②]。作为形式条件之一,原告对于这种不服行政行为的理由的主张与举证责任几乎存在于所有的行政司法案件中。原告的举证可能仅有自己的陈述,也可能同时拿出证据来支撑自己的陈述。如果无相关的证据支撑,当事人的这种陈述也可以作为言词证据来使用。当然,以上原告承担的两项实体举证责任也可以吸收合并为一项实体事实举证责任,即原告对不服行政处罚的举证责任。这种对不服行政处罚的举证责任,实际上是要求原告从正面初步证明被诉行政行为的违法性,这只是一种初步的证明,证明标准达到可能性程度即可,并非要达到真实确信的程度,被告可对此主张举证推翻。

在环境行政处罚司法案件中,被诉环境行政机关承担着其行政处罚行为合法性的证明责任。此举证责任是一种反证责任,即在原告举证被诉环境行政处罚行为违法性达到初步证明标准后,法院对该被诉行政处罚行为作违法推定,由被告对其合法性进行举证证明,由此反驳原告的主张与证明。从行政法理上来说,被诉环境行政机关需要举证证明其所作行政处罚行为主体适格、权限合法、有客观真实的事实根据、正确适用了法律依据、程序合法、处罚形式合法,且无明显的不

---

① 《行政处罚法》第二条:“行政处罚是指行政机关依法对违反行政管理秩序的公民、法人或者其他组织,以减损权益或者增加义务的方式予以惩戒的行为。”

② 参见《行政诉讼法》第四十九条。

公正现象。一旦被告对其行政处罚行为合法性证明达到高度盖然性程度或排除原告合理怀疑的程度(排除原告对其行政处罚行为可能违法的怀疑),被告对其行政处罚行为合法的证明责任就得以完成,法院可能就会支持被告,判决驳回原告的诉讼请求。

但是,在实际诉讼中,举证责任的承担并不是一次性就达到终局。即便被告完成其对讼争的环境行政处罚行为合法性的举证证明,原告还可以主张自己有减免责事由来进行抗辩。根据法律规定,行政相对人主动消除或者减轻违法行为危害后果的应当从轻或减轻处罚;①违法行为轻微并及时改正,没有造成危害后果的,不予行政处罚;初次违法且危害后果轻微并及时改正的,可以不予行政处罚;当事人有证据足以证明没有主观过错的,不予行政处罚。② 当然,对这些从轻、减轻、免除处罚事由的主张与证明,也可以在原告对于讼争行政处罚行为违法性举证时一并进行,环境行政机关在作出处罚时未考虑原告这些正当事由的,也可能导致其行政处罚行为合法性的瑕疵或缺失。

(二)行政强制拆除行为

行政强制拆除行为在环境行政司法中也是较为常见的一个案由。2011 年颁布的《行政强制法》将行政强制拆除行为定性为行政强制执行,要么由具有强制执行权的行政机关依法实施,要么申请人民法院依法执行。在行政强制拆除行为司法案件中,环境行政机关是单独或联合参与其他行政机关对于原告相对人的不动产,一般为厂房建筑、生产设备(如锅炉)、经营网点(如收购站)、养殖设施等实施强制拆除。行政相对人不服行政机关的强制拆除行为而将后者诉至法院。在行政强制拆除行为司法案件中,原告一般请求法院确认环境行政机关单独或共同实施的行政强制拆除行为违法,同时请求损失赔偿。因此,在此类案件中,原告首先需承担讼争的行政强制拆除行为违法的举证责任,同时请求损失赔偿的,还需要承担强拆行为所致其损失数额的举证责任,当然也包括强拆行为与损失之间的因果关系的举证证明。被告环境行政机关需要承担其单独或联合参与的行政强制拆除行为合法的举证责任,包括主体资格、职责权限、事实与法律依据、程序等方面全部合法。当然,被告也可以主张该强拆行为并非行政行为,双方是一种民事委托关系来反驳原告的主张与证明。③

---

① 参见《行政处罚法》第三十二条。

② 参见《行政处罚法》第三十三条。

③ 参见(2020)辽 1104 行初 36 号行政判决书,法院认为被告“是代替原告履行拆除义务,双方之间系民事法律关系,不是行政法律关系”。

（三）政府信息公开行为

《环境保护法》第五章对于环境信息公开与公众参与作出较为全面的规定。政府环境信息公开是行政相对人参与环境保护，监督政府依法行政的重要途径。《环境保护法》《政府信息公开条例》等赋予了公民、法人和其他组织的环境信息知情权和政府环境信息公开的义务。在政府环境信息公开行为司法案件中，原告承担着其对讼争的政府环境信息依法提出公开申请的举证责任以及对讼争的政府环境信息公开行为违法的初步证明责任。被告则承担着其政府环境信息公开行为合法的举证责任，以反驳原告的主张与证明。被告需要证明其政府环境信息公开行为在主体资格、权限职责、内容与依据、方式、程序等方面都合法才能被法院支持。

（四）行政许可行为

行政许可也是环境行政司法案件中较为常见的一个案由。行政许可是存在法律一般禁止或限制的情况下，行政主体对行政相对人的申请依法进行审核，赋予符合条件或标准的行政相对人从事相关领域事务资格的行为。在环境行政许可司法案件中，原告承担着依法提出对讼争行政许可申请的举证责任，并对环境行政机关行政许可行为违法性进行初步证明，被告则对其环境行政许可行为的合法性进行举证证明。被告只有在证明其环境行政许可行为在主体资格、职责权限、事实认定与法律适用、程序、形式等方面全部合法才能被法院支持。在环境行政许可司法案件中，除了申请行政许可的行政相对人可以提起行政诉讼，那些受行政许可行为重大不利影响的利害关系人也可以依法提起行政诉讼。在利害关系人针对环境行政许可行为提起的行政诉讼案中，申请行政许可的行政相对人可能成为第三人参加诉讼。此类诉讼中，原告需要首先证明其享有的某种合法权益受到了讼争环境行政许可行为的不利影响且环境行政许可机关并未依法加以考虑。原告请求损失赔偿的，还需要承担其损失数额以及讼争的行政许可行为与损失数额之间存在因果关系的举证责任。而被告除了承担其所作行政许可行为合法性的举证责任，同时还需举证其作行政许可时对于原告的合法权益予以了依法考虑，或者其行政许可行为与原告权益损害之间无因果关系。对于已经获得的行政许可被撤销或废止，原告诉请合理补偿的，此类案件也可以归为行政补偿司法案件中。[①]

（五）行政补偿行为

因环境保护公共利益需要，政府在以征收、征用、关闭、拆除、转移等方式处置

---

① 参见（2016）湘行再19号行政判决书。

企业合法财产并造成损失时,应给予行政补偿。政府以征收、征用、关闭、拆除、转移等方式处置企业合法财产,很多情况下会涉及对已经生效行政许可的撤回,因此,不少行政补偿行为司法案件和行政许可行为相关联。① 同时,政府关闭、拆除、转移等处置行政相对人财产的行为也属于行政强制行为,也有很多行政补偿案件和行政强制行为相关联。在行政补偿行为司法案件中,原告与被告之间主要争议在于应否补偿以及补偿数额多少。原告首先证明存在被告处置其合法财产的事实,这是适用行政补偿的前提条件。接着,原告需证明因被告的处置行为造成其财产损失。当然,因被告的原因导致原告无法举证其财产损失的,由被告承担原告应获补偿数额的举证责任。② 被告需证明其未处置原告的财产,或虽处置了原告的财产但无须予以补偿,或已经依法予以补偿。

(六)行政复议行为

行政相对人不服行政主体所作的具体行政行为可依法申请行政复议,行政复议机关在对被申请的具体行政行为进行合法性与合理性审查后依法作出相应决定。行政复议程序是行政系统内解决行政争议的一种便捷的权利救济路径,申请人不服行政复议决定还可以依法提起行政诉讼。在行政复议行为司法案件中,作为复议申请人显然既不服原具体行政行为又不服行政复议行为。在行政复议机关作出维持原具体行政行为决定的行政复议行为司法案件中,原告只需承担原具体行政行为违法性的初步举证责任。在行政复议机关作出变更原具体行政行为决定的行政复议行为司法案件中,原告除了承担原具体行政行为违法性的初步举证责任,还需承担行政复议行为违法性的初步举证责任。在行政复议机关作出维持原具体行政行为决定的行政复议行为司法案件中,原具体行政行为作出机关与行政复议机关是共同被告,③二者共同承担被诉行政行为(实质上是原具体行政行为)合法性,即原具体行政行为在主体资格、职责权限、事实与法律依据、程序与形式等方面都合法的举证责任。行政复议机关作为原具体行政行为的上级机关,其在作行政复议时只需审查原具体行政行为作出机关提交的案件卷宗,多数情况下属于书面审查。因此,复议机关在作行政复议决定时,一般无须为复议再搜集证据,只需根据案件卷宗中记载的信息来对原具体行政行为是否合法、合理作书面论证即可。在行政复议机关作出变更原具体行政行为决定的行政复议行为司法案件中,被诉行政复议机关承担行政复议行为合法性的说服责任,一方面需要论

---

① 参见(2016)湘行再19号行政判决书。

② 参见《行政诉讼法》第三十八条第二款。

③ 参见《行政诉讼法》第二十六条第二款。

述原具体行政行为违法性或不合理性,另一方面需要承担其所作的变更原具体行政行为的合法性、合理性的说服责任。

(七)行政不作为

所谓行政不作为,即行政主体在期限内或合理期限内未能依法履行作为义务的情形。根据《行政诉讼法》第十二条的规定,行政相对人申请行政许可,申请行政机关履行保护人身权、财产权等合法权益的法定职责,行政机关拒绝履行、拖延履行或者不予答复的,可以提起行政诉讼。一般情况下,行政主体只在对依申请的行政行为不依法履行时,才构成行政不作为。显然,依申请行政行为的类型非常多,还包括行政复议、政府信息公开等,这些又可列入上述与之相对应的案由之中。环境行政不作为主要是指环境行政机关未能依法查处行政相对人申请查处、投诉或举报(功能类似于申请查处)的环境违法行为。在环境行政不作为司法案件中,在申请、投诉或举报第三人的环境违法行为之后,原告认为被诉环境行政机关应对第三人的环境违法行为在一定的期限内依法进行查处而未依法查处,故对其环境行政不作为提起诉讼。实践中,原告在起诉前,还常伴有信访行为。在行政诉讼中,原告需就第三人存在环境违法行为承担初步举证责任,即符合举报他人违法的要件,包括时间、地点、可能存在环境违法行为的证据。原告主张自己受到环境违法行为实际损害的,还需承担损害后果以及第三人环境违法行为与自己损害之间具有因果关系的举证责任。当然,原告主张被告行政不作为行为致其损害的,也要承担其中因果关系的举证责任。同时,原告还需要承担被告在法定期限内未能依法履行职责的初步举证责任。被告则承担自己无相应的法定职责或自己已经在法定期限内依法履行了相应法定职责的举证责任。

以上只是对一些常见类型的环境行政司法案件中原被告双方所应承担的主要实体事实的举证责任进行呈现,实践中环境行政司法案件的类型还远不止以上所列。而且,上述实体事实仅是简化或典型案件中必要的实体事实,在一些较为复杂或非典型的环境行政司法案件中,必要的实体事实可能随着双方当事人的具体主张而有所不同,其中实体事实的举证责任分配可能有所不同。从以上可以看出,环境行政司法案件中实体事实的举证责任分配具有以下规律:一是原告与被告双方的举证负担不完全对等,相较而言,原告负担较轻,被告负担较重;二是原告对于自己与被告发生行政法律关系的事实,如申请、举报、受到处罚、权利受到侵害以及其中的因果关系等要件事实承担举证责任,而被告对于其行政行为或履职行为合法性以及存在免责事由等要件事实承担举证责任;三是因被告的原因导致原告对相关要件事实举证不能的,由被告承担相关要件事实的举证责任。

第三节 环境行政司法中实体法律适用

法律适用,一般是指法院在审理案件中,具体运用法律来处理相应的程序与实体问题,直至获得案件审判结果的过程。此处环境行政司法中的法律适用,特指法院审理环境行政案件中运用行政法律(包括相关司法解释)、环境法律以及其他法律来处理案件的相关实体法律问题并获得审判结果的过程。法律适用的前提是对有关事实的正确认定,因此,法律适用问题通常和事实认定问题不可分割。以下以常见环境行政司法案件为例来展现其中的典型实体法律适用情况。

一、环境行政处罚司法案件

环境行政处罚司法案件是最为常见的环境行政司法案件。在环境行政处罚案件中,行政相对人受到最为常见的行政处罚就是财产罚与能力罚。其中,财产罚的主要形式为罚款(包括按日计罚),而能力罚的主要形式是关闭企业,有时也出现停业整顿。处罚事由主要为行政相对人违法排污、违反“三同时”制度等,违法排污包括超标排污、以逃避监管的方式排污、无证排污等;而违反“三同时”制度包括未批先建、未验先投等。实践中,行政相对人受罚事由非常多样,如未办环境影响评价手续、将危险废物转移给无资质的主体处理等,此处呈现的只是其中较为常见的受罚事由。以下以环境行政处罚司法案件中,原告所抗争的有代表性的实体问题来窥视相关的法律适用情况。

(一)超标排污

超标排污是指超过国家或地方污染物标准或质量标准向环境排放污染物的行为。对于物质型污染,超标排污一般是指超过法定的浓度指标排污,如超标排放大气污染物、水污染物、固体废物等。在能量型污染的情况下,超标排污一般是指超过法定的环境质量标准排放污染物,如噪声排放、放射性辐射、电磁辐射等。超标即违法,这是环境污染防治法上对污染物(包括能量)排放管制的一条红线,违法即可予以处罚。因不服超标排污行为受罚的环境行政处罚司法案件中,原告抗争的理由多种多样,有的属于事实问题,有的属于程序问题。但事实是法律适用的基础,对原告相对人受罚的违法事实认定审查问题也属于环境行政司法案件中的实体法律问题。行政处罚必须遵循法定的程序,因此,行政处罚程序问题在环境行政司法案件中也属于实体法律问题。因不服超标排污受罚而诉的环境行政处罚司法案件中,涉及的实体问题主要有以下几种。

1. 超标事实的取证问题。环境行政机关对于企业超标排污处罚之前需要对企业超标排污事实进行检测取证,污染物排放检测数据的准确性在实践中常常受到质疑。不少案件中,原告对于环境行政机关作出行政处罚的事实依据——排污超标的数据存有异议。原告认为自己排污没有超标,而被告环境行政机关依据自己或第三方的检测数据,认定原告排污超标,污染物检测数据的准确性常常成为该类案件中的争点问题。站在企业的立场上,如果自己确信平时都是正常地运行污染防治设施且以前的监测数据都正常,环境行政机关在现场取样的监测结果或在线监测数据却差异悬殊而据此认定企业超标排污,企业有理由怀疑这种监测的规范性与准确性,法院也不愿为这种违背常识性的监测结果背书。[①] 为此,原国家环境保护(总)局、环境保护部先后出台了一些规范性文件,如 2006 年发布的《环境监测质量管理规定》《环境监测人员持证上岗考核制度》,2007 年发布的《环境监测管理办法》,2010 年修订的《环境行政处罚办法》,2011 年发布的《环境行政处罚证据指南》《关于加强污染源监督性监测数据在环境执法中应用的通知》等对环境监测取证工作进行规范。为了提高环境监测数据质量,2017 年中共中央办公厅、国务院办公厅印发《关于深化环境监测改革提高环境监测数据质量的意见》,对深化环境监测改革,构建责任体系,创新管理制度,强化监管能力,依法依规严肃查处弄虚作假行为,切实保障环境监测数据质量,提高环境监测数据公信力和权威性进行顶层设计。

2. 按日连续处罚中"拒不改正"的认定问题。2014 年修订的《环境保护法》第五十九条针对行政相对人违法排污(包括超标排污)建立了按日连续处罚(又称按日计罚)制度。环境行政机关实施按日连续处罚有几个要件:一是行政相对人违法排污;二是环境行政机关对行政相对人处以罚款并责令其改正;三是行政相对人拒不改正。随后,2015 年修订的《大气污染防治法》第一百二十三条、2017 年修正的《水污染防治法》第九十五条都重申了按日计罚制度或进一步明确了按日计罚所针对的违法排污情形。实践中,受到按日处罚的行政相对人抗争比较多的是对"拒不改正"的认定问题。如何认定"拒不改正"?是以行为论,还是以结果论,拟或以行为兼结果论?以行为论,只要相对人采取了改正措施,即便排污仍有超标,也不应认定为"拒不改正"。以结果论,只要环境行政机关在复查中发现相对人排污仍超标,对相对人超标比上一次处罚时减少的幅度或采取了什么改正措施在所不问,一律认定为"拒不改正"。以行为兼结果论,环境行政机关既需考虑相对人采取的改正措施,又需考虑这种改正措施所产生的实际改正效果,即改正措

---

① 参见(2020)桂 0803 行初 3 号行政判决书、(2020)豫 0328 行初 10 号行政判决书、(2020)晋 0406 行初 14 号行政判决书等。

施的有效性。只有在相对人未采取改正措施或虽采取了改正措施但未产生明显的减排效果时才被认定为"拒不改正"。那种相对人采取了改正措施产生了明显的减排效果,仍有轻微超标的可不认定为"拒不改正"。实践中,环境行政机关实施按日计罚以客观结果论,而行政相对人则主张应以主观行为论,[①]但法院以行政处罚应遵循教育与处罚相结合的原则,对"拒不改正"的认定坚持主观兼客观论。[②]

3. 污染排放适用标准问题。法律上对排污实施许可证管理制度,排污者需持证排污,环境行政机关需依证执法。在颁发排污许可证时,环境行政机关对于排污者排放污染物的相关事项进行了明确,申领者不应违反排污许可证的内容而排污,否则即为违法排污。如果申领者针对排污许可证上适用的排污标准不服,应提起行政许可撤销或变更之诉,而不能在因违反排污许可证超标排污而受到行政处罚之后以排污许可证上适用的排污标准错误为由请求撤销行政处罚。[③]

(二)未批先建与未验先投

2014 年修订的《环境保护法》保留了环境保护"三同时"制度,即"建设项目中防治污染的设施,应当与主体工程同时设计、同时施工、同时投产使用"。该制度旨在预防企业在生产时无治污设施或治污能力满足不了实际需要,在项目建设进程中对治污设施的建设进行把控。在环境影响评价文件报批的时候,建设项目就需设计配套治污方案及措施并在理论上能满足项目投产后的治污需要,否则环境行政机关不予审批通过。[④] 环境影响评价文件未经审批或审批未通过的,建设项目不得开工建设。[⑤] 实践中,有的建设项目未报批环境影响评价文件直接就开工建设了,这属于未批先建;有的虽报批了环境影响评价文件,但在投产前未申请环保验收就直接投产了,这属于未验先投;有的既未批先建,又未验先投。早期实践中,未批先建的项目较多,并容许补办手续。2016 年修正的《环境影响评价法》,加重了对于未批先建的责任追究,包括停止建设、罚款、恢复原状、内部追责等,[⑥]实践中仍有未批先建而受罚的情形。环境行政司法中,原告行政相对人对于未批

---

① 参见(2019)桂 0405 行初 37 号行政判决书,原告行政相对人认为:"原告在被告市生态环境局指出问题所在时,原告已经马上进行整改,并没有抗法行为,还以积极的态度配合相关部门的工作。"

② 参见(2020)辽 0311 行初 27 号行政判决书,法院认为:"拒不改正,是对排污者履行改正义务情况的一种兼顾主观与客观的评价标准。"

③ 参见(2020)豫 1525 行初 17 号行政判决书与(2020)豫 15 行终 158 号行政判决书。

④ 参见《环境影响评价法》第七条。

⑤ 参见《环境影响评价法》第二十五条。

⑥ 参见 2016 年修正的《环境影响评价法》第三十一条。

先建受罚不服的理由主要为项目不需要报批环境影响评价文件[①]、需报批的环境影响评价文件类别错误[②]、被告审批不作为[③]、已过追诉时效[④]等，不一而足。实际上，《建设项目环境影响评价分类管理名录》要求所有建设项目包括改建、扩建项目，都需要办理环境影响审批手续，即便有的项目可能对环境影响较小，如在环境敏感区之外建设的光伏发电项目，也需要填报环境影响登记表。我国《行政许可法》明确规定行政机关作出行政许可需要遵循法定的期限，[⑤]但是，除了申请延续行政许可外，并不能推定行政相对人因行政机关的不作为而获得相关行政许可。[⑥]《行政处罚法》对违法行为规定了追诉时效。[⑦] 对于未批先建的违法行为，一旦建设项目建成并投入运行，其违法行为就一直持续存在，行政机关发现后对其处罚可不受追诉时效限制。

2017 年修订的《建设项目环境保护管理条例》针对未验先投行为强化了处罚规则，[⑧]但未验先投现象仍时有发生。环境行政司法实践中，原告行政相对人对被告环境行政机关以未验先投科以行政处罚不服，其抗争的理由多为行政相对人尚处在设备安装调试阶段，项目尚未竣工，不属于正式生产。[⑨] 对于安装调试阶段是否必须同步运行污染防治设施，法条中并未明确规定。实践中，法院认为企业主体工程中的生产设备一旦运行，无论是安装调试生产或正式生产，企业都应安装好配套环保设施或采取其他防治污染措施，否则即为违反“三同时”制度。[⑩]

实践中，还存在企业因未批先建与未验先投同时被环境行政机关处罚的情形，[⑪]有的企业负责人也被同时处罚。[⑫] 法院支持环境行政机关在处罚时，同时依据《环境影响评价法》和《建设项目环境保护管理条例》[⑬]的不同法律条款分别处罚再合并执行。[⑭]

---

① 参见(2020)豫 1728 行初 34 号行政判决书。

② 参见(2020)辽 1422 行初 35 号行政判决书。

③ 参见(2020)豫 1525 行初 76 号行政判决书。

④ 参见(2020)湘 0703 行初 125 号行政判决书。

⑤ 参见《行政许可法》第三十七条。

⑥ 参见《行政许可法》第五十条。

⑦ 参见《行政处罚法》第三十六条。

⑧ 参见 2017 年修订的《建设项目环境保护管理条例》第二十三条。

⑨ 参见(2019)粤 02 行终 161 号行政判决书。

⑩ 参见(2019)赣 71 行终 529 号、(2020)豫 0721 行初 20 号、(2020)豫 0721 行初 21 号、(2021)辽 1402 行初 3 号、(2020)豫 05 行终 306 号行政判决书。

⑪ 参见(2020)辽 14 行终 96 号行政判决书。

⑫ 参见(2019)粤 09 行终 131 号行政判决书。

⑬ 参见 2017 年修订的《建设项目环境保护管理条例》第二十一条和第二十三条。

⑭ 参见(2020)辽 14 行终 103 号行政判决书。

(三)行政程序

在众多的环境行政处罚司法案件中,原告相对人抗争较多的是被告环境行政机关的行政处罚程序违法问题。《行政处罚法》明确规定了行政处罚的普通程序:立案—调查取证(包括听证)——决定前告知申辩—审查决定—告知送达等。①原环境保护部于2010年修订的《环境行政处罚办法》、2011年发布的《环境行政处罚证据指南》、2014年发布的《环境保护主管部门实施按日连续处罚办法》等规范性文件对于环境行政处罚有关程序加以细化与明确。实践中,仍有不少原告行政相对人以环境行政处罚程序违法为由将环境行政机关诉至法院。原告所抗争被告违反法定程序的情形主要有:违反采样程序②、处罚决定前未告知申辩权③、重大案件未集体讨论决定④、使用第三方检测机构违反检测程序的检测报告⑤、制作调查询问笔录时被调查人未到场⑥、未举行听证⑦、变相以通知之名实施行政处罚⑧、违反一事不再罚⑨等,不一而足。在被告明显违反法定程序的案件中,法院通常会支持原告的主张而判决撤销环境行政处罚。

二、环境行政强制拆除行为司法案件

环境行政机关实施或参与实施的行政强制拆除行为在环境行政司法案件中也是常见的案由。多数案件中,环境行政机关因参与当地政府组织的联合执法而成为共同被告之一,而环境行政机关单独作为被告的只占少数。被告环境行政机关强制拆除原告行政相对人的厂房、设备、设施等财产的具体理由虽然多种多样,但无外乎有以下几种:行政相对人被确认为属于散乱污企业⑩、违法建设生产排污⑪、非法建筑物或构筑物⑫等。其中,行政相对人违法的主要原因是未办理环境影响评价手续、未验先投、未办理排污许可证、违法排污等。环境行政机关一般先责令企业关闭,限期自行拆除,企业未自行拆除而被强制拆除最终成讼。从已有

① 参见《行政处罚法》第四十四条至第六十二条。

② 参见(2019)豫09行终44号、(2019)粤06行终688号、(2021)豫71行终162号行政判决书。

③ 参见(2019)黔06行终95号行政判决书。

④ 参见(2020)粤13行终105号、(2020)粤13行终213号行政判决书。

⑤ 参见(2020)桂0803行初3号行政判决书。

⑥ 参见(2020)豫05行终138号行政判决书。

⑦ 参见(2019)晋11行终148号行政判决书。

⑧ 参见(2021)豫71行终110号行政判决书。

⑨ 参见(2020)豫07行终164号、(2020)豫13行终182号行政判决书。

⑩ 参见(2019)陕04行初64号、(2020)豫1503行初91号、(2020)豫1503行初92号行政判决书。

⑪ 参见(2015)浙温行初字第419号、(2018)粤行终302号、(2019)粤71行终2944号、(2019)湘行终1977号、(2020)吉03行初5号、(2020)豫01行初171号、(2020)赣11行终63号行政判决书。

⑫ 参见(2020)赣1002行初63号、(2020)辽1104行初36号行政判决书。

的样本来看，最高人民法院和高级人民法院所审理的有关环境行政强拆的申诉案件在环境行政案件中占比较高，这说明行政强拆涉及当事人的重大利益，当事人抗争反应强烈。在大量的环境行政强制拆除行为司法案件中，原告行政相对人诉请法院判决确认被告环境行政机关行政强制拆除行为违法并予以行政赔偿。在绝大多数原告胜诉的案件中，法院以行政程序违法而判决确认行政强制拆除行为违法。显然，该类行政司法案件中的实体法律问题并不复杂，法院认为被告环境行政执法机关在行政执法时不能重实体而轻程序，被告环境行政机关在行政执法中需严守法定程序。因环境行政机关并无行政强制执行权，其在实施强制拆除时应遵守《行政强制法》第四十四条、第四十六条、第五十三条、第五十四条等相关条款规定的程序，即公告限期自行拆除、催告履行义务、申请法院强制拆除，而不能擅自组织强制拆除。

三、政府环境信息公开行为司法案件

相比较其他环境行政司法案件，在环境行政信息公开行为司法案件中，实体法律问题并不算复杂。根据《环境保护法》《政府信息公开条例》的相关规定，行政相对人或利害关系人享有环境信息知情权，环境行政机关承担政府环境信息公开义务。环境行政信息都是环境行政机关在开展环境行政管理过程中制作、获取或保存的相关决策、规划、执法、服务等工作信息。按理说，除极少数需要保密的事项外，环境行政机关都可以对有关环境行政信息依职权或依申请公开，环境行政相对人应该不会提起行政诉讼。然而，环境行政机关不依法向行政相对人公开有关环境行政信息，原因不外乎担心公开相关信息会暴露自己工作的不足或失职之处，进而使得相关信息成为对自己不利的证据。从已有的案件样本来看，环境行政机关被诉的事由主要是：公开方式不当[①]、公开范围与申请事项不匹配[②]、公开不作为[③]等，公开的事项主要涉及环境影响评价文件及批复、建设项目环境验收报告、环境监测报告、征收排污费、环境行政授权或委托等信息。在实践中，如果原告行政相对人已经知晓相关环境行政信息仍要求被告环境行政机关公开而被拒绝的，法院可能基于节约公共资源的角度支持环境行政机关的行为。[④] 当然，法

① 参见(2018)豫0802行初9号、(2019)赣7101行初665号、(2020)豫10行终52号、(2020)陕7102行初2609号行政判决书。

② 参见(2019)京02行终1093号、(2020)渝0112行初495号行政判决书。

③ 参见(2018)晋0202行初18号、(2020)辽07行终150号、(2020)内0802行初46号行政判决书，(2020)陕08行终44号行政裁定书。

④ 参见(2018)晋0202行初18号、(2020)苏01行终665号、(2020)苏01行终800号行政判决书。

院也会节制当事人滥用诉权。[①] 对于不存在相关环境行政信息[②]或属于行政机关内部管理信息[③]的，被告拒绝公开，法院亦会支持被告。

四、环境行政许可行为司法案件

常见的环境行政许可为包括环境影响评价文件批复、排污许可、废物特许经营许可等。原告行政相对人或行政许可利害关系人不服被告环境行政机关行政许可行为的主要事由是：许可程序违法[④]、被撤销行政许可[⑤]、行政许可不作为[⑥]等。

针对建设项目，环境行政机关享有环境影响评价第一审批权。在环境行政许可司法类案件中，原告行政相对人或利害关系人针对环境行政机关的环境影响评价审批行为而诉的占有绝大部分比例。根据《环境保护法》《环境影响评价法》《行政许可法》《环境保护公众参与办法》[⑦]《环境影响评价公众参与办法》[⑧]等规定，环境行政机关在批复环境影响评价报告书时，需要审查环境影响评价机构在编制环境影响评价报告书时是否依法保障了利害关系人的知情权与参与权，否则不予审批通过。同时，环境行政机关在批复环境影响评价报告书时，自己也要依法保障利害关系人的知情权与参与权，否则审批程序违法。随着近年来国家对生态环境保护工作的重视，全国不少地方开始淘汰、关闭散、乱、污、小企业。针对这些企业，原来发放的排污许可被当地环境行政机关依据地方政府的有关文件给予撤回或注销，很多企业以违反信赖利益保护原则或程序违法为由将环境行政机关诉至法院。实践中，多数法院在司法中会依据《行政许可法》对环境行政机关的这种行政许可或撤销行政许可行为进行实体与程序方面的双重审查，对于违反法定程序或违反信赖利益保护原则的，依法予以纠正。

五、环境行政补偿行为司法案件

《行政许可法》第八条第二款规定："行政许可所依据的法律、法规、规章修改或者废止，或者准予行政许可所依据的客观情况发生重大变化的，为了公共利益的需要，行政机关可以依法变更或者撤回已经生效的行政许可。由此给公民、法人或者其他组织造成财产损失的，行政机关应当依法给予补偿。"因此，根据政策

---

① 参见(2020)苏01行终502号行政判决书。

② 参见(2018)湘0382行初13号、(2020)京01行终368号行政判决书。

③ 参见(2018)京01行终360号行政判决书。

④ 参见(2019)苏11行终199号行政判决书。

⑤ 参见(2018)川0821行初2号、(2019)苏01行终762号、(2020)豫07行终417号行政判决书。

⑥ 参见(2017)湘0621行初63号行政判决书。

⑦ 由2015年7月13日环境保护部令第35号公布。

⑧ 由2018年7月16日生态环境部部令第4号公布。

或法令的变化,政府基于公共利益的需要撤回或废止已经生效的具体行政行为,要对行政相对人依法予以行政补偿。在环境行政补偿司法案件中,环境行政机关多因强制关闭、征收、征用或拆除原告行政相对人的设施、设备、厂房、土地或其他财产未依法予以补偿而被诉。当然,环境行政机关强制关闭或拆除行为本身可能涉及违法的情形,此时,案件可能会转化为行政赔偿案件。

近年来,随着国家对生态环境保护工作的重视,很多地方对那些散、乱、污企业进行清理退出。在清理退出散、乱、污企业时,需要政府多部门联合行动。因此,多数情况下,环境行政机关只是环境行政补偿司法案件中的共同被告之一。那些依法成立的散、乱、污企业曾经为社会经济发展作出了自己的贡献,从维护社会稳定以及保护相对人合法权益的角度,政府在关闭这些企业之前应妥善处理补偿或安置问题。即便是企业因违法排污被政府取缔、关闭或责令限期拆除,当事人未自行履行的,行政机关强制执行也应依法实施,对企业的合法财产应予以保护,否则可能面临赔偿或补偿之诉。实践中,政府基于生态环境保护的目的,鼓励企业或个人淘汰或改造污染较重的落后设备或产能时给予的补贴或资金奖励(以奖代补)也属于环境行政补偿的范畴。①

六、环境行政复议行为司法案件

行政复议是行政复议机关应行政相对人的申请对其不服的具体行政行为进行审查并作出相应救济决定的行为。根据《行政诉讼法》,当行政复议机关维持原具体行政行为的,行政复议机关与原具体行政行为作出机关一起成为行政诉讼的共同被告;当行政复议机关改变原具体行政行为的或行政复议不作为的,行政复议机关单独为被告。② 因此,原告行政相对人不服环境行政复议行为的,无论是维持、改变原具体行政行为或行政复议不作为的,行政复议机关都可能成为被告。而可供行政相对人选择的环境行政复议机关一般有两个:一是同级人民政府,二是上一级环境行政机关。实践中,以同级人民政府作为环境行政复议机关并且作出维持决定的比较多见。③

在环境行政司法实践中,行政复议行为被诉的情形比较常见,这也表明行政复议是一种行政相对人常用的行政救济方式。原告行政相对人虽不服行政复议行为而诉,但其最初针对的是原具体行政行为。行政复议是以书面审理为原则,

---

① 参见(2016)晋0902行初13号、(2018)吉0802行初32号、(2020)宁0402行初117号行政判决书。

② 参见《行政诉讼法》第二十六条第二款、第三款。

③ 参见(2020)豫7101行初521号、(2020)湘0703行初125号、(2021)辽1402行初3号、(2021)豫7101行初55号行政判决书。

行政复议机关一般并不调查补充证据。行政复议机关无论是维持还是改变原具体行政行为，其根据仍然是原具体行政行为中所认定的事实以及所适用的法律规则。因此，环境行政复议司法案件中，法院审查的对象可能有一个，即原具体行政行为的合法性；也可能有两个，即原具体行政行为的合法性与行政复议行为的合法性。当法院既要审查原具体行政行为合法性又要审查行政复议行为合法性时，其实质审查对象仍然是原具体行政行为的合法性。而法院审查原具体行政行为的合法性，仍然是从原具体行政行为的主体资格、职权范围、事实根据、程序、法律依据等方面进行判断。法院在对原具体行政行为的合法性作出评断的基础上，再进一步从事实判断、法律适用、程序等三个层面来评价行政复议行为的合法性。因此，就行政复议行为的合法性判断而言，其本身并不算复杂。

七、环境行政不作为司法案件

行政不作为，又指行政机关不履行法定职责。根据2020年最高人民法院发布的《关于行政案件案由的暂行规定》，"不履行法定职责"是指负有法定职责的行政机关在依法应当履职的情况下消极不作为，从而使得行政相对人权益得不到保护或者无法实现的违法状态。未依法履责、不完全履责、履责不当和迟延履责等以作为方式实施的违法履责行为，均不属于不履行法定职责。因此，狭义的环境行政不作为具有相对性，主要是指环境行政机关应行政相对人的申请未在法定期限内以作为的方式履行相应职责的行为。而行政相对人认为环境行政机关及其公务员在履行环境保护职责时未能积极履职，采取有效措施改善环境质量则属于广义的行政不作为，不在司法诉讼之列。因此，这种应申请的行政不作为存在于环境行政许可[①]、行政复议[②]、政府信息公开[③]、行政裁决[④]、查处举报违法行为[⑤]、保护合法权益[⑥]等领域。实践中，虽有很多以"不履行法定职责"来开列行政不作为的环境行政司法案件，但仍有不少存在行政不作为的案件被行政许可、政府信息公开[⑦]、行政复议[⑧]等案由所替代。法院在判断环境行政机关是否存在不作为的情形时，主要看原告行政相对人是否依法提起申请、被告是否具有诉称的

---

① 参见(2020)浙01行终750号、(2020)粤13行终107号、(2020)粤20行终398号行政判决书。

② 参见(2020)苏01行终162号行政判决书。

③ 参见(2019)内04行终160号、(2020)鲁14行终217号行政判决书。

④ 参见(2020)闽01行终158号行政判决书。

⑤ 参见(2019)沪01行终412号、(2019)晋07行终105号、(2019)京04行终4号、(2020)苏0281行初127号、(2020)辽0404行初84号、(2020)川20行终40号、(2020)皖18行终133号行政判决书。

⑥ 参见(2019)苏07行终126号、(2020)苏0682行初47号行政判决书。

⑦ 参见(2020)鲁14行终217号行政判决书。

⑧ 参见(2020)苏01行终162号、(2020)湘13行终108号行政判决书。

法定职权、被告未履职是否超过了法定期限、被告是否消极不作为、被告是否存在免责事由。一旦法院判定被告存在环境行政不作为的情形,可以视情况判决被告在一定的期限内针对原告履行相应的法定职责;如果针对原告履行法定职责已无必要或可能,可以依法确认被告行政不作为违法;如果被告行政不作为给原告造成损害的,可以根据原告的举证结果,判决被告承担行政赔偿责任。

第四节　典型环境行政司法案例裁判评析

一、企业对设备安装调试是否属于生产使用?

【案情简介】金好公司成立于2018年,经营金属制品加工。同年,经县发改委批准备案,该公司共有年产1000吨铜管、1000吨铜带项目生产线两条。2019年5月9日,县环境保护局批准了该项目环境影响报告表内容,同时针对项目建设过程中、项目运行时、项目建成后等不同阶段的污染物防治分别提出要求。2019年12月4日,县环境保护局经现场检查发现,金好公司年产1000吨铜带项目生产线上,工频电炉、中频电炉正在使用,其他工段未生产,现场有少量原料,未见成品存放。经调查,该公司生产设备主体工程刚完工,环保设施还未建设,现场检查时工频电炉、中频电炉已加入原料,正在热熔调试,后续工段未开始调试,更无成品。2019年12月5日,县环境保护局对该案立案调查,12月20日告知该公司有权陈述、申辩、要求听证,12月25日该公司申请听证,该局于2020年1月7日进行听证,1月9日对该案集体讨论,并于2020年1月10日作出行政处罚决定,以该公司未经验收投入生产使用、未建设污染防治设施为由,对该公司罚款400,000元。该行政处罚决定于2020年1月14日送达后,该公司于2020年3月11日向县人民政府申请复议,经复议后,县人民政府于2020年4月29日作出维持了上述行政处罚的复议决定。该公司于2020年5月14日向法院起诉。

原告诉称当时公司项目主设备正在安装,配套的环保设施不可能提前安装;项目当时并未完工,不可能申请验收,更不可能生产使用。因此,被告所作处罚决定证据不足,认定事实错误。被告辩称其工作人员现场检查时,原告的两台电炉正在排放污染物,依据规定只要电炉在运行,无论是否生产,环保设施就应该同时安装运行,因此案涉行政处罚决定合法、适当。

法院认为,案涉公司在调试电炉时,未提前安装好配套环保设施,也未采取其他防治污染措施,应认定为违反"三同时"制度。被告所作行政处罚决定,证据确凿，认定事实清楚，程序合法，遂判决驳回原告的诉讼请求。①

【简评】《环境保护法》第四十一条规定的建设项目环境保护“三同时”制度，旨在预防建设项目在投产后缺少配套污染防治设施，而要求建设项目的环保设施要与主体工程同时设计、同时施工、同时投产使用。环境行政机关在审批环境影响评价报批文件时对“同时设计”进行把控，在企业申请项目竣工验收以及后续生产阶段对“同时投产使用”进行监督检查，而对于“同时施工”并没有明确相应的监督检查程序。企业在申请项目竣工验收之前，应该属于项目建设施工阶段。企业如何落实“同时施工”应该视建设项目自身的客观需要来定，而无一成不变的程序。如果配套的环保设施与主体工程联系非常紧密，或二者应一体化建设，否则后续环保设施建设成本非常高昂，理性的企业在落实“同时施工”时完全可以而且应该环保设施与主体工程同时施工建设。如果配套的环保设施与主体工程是分离的，并非必须同时施工，企业在主体工程完工后项目竣工验收之前将配套的环保设施建成，也属于同时施工。问题是，企业在主体工程建成后，是否可以在配套的环保设施未建成时对主体工程中的生产设备进行安装调试？此时对生产设备的安装调试是否属于投产使用？2017 年修订的《建设项目环境保护管理条例》对此并未明确规定。本书认为，企业在这一阶段可以对生产设备进行安装性调试，并且该安装性调试并非项目竣工后的投产使用。主体工程建设并非仅指厂房等设施的建设，也包括生产设备的安装，在设备安装时要进行安装性调试是工程建设的客观需要。但是，企业在项目建设施工过程中对生产设备的安装性调试不得对外规模化排放未经许可排放的污染物，否则，“三同时”制度对建设项目的污染防治就有落空风险，任何企业都可以在项目验收前进行所谓的安装性调试来光明正大地规模化排放受控污染物而不受处罚。本案中无论原告企业对生产设备进行安装调试是否属于投产使用，是否必须建成配套环保设施，其在配套环保设施未通过验收之前不得对外规模化排放受控污染物这一义务是“三同时”制度所要求的。因此，以后再修改《建设项目环境保护管理条例》时，应对这一义务加以明确。

二、在线监测数据超标能否单独作为处罚依据？

【案情简介】原告城燃公司接手永宁公司为县城进行供暖，沿用的是永宁公司的原设备。永宁公司一直未出现废气污染物排放超标情况。同时，第三方中介服务机构在虚拟专网接入前对原告废气排放进行了试运行监测，结果均显示合格。经过环保部门审批通过，原告接入了虚拟专网。2019 年 1 月 6 日被告县环境保护

① 参见(2020)豫 0721 行初 20 号行政判决书。

局对原告城燃公司燃煤锅炉排放大气污染物进行检查，发现该公司2018年12月31日至2019年1月6日废气在线设备显示污染物、二氧化硫、氮氧化物、烟尘均超标排放。县环境保护局责令原告立即改正违法行为并处罚款50万元。原告不服该处罚决定诉至县人民法院。

法院另查明：在线监测数据显示原告在废气污染物排放超标的时间段内一直沿用永宁公司的供暖设备。2018年11月28日，原告城燃公司向环保部门申请接入环保VPN虚拟专网，在环保VPN虚拟专网接入前由第三方中介机构对其废气排放进行了试运行监测，所有结果均显示合格。2018年12月28日，县、市两级环保部门均盖章审批通过原告的虚拟专网接入申请。原告的虚拟专网接入后即出现废气排放严重超标情况，后被告对原告进行了多次处罚。

原告诉称在安装调试监测设备时，为了及时供暖，监测设备没有安装调试成功，导致出现污染气体超标排放的假象。被告所依据的监测数据并非真实的排放数据，不能作为处罚的依据。被告辩称原告废气排放在线监控数据显示污染物超标是事实，监测设施的建设、维护均属于排污单位的法定义务，监测中心的数据可以直接作为行政处罚的依据。

法院认为城燃公司接入虚拟专网后突然出现数据超标现象，有悖常理，被告对原告作出处罚依据的在线监测数据不能单独作为定案依据，遂判决撤销被告的行政处罚决定书。①

【简评】我国的环境监测分为行政监测与企业监测两大类型。为了掌握环境质量状况，环境行政机关建立环境监测机构和监测网络对于公共环境质量实行普遍性监测。企业监测是指重点排污单位按照国家有关规定和监测规范安装使用监测设备，保证监测设备正常运行，保存原始监测记录。② 因此，企业监测是重点排污单位在污染源现场设置安装的能够保存原始监测记录的污染排放自动监控设备的监测。企业自动监测数据要与环境行政机关的监控中心联网，形成在线自动监控数据。根据2005年原国家环境保护总局发布的《污染源自动监控管理办法》，企业自动监测数据作为环境保护部门进行排污申报核定、排污许可证发放、总量控制、环境统计、排污费征收和现场环境执法等环境监督管理的依据。据此，这种与环境行政机关联网的企业在线自动监测数据可以作为环境行政执法的依据。但是，这里有个前提条件，即“自动监控系统经环境保护部门检查合格并正常

① 参见(2020)豫0328行初10号行政判决书。

② 参见《环境保护法》第四十二条第三款。

运行”①。因此,本案中问题不在于“在线监测数据超标能否单独作为处罚依据”,而在于这种在线监测数据是否客观反映了企业的真实排污情况。原告认为在安装调试监测设备时,为了及时供暖,监测设备没有安装调试成功,导致出现污染气体超标排放的假象。那么,原告为何没有及时向被告环境行政机关进行反馈,申请被告进行校正?根据2009年发布的《国家重点监控企业污染源自动监测数据有效性审核办法》,企业要对安装的自动监测设备的正常运行负责。被告发现企业在线监控数据异常,为何不及时到企业开展现场监督检查,而仅以罚了之?因此,进一步明确在线自动监测数据的质量主体责任非常重要。2017年印发的《关于深化环境监测改革提高环境监测数据质量的意见》提出:“落实自行监测数据质量主体责任……取消环境保护部门负责的有效性审核。重点排污单位自行开展污染源自动监测的手工比对,及时处理异常情况,确保监测数据完整有效。自动监测数据可作为环境行政处罚等监管执法的依据。”显然,重点排污单位对于在线监测数据承担质量主体责任。

三、环境执法影响营商环境吗?

【案情简介】天中公司于1998年建成投产,从事生猪饲养销售。2020年3月17日,县环境保护局对天中进行现场检查,发现该公司在养殖过程中,产生的部分畜禽粪便、污水未经处理直接外排。县环境保护局认为上述行为已构成违法,进行立案调查。2020年3月20日,县环境保护局责令天中公司改正违法行为。2020年3月23日,天中公司配合当地乡镇政府对上述问题进行了整改。县环境保护局根据天中公司违法行为的事实、性质、情节、社会危害程度和相关证据,认定天中公司的违法行为为一般。2020年5月7日,县环境保护局根据本省水污染防治条例的规定,对天中公司作出处罚决定:责令立即停止违法行为,罚款20,000元。天中公司不服,向法院提起行政诉讼。

原告天中公司诉称,我场与乡镇政府、县环境保护局及时进行了沟通联系,对历史上不属于我们的责任而遗留的问题进行了整改。在没有造成任何社会危害和影响的情况下,问题得到圆满解决。环保部门既有监督执法的义务,也有服务养殖业发展的责任。我场认为作为执法监管部门,应着力为企业正常生产经营活动提供良好的发展环境。在当前经济形势非常困难的情况下,按照中央做好“六稳”“六保”工作的要求和市政府下发的文件精神,有一般违法行为从轻减轻行政处罚或不予处罚;没有造成明显社会后果或不良社会影响不予处罚;属于首次违法且当事人无主观故意不予处罚;具备整改条件进行整改的不予处罚。依据此文

① 参见2005年发布的《污染源自动监控管理办法》第四条。

件精神，我们既没有主观故意，又构不成一般违法行为，没有造成任何后果和影响，不应予以处罚。被告辩称，汝南县环境保护局行政处罚认定事实清楚，证据确实、充分，适用法律正确，程序合法，原告的请求无事实和法律依据，应当依法予以驳回。

法院认为，原告天中公司环境违法行为一般，且其对存在的问题已进行了整改，考虑到疫情影响下的企业生产经营等实际情况，本着优化法治营商环境，坚持处罚与教育相结合的原则，可对原告在法定的处罚幅度内从轻处罚，遂判决变更罚款数额为5000元。①

【简评】营商环境是指市场经济的主体在准入、生产经营、退出等过程中涉及的政务环境、市场环境、法治环境、人文环境等有关外部因素和条件的总和。其中，法治环境是构成营商环境的一个重要因素。改革开放以来，我国总体营商环境有了较大的提升，在局部地区也有退步，如前些年盛传的"投资不过三海关"现象。为此，2019年东北三省先后出台了优化营商环境的地方立法，以法治手段来保障当地营商环境的优化。② 当前，由于受疫情冲击，一些地方经济低迷，地方政府财政吃紧，有的地方开始打起了市场主体的主意。2021年12月，国办督查室曝光了河北省霸州市出现的大面积大规模乱收费、乱罚款、乱摊派问题引起全社会一片哗然。近年来，鉴于国际国内环境的变化，中央及时提出"六稳""六保"政策，实际上就是为了保护好我国整体营商环境大局不受致命冲击。作为法治环境的重要一环，严格环境执法是我国实现生态文明建设的重要保障，保护好生态环境也是改善营商环境的内在要求。环境执法机关在执法时应充分注意到当前企业正受到经济下行压力冲击的现实，避免搞运动式或"一刀切"式执法，努力实现环境效果、社会效果与经济效果的统一。对那些违法情节轻微、主观恶性小、无什么大的危害后果、初次违法等违法行为人，环境执法机关应坚持惩罚与教育相结合以及比例原则，特别注意对民营企业休养生息，在实施行政处罚时运用好自由裁量权，避免给当地营商环境造成不必要的破坏。不仅在环境行政处罚领域，在环境行政许可领域也对营商环境产生重要影响。③ 当然，司法机关也负有监督环境行政执法破坏营商环境的重要任务，在审判环境行政司法案件时除了审查环境行政行为的合法性，也要审查其合理性。对于那些环境行政处罚显失公正的，应

---

① 参见(2020)豫1727行初49号行政判决书。

② 2019年1月、5月、7月《黑龙江省优化营商环境条例》《吉林省优化营商环境条例》《辽宁省优化营商环境条例》先后出台。

③ 参见(2020)辽10行终80号行政判决书。

依法予以纠正。[①] 有的法院认为，环境行政执法机关“对发现的问题应当主动与企业讲清楚政策、说明白要求、指明整改的具体措施和时限要求，同时应积极解决企业在环境保护政策执行和环境管理方面的疑惑问题，做到既注重发现和解决问题，又给企业提供政策和法律服务，对企业开展精准、全面的指导和帮助，将守法宣传和服务融入执法监管全过程”[②]。这体现出司法机关对平衡环境行政执法与优先营商环境重要性的认识。

四、环境行政许可是否须征得利害关系人的同意？

【案情简介】2018年7月4日，汇建公司向区生态环境局申请审批××跨线桥工程建设项目环境影响报告表，区生态环境局于7月9日受理，并在区政府门户网公告。8月6日，区生态环境局根据相关利害人的申请举行了环保听证会。经审查，区生态环境局于8月17日作出××跨线桥工程建设项目环境影响报告表的批复。因其房屋与拟建设案涉工程项目相邻，何某等六人不服该批复，向市生态环境局申请行政复议，市生态环境局作出维持区生态环境局批复的决定。何某等六人不服，向法院提起了行政诉讼。

庭审中，各方当事人均确认案涉工程项目在设置声屏障及进行交通管理、绿化减噪措施之后，相应的噪音排放仍未达到标准，需要在相邻房屋安装隔声窗进行进一步减噪的事实。何某等六人认为，区生态环境局在相关权利人明确表示不同意在其房屋加装隔音窗的情况下，仍违法批复，应予撤销。法院认为，根据《物权法》，任何单位和个人对他人合法财产施加行为影响权属人对物权行使的时候必须征得物权人的同意，即使基于公共利益亦需要与权利人进行协商并给予补偿后才得实施。本案中，根据环境影响评价报告表中的专业意见以及各方当事人的确认，在房屋加装隔音窗确能使噪音排放达标，但是隔音窗的安装必须以权利人同意为前提，否则即使该措施在技术上可行，但实际上亦无法实施。在没有实施该措施的情况下，案涉建设项目属于建设项目采取的污染防治措施无法确保污染物排放达到排放标准的情形，应不予批准。区生态环境局对案涉工程项目环境影响评价文件的批复于法不符，应予撤销。[③]

【简评】《行政许可法》第六十九条规定了利害关系人可以申请撤销行政许可的情形，其中第一款第（四）项为“不符合法定条件的申请人准予行政许可的”。环境行政机关批准环境影响评价文件必须符合法定条件，但是，必须符合哪些条

---

① 参见（2020）闽04行终120号行政判决书。

② 参见（2019）鲁行申1344号行政判决书。

③ 参见（2019）粤06行终494号行政判决书。

件，立法上并未进行正面列举。2017 年修订的《建设项目环境保护管理条例》第十一条从反面列举了环境行政机关不予批准的情形，[①]该条款中并未出现环境行政机关批准环境影响评价文件必须征得利害关系人的同意。显然，环境行政许可无须征得利害关系人的同意。但是，该条款要求建设项目拟采取的污染防治措施必须能使污染物排放达标，否则，环境影响评价文件不得批准。本案中，案涉建设工程项目离原告相对人的房屋过近，建设单位拟采取的减污降噪措施难以单独保障相邻权人所处的环境质量中噪声排放达标，必须经相邻权人的同意与配合才能满足要求。本案中，相邻权人的同意与配合似乎是案涉建设工程项目采取措施使污染物排放达标的一个必要条件，由此构成了环境行政机关批准案涉建设工程项目环境影响评价文件必须满足的条件之一。该条件实际体现了对私人合法权益的尊重与保障。本书认为，该条件并非绝对，一方面在原告所有的房屋安装隔声窗并非使噪音排放达标的唯一技术可行方案；另一方面案涉建设工程项目涉及公共利益。《行政许可法》第六十九条第三款规定："可能对公共利益造成重大损害的，不予撤销。"案涉建设工程项目实施后侵害原告行政相对人合法权益的，由侵权人采取补救措施，无非是一个成本问题。

五、超标轻微是否无危害后果？

【案情简介】2018 年 5 月 31 日，区环保局委托第三方机构对万屹公司排放烟气进行采样检测，监测报告结果显示万屹公司烟气颗粒物折算浓度均值为 84.5 毫克每立方米，超出《锅炉大气污染排放标准》表 1 中排放标准值的 0.05 倍。2019 年 1 月 4 日，区环保局责令万屹公司立即停止超标排污行为，完善排污设施改造确保达标排放。万屹公司收到责令决定后，对相关设备进行了改造，2019 年 1 月 17 日，经第三方检测，排放未超标。2019 年 1 月 13 日，区环保局向万屹公司送达行政处罚听证告知书，拟对其违法行为进行罚款 100,000 元，告知其享有申辩及要求进行听证的权利。2019 年 2 月 25 日，区环保局对万屹公司超标排放案举行听证程序。2019 年 4 月 9 日，区环保局对万屹公司作出罚款 100,000 元的处罚。万屹公司不服以上决定，向区政府申请行政复议，区政府作出维持区环保局

---

① 2017 年修订的《建设项目环境保护管理条例》第十一条规定："建设项目有下列情形之一的，环境保护行政主管部门应当对环境影响报告书、环境影响报告表作出不予批准的决定：（一）建设项目类型及其选址、布局、规模等不符合环境保护法律法规和相关法定规划；（二）所在区域环境质量未达到国家或者地方环境质量标准，且建设项目拟采取的措施不能满足区域环境质量改善目标管理要求；（三）建设项目采取的污染防治措施无法确保污染物排放达到国家和地方排放标准，或者未采取必要措施预防和控制生态破坏；（四）改建、扩建和技术改造项目，未针对项目原有环境污染和生态破坏提出有效防治措施；（五）建设项目的环境影响报告书、环境影响报告表的基础资料数据明显不实，内容存在重大缺陷、遗漏，或者环境影响评价结论不明确、不合理。"

行政处罚的复议决定。万屹公司不服行政复议决定,向法院提起行政诉讼。

万屹公司诉称其排污超标轻微,属于《行政处罚法》上规定的"违法行为轻微并及时改正,没有造成危害后果"的情形,不应予以处罚,对其处罚应予撤销。被告辩称超标排放的行为,只要行为人排放的废气进入了大气即对空气质量造成了污染,危害后果实际就已经发生,并不是以对周围环境生态有没有造成损害作为界定后果是否发生的标准,其作出的处罚正确,应予维持。法院支持被告的主张,判决驳回原告的诉讼请求。①

【简评】在一定的时空条件下,企业在生产经营中向环境排放废弃物无论是否超标都会对环境造成某种损害。在现有的经济技术条件下,大多数领域里的企业无法做到污染物零排放或零排放的成本太高无法承受。但是,企业生产经营是发展社会经济所必需的行为,为了平衡经济社会发展与环境保护的需要,政府对企业生产经营的排污活动实行许可制度以将环境污染控制在一定的水平之下。企业持证排污,在缴纳排污费或环保税后,被允许在排放标准以下向环境排污,而超标排放即违法,不被允许。因此,在环境污染防治法上,企业排污超标即属于损害后果,是对国家污染防治管理法律秩序的一种侵害。废弃物排放造成的损害后果有两种:一种是对环境自身的损害,另一种是对人身、财产权益的损害。企业排污本身就是对环境容量的一种损害性利用,环境质量中某些指标会随着污染物排入而发生不利的变化。因此,排污超标既是对环境的一种严重损害,同时又是对法律秩序的一种侵害。至于对他人人身、财产的损害,则属于民事侵权法上的损害后果,行政法上并不将其作为评价是否应予处罚的必要条件。毕竟,排污不超标也有可能产生民事侵权的损害后果。

六、行政机关违法查封,为何不予撤销?

【案情简介】九胜砖厂,紧邻洞庭湖,是2006年6月成立从事环保砖加工销售的个体工商企业。由于该厂未办理环评审批手续,生活废水和场地冲刷废水直排洞庭湖,对洞庭湖水环境造成污染,生产扬尘和噪音未按规定进行处置,对周边环境造成影响。2017年5月4日,新区环境保护分局进行了调查和现场监察,发现该厂没有设立环保管理机构、未建立污染设施管理台账、未制定环境应急预案、未安装自动监控系统,不能提供环评审批手续,厂区中冲洗废水和生活废水直排洞庭湖。该局在现场监察记录中出具了立即停止生产、听候进一步处置的监察意见。2018年5月15日,新区环境保护局分局对该厂生产机械设备实施了查封,在机械设备上贴上了封条,但未作出正式查封决定书或通知书。新区环境保护分局

---

① 参见(2019)桂12行终169号行政判决书。

查封机械设备后，既未有延期或解除手续，也没有作出后续进一步处理决定，该厂的生产设备被持续查封至今。

九胜砖厂向法院提起行政诉讼，请求确认新区环境保护分局的行政强制行为违法，并依法予以撤销。新区环境保护分局辩称，九胜砖厂未办理环评手续也无相关污染防治设施，废水直接排放，应当进行强制查封。

一审法院经审理判决确认新区环境保护分局作出查封的行政强制行为违法，但并未予以撤销。原告不服，提起上诉。二审法院裁定驳回上诉，维持原判。[①]

【简评】本案中，原告行政相对人存在未批先建、未验先投、违法排污等多项环境违法行为，确属于应依法予以严格处置的对象。在推行依法治国的今天，环境行政机关执法需依法进行，既要重实体，又要重程序。本案一审、二审法院都确认被告环境行政机关存在明显违反《行政强制法》《环境保护主管部门实施查封、扣押办法》[②]等违法行为。原告行政相对人寻求司法救济，法院判决确认被告的行政强制行为违法，但却不予以撤销。对于原告来说，该司法判决并未解决其任何问题，即法院对于被告环境行政机关的违法行为表面上不支持，实际上仍加以背书，使得当事人"长时间处于无所适从的困境"。本书认为，环境行政机关依法行政的价值与行政相对人合法经营、合法排污的价值同样重要，法院仍以保护"社会公共利益"为由继续维持环境行政机关的违法查封行为实属不妥。试问，维护行政执法程序的权威性，难道不是公共利益吗？本案中，法院以违反程序正当原则依法判决撤销被告的违法行政强制行为，在法律上完全没有问题。如果原告行政相对人在财产被解封后，有继续环境违法行为的，被告环境行政机关可以依法及时加以处置，法院并未否决环境行政机关有权依法处置原告相对人的环境违法行为。本案中，原告行政相对人对于社会公共利益的损害风险已经处于环境行政机关的监控之下，环境行政机关的违法行为对于环境法治以及行政相对人的权益损害也应依法得到纠正。

七、政府环境信息公开是否需按行政相对人要求的方式公开？

【案情简介】2017 年 12 月 18 日，原告谷某用信函的形式向被告市环境保护局邮寄政府信息公开申请表，请求公开市南水北调中线工程拆迁安置项目某村征迁改造项目环评内容及预防措施、方案。谷某要求：一事一表一答复、勿一纸多答复；若文件多张时，加盖骑缝章、复印件请加盖公开单位公章及与原件一致的印章；书面方式邮寄给申请人，拒绝提供网址链接等互联网方式查询。原告在同一

---

① 参见(2020)湘 06 行终 67 号行政判决书。

② 由原环境保护部第 29 号令公布。

信函中还邮寄了该征迁改造项目环评报告申请书、征迁改造项目的环评报告的另外两份信息公开申请表，三份申请要求相同。针对原告的三份申请表，被告于2017年12月26日作出答复，主要内容为：按照审批管理规定，该项目不属于市环境保护局审批，属于解放区环境保护局审批。根据《政府信息公开条例》的相关规定，您此次申请的政府信息不属于本行政机关公开，可向解放区环境保护局申请公开。并于2017年12月27日向谷某邮寄该答复书。原告谷某收到该答复书后，向法院提起诉讼。

原告诉称被告没有按照原告要求的形式予以答复，请求法院撤销被告的答复书并判令被告重新作出政府信息公开答复。被告辩称其作出的信息公开答复符合法律规定，请求予以驳回。法院经审理认为，被告在形式上未按照原告申请时要求的一事一表一答复形式予以答复，程序违法，遂判决支持原告的诉讼请求。①

【简评】此处对本案裁判文书中其他方面内容不作评价，只就“政府环境信息公开是否需以行政相对人要求的方式公开?”这一问题作简评。2019年修订的《政府信息公开条例》②第三十六条规定，对政府信息公开申请，行政机关应区分情况予以答复，③其中第四十条规定了行政机关向申请人公开政府信息的形式。④该条例并非明确规定行政机关必须按照申请人要求的方式提供被申请公开的政府信息，即信息公开方式的决定权在行政机关而不在申请人。申请人所要求的政府信息公开方式是行政机关需要加以考虑的重要但并非唯一因素，同时，政府信息保存的实际情况也是政府信息公开方式需要考虑的重要因素。行政机关在综

① 参见(2018)豫0802行初9号行政判决书。

② 2007年颁布的《政府信息公开条例》已于2019年修订，因本案裁判作出于2018年，此处应引用2007年版的规定，但实际上，此处引用的条款序数与内容在2007年初版与2019年修订版上并无差异。

③ 2019年修订的《政府信息公开条例》第三十六条规定：“对政府信息公开申请，行政机关根据下列情况分别作出答复：(一)所申请公开信息已经主动公开的，告知申请人获取该政府信息的方式、途径；(二)所申请公开信息可以公开的，向申请人提供该政府信息，或者告知申请人获取该政府信息的方式、途径和时间；(三)行政机关依据本条例的规定决定不予公开的，告知申请人不予公开并说明理由；(四)经检索没有所申请公开信息的，告知申请人该政府信息不存在；(五)所申请公开信息不属于本行政机关负责公开的，告知申请人并说明理由；能够确定负责公开该政府信息的行政机关的，告知申请人该行政机关的名称、联系方式；(六)行政机关已就申请人提出的政府信息公开申请作出答复、申请人重复申请公开相同政府信息的，告知申请人不予重复处理；(七)所申请公开信息属于工商、不动产登记资料等信息，有关法律、行政法规对信息的获取有特别规定的，告知申请人依照有关法律、行政法规的规定办理。”

④ 2019年修订的《政府信息公开条例》第四十条规定：“行政机关依申请公开政府信息，应当根据申请人的要求及行政机关保存政府信息的实际情况，确定提供政府信息的具体形式；按照申请人要求的形式提供政府信息，可能危及政府信息载体安全或者公开成本过高的，可以通过电子数据以及其他适当形式提供，或者安排申请人查阅、抄录相关政府信息。”

合申请人的要求以及政府信息的实际保存情况来确定向申请人提供政府信息公开的合理方式。政府负有向申请人提供政府环境信息的义务，申请人享有获得政府环境信息的权利。但是，这种权利并不可滥用，必须以正当合理的方式行使，权利人行使权利不能给义务人增加额外的义务或负担。须知，申请人的政府信息知情权并不是取证权，申请人可以合理的方式了解并知悉政府信息，但无权要求政府向其出示相应的信息证据。申请人如果想获取证据，自己又无相应的取证权的，可以在诉讼中根据需要申请法院调取。当然，行政机关应尽量以申请人所要求的合理形式向其提供所申请公开的信息，确实无法按照申请人要求的形式提供政府信息的，可以通过安排申请人查阅相关资料、提供复制件或者其他适当形式提供。①

八、举报查处违法行为，行政机关的答复行为就是履职行为？

【案情简介】2015 年 11 月 25 日，市交通运输局取得批准进行市城南快速通道建设，该项目需对道路地块的房屋建筑实施征收，原告的房屋并未被纳入征收补偿范围。2016 年该项目开始施工，2018 年下半年该项目开始通车、试运行。根据相关环评批复，该项目规划道路红线与周边最近房屋建筑间距应达 15 米、道路中心线距离最近的居民住宅应达 40 米，而实际上原告的房屋与快速路的间距仅为 3.75 米，给原告的居住生活带来了巨大的影响。2020 年 7 月 14 日，原告向被告市生态环境局申请查处市交通运输局在市城南快速通道建设项目中按照批复规定的距离进行施工建设的行为。2020 年 8 月 3 日被告答复称其在收到原告履职查处申请后，依法对扬州城市南部快速通道工程建设项目进行现场环境监察，附件三份表明其于 2018 年 12 月 27 日以前履行职责的行为。原告不服，向法院提起行政诉讼，请求法院判决确认被告未履行查处职责的行政行为违法，责令被告履行查处职责。被告辩称工程建设期间国家相关环保法律、法规进行了修改，建设项目环境保护验收工作已经不再是行政许可，且原告的房屋纳入了拆迁范围也不属于环境保护的范围。我局已经就原告该申请进行了答复，我局对原告进行答复的行为就是履职行为。

法院经审理认为，被告未履行法定职责，遂判决被告在法定期限内向原告履行法定查处职责。②

【简评】根据《环境影响评价法》第二十八条的规定，环境行政机关对建设项

① 参见 2011 年发布的最高人民法院《关于审理政府信息公开行政案件若干问题的规定》第十二条第一款第（七）项。

② 参见（2020）苏 0682 行初 47 号行政判决书。

目投入生产或者使用后所产生的环境影响进行跟踪检查，对造成严重环境污染或者生态破坏的，应当查清原因、查明责任。2017年修订的《建设项目环境保护管理条例》第二十条规定，环境行政机关应当对建设项目环境保护措施的落实情况，进行监督检查。显然，环境行政机关对于建设项目环保措施的落实情况依法负有监督检查并查处相应违法行为的职责。本案中，市交通运输局因未按要求实施被告批复环境影响评价文件而给原告造成环境损害，原告申请被告查处，被告具有法定查处职责。被告以原告申请前的履职行为来回复原告，显然属于敷衍塞责的行政不作为。被告主张相关法律已修改、建设项目的环保验收不属于环境行政许可且原告的房屋已纳入拆迁范围而免于承担责任的，被告需承担该主张事实存在的举证责任而不能罔顾事实进行搪塞。

九、政府对居民楼内生活服务类设备所产生的噪声无监管权？

【案情简介】李某系某小区业主，自2009年以来一直受到华孚公司设在李某房屋下方的供暖加压泵发出的噪声侵扰。2016年1月，经市环境监测中心站检测，李某房屋室内噪音超标。2016年2月5日，区环保分局责令华孚公司在2016年2月16日前整改治理完毕。至限期届满，华孚公司仍未整改治理，故李某多次以口头和书面方式向区政府、区环保分局提出申请，请求依法对华孚公司进行查处，但区政府、区环保分局并未作出相应行政行为。李某不服，向法院提起行政诉讼，请求判令区政府、区环保分局履行法定查处职权。

法院审理后认为，《环境噪声污染防治法》第六章社会生活噪声污染防治中，并未对居民楼内生活服务类设备所产生的噪声作出相应规定。本案中，案涉华孚公司的供暖加压泵，属于居民楼内生活服务类设备，其所造成的噪声污染，被告区政府、区环保分局没有对华孚公司查处的法定职权，遂判决驳回原告李某的诉讼请求。①

【简评】1996年颁布的《环境噪声污染防治法》第六章社会生活噪声污染防治中并未针对居民楼内生活服务类设备所产生的噪声监管作出明确规定。原环境保护部曾作出环函〔2011〕88号环境保护部函称：《环境噪声污染防治法》未规定由环境保护行政主管部门监督管理居民楼内的电梯、水泵、变压器等设备产生的环境噪声。据此，环境行政机关认为自己对居民楼内生活服务类设备所产生的噪声无监管权，受到此类噪声侵扰的居民只能向法院提起污染侵权之诉来进行救济。在我国《环境噪声污染防治法》最初制定的20世纪90年代，我国城市化水平低，人们的法治意识也不强，该法对居民楼内生活服务类设备所产生的噪声并未

---

① 参见(2018)辽行终693号行政判决书。

作出明确由环境行政机关监管的规定。由于环境噪声污染并非由环境行政机关一家进行监管,在对居民楼内生活服务类设备所产生的噪声污染监管上,如果政府内部行政机关因法律规定的模糊性而相互推诿可以理解,但是政府认为自己无监管权就难以理解。毕竟,1996 年颁布的《环境噪声污染防治法》(现已失效)第十条①以及《环境保护法》第六条第二款②都规定了县级以上地方政府对辖区内环境质量负责监管的职责。2021 年修订的《噪声污染防治法》第八十四条③则规定对于居民楼内生活服务类设备所产生的噪声排污超标由地方政府指定的部门负责查处,堵住了这一长期存在的法律监管漏洞。

十、未关闭违法排污企业,政府应否对他人的污染损失承担赔偿责任?

【案情简介】凤程公司年产 20 万吨瓦楞纸原纸生产扩能项目擅自投入试生产,试生产期间的废水通过一根私自铺设的塑料管道直接排入厂外河流。县环保局发现后,2014 年 4 月 28 日对其作出处罚,责令凤程公司立即拆除私自铺设的暗管,并处罚款 3 万元。同年 5 月 7 日,县政府召集该县相关部门负责人,就凤程公司严重违法排污行为进行专题会办,形成会办纪要。该会办纪要载明:对凤程公司二期扩能生产线项目立即停止生产,该公司环保设施完工报市环保部门核准后方可正式投入试生产等意见。凤程公司废水处理设施未建成而非法生产,被列为市 2014 年下半年十大重点环境违法案件之一。2015 年 7 月 30 日,市环保局对凤程公司作出项目竣工环境保护验收合格的复函,随后,县环保局向其颁发了排污许可证。原告郑某主张其承包的鱼塘出现鱼大量死亡,与凤程公司非法排污有关,认为县政府没有履行法定职责,向法院提起行政诉讼,请求确认县政府未关闭的行为违法,判令县政府关闭凤程公司,并判县政府赔偿其经济损失 4,136,000 元。一审、二审法院经审理判决驳回郑某诉讼请求,郑某不服向最高人民法院申请再审,仍予驳回。④

【简评】企业违反"三同时"制度,未验先投,违法排污,属于严重环境违法行

---

① 1996 年颁布的《环境噪声污染防治法》第十条规定:"国务院环境保护行政主管部门分别不同的功能区制定国家声环境质量标准。县级以上地方人民政府根据国家声环境质量标准,划定本行政区域内各类声环境质量标准的适用区域,并进行管理。"

② 《环境保护法》第六条第二款规定:"地方各级人民政府应当对本行政区域的环境质量负责。"

③ 2021 年修订的《环境噪声污染防治法》第八十四条规定:"违反本法规定,有下列行为之一,由地方人民政府指定的部门责令改正,处五千元以上五万元以下的罚款;拒不改正的,处五万元以上二十万元以下的罚款:(一)居民住宅区安装共用设施设备,设置不合理或者未采取减少振动、降低噪声的措施,不符合民用建筑隔声设计相关标准要求的;(二)对已建成使用的居民住宅区共用设施设备,专业运营单位未进行维护管理,不符合民用建筑隔声设计相关标准要求的。"

④ 参见(2017)最高法行申 62 号裁定书。

为,被环境行政机关责令停止生产,依法办理相关手续后方可生产。显然,依法惩处企业这种严重违法行为,维护公私合法权益,是环境法治的重要内涵。如何处置违法排污的企业,政府需要基于法律规定和事实情况来定,而不是基于受害人的查处申请而定。我国《行政处罚法》规定了罚过相当以及教育与惩罚相结合的原则,并非企业一旦出现违法排污行为,政府就必须关闭企业。毕竟,这种违法行为属于一般违反行政法的行为,只有出现法律明确规定的不予以关闭就不能制止其违法行为的情形才予关闭处罚。一般说来,政府查处企业行政违法行为时以制止企业违法行为并不再犯为原则,并非一律给企业一棍子打死。本案中,原告郑某诉称其承包的养鱼塘因案涉企业违法排污而受到损害,显然,这是一起行政违法伴有污染侵权的案件。行政违法责任是违法者向国家承担的公法责任,污染侵权责任是环境侵权者向受害者承担的私法责任,二者不可混为一谈。即便如原告郑某所称政府存在未依法查处案涉企业违法排污的情形,针对其所遭受的污染损害,政府无承担赔偿责任的义务。企业所受到污染损害与政府未依法查处污染企业之间不存在事实上与法律上的因果关系,毕竟企业违法排污损害他人合法权益在前,政府查处在后。

第五章　环境刑事司法(上)

第一节　环境刑事司法概述

一、环境刑事司法及其特殊性

环境刑事司法是人民法院、人民检察院、公安机关等国家司法机关适用刑事法律,按照法定的职权和程序,为惩治破坏生态环境资源保护的违法犯罪行为所开展的专门刑事司法活动。相对于环境民事司法、环境行政司法、环境公益诉讼司法,环境刑事司法具有以下特殊性。

1. 在司法主体方面,环境刑事司法主体涵盖公检法三家。《刑事诉讼法》第三条界定了人民法院、人民检察院和公安机关各自刑事司法中的角色,人民法院、人民检察院和公安机关都是法律规定的刑事司法主体。环境刑事司法是刑事司法在环境领域的具体体现,故处理相关环境犯罪,需要人民法院、人民检察院和公安机关依法进行。

2. 在司法权涵盖范围方面,环境刑事司法权不仅涵盖对环境违法行为的审判权,还包括相应的侦查权和检察权。对于环境刑事案件,由人民法院行使审判权,公安机关行使侦查权,人民检察院行使检察权,其他任何机关、团体和个人都无权行使这些权力。但是,本书侧重于呈现人民法院审判环境刑事案件的工作情况。

3. 在保护法益方面,环境刑事司法惩治破坏生态环境资源保护相关的违法犯罪行为,其保护的法益为环境犯罪所侵犯的公私合法环境权益。从立法实践上看,并非所有的环境法益都是环境刑事司法所保护的法益,只有被立法者解释并被刑法保护的环境法益才是环境刑事司法所保护的法益。同时,这种环境法益也不同于普通刑事犯罪所侵害的人身法益、财产法益等具有较强人身属性的传统法益。①

4. 在两法衔接方面,当处理环境刑事案件时,涉及环境行政执法与刑事司法

① 参见焦艳鹏:《污染环境犯罪的司法困境及其解决》,载《中国环境法治》2013 年第 1 期。

之间的衔接。行政执法与刑事司法相衔接是指在查办违法犯罪案件工作中，检察机关和公安机关等司法机关与行政执法机关加强联系、密切配合、各司其职、相互制约，建立案件移送、立案监督、信息共享、联席会议、情况通报等制度，形成打击犯罪的合力，保证准确有效地执行法律。[①] 在环境司法领域，对于两法衔接问题已有相应法律文件支撑，如2007年发布的《关于环境保护行政主管部门移送涉嫌环境犯罪案件的若干规定》（现已失效）[②]、2013年发布的《关于加强环境保护与公安部门执法衔接配合工作的意见》[③]、2017年发布的《环境保护行政执法与刑事司法衔接工作办法》[④]等。环境行政执法与刑事司法的衔接主要包括环境行政执法机关对涉嫌环境犯罪案件的移送程序，公安机关对移送案件的受理和处理程序以及检察机关对行政执法机关移送涉嫌犯罪案件、公安机关受理、处理移送案件的监督程序等。

二、环境行政执法与环境刑事司法之衔接

当一种环境违法行为严重违反环境行政法规范，达到"情节严重"时，则会触犯刑法构成犯罪。此时，如果环境行政执法与环境刑事司法之间相互协调，就能实现共同保护环境法益的目的。正如"刑事手段是最有力度的终极手段，倘若环境行政法与环境刑法之间建立了法定的衔接机制，能有效强化生态法治的威慑力。"[⑤]环境行政执法与环境刑事司法的衔接是一项系统工程，由环境行政机关与公安机关、检察机关、人民法院等刑事司法主体在环境案件移送过程中协同配合，行政权与司法权之间相互制衡，防止有案不移、有案不接和以罚代刑的情况出现。环境行政执法与环境刑事司法之间的协调衔接主要涉及以下三个方面业务。

（一）案件移送

衔接机制的核心构成是环保部门将执法过程中发现的涉罪案件或线索移送刑事司法机关处理的办案机制。从法律依据上来看，2004年最高人民检察院等三部门出台的《关于加强行政执法机关与公安机关、人民检察院工作联系的意见》[⑥]，2011年中共中央办公厅、国务院办公厅转发的八部门出台的《关于加强行政执法与刑

---

① 参见吴云、方海明：《法律监督视野下行政执法与刑事司法相衔接的制度完善》，载《政治与法律》2011年第7期。

② 参见该规定由原国家环境保护总局于2007年5月17日以环发〔2007〕78号文发布。

③ 参见该意见由原环境保护部、公安部于2013年11月4日以环发〔2013〕126号文联合印发。

④ 参见该办法由原环境保护部、公安部和最高人民检察院于2017年1月25日以环环监〔2017〕17号文联合研究制发。

⑤ 徐平：《环境刑法研究》，中国法制出版社2007年版，第9页。

⑥ 参见该意见由最高人民检察院、全国整顿和规范市场经济秩序领导小组办公室、公安部于2004年3月18日以高检会〔2004〕1号文发布。

事司法衔接工作的意见》[①],以及2020年国务院修订的《行政执法机关移送涉嫌犯罪案件的规定》等都明确规定行政执法机关将涉嫌犯罪的案件及时移交司法部门。在环境案件方面,2013年发布的《关于加强环境保护与公安部门执法衔接配合工作的意见》、2017年发布的《环境保护行政执法与刑事司法衔接工作办法》[②]等专门就环境行政执法机关向司法机关移送涉嫌环境犯罪案件作出具体规定。

(二)证据转化

证据转化是指将环保部门在行政执法和查办案件过程中收集制作的证据转化为刑事证据使用。当环境行政违法案件被移送司法机关以环境犯罪案件进行处理时,行政执法过程中获取的证据能否用作刑事司法证据,直接关系着二者衔接的有效性。《刑事诉讼法》第五十四条第二款规定,行政机关在行政执法和查办案件过程中收集的物证、书证、视听资料、电子数据等证据材料,在刑事诉讼中可以作为证据使用。行政执法机关将涉嫌犯罪的案件移送给司法机关时,应当同时移送有关涉嫌犯罪的材料。因此,在环境行政执法过程中行政执法机关收集的证据材料在转入环境刑事司法程序中时要一并移送。但环境行政执法证据材料如何作为环境刑事司法证据使用以及立法没有列举的证据类型是否可以作为证据使用仍然存在立法缺陷,理论界亦存在不同的认识。[③]

---

① 参见该意见由国务院法制办、中央纪委、最高人民法院、最高人民检察院、公安部、国家安全部、司法部、人力资源社会保障部等联合印制,并由中共中央办公厅、国务院办公厅于2011年2月9日以中办发〔2011〕8号文转发。

② 参见该办法由原环境保护部、公安部和最高人民检察院于2017年1月25日以环环监〔2017〕17号文联合研究制发。

③ 有学者认为,对于本身属于客观存在的原始资料,只要经过司法机关核实后即可作为刑事证据使用。但是对于难以排除证据提供者主观因素影响的证据,应当由司法机关重新提取后才可以作为证据使用。(参见周佑勇、刘艳红:《行政执法与刑事司法相衔接的程序机制研究》,载《东南大学学报(哲学社会科学版)》2008年第1期。)有学者认为,对行政机关获取的各种证据材料原则上不能直接作为刑事证据使用,并应区分不同证据形式进行转化。对物证、书证等具有较强客观性的实物证据可以经过"核实"后作为刑事证据材料使用。对当事人陈述、证人证言、鉴定意见等言词证据原则上作为非法证据予以排除,然后依据刑事诉讼法律规定重新收集,但存在例外情况。(参见黄世斌:《行政执法与刑事司法衔接中的证据转化问题初探——基于修正后〈刑事诉讼法〉第52条第2款的思考》,载《中国刑事法杂志》2012年第5期。)有学者认为,在行政执法中获取的书证、物证等实物证据,可以视为司法机关依法获取的证据而直接转化为刑事诉讼证据。对于鉴定意见、检验报告等专门性证据材料,只需由司法机关作出要式程序审查即可确定是否可以作为刑事诉讼证据使用。行政执法中获取的言词证据则原则上要求司法人员重新收集,确因有不可抗力但经公安机关查证的,也可以作为刑事诉讼证据。(参见耿刚等:《行政执法与刑事司法衔接问题研究——以程序衔接机制为视角》,载《行政与法》2011年第2期。)也有学者认为,行政执法机关收集的证据本身符合刑事诉讼证据的实质性要求,作为刑事证据使用时的证明效力没有问题,但是法律应明确行政机关合法收集的证据必须经过公安机关调取后可以作为刑事证据使用。(参见谢治东:《行政执法与刑事司法衔接机制中若干问题理论探究》,载《浙江社会科学》2011年第4期。)以上观点,可谓仁者仁智互见,此处不一而足。

（三）检察监督

环境行政执法与环境刑事司法衔接的检察监督是检察机关对环境行政机关移送案件以及公安机关立案实施检察监督权，监督在案件调查取证与案件移送过程中是否依法行使职权。检察院作为我国法律监督机关，理应在环境行政执法与刑事司法衔接中发挥有效的监督作用。[①] 有学者指出，能够进入检察监督视野的环境犯罪案件主要包括三类：一是少数有直接或明确被害人的案件；二是引发群体性事件的案件；三是严重污染引发群体疾病或重大污染事故的案件。而那些大量隐蔽性、长期性的案件因缺少举报或反映，检察监督也就不会被启动。[②] 这体现出由行政执法向刑事司法移送环境犯罪案件的过程中，检察监督启动的被动性，即有关单位、个人举报或者群众反映强烈的案件，才会进入检察监督的视野。虽然检察机关和监察机关对行政执法机关移送涉嫌犯罪案件具有监督权，[③]但如何开展则欠缺具体监督程序。

三、环境刑事附带民事诉讼司法

（一）环境刑事附带民事诉讼司法概述

刑事附带民事诉讼司法，是指刑事司法机关在刑事司法过程中，当解决被告人刑事责任时，附带解决由遭受物质损失的被害人或人民检察院提起的，由于被告人的犯罪行为所引起的物质损失的赔偿而进行的司法活动。[④] 环境刑事附带民事诉讼司法是刑事附带民事诉讼司法制度在环境刑事案件领域的体现，适用于被害人对环境犯罪请求赔偿方面，突出环境犯罪被害人对得到赔偿的民法救济与刑法救济的选择。

刑事附带民事诉讼司法存在三种程序模式，与此相对应的对环境侵害行为法

---

① 参见吴云、方海明：《法律监督视野下行政执法与刑事司法相衔接的制度完善》，载《政治与法律》2011 年第 7 期。

② 参见赵旭光：《"两法衔接"中的有效监督机制——从环境犯罪行政执法与刑事司法切入》，载《政法论坛》2015 年第 6 期。

③ 2020 年修订的《行政执法机关移送涉嫌犯罪案件的规定》第十四条规定："行政执法机关移送涉嫌犯罪案件，应当接受人民检察院和监察机关依法实施的监督。任何单位和个人对行政执法机关违反本规定，应当向公安机关移送涉嫌犯罪案件而不移送的，有权向人民检察院、监察机关或者上级行政执法机关举报。"

④ 《刑事诉讼法》第一百零一条："被害人由于被告人的犯罪行为而遭受物质损失的，在刑事诉讼过程中，有权提起附带民事诉讼。被害人死亡或者丧失行为能力的，被害人的法定代理人、近亲属有权提起附带民事诉讼。如果是国家财产、集体财产遭受损失的，人民检察院在提起公诉的时候，可以提起附带民事诉讼。"理论界关于刑事附带民事诉讼的定义基本上与立法内容相吻合，在对定义的阐述中都包含两点重要内容：一是附带民事诉讼必须在刑事诉讼程序中解决，即附带民事赔偿之诉必须在刑事诉讼期间提起，并由同一刑事审判法庭进行审理；二是附带民事诉讼的赔偿范围仅限于物质损失。

律责任的追究也适用此三种模式:刑民并行模式、先刑后民模式和先民后刑模式。(1)刑民并行模式。刑民并行模式是指民事诉讼与刑事诉讼互相独立,人民法院可以分案处理、互不影响的模式,[①]表现为环境侵权私益责任与环境犯罪刑事责任追究可分别进行。(2)先刑后民模式。先刑后民模式是指为了避免诉讼的过分拖延,法院采取“刑事优先于民事”的裁判原则,对民事诉请的裁判在刑事指控审判结束之后进行,而且民事裁判要以刑事裁判所认定的事实为依据的模式,表现为追究环境侵权责任、环境公益损害责任一般发生在追究环境刑事责任的刑事诉讼之后。当刑事司法机关对环境犯罪进行立案,刑事责任追究程序启动并完成后,被侵害人才能发动环境侵权私益诉讼,或者法律规定的机关和有关组织才能发动环境民事公益诉讼,否则诉讼需要等待环境刑事案件裁判的结果而暂时中止。[②](3)先民后刑模式。先民后刑模式是指为了避免民事案件的裁判得不到执行,法院采取“民事优先于刑事”的裁判原则,民事调解或者民事诉讼在刑事案件审结之前审理完毕的模式。[③] 在环境损害赔偿方面,造成环境损害的行为具有民事侵权与刑事违法的双重属性,环境损害赔偿诉讼与关联刑事诉讼的有效衔接对环境损害赔偿目的的实现具有重要影响。有学者认为,无论采用刑民并行或先刑后民模式,在处理环境损害民刑诉讼衔接上都存在弊端:一方面不利于生态环境及时修复,另一方面也不利于赔偿义务人积极履行生态环境修复义务。而采用先民后刑模式则可以有效避免上述弊端,是处理生态环境损害民刑诉讼衔接的最优方案。[④]

(二)环境刑事附带民事诉讼司法实践

我国当前存在两类环境刑事附带民事司法案件,即环境刑事附带民事私益诉讼司法案件与环境刑事附带民事公益诉讼司法案件。一般未加注明的情况下,环境刑事附带民事诉讼指的是附带民事私益诉讼。我国环境犯罪数量日益增长,环境刑事附带民事诉讼司法案件在救济损害的及时性、案件来源、证据收集、诉讼成本、司法效率等方面具有先天的优势,在未来有较大的发展空间。

在环境刑事附带民事诉讼司法案件中,被害人承担着双重的诉讼角色,既参加到环境刑事诉讼中,提供证据并承担部分控诉职能,同时还必须参加到环境刑

---

① 参见于改之:《刑民交错案件的类型判断与程序创新》,载《政法论坛》2016 年第 3 期。有观点亦称之为刑民分离模式,即在赋予被害人程序选择权的前提下,允许被害人选择独立的民事诉讼程序,从而使被害人的民事赔偿问题完全按照普通民事诉讼的模式加以审理。参见陈瑞华:《刑事附带民事诉讼的三种模式》,载《法学研究》2009 年第 1 期。

② 参见侯艳芳:《环境损害司法鉴定的现实与理想》,载《山东社会科学》2017 年第 10 期。

③ 参见陈瑞华:《刑事附带民事诉讼的三种模式》,载《法学研究》2009 年第 1 期。

④ 参见汪劲、马海桓:《生态环境损害民刑诉讼衔接的顺位规则研究》,载《南京工业大学学报(社会科学版)》2019 年第 1 期。

事附带民事诉讼中，担任原告进行民事求偿。环境犯罪的被害人若主张环境损害赔偿，必须通过刑事附带民事司法程序，人民法院在追究被告人刑事责任的同时，附带解决因被告人的环境犯罪行为而遭受的财产损失。并且，此时主张的环境损害赔偿与民事诉讼中的损害赔偿一样，属于民事诉讼的性质，但由于这种赔偿是与环境犯罪相联系的，其成立以刑事诉讼的存在和刑事附带民事诉讼的胜诉为前提。

在环境刑事附带民事私益诉讼请求范围方面，请求赔偿的范围只限于物质损失，精神损害赔偿无法适用。但根据我国目前环境犯罪造成的损害状况来看，在环境刑事附带民事诉讼中也要适当考虑精神损害赔偿，并明确精神损害的赔偿范围、责任构成、赔偿数额等。不仅使环境犯罪的被害人通过刑事附带民事诉讼获得相应的物质补偿，还要使被害人同时获得客观公正的心理慰藉，缓和或解除精神、心理上的痛苦，减少或避免报复行为或过激行为。

在环境刑事附带民事公益诉讼程序方面，为更好地处理案件，提起环境刑事附带民事公益诉讼应履行两个前置程序：一是前置督促民事起诉程序，即在提起刑事附带民事诉讼之前，依法督促、支持法律规定的机关或有关组织向人民法院提起民事诉讼，当有关单位未提起时，检察机关才能提起诉讼；二是前置民事调解程序，即在提起刑事附带民事公益诉讼之前，先行对民事部分进行调解，积极促成行为人与相关行政主管部门或集体达成修复赔偿协议，促使行为人及时修复被破坏的生态环境，减轻司法办案压力。当其履行完前置程序之后，提起刑事附带民事公益诉讼，提出民事赔偿的诉讼请求。①

四、环境刑事恢复性司法

（一）环境刑事恢复性司法概述

2002 年，联合国发布的《关于在刑事事项中采用恢复性司法方案的基本原则》将恢复性司法阐释为：采用恢复性程序并寻求实现恢复性结果的任何方案。从司法模式的角度来说，恢复性司法是指与特定犯罪有利害关系的各方共同参与犯罪处理活动的司法模式。② 恢复性司法与传统司法不同，将“非刑罚化”与“犯罪恢复”相结合，形成一种通过恢复性程序实现恢复性后果的犯罪处理方法，具有恢复性、个人参与性、社会性、平衡性、前瞻性以及灵活性等特点。其对矫治犯罪

---

① 参见岳向阳、李鹏飞、王玉星：《检察机关提起刑事附带民事诉讼工作的实践与探索——以生态环境保护领域为例》，载《中国检察官》2017 年第 9 期。

② 参见王宏玉：《恢复性司法及在我国的前景》，载《中国人民公安大学学报（社会科学版）》2009 年第 4 期。

成果与否所确定的标准,不是犯罪者实施的强制性惩罚的数量,而是已经得到弥补的所受损失的数量,将重心放在所受损害之上。[①] 恢复性司法的责任形式完全有别于以惩罚为目的的刑罚措施,它以恢复性结果为目标,具体包括以下方面:(1)损害赔偿,即由犯罪人赔偿被害人因其犯罪行为所遭受的损失。(2)赔礼道歉,即由犯罪人为自己的行为而向被害人表达真诚的忏悔。(3)社区服务,即由犯罪人为社区提供劳务,目的是让犯罪人通过自己的建设性行为重新获得社区与公众的认可。

由于环境犯罪的特殊性,将以恢复、预防为主的恢复性司法引入环境刑事案件受到司法界的关注。将恢复性司法引入环境刑事司法,实际就是在环境刑事司法过程中实现“恢复性”两方面的目标:一是恢复受损的环境,这是环境恢复性司法所特有的;二是恢复被告人与受害人之间的关系,是所有恢复性司法的共性。在环境刑事司法案件中,司法救济的着眼点不能局限于已有的损害,而是要考虑未来可能发生的损失和给直接受害人之外的其他人造成的潜在侵害。此时,最合理也最有效的方式就是对受损环境进行尽可能的恢复,使其最大限度恢复受损前的状态,减少可能造成的对未来的影响。[②] 此外,被告人与受害人关系恢复中最大的障碍实际就是损害赔偿的问题,这也是环境恢复性司法所要解决的问题。当被告人不具有经济赔偿能力时,可以选择通过承担环境恢复的责任弥补受害人的损失。当被告人与受害人通过协商确定了恢复性补偿方式,即可作为一项减轻量刑的情节。在这种解决模式下,被告人必然会积极主动地弥补其犯罪行为给受害人造成的损失,不仅能解决赔偿问题,还有利于恢复被告人与受害人之间的关系。[③]

(二)我国环境刑事恢复性司法之必要性与正当性

恢复性司法在环境刑事案件司法中有其发展的必要性和正当性。其一,恢复性司法的引入有助于预防环境犯罪。将恢复性司法应用在环境保护与治理中,犯罪后,恢复性司法措施的履行会使环境犯罪的成本增高,当潜在的可能犯罪人考虑犯罪成本时,就会倾向于保护环境,而不是破坏环境。其二,恢复性司法的引入有助于环境的恢复。环境刑事责任的作用不应仅仅局限于惩治和预防环境犯罪,

---

① 参见丹尼尔·W.凡奈思、王莉:《全球视野下的恢复性司法》,载《南京大学学报(哲学·人文科学·社会科学版)》2005年第4期。

② 从各国立法上考查,一般要求修复的目标是将受到污染或者破坏的环境恢复到“未受污染前的状态”“原来甚至更好的状态”“恢复受到影响的环境的所有利用价值”,等等。参见李挚萍:《环境基本法比较研究》,中国政法大学出版社2013年版,第145~147页。

③ 参见毋郁东:《恢复性司法视野下的环境刑事司法问题研究——以古田县法院“补种复绿”生态补偿机制为例》,载《福建警察学院学报》2016年第4期。

更重要的目标在于最大限度地发挥补救或恢复环境、消除环境持续性危害的功能。[①] 恢复性司法的作用就体现于通过让当事人承担一定的义务,尽快恢复被破坏的环境,将环境犯罪所造成的损失降到最低。其三,恢复性司法的引入有助于化解社会矛盾。从“化解”的角度出发,为当事人双方提供平等沟通的桥梁,权衡各方利益,将判决结果建立在犯罪人、受损失人都可接受并有利于环境恢复的基础之上,实现法律效果与社会效果的统一。[②] 其四,恢复性司法在环境刑事案件中具有很强的适用价值,恢复性司法契合环境责任的特征。刑事犯罪行为兼具刑事和民事违法性,环境犯罪行为也不例外,行为人理应承担双重责任。恢复性司法将恢复补偿等司法的理念和方法引入环境刑法领域,契合了环境责任“公私交错”的特征,弥补了环境刑罚体系的缺损。当前,我国环境犯罪主要适用自由刑和罚金刑,其侧重点仍在于打击、预防犯罪。而恢复性司法强调适用生态修复、经济赔偿等恢复性措施,可以弥补环境刑罚体系的结构性缺损,提高环境刑事司法效能。恢复性司法追求恢复正义,适用程序较为灵活,通过对非刑罚处罚方式的运用,不仅降低了司法成本,也实现了惩治犯罪与恢复生态的双重目的,获得更好的社会效果,提高环境刑事司法效能。

(三)我国环境刑事恢复性司法之实践探索

为有效惩治环境犯罪,2016年最高人民法院明确要求将恢复性司法适用于环境资源审判工作。[③] 2018年最高人民法院则进一步提出,“充分运用司法手段修复受损生态环境”,“妥善协调当事人应承担的刑事、民事、行政法律责任,促进生态环境的一体保护和修复”。[④] 由此表明,我国已经开始探索恢复性司法在环境犯罪案件中的适用。在环境司法实践中,恢复性司法在环境刑事案件中主要有三种适用形式:一是环境罚金刑普遍适用;二是承担责任方式多元化;三是环境恢复状

---

① 如李某某、刘某某等人盗伐防护林案,如果按照刑事责任实现方式一元化的要求,法院只能判处被告人有期徒刑、罚金等刑事责任,此种处罚解决了盗伐林木的刑事责任,但因为盗伐行为而导致的高速公路防护林缺口依然存在,危害行车安全的隐患并没有得到解决。本案审理中法官发挥司法能动性,充分考虑犯罪行为造成的环境问题,在判处有期徒刑、罚金等刑罚的同时,判决被告在指定范围内共同补种意杨树19棵,并从植树之日起管护1年6个月。该判决有益于高速公路防护林缺口的有效恢复。参见雷鑫:《论环境犯罪刑事责任实现方式的多元化——以李华荣、刘士密等人盗伐防护林案为例》,载《法学杂志》2011年第3期。

② 参见毋郁东:《恢复性司法视野下的环境刑事司法问题研究——以古田县法院“补种复绿”生态补偿机制为例》,载《福建警察学院学报》2016年第4期。

③ 2016年最高人民法院发布的《关于充分发挥审判职能作用为推进生态文明建设与绿色发展提供司法服务和保障的意见》规定:“遵循恢复性司法要求,积极探索限期履行、劳务代偿、第三方治理等生态环境修复责任承担方式。”

④ 参见2018年最高人民法院发布的《关于深入学习贯彻习近平生态文明思想为新时代生态环境保护提供司法服务和保障的意见》。

况视为从轻情节[①]。在对环境犯罪人进行刑事处罚的同时,更应关注如何修复被损害的生态环境。有不少法院在处理环境刑事案件时,除了判决被告人承担一定的自由刑或财产刑,还判令被告人通过补植复绿[②]、土地复垦或土地恢复原状[③]、增殖放流[④]、修复生态环境[⑤]、间接修复[⑥]等辅助措施修复受损生态环境,或将此作为减轻刑罚处罚的酌定情节,或允许犯罪行为人通过提供义务劳动折抵罚金,实现惩治环境资源犯罪与修复受损生态环境的双赢。

然而,在司法实践中对犯罪人采取的修复损害的"赔偿行为"会依法酌情从轻处罚,不仅引发了社会对恢复性司法存在"赔偿减刑"或"花钱买刑"的疑问,[⑦]而且在适用上也存在一些困境。其一,环境刑事案件中适用恢复性司法的定性模糊。司法实践中,各地法院在环境刑事案件中适用恢复性司法时主要有四种判决模式,如果不能明晰恢复性司法的法律性质,势必会使环境司法判决的权威性受到影响。其二,环境刑事案件中适用恢复性司法的标准不一。恢复性司法在适用过程中标准不一、规程各异的乱象,不仅有违法律适用的统一性和公平性,也大大增加了司法权失控的风险。其三,环境刑事案件中适用恢复性司法的范围狭窄。从司法实践来看,恢复性司法在环境刑事案件中的探索目前主要集中在涉林刑事

---

① 参见徐本鑫:《刑事司法中环境修复责任的多元化适用》,载《北京理工大学学报(社会科学版)》2019 年第 6 期。

② 补植复绿是通过补播种子、补种树苗等活动使被盗伐、滥伐、毁坏的森林资源达到生态修复的目的。这类生态修复方式在我国刑事判决中运用得最为广泛,且主要在破坏生态资源类案件中判决。2014 年 5 月,福建省高级人民法院率先在全国出台了《关于规范"补种复绿"建立完善生态修复司法机制的指导意见(试行)》,对部分破坏林木、林地等生态环境刑事案件,责令被告人以补种林木、恢复植被等方式修复受损生态环境。

③ 土地复垦或土地恢复原状是旨在恢复土地、土壤功能的生态修复,法院可直接作出此类判决。如 2017 年,海南省第二中级人民法院以非法占用农用地罪对李某判处有期徒刑二年,缓刑三年,并处罚金 40 万元,责令被告人李某按期履行完毕其与临高县国土资源局签订的《土地复垦协议书》,修复被其犯罪行为破坏的生态环境。参见(2017)琼 97 刑初 81 号刑事判决书。

④ 增殖放流是指购买鱼苗、虾苗等种苗放入水域来修复环境。这种修复实际上主要是生态要素的修复。如 2017 年,江西省鄱阳县人民法院以非法捕捞水产品罪对杨某义等 6 人判处拘役,并判决 6 人购买 3282 公斤鱼苗,由其家属在鄱阳湖水域放流。参见(2017)赣 1128 刑初 213 号刑事判决书。

⑤ 修复生态环境是指直接判处被告人修复被其犯罪行为破坏的生态和环境。如 2018 年 2 月 8 日,湘潭县人民法院对被告人许某某、赵某某等 9 人犯环境污染罪分别判处 6 个月到 1 年不等的有期徒刑或拘役,并处罚金,同时判令对环境损害进行修复,恢复原状。

⑥ 间接修复是指不直接判决被告人进行生态修复,而是通过判决生态修复费用的方式要求其承担生态修复义务。从刑事审判情况看,判决生态修复类费用主要体现为以下几种方式:(1)判处主刑,同时判处罚金,并且将生态修复费纳入赔偿损失范围进行判决;(2)直接判处生态修复费;(3)判处环境处置费。

⑦ 参见王树义、赵小姣:《环境刑事案件中适用恢复性司法的探索与反思——基于 184 份刑事判决文书样本的分析》,载《安徽大学学报(哲学社会科学版)》2018 年第 3 期。

案件当中,其他类型的案件较少。这种单一的生态环境修复方式使得恢复性司法的制度功能难以发挥。其四,环境刑事案件中适用恢复性司法的监督不力。实践中,有相当比例的环境修复任务无法在案件审理期限内完成。法院受限于资源和技术水平,也很难在事后对犯罪行为人的义务履行情况进行持续追踪、合理评价,导致部分犯罪行为人不按要求履行,甚至不履行生态修复措施。①

五、环境刑事司法实践面临的困境与挑战

自1997年修订的《刑法》中明确规定了破坏环境资源保护罪的相关罪名,之后又通过了一系列刑法修正案和法律解释,使我国环境刑事司法不断得到强化,在惩治环境犯罪方面发挥了重要作用。在对上千份环境裁判文书进行统计分析之后,吕忠梅教授等认为我国惩处环境犯罪的情况呈"四多四少"现象,即环境犯罪案件实际发生多、查处少,行政处理多、移送司法机关追究刑事责任少,查处一般犯罪分子多、追究幕后操纵主犯少,判缓刑多、判实刑少。② 实践中,我国环境刑事司法面临着诸多困境与挑战,主要体现在以下几个方面。

(一)环境刑事司法权行政化

打击环境违法犯罪活动的立法出发点主要是维护稳定的环境管理制度,这也就意味着,环境违法行为与环境犯罪行为的评价对象是基本竞合的,其区别仅在于行为主体侵犯我国相应的行政管理制度的程度不同。在深层次上,环境行政违法行为和环境刑事违法行为评价对象的竞合性揭示了我国行政处罚权与司法权作用场域不明晰的问题。③ 在环境执法实践中,行政机关发现环境违法行为时,往往首先采取的是行政处罚及行政强制措施,而至于该行为是否构成环境犯罪,则很少进一步去挖掘、采集相关证据并移送公安机关立案。即使有时该违法行为恶性极大,较易分辨出已构成环境犯罪,但由于我国地方的行政事业经费基本由地方负担,当环境行政机关面对现实的物质利益时,出于部门保护主义的考虑,往往会更倾向于以行政手段来解决问题。实践中,环境违法行为较难进入刑事司法程序,即环境刑事司法案件较少。

(二)环境刑事司法程序启动困难

环境刑事司法案件少还受困于环境刑事司法程序启动门槛高。整体上,立法

---

① 一是在判决判项中明确犯罪行为人的修复义务;二是将犯罪行为人在判决前采取的生态修复措施作为量刑情节,在量刑时酌情考虑;三是在刑事附带民事判决中要求犯罪行为人承担生态责任;四是以抚育令、修复令等形式责令犯罪行为人在刑罚执行期间进行生态修复。参见邹承均:《恢复性司法在环境刑事案件中的适用》,载《河北环境工程学院学报》2020年第3期。

② 参见吕忠梅、张忠民、熊晓青:《中国环境司法现状调查——以千份环境裁判文书为样本》,载《法学》2011年第4期。

③ 参见赵星:《我国环境行政执法对刑事司法的消极影响与应对》,载《政法论坛》2013年第2期。

者和社会公众的环保意识仍有待提高,人们对通过刑事手段惩处环境违法行为的适当性认识不足。由于对环境犯罪的起诉主体单一,社会公众难以参与到环境刑事诉讼中去。同时,环境犯罪的认定具有专业性、复杂性,往往需要对其进行专业的证据收集和鉴定,若所收集的证据材料达不到刑事立案的标准,则案件难以进入刑事司法程序。环境犯罪的特殊性要求刑事司法对环境犯罪既遂的认定、因果关系的证明、严格责任的适用、管辖制度的完善、追溯时效的计算等方面作出特殊回应。然而,当前我国环境刑事司法在这些方面仍欠缺特殊规定。

(三)缺乏专业的环境司法人员和机构

相较于其他违法行为而言,环境违法行为具有技术含量高、违法后果严重且不易认定、与经济政策联系紧密及处理结果影响重大等特点。[①] 由于环境的检测、勘验、取证过程专业性比较强,在环境司法运行过程需要专业人员的介入。从当前环境刑事司法实践来看,专门审理环境犯罪案件的司法机构尚未建立,一些环境案件并未得到及时受理与有效惩治,专业化的环境刑事司法审判队伍也未组建起来。"从案件的受理审理情况看,法官的环境法律知识、环境案件的审理理念、环境利益的衡平能力都存在欠缺,难以满足强化环境司法保护的现实需要。对已经建立的环境法律制度理解不透,导致一些本应受理的案件被拒之门外;对环境司法的功能认识片面,导致司法裁判明显忽视了对环境的修复。"[②]因此,环境案件的专业性要求对司法人员进行相关的培训,提高审判人员对案件审判的能力,发挥司法人员在环境犯罪案件处理中的作用。

虽然我国环境刑事司法实践尚存在一些挑战与困境,但这并不能否定其在打击和预防环境犯罪方面的重要作用。只要对环境刑事司法制度加以改革和完善,就能不断解决环境刑事立法和司法实践中遇到的问题,将会对惩治环境犯罪发挥更大作用。

第二节　环 境 犯 罪

一、环境犯罪及其特征

(一)环境犯罪构成

环境刑事司法的根本任务也是打击和预防环境犯罪,维护环境权益。环境犯

---

① 参见赵星:《我国环境行政执法对刑事司法的消极影响与应对》,载《政法论坛》2013 年第 2 期。

② 朱建新、陈迎:《环境案件专业化审判的实践路径》,载《法律适用》2014 年第 4 期。

罪是指违反国家法律、法规，故意或过失实施的污染或破坏生态环境，情节严重或后果严重的行为。国家环境工作人员因滥用职权或监管失职的职务犯罪也属于广义的环境犯罪范畴。

从犯罪构成来看，犯罪主体是实施危害社会的行为，依法应当负刑事责任的自然人和单位。环境犯罪的主体，已经突破了“个人刑罚观”，即只处罚自然人的界限。从环境保护的角度而言，将法人作为犯罪主体是十分必要的，[①]实践中多数污染环境或破坏生态的行为为企业所为。1997 年修订的《刑法》以独立条款规定了单位作为环境犯罪主体的情形，不仅对单位判处罚金，还须处罚有关直接责任人员，即实行所谓的双罚原则。环境犯罪的主观方面是指行为人实施环境犯罪行为时，对危害环境的行为及其可能发生的环境污染或生态破坏所持的心态。环境犯罪既有故意犯罪形态，也有过失犯罪形态。故意环境犯罪是指行为人明知自己排放、处置等行为会造成环境污染或破坏，仍希望或放任这种结果的发生。过失环境犯罪是指行为人应当知道自己破坏环境的行为可能发生危害生态环境的结果，因疏忽大意而没有预见或者虽已经预见但轻信能够避免，因而构成犯罪。此外，环境犯罪的主观方面在某种情况下还包括行为目的，如非法猎捕、收购、运输、出售陆生野生动物罪，要求主观上以食用为目的才能构成此罪。环境犯罪的客体应当是环境犯罪行为所侵害的受刑法保护的环境社会关系。环境社会关系不仅包含人与人之间的社会关系，还包括人与环境之间的关系。环境犯罪客体具有复合客体的特征，能够较为容易地把环境犯罪同普通刑事犯罪区别开来。从我国《刑法》来看，“破坏环境资源保护罪”放在“妨碍社会管理秩序罪”一章中，一般认为环境犯罪侵犯的客体是环境行政管理秩序。环境犯罪的客观方面表现为行为主体违反环境保护法律，实施污染环境，破坏生态或资源的犯罪行为。当属于行为犯时，只要行为人实施了被刑法所禁止的环境行为，环境犯罪客观方面条件即可成就；当属于结果犯时，环境犯罪客观方面条件还包括危害后果以及行为与后果之间存在刑法上的因果关系。

（二）环境犯罪的特征

环境犯罪的特征可以从两方面来考察：一是环境危害行为的自然属性；二是环境危害行为的法律评价属性。一方面，环境危害行为自身的特性决定了环境犯罪不同于一般犯罪行为，其主要表现在以下几个方面：其一，环境犯罪后果具有潜伏性。环境犯罪是行为人违反国家规定，向土地、水体、大气等环境要素排放、倾倒或者处置废物，或者破坏生态。而这些危害行为实施之后，其危害后果的产生

① 参见金瑞林主编：《环境法学》，北京大学出版社 2002 年版，第 155 页。

大多需较长的潜伏期,经过一段时期的积累才会表现出来。其二,环境犯罪后果具有严重性。经过长期累积,环境危害后果一旦出现则难以逆转,比如,物种的灭绝。随着环境犯罪类型的多样化,造成的后果也日益严重。从构成要件上看,很多环境犯罪属于结果犯,只有环境危害达到严重程度才构成犯罪。其三,环境犯罪具有间接性。诸如侵犯公民人身、财产权利的传统犯罪行为,损害后果直接而又明显,而环境犯罪的污染环境、破坏生态等行为首先作用于环境这一载体,然后再通过环境作用于受害人。环境犯罪的这一特征往往使得人们对于环境犯罪行为的非难和谴责并没有传统犯罪那么强烈。其四,环境犯罪行为具有某种价值性。环境犯罪行为通常为正常经济生产中的附属行为,在为社会增进生产力、创造社会财富的同时,又有可能在一定范围内给社会造成不同程度的危害,污染和破坏赖以生存的生态环境和资源。其五,环境犯罪具有科学技术性。判定环境危害行为很多需要借助科技检测,在查明环境犯罪行为的过程中,对人员专业技术能力要求高。

另一方面,环境犯罪具有行政从属性。简言之,环境犯罪以违反相关环境行政法为前提。"行政从属性是环境刑法上一个重要的问题,每一种危害环境罪的确立都涉及行政从属性。"[①]环境犯罪的行政从属性要求犯罪行为的成立必须以违反法律禁止性规定为前提。从我国现行规定来看,环境犯罪的行政从属性主要体现在以下几个方面:其一,环境犯罪的某些概念、术语的界定需要借助环境行政法的规定。如1997年修订的《刑法》中规定的"非法处置进口的固体废物罪"中对"固体废物"的界定,"非法猎捕、杀害珍贵、濒危野生动物罪"中对"珍贵、濒危野生动物"的界定。其二,环境刑法中空白罪状的适用需要借助相关行政法规范的规定。空白罪状的立法形式是环境刑法行政从属性的重要体现,我国环境犯罪多采用空白罪状的立法形式。从现行《刑法》来看,其中破坏环境资源保护罪都设置了"违反国家规定"[②]"未经国务院有关部门许可"[③]"违反……法规"[④]这样的前提条件。实践中,环境行政处罚也是认定某些环境犯罪的条件。例如,实施两年内

---

① 杨春洗、向泽选、刘生荣:《危害环境罪的理论与实务》,高等教育出版社1999年版,第118页。

② 《刑法》第三百三十八条的污染环境罪;第三百三十九条非法处置进口的固体废物罪;第三百四十四条危害国家重点保护植物罪;第三百三十四条之一非法采集人类遗传资源、走私人类遗传资源材料罪。

③ 《刑法》第三百三十九条第二款擅自进口固体废物罪。

④ 《刑法》第三百四十条非法捕捞水产品罪;第三百四十一条非法狩猎罪,非法猎捕、收购、运输、出售陆生野生动物罪;第三百四十二条非法占用农用地罪;第三百四十二条之一破坏自然保护地罪;第三百四十三条非法采矿罪,破坏性采矿罪;第三百四十五条滥伐林木罪。

曾受两次以上行政处罚的环境违法行为的,可认定为严重污染环境[①]。该项规定就将行政处罚作为污染环境罪构成犯罪的标准之一。另外,行政机关的行政许可也可作为违法阻却事由,如《刑法》第三百三十九条第二款规定的擅自进口固体废物罪:“未经国务院有关主管部门许可,擅自进口固体废物用作原料……”由此可见,如果进口废物的行为得到了国务院有关主管部门的许可,就不会构成擅自进口固体废物罪。

二、环境犯罪类型划分

(一)依据犯罪行为进行程度不同来划分

实施危害环境的行为要具备何种条件才能构成犯罪,涉及环境犯罪的形态是结果犯、行为犯抑或危险犯的问题。从《刑法》来看,环境犯罪多为行为犯和结果犯,尚无危险犯的规定。《刑法》规定的绝大多数环境犯罪为结果犯,要求造成重大损失、重大事故等才构成环境犯罪,如污染环境罪、擅自进口固体废物罪、非法捕捞水产品罪、非法狩猎罪等。当然,也有个别条文规定了行为犯,如非法处置进口的固体废物罪;危害珍贵、濒危野生动物罪;危害国家重点保护植物罪等就是典型的行为犯,意味着只要实施了法律禁止的行为,无论有无损害结果即可定罪。《刑法》中没有规定危险犯,但学界主张危险犯的呼声日益高涨,出现了对于界定环境危险犯的不同讨论。较早的观点认为,环境危险犯是指行为人实施了环境污染和破坏行为,对环境、财产造成了间接危害,或对公众生命与健康构成了威胁,并可能造成更严重的后果。[②] 后有观点认为,环境危险犯是指行为人违反国家法律、法规,实施了危害环境的行为,足以造成环境污染或破坏,而使人的生命、健康和公私财产处于危险状态。[③] 再有观点认为,环境危险犯是指行为人实施了污染或破坏环境的行为,从而造成了一种危险状态,对环境或人身及财产构成了严重威胁的一种犯罪状态。[④] 而张明楷教授则认为,判定环境犯罪是行为犯还是结果犯,是危险犯还是实害犯,取决于对保护法益的理解。他以污染环境罪为例,若环境本身为污染环境罪保护的法益,那么就可认定污染环境罪为行为犯、实害犯;若人的生命、健康、财产等才是污染环境罪保护的法益,则会认为污染环境罪为结果

---

① 2016年发布的最高人民法院、最高人民检察院《关于办理环境污染刑事案件适用法律若干问题的解释》第一条:“实施刑法第三百三十八条规定的行为,具有下列情形之一的,应当认定为‘严重污染环境’:……(六)二年内曾因违反国家规定,排放、倾倒、处置有放射性的废物、含传染病病原体的废物、有毒物质受过两次以上行政处罚,又实施前列行为的……”

② 参见柳文彬:《环境犯罪刑事抗制论》,载《政法论丛》1996年第4期。

③ 参见戚道孟:《有关环境犯罪刑事立法几个问题的思考》,载《南开学报》2000年第6期。

④ 参见付立忠:《环境刑法学》,中国方正出版社2001年版,第215页。

犯、危险犯。[①]

(二)依据刑法所保护的客体不同来划分

根据刑法所保护的客体不同,学界将环境犯罪分为三类,也有分为两类的。例如,有学者将环境犯罪分为污染环境的犯罪、危害生态资源的犯罪和其他可能危害环境的犯罪,[②]有学者将环境犯罪分为污染环境的犯罪、破坏自然资源的犯罪和与环境犯罪相关的犯罪,[③]也有学者将环境犯罪划分为污染环境类犯罪、损害资源类犯罪和侵害动物类犯罪等三大类。[④] 还有学者将环境犯罪划分为两类:一类是直接犯罪,在这类环境犯罪中,犯罪行为直接侵害环境,环境应当予以优先保护;另一类是间接犯罪,犯罪行为直接侵害人身、财产权益,间接侵害环境。[⑤] 对于这种根据保护客体对环境犯罪所作的分类,赵秉志教授认为此种分类方法反映出我国在环境刑事立法的不足,主要体现在:第一,在污染环境类犯罪方面,法律规定的污染环境类犯罪还不够全面;第二,在损害资源类犯罪方面,法律所涵盖的损害资源行为类型还不够全面;第三,在与环境犯罪相关类的犯罪方面,法律没有将抗拒环境监督管理的行为入罪。[⑥]

2021 年,最高人民法院发布的《环境资源案件类型与统计规范(试行)》从规范案件统计的角度将环境资源案件划分为:环境污染防治、生态保护、资源开发利用、气候变化应对、生态环境治理与服务等五大类型,这当然也包括对相关环境犯罪的分类。本书则依据刑法所保护的法益不同,将环境犯罪分为四大类:一是污染环境罪;二是破坏生态罪;三是破坏资源罪;四是环境渎职罪。由于自然资源同时又是生态系统的组成部分,一些破坏生物资源的犯罪同时也可以归为破坏生态环境罪之中。

三、环境罪名

1997 年《刑法》修订后,最高人民法院和最高人民检察院分别发布了《关于执行〈中华人民共和国刑法〉确定罪名的规定》《关于适用刑法分则规定的犯罪的罪名的意见》,对刑事司法案件罪名作出统一规定。后又根据刑法修正案两院联合对罪名多次进行补充修改,2021 年最高人民法院联合最高人民检察院根据《刑法

---

① 参见张明楷:《污染环境罪的争议问题》,载《法学评论》2018 年第 2 期。

② 参见杨春洗、向泽选、刘生荣:《危害环境罪的理论与实务》,高等教育出版社 1999 年版,第 169 ~ 244 页。

③ 参见刘仁文:《环境资源保护与环境资源犯罪》,中信出版社 2004 年版,第 289 ~ 470 页。

④ 参见焦艳鹏:《刑法生态法益论》,中国政法大学出版社 2012 年版,第 147 页。

⑤ 参见吕欣:《改善我国环境刑事司法的路径》,载《光明日报》2011 年 1 月 3 日,第 3 版。

⑥ 参见赵秉志:《中国环境犯罪的立法演进及其思考》,载《江海学刊》2017 年第 1 期。

修正案(十)》《刑法修正案(十一)》对罪名作出第七次补充修改。[①]

环境案件没有专门的案由规定,2021 年最高人民法院发布的《环境资源案件类型与统计规范(试行)》提出“衔接罪名案由体系”的意见。从保障案件统计分析的适度稳定性和连续性出发,在现有刑事罪名与行政、民事案由的体系和名称的基础上,形成类型描述附加罪名案由的规范框架,即司法机关在对案件进行统计时,将环境罪名与环境民事、行政案由给衔接起来。从这个意义上来说,环境刑事案件中的罪名就相当于环境民事案件和行政案件中的案由。根据《刑法》,环境罪名归纳如下:

(一)污染环境类犯罪

1. 污染环境罪。污染环境罪是指违反防治环境污染的法律规定,造成严重环境污染,依照法律应受刑事处罚的行为。[②] 从构成要件上来看,本罪侵害的客体是环境公共利益和公私财产与公民健康、生命安全。本罪所规制的对象,即向环境要素中排放(包括排放、倾倒或者处置)被禁止排放的污染物(有放射性的废物、含传染病病原体的废物、有毒物质或者其他有害物质等),均是对环境社会公共利益的损害,同时也对公民财产、健康和生命安全产生威胁。本罪客观方面为违反国家环境保护法令,实施了污染环境,情节严重的行为。本罪既可视为行为犯,也可视为结果犯。当视为行为犯时,本罪为一旦违反国家规定排放(包括排放、倾倒或处置)一定剂量的特定污染物(有放射性的废物、含传染病病原体的废物、有毒物质或者其他有害物质等),即使此时未出现公私财物或人身健康损害的严重后果,即可定罪处罚。当视为结果犯时,向环境中人为排入超过一定剂量的这些被禁止排放的污染物,此时环境公共利益就受到损害,即为环境受到严重污染损害

---

① 参见 2021 年最高人民法院、最高人民检察院联合发布的《关于执行〈中华人民共和国刑法〉确定罪名的补充规定(七)》。

② 2020 年通过的《刑法修正案(十一)》将刑法第三百三十八条修改为:“违反国家规定,排放、倾倒或者处置有放射性的废物、含传染病病原体的废物、有毒物质或者其他有害物质,严重污染环境的,处三年以下有期徒刑或者拘役,并处或者单处罚金;情节严重的,处三年以上七年以下有期徒刑,并处罚金;有下列情形之一的,处七年以上有期徒刑,并处罚金:(一)在饮用水水源保护区、自然保护地核心保护区等依法确定的重点保护区域排放、倾倒、处置有放射性的废物、含传染病病原体的废物、有毒物质,情节特别严重的;(二)向国家确定的重要江河、湖泊水域排放、倾倒、处置有放射性的废物、含传染病病原体的废物、有毒物质,情节特别严重的;(三)致使大量永久基本农田基本功能丧失或者遭受永久性破坏的;(四)致使多人重伤、严重疾病,或者致人严重残疾、死亡的。有前款行为,同时构成其他犯罪的,依照处罚较重的规定定罪处罚。”

的后果,属于结果犯。[①] 因此,视为结果犯时,即本罪所保护的法益为环境公共利益,因为一旦向环境中排入一定剂量的此类有害物质,环境公共利益即会受到严重污染损害。本罪的主体是一般主体,既可以是自然人也可以是单位。本罪主观方面通说是过失犯,违反国家规定即推定为有过失。当然,故意犯罪更应治罪。

2. 非法处置进口的固体废物罪。非法处置进口的固体废物罪,是指违反国家规定,将境外固体废物进境倾倒、堆放、处置的行为。[②] 本罪侵害的客体是国家对进口固体废物的管理制度以及生态安全。我国是1992年生效的《控制危险废物越境转移及其处置的巴塞尔公约》的缔约国,国外固体废物进境处置须履行公约规定的"通知同意"程序。《固体废物污染环境防治法》第二十三条禁止我国境外的固体废物进境倾倒、堆放、处置,因此,本罪也是对公约的一种国内履行措施。本罪客观方面表现为,违反国家规定,将境外的固体废物进境倾倒、堆放、处置。本罪是行为犯,即只要违反国家规定实施了将境外的固体废物进境倾倒、堆放、处置的行为即可构成犯罪,不要求行为足以造成环境严重污染或者其他社会危害后果。本罪主体是一般主体,主观方面为故意,即明知是进境的固体废物而违法倾

---

① 2016年发布的最高人民法院、最高人民检察院《关于办理环境污染刑事案件适用法律若干问题的解释》对"严重污染环境"进行了界定。第一条:"实施刑法第三百三十八条规定的行为,具有下列情形之一的,应当认定为严重污染环境:(一)在饮用水水源一级保护区、自然保护区核心区排放、倾倒、处置有放射性的废物、含传染病病原体的废物、有毒物质的;(二)非法排放、倾倒、处置危险废物三吨以上的;(三)排放、倾倒、处置含铅、汞、镉、铬、砷、铊、锑的污染物,超过国家或者地方污染物排放标准三倍以上的;(四)排放、倾倒、处置含镍、铜、锌、银、钒、锰、钴的污染物,超过国家或者地方污染物排放标准十倍以上的;(五)通过暗管、渗井、渗坑、裂隙、溶洞、灌注等逃避监管的方式排放、倾倒、处置有放射性的废物、含传染病病原体的废物、有毒物质的;(六)二年内曾因违反国家规定,排放、倾倒、处置有放射性的废物、含传染病病原体的废物、有毒物质受过两次以上行政处罚,又实施前列行为的;(七)重点排污单位篡改、伪造自动监测数据或者干扰自动监测设施,排放化学需氧量、氨氮、二氧化硫、氮氧化物等污染物的;(八)违法减少防治污染设施运行支出一百万元以上的;(九)违法所得或者致使公私财产损失三十万元以上的;(十)造成生态环境严重损害的;(十一)致使乡镇以上集中式饮用水水源取水中断十二小时以上的;(十二)致使基本农田、防护林地、特种用途林地五亩以上,其他农用地十亩以上,其他土地二十亩以上基本功能丧失或者遭受永久性破坏的;(十三)致使森林或者其他林木死亡五十立方米以上,或者幼树死亡二千五百株以上的;(十四)致使疏散、转移群众五千人以上的;(十五)致使三十人以上中毒的;(十六)致使三人以上轻伤、轻度残疾或者器官组织损伤导致一般功能障碍的;(十七)致使一人以上重伤、中度残疾或者器官组织损伤导致严重功能障碍的;(十八)其他严重污染环境的情形。"

② 《刑法》第三百三十九条第一款规定:"违反国家规定,将境外的固体废物进境倾倒、堆放、处置的,处五年以下有期徒刑或者拘役,并处罚金;造成重大环境污染事故,致使公私财产遭受重大损失或者严重危害人体健康的,处五年以上十年以下有期徒刑,并处罚金;后果特别严重的,处十年以上有期徒刑,并处罚金。"

倒、堆放、处置。2020 年发布的《关于全面禁止进口固体废物有关事项的公告》① 规定自2021 年1 月1 日起禁止以任何方式进口固体废物，禁止我国境外的固体废物进境倾倒、堆放、处置。可以预期，今后我国此类犯罪将逐渐减少。

3. 擅自进口固体废物罪。擅自进口固体废物罪是指未经国务院有关主管部门许可，擅自进口固体废物用作原料，造成重大环境污染事故，致使公私财产遭受重大损失或者严重危害人体健康的行为。② 本罪侵害的客体为国家对进口固体废物的管理制度以及生态安全。在加入世界贸易组织之前，我国对进出口实行审批许可证制，擅自进口固体废物较为少见；加入世界贸易组织后，我国进出口实行自动许可制，擅自进口固体废物则时有发生。本罪客观方面表现为，未经国务院有关主管部门许可，擅自进口固体废物用作原料，造成重大环境污染事故，致使公私财产遭受重大损失或者严重危害人体健康。本罪为结果犯，即擅自进口固体废物的行为必须造成重大环境污染事故，致使公私财产遭受重大损失或者严重危害人体健康的后果，才构成擅自进口固体废物罪。同时注意，本罪须与非法处置进口的固体废物罪、走私废物罪相区分。本罪主体是一般主体，主观方面为故意，未经许可而擅自进口固体废物用作原料显然为故意。

（二）破坏生态类犯罪

1. 非法捕捞水产品罪。非法捕捞水产品罪是指违反保护水产资源法规，在禁渔区、禁渔期或者使用禁用的工具、方法捕捞水产品，情节严重的行为。③ 本罪侵害的客体是国家对水产资源的保护管理制度以及生态安全。本罪客观方面有四个特点：一是违反保护水产资源法规，这是构成非法捕捞水产品罪的前提；二是本罪的犯罪对象是水产品；三是特定的时间、地点和手段是构成本罪的必要条件；四是非法捕捞水产品的行为必须情节严重才构成犯罪。本罪主体是一般主体，主观方面为故意，即行为人明知自己捕捞水产品是在禁止捕捞的区域或者禁止捕捞的期限或者使用的是禁止使用的工具和方法，依然进行捕捞，希望或者放任水产资源遭到破坏这种结果的发生。

2. 危害珍贵、濒危野生动物罪。没有买卖就没有杀戮，国际上对于濒危野生

---

① 参见该公告由生态环境部、商务部、国家发展和改革委员会、海关总署于 2020 年 11 月 24 日以公告 2020 年第 53 号发布。

② 《刑法》第三百三十九条："未经国务院有关主管部门许可，擅自进口固体废物用作原料，造成重大环境污染事故，致使公私财产遭受重大损失或者严重危害人体健康的，处五年以下有期徒刑或者拘役，并处罚金；后果特别严重的，处五年以上十年以下有期徒刑，并处罚金。"

③ 《刑法》第三百四十条："违反保护水产资源法规，在禁渔区、禁渔期或者使用禁用的工具、方法捕捞水产品，情节严重的，处三年以下有期徒刑、拘役、管制或者罚金。"

动物跨境贸易订有专门的条约,[①]本罪也是我国履行国际公约的国内措施之一。危害珍贵、濒危野生动物罪,是指非法猎捕、杀害国家重点保护的珍贵、濒危野生动物的,或者非法收购、运输、出售国家重点保护的珍贵、濒危野生动物及其制品的行为。[②] 本罪侵害的客体是国家对珍贵、濒危野生动物及其制品的重点保护制度以及生态安全。本罪中的"国家重点保护的珍贵、濒危野生动物"是指列入《国家重点保护野生动物名录》的野生动物或经国务院野生动物保护主管部门核准按照国家重点保护的野生动物管理的野生动物。[③] 本罪客观方面表现为,违反野生动物保护法律法规,非法猎捕、杀害、收购、运输、出售国家重点保护的珍贵、濒危野生动物以及珍贵、濒危野生动物制品的行为。本罪是行为犯,即只要有非法猎捕、杀害、收购、运输、出售珍贵、濒危野生动物及其制品的行为,不要求情节严重或者数量较大,也不要求发生危害结果或者造成某种危险状况,就可以构成犯罪,而且是犯罪既遂。当然,本罪分别有"情节严重""情节特别严重"的加重犯情形,主要以案涉经济价值为量刑标准。[④] 本罪主体是一般主体,主观方面为直接故意,即行为人明知收购、运输、出售的是国家重点保护的珍贵、濒危野生动物及其制品,仍然实施这种行为。

3. 非法狩猎罪。非法狩猎罪是指违反狩猎法规,在禁猎区、禁猎期或者使用禁用的工具、方法进行狩猎,破坏野生动物资源,情节严重的行为。[⑤] 本罪侵害的客体是国家对野生动物资源的保护管理制度以及生态安全。本罪客观方面包括三要件:一是违反狩猎管理法律法规,这是构成非法狩猎罪的前提;二是实施了在禁猎区、禁猎期或者使用禁用的工具、方法进行狩猎,破坏野生动物资源的行为;

---

① 这方面最有代表性的就是1973年签订并于1975年生效的联合国《濒危野生动植物种国际贸易公约》(英文简称"CITES"),我国于1981年加入该公约,截至2021年CITES有183个缔约方。

② 《刑法》第三百四十一条第一款:"非法猎捕、杀害国家重点保护的珍贵、濒危野生动物的,或者非法收购、运输、出售国家重点保护的珍贵、濒危野生动物及其制品的,处五年以下有期徒刑或者拘役,并处罚金;情节严重的,处五年以上十年以下有期徒刑,并处罚金;情节特别严重的,处十年以上有期徒刑,并处罚金或者没收财产。"

③ 参见2022年最高人民法院、最高人民检察院发布的《关于办理破坏野生动物资源刑事案件适用法律若干问题的解释》第四条。

④ 参见2022年最高人民法院、最高人民检察院发布的《关于办理破坏野生动物资源刑事案件适用法律若干问题的解释》第六条。

⑤ 《刑法》第三百四十一条第二款:"违反狩猎法规,在禁猎区、禁猎期或者使用禁用的工具、方法进行狩猎,破坏野生动物资源,情节严重的,处三年以下有期徒刑、拘役、管制或者罚金。"

三是达到情节严重。[①] 本罪主体是一般主体，主观方面为直接故意，即行为人明知是在禁猎期、禁猎区，或者明知使用的工具和方法是禁用的工具和方法，但仍然实施狩猎行为。非法狩猎行为可能同时触犯危害珍贵、濒危野生动物罪或盗窃罪的，以其中较重的罪来定罪处罚。

4. 非法猎捕、收购、运输、出售陆生野生动物罪。非法猎捕、收购、运输、出售陆生野生动物罪，是指违反野生动物保护管理法规，以食用为目的非法猎捕、收购、运输、出售在野外环境自然生长繁殖的陆生野生动物，情节严重的行为。[②] 本罪侵害的客体是国家对陆生野生动物资源的重点保护制度以及生态安全。在中国，有一些人喜欢吃"野味"，野生动物交易便堂而皇之地出现在各地市场之中。食用野生动物有很多未知风险，特别是容易导致本属于野生物种的一些致病因素传到人类社会，危险公众健康。本罪中的野生动物是指那些非珍贵、濒危的野外环境自然生长繁殖的陆生野生动物，不包括水生野生动物，也不包括人工饲养、繁殖的陆生野生动物。本罪客观方面包括四要件：一是违反野生动物保护管理法律法规；二是以食用为目的；三是实施了非法猎捕、收购、运输、出售在野外环境自然生长繁殖的陆生野生动物的行为；四是达到情节严重程度。本罪主体是一般主体，主观方面为故意，且以食用为目的，即明知是在野外环境自然生长繁殖的陆生野生动物，为达到食用的目的，仍然非法猎捕、收购、运输、出售。

5. 破坏自然保护地罪。破坏自然保护地罪，是指违反自然保护地管理法规，在国家公园、国家级自然保护区进行开垦、开发活动或者修建建筑物，造成严重后果或者有其他恶劣情节的行为。[③] 本罪侵害的客体是国家对自然保护地的管理制度以及生态安全。所谓自然保护地，是指中央和地方政府按照各自的权限对具有重要自然生态、文化、科研等价值的陆地或海洋依法划定或确认予以长期特殊保护的一定区域，如国家公园、自然保护区、自然公园等。本罪保护对象并非所有的自然保护地，仅限于自然保护地中的国家公园和国家级自然保护区。近年来，随

---

① 2021年最高人民法院、最高人民检察院发布的《关于办理破坏野生动物资源刑事案件适用法律若干问题的解释》第七条第一款："违反狩猎法规，在禁猎区、禁猎期或者使用禁用的工具、方法进行狩猎，破坏野生动物资源，具有下列情形之一的，应当认定为刑法第三百四十一条第二款规定的'情节严重'，以非法狩猎罪定罪处罚：(一)非法猎捕野生动物价值一万元以上的；(二)在禁猎区使用禁用的工具或者方法狩猎的；(三)在禁猎期使用禁用的工具或者方法狩猎的；(四)其他情节严重的情形。"

② 《刑法》第三百四十一条第三款："违反野生动物保护管理法规，以食用为目的非法猎捕、收购、运输、出售第一款规定以外的在野外环境自然生长繁殖的陆生野生动物，情节严重的，依照前款的规定处罚。"

③ 《刑法》第三百四十二条之一："违反自然保护地管理法规，在国家公园、国家级自然保护区进行开垦、开发活动或者修建建筑物，造成严重后果或者有其他恶劣情节的，处五年以下有期徒刑或者拘役，并处或者单处罚金。"

着环保督察的深入,在自然保护地内采矿、房地产、农牧业等违法生产建设活动逐渐暴露出来,对自然保护地生态环境造成了极大破坏。在本罪设立之前,《刑法》中所涉及的环境罪名,无论是污染环境罪,还是破坏资源罪,都无法对破坏自然保护地的行为进行有效规制。在立法上确立本罪,对于规制破坏自然保护地的行为具有重要意义。本罪主体是一般主体,主观方面为故意。

6. 危害国家重点保护植物罪。危害国家重点保护植物罪,是指违反国家规定,非法采伐、毁坏国家重点保护植物以及非法收购、运输、加工、出售国家重点保护植物制品的行为。[①] 本罪侵害的客体是国家对重点保护植物的保护管理制度以及生态安全。本罪主体是一般主体,主观方面为故意,过失不构成本罪。

7. 非法引进、释放、丢弃外来入侵物种罪。非法引进、释放、丢弃外来入侵物种罪,是指行为人违反国家的相关规定,非法引进、释放或者丢弃外来入侵物种,情节严重的行为。[②] 由于缺乏天敌,外来入侵物种会对当地的生态系统产生毁灭性的破坏,因此本罪侵害的客体是国家的生物安全管理制度和生态安全。生物安全是国家安全的重要组成部分,防范外来物种入侵、保护生物多样性成为我国2020年颁布的《生物安全法》的重要任务。同年颁布的《刑法修正案(十一)》增加了"非法引进、释放、丢弃外来入侵物种罪",与生物安全法的相关规定进行有效衔接。本罪属于情节犯,行为人非法引进、释放、丢弃外来入侵物种破坏当地的生态环境,必须达到严重程度。本罪主体是一般主体,主观方面为故意,过失不构成本罪。

8. 盗伐林木罪。盗伐林木罪,是指盗伐森林或者其他林木,数量较大的行为。[③] 本罪侵害的客体一般来说是国家对林木资源的保护和管理制度以及生态安全。本罪主体是一般主体,主观方面为故意,并且行为人具有非法占有的目的。

9. 滥伐林木罪。滥伐林木罪,是指违反森林法的规定,滥伐森林或者其他林木,数量较大的行为。[④] 本罪侵害的客体是国家对森林资源的保护管理制度以及

---

① 《刑法》第三百四十四条:"违反国家规定,非法采伐、毁坏珍贵树木或者国家重点保护的其他植物的,或者非法收购、运输、加工、出售珍贵树木或者国家重点保护的其他植物及其制品的,处三年以下有期徒刑、拘役或者管制,并处罚金;情节严重的,处三年以上七年以下有期徒刑,并处罚金。"

② 《刑法》第三百四十四条之一:"违反国家规定,非法引进、释放或者丢弃外来入侵物种,情节严重的,处三年以下有期徒刑或者拘役,并处或者单处罚金。"

③ 《刑法》第三百四十五条:"盗伐森林或者其他林木,数量较大的,处三年以下有期徒刑、拘役或者管制,并处或者单处罚金;数量巨大的,处三年以上七年以下有期徒刑,并处罚金;数量特别巨大的,处七年以上有期徒刑,并处罚金。"

④ 《刑法》第三百四十五条:"违反森林法的规定,滥伐森林或者其他林木,数量较大的,处三年以下有期徒刑、拘役或者管制,并处或者单处罚金;数量巨大的,处三年以上七年以下有期徒刑,并处罚金。"

生态安全。本罪为结果犯,即构成滥伐林木罪必须达到数量较大的标准。[①] 本罪主体是一般主体,主观方面为故意。

10. 非法收购、运输盗伐、滥伐的林木罪。非法收购、运输盗伐、滥伐的林木罪,是指非法收购、运输明知是盗伐、滥伐的林木,情节严重的行为。[②] 本罪侵害的客体是国家对森林资源的保护管理制度以及生态安全。本罪中的"明知",即实际知道或应当知道。应当知道是从事实推断出来的"明知",以下情形可以推定为应当知道:在非法的木材交易场所或者销售单位收购木材的;收购以明显低于市场价格出售的木材的;收购违反规定出售的木材的。既然应当知道是一种从间接证据推断的"明知",那就容许嫌疑人提出证据证明其"不明知"而除罪。[③] 本罪属于情节犯,情节严重时才构成犯罪,情节特别严重时加重处罚。本罪中的"情节严重"是指非法收购盗伐、滥伐的林木二十立方米以上或者幼树一千株以上,非法收购盗伐、滥伐的珍贵树木二立方米以上或者五株以上等情形。[④] 本罪中的"情节特别严重"则是非法收购盗伐、滥伐的林木一百立方米以上或者幼树五千株以上,非法收购盗伐、滥伐的珍贵树木五立方米以上或者十株以上等情形。[⑤] 本罪的主体是一般主体,主观方面为故意。

(三)破坏资源类犯罪

1. 非法占用农用地罪。土地是农民的命根子,事关国家农业生产大局,我国人多地少,国家对农用地实行特殊保护。非法占用农用地罪,指违反土地管理法

---

① 2000 年最高人民法院发布的《关于审理破坏森林资源刑事案件具体应用法律若干问题的解释》第六条:"滥伐林木'数量较大',以十至二十立方米或者幼树五百至一千株为起点;滥伐林木'数量巨大',以五十至一百立方米或者幼树二千五百至五千株为起点。"

② 《刑法》第三百四十五条第三款:"非法收购、运输明知是盗伐、滥伐的林木,情节严重的,处三年以下有期徒刑、拘役或者管制,并处或者单处罚金;情节特别严重的,处三年以上七年以下有期徒刑,并处罚金。"

③ 2000 年最高人民法院发布的《关于审理破坏森林资源刑事案件具体应用法律若干问题的解释》第十条:"刑法第三百四十五条规定的'非法收购明知是盗伐、滥伐中的林木'中的'明知',是指知道或者应当知道。具有下列情形之一的,可以视为应当知道,但是有证据证明确属被蒙骗的除外:(一)在非法的木材交易场所或者销售单位收购木材的;(二)收购以明显低于市场价格出售的木材的;(三)收购违反规定出售的木材的。"

④ 2000 年最高人民法院发布的《关于审理破坏森林资源刑事案件具体应用法律若干问题的解释》第十一条:"具有下列情形之一的,属于在林区非法收购盗伐、滥伐的林木'情节严重':(一)非法收购盗伐、滥伐的林木二十立方米以上或者幼树一千株以上的;(二)非法收购盗伐、滥伐的珍贵树木二立方米以上或者五株以上的;(三)其他情节严重的情形。"

⑤ 2000 年最高人民法院发布的《关于审理破坏森林资源刑事案件具体应用法律若干问题的解释》第十一条第二款:"具有下列情形之一的,属于在林区非法收购盗伐、滥伐的林木'情节特别严重':(一)非法收购盗伐、滥伐的林木一百立方米以上或者幼树五千株以上的;(二)非法收购盗伐、滥伐的珍贵树木五立方米以上或者十株以上的;(三)其他情节特别严重的情形。"

规，非法占用耕地、林地等农用地，改变被占用土地用途，数量较大，造成耕地、林地等农用地大量毁坏的行为。[①] 本罪侵害的客体是国家对土地资源的保护管理制度。本罪主体是一般主体，主观方面为故意。

2. 非法采矿罪。非法采矿罪，是指违反矿产资源法的规定，未取得采矿许可证擅自采矿，擅自进入国家规划矿区、对国民经济具有重要价值的矿区和他人矿区范围采矿，或者擅自开采国家规定实行保护性开采的特定矿种，情节严重的行为。[②] 本罪侵害的客体是国家保护矿产资源的管理制度。本罪主体为一般主体，主观方面为故意，多表现为间接故意。

3. 破坏性采矿罪。破坏性采矿罪，是指违反矿产资源法的规定，采取破坏性的方法开采矿产资源，造成矿产资源严重破坏的行为。[③] 本罪侵害的客体同为国家保护矿产资源的管理制度。《矿产资源法》要求矿山企业在采矿时，必须采取合理的开采顺序、开采方法和选矿工艺，其开采回采率、采矿贫化率和选矿回收率应当达到设计要求。[④] 在开采主矿的同时，对具有工业价值的共生和伴生矿产应当统一规划，综合开采，综合利用，防止浪费；对暂时不能综合开采或者必须同时采出而暂时还不能综合利用的矿产以及含有有用组分的尾矿，应当采取有效的保护措施，防止损失破坏。[⑤] 本罪主体是特殊主体，即取得采矿许可证的个人或单位，如果未取得采矿许可证的个人或单位采取破坏性的方法开采矿产资源，又符合非法采矿罪其他构成要件的，构成非法采矿罪。本罪主观方面为故意，多表现为间接故意。

（四）环境渎职类犯罪

1. 违法发放林木采伐许可证罪。违法发放林木采伐许可证罪，是指林业主管部门的工作人员违反森林法的规定，超过批准的年采伐限额发放林木采伐许可证

---

① 《刑法》第三百四十二条："违反土地管理法规，非法占用耕地、林地等农用地，改变被占用土地用途，数量较大，造成耕地、林地等农用地大量毁坏的，处五年以下有期徒刑或者拘役，并处或者单处罚金。"

② 《刑法》第三百四十三条第一款："违反矿产资源法的规定，未取得采矿许可证擅自采矿，擅自进入国家规划矿区、对国民经济具有重要价值的矿区和他人矿区范围采矿，或者擅自开采国家规定实行保护性开采的特定矿种，情节严重的，处三年以下有期徒刑、拘役或者管制，并处或者单处罚金；情节特别严重的，处三年以上七年以下有期徒刑，并处罚金。"

③ 《刑法》第三百四十三条第二款："违反矿产资源法的规定，采取破坏性的开采方法开采矿产资源，造成矿产资源严重破坏的，处五年以下有期徒刑或者拘役，并处罚金。"

④ 《矿产资源法》第二十九条："开采矿产资源，必须采取合理的开采顺序、开采方法和选矿工艺。矿山企业的开采回采率、采矿贫化率和选矿回收率应当达到设计要求。"

⑤ 《矿产资源法》第三十条："在开采主要矿产的同时，对具有工业价值的共生和伴生矿产应当统一规划，综合开采，综合利用，防止浪费；对暂时不能综合开采或者必须同时采出而暂时还不能综合利用的矿产以及含有有用组分的尾矿，应当采取有效的保护措施，防止损失破坏。"

或者违反规定滥发林木采伐许可证，情节严重，致使森林遭受严重破坏的行为。①国家实行环境资源行政许可制度，以控制环境资源开发利用行为所产生的公共利益风险。违法发放行政许可证，在环境行政法上属于严重违法行为，案涉公务人员应为此承担较重的行政责任。② 鉴于违法发放林木采伐许可行为对于林业管理制度以及森林生态环境危害的严重性，我国刑法对此亦有规制。本罪侵害的客体是国家林业管理制度与生态安全。本罪主体是特殊主体，即林业主管部门的工作人员，③本罪主观方面为故意。

2. 环境监管失职罪。环境监管失职罪，是指负有环境保护监督管理职责的国家机关工作人员严重不负责任，不履行或者不认真履行环境保护监管职责，导致发生重大环境污染事故，致使公私财产遭受重大损失或者造成人身伤亡的严重后果的行为。④ 本罪侵害的客体是国家环境监督管理制度。本罪在客观方面表现为严重不负责任，导致发生重大环境污染事故，致使公私财产遭受重大损失或者造成人身伤亡的严重后果的行为。本罪主体为特殊主体，即负有环境监督管理职责的国家机关工作人员或受委托行使环境监管职责的人员。本罪主观方面为过失，但也存在间接故意的情况。

第三节　环境刑事案件中的实体证明

一般情况下，刑事案件中的证明主体应当限于控诉机关和负有证明责任的当

---

① 《刑法》第四百零七条："林业主管部门的工作人员违反森林法的规定，超过批准的年采伐限额发放林木采伐许可证或者违反规定滥发林木采伐许可证，情节严重，致使森林遭受严重破坏的，处三年以下有期徒刑或者拘役。"

② 《环境保护法》第六十八条："地方各级人民政府、县级以上人民政府环境保护主管部门和其他负有环境保护监督管理职责的部门有下列行为之一的，对直接负责的主管人员和其他直接责任人员给予记过、记大过或者降级处分；造成严重后果的，给予撤职或者开除处分，其主要负责人应当引咎辞职：（一）不符合行政许可条件准予行政许可的……"

③ 2002 年全国人民代表大会常委会发布的《关于〈中华人民共和国刑法〉第九章渎职罪主体适用问题的解释》规定："在依照法律、法规规定行使国家行政管理职权的组织中从事公务的人员，或者在受国家机关委托代表国家机关行使职权的组织中从事公务的人员，或者虽未列入国家机关人员编制但在国家机关中从事公务的人员，在代表国家机关行使职权时，有渎职行为，构成犯罪的，依照刑法关于渎职罪的规定追究刑事责任。"因此，若上述人员在行使林木采伐许可证发放的职责时，违反森林法的规定，超过批准的年采伐限额发放林木采伐许可证或者违反规定滥发林木采伐许可证，情节严重，致使森林遭受严重破坏的，也构成违法发放林木采伐许可证罪。

④ 《刑法》第四百零八条："负有环境保护监督管理职责的国家机关工作人员严重不负责任，导致发生重大环境污染事故，致使公私财产遭受重大损失或者造成人身伤亡的严重后果的，处三年以下有期徒刑或者拘役。"

事人,证明对象是诉讼客体或者案件事实。在多数情况下,查明案件事实与正确适用法律、保护公民的合法权益是一致的,证明必须按照法定的范围、程序和标准进行。[①] 环境刑事案件证明需符合刑事诉讼证明中的一般规则,可以从证明主体、证明对象、证明标准等角度加以考察。

一、证明主体

证明主体,又称证明责任主体,是指在诉讼中证明权利义务的承受者。《刑事诉讼法》第五十二条规定侦查人员、检察人员和审判人员必须依照法定程序收集各种证据。[②] 因此,应当据此来确定公检法在办理刑事案件的过程中承担依法收集证据的证明责任。在公诉案件中,公安机关、人民检察院分别对自身立案的案件搜集、调取证据材料,人民检察院有责任审查、核实证据,而人民法院在审判过程中也具有对证据进行调查、核实的责任。借鉴两大法系中有关证明责任主体的解释,我国逐渐形成了以公诉方承担主要证明责任的观念。公安机关与人民检察院在刑事公诉案件中负责证据的搜集、案件事实的举证证明,其是主要的证明责任主体。

环境刑事案件属于公诉类案件,公安机关和人民检察院在环境刑事案件中处于证明责任主体地位,这与其他公诉案件的证明责任主体基本一致。人民检察院起诉前负责对公安机关提交的与案件有关证据进行审查的同时,还负责在庭审中对环境犯罪事实进行举证,这是环境刑事诉讼中"承上启下"的关键环节。环境刑事案件中的证明包括如下几类主体:

(一)公安机关

在环境刑事案件中,公安机关对案件事实负主要举证责任。法律规定,公安机关负责对立案的刑事案件进行侦查并收集有关的证据材料。[③] 对于已经立案的环境刑事案件,公安机关是查明案件事实、收集犯罪证据的责任机关,对环境犯罪承担相应的证明责任。然而,并非所有的环境犯罪案件都由公安机关负责取证,当案涉污染环境类、生态破坏类和资源破坏类犯罪时,应当由公安机关立案并进行证明;而对于环境渎职类犯罪,则应由人民检察院进行立案侦查并承担相关的

---

① 参见樊崇义主编:《刑事诉讼法》(第3版),中国政法大学出版社2013年版,第333~336页。

② 《刑事诉讼法》第五十二条:"审判人员、检察人员、侦查人员必须依照法定程序,收集能够证实犯罪嫌疑人、被告人有罪或者无罪、犯罪情节轻重的各种证据。严禁刑讯逼供和以威胁、引诱、欺骗以及其他非法方法收集证据,不得强迫任何人证实自己有罪。必须保证一切与案件有关或者了解案情的公民,有客观地充分地提供证据的条件,除特殊情况外,可以吸收他们协助调查。"

③ 《刑事诉讼法》第一百一十五条:"公安机关对已经立案的刑事案件,应当进行侦查,收集、调取犯罪嫌疑人有罪或者无罪、罪轻或者罪重的证据材料。对现行犯或者重大嫌疑分子可以依法先行拘留,对符合逮捕条件的犯罪嫌疑人,应当依法逮捕。"

证明责任。公安机关承担证明责任的内容为收集证据和分析证据，即公安机关对环境犯罪案件进行立案之后，应当依法收集有关证据，并利用证据证明环境犯罪案件的犯罪事实，应保证所收集的证据确实、充分，足以对案件中的事实进行证明。在司法实践中，由于环境犯罪案件具有特殊性，其事实查证的难度较之其他案件更大，这种“证明难”客观上导致公安机关能够侦查终结移送检察院审查起诉的案件数量有限。①

（二）检察机关

法律规定检察机关对由其提起公诉的环境犯罪案件承担举证责任，②这意味着检察机关负责提出证据来证明环境公诉案件中的犯罪事实。对于公安机关收集的证据材料，检察机关负责对相关证据材料依据证据的客观性、关联性、合法性进行审核，凡是查证不属实的证据不得作为与案件有关的证据继续使用，以非法方式收集的证据应当排除。检察机关在对证据材料审查通过之后，批准公安机关的逮捕申请，对符合条件的环境犯罪案件进行起诉，并承担举证的责任。检察机关对公安机关收集证据材料的审查监督，是其履行举证责任的重要工作环节，也是环境刑事案件进入法院审判的必经阶段。证据材料除了符合证据“三性”要求之外，证据材料还需要有足够的证明力，要能达到“犯罪事实已经查清，证据确实、充分，依法应当追究刑事责任”的标准。在司法实践中，当检察机关审查公安机关移送的涉嫌环境犯罪的案卷之后，认为犯罪事实并没有“查清”或证据不“确实、充分”时，可能的处理方式是将案件退回公安机关补充侦查或者作出不起诉的决定。

（三）行政机关

环境犯罪多属于行政犯，行政违法是构成环境犯罪的前提。很多环境犯罪是由环境行政机关移送立案，因此，行政机关对那些移送立案的环境刑事负有一定的举证责任，且更具有证明优势。在司法实践中，环境刑事案件的证明责任主体往往依赖于环境行政机关的配合。公安机关或人民检察院在侦查环境犯罪之前，要注意避免受到环境行政机关的消极影响。例如，当污染、破坏生态环境以及相关监管失职的行为出现时，有关环境行政机关的漠视、放纵等态度会造成环境情况恶化、重要证据的灭失或其他不良结果的发生。当然，公安机关和人民检察院也可以与符合条件的专业环境检测机构进行合作，获取鉴定意见，以此弥补自身

---

① 参见焦艳鹏：《实体法与程序法双重约束下的污染环境罪司法证明——以2013年第15号司法解释的司法实践为切入》，载《政治与法律》2015年第7期。

② 《刑事诉讼法》第五十一条：“公诉案件中被告人有罪的举证责任由人民检察院承担，自诉案件中被告人有罪的举证责任由自诉人承担。”

在环境领域相关专业知识的缺乏。在部门合作的基础上,逐渐完善更加合理、有效的环境犯罪证明机制。实践中,环境行政机关、公安机关、检察机关的"三位一体",即以公安机关为主要取证主体、检察机关予以辅助、环境行政机关予以协助的环境犯罪证明模式得到运用与强化。一方面,环境行政机关与公安机关做好取证衔接,通过案件移送和证据共享,确立以公安机关为主导,环境行政机关、检测机构、社会公众为辅助的取证模式。另一方面,公安机关与检察机关通过顺利取证提升环境刑事案件的举证质量,确保证据足以证明环境犯罪事实。

(四)嫌疑人、被告人、利害关系人

环境犯罪属于公诉案件,犯罪嫌疑人、被告人一般不承担证明责任,即没有提出证据证明自己无罪的义务,不能因为犯罪嫌疑人、被告人不能证明自己无罪便据此得出犯罪嫌疑人、被告人有罪的结论。实行无罪推定原则,犯罪嫌疑人、被告人有权保持沉默,但并不意味着当事人在诉讼中一直保持沉默而不进行举证是最好的诉讼策略。当公诉方一旦证明被诉方有罪,那么接下来罪轻罪重的证明将对于被诉方具有十分重要的意义。虽然,公诉方承担对其主张主动进攻或证成的举证责任,而被诉方提出证据反驳公诉方的主张比保持沉默或只是口头驳斥更具有说服力。在刑事诉讼中,犯罪嫌疑人或被告人通过其近亲属或辩护人依法提出或提供线索,申请法院收集、调取证据材料来反驳公诉方的证据,[①]或直接证明其无罪、罪轻、检举立功等依法应减轻或免除刑事责任也是十分重要的。同时,对于法律规定当事人有权申诉或控告的事项,当事人应承担举证责任。[②] 在我国环境侵权损害赔偿诉讼中,法律规定了因果关系举证责任倒置[③]的规则。对于环境刑事案件来说,有学者提出在环境犯罪,尤其是污染环境犯罪中要求被告方承担部分

---

① 例如,被诉方认为公诉方的证据为非法证据应予排除需要提供证据加以证明。《刑事诉讼法》第五十八条第二款:"当事人及其辩护人、诉讼代理人有权申请人民法院对以非法方法收集的证据依法予以排除。申请排除以非法方法收集的证据的,应当提供相关线索或者材料。"

② 《刑事诉讼法》第一百一十七条第一款:"当事人和辩护人、诉讼代理人、利害关系人对于司法机关及其工作人员有下列行为之一的,有权向该机关申诉或者控告:(一)采取强制措施法定期限届满,不予以释放、解除或者变更的;(二)应当退还取保候审保证金不退还的;(三)对与案件无关的财物采取查封、扣押、冻结措施的;(四)应当解除查封、扣押、冻结不解除的;(五)贪污、挪用、私分、调换、违反规定使用查封、扣押、冻结的财物的。"

③ 《民法典》第一千二百三十条:"因污染环境、破坏生态发生纠纷,行为人应当就法律规定的不承担责任或者减轻责任的情形及其行为与损害之间不存在因果关系承担举证责任。"

举证责任的观点。[①] 法律规定了公诉方承担举证责任原则，但也有被诉方承担部分举证责任的例外规定。[②] 但是，本书认为环境刑事案件中采用举证责任倒置规则并不符合我国《刑事诉讼法》的规定，环境犯罪举证责任倒置有可能造成证明责任主体推卸责任，迫使被告人对控诉自己的事实进行证明的情况。刑法分则有关环境犯罪的罪名中并没有对举证责任倒置进行规定，因此环境犯罪并没有适用举证责任倒置规则的法律依据。

（五）人民法院

在诉讼活动中，人民法院主要负责主持法庭调查，依据证据对事实进行认定，并在此基础上对案件作出裁判。在环境刑事诉讼中，法官的义务仅是根据控辩双方的主张及其相应的证据和论证，依据相关的实体法或程序法作出裁判。[③] 因此，作为案件审理者，人民法院没有自己的诉讼主张，原则上不承担证明责任。但是，《刑事诉讼法》第五十二条规定："审判人员、检察人员、侦查人员必须依照法定程序，收集能够证实犯罪嫌疑人、被告人有罪或者无罪、犯罪情节轻重的各种证据。"同时该法第五十四条第一款又规定："人民法院、人民检察院和公安机关有权向有关单位和个人收集、调取证据。"显然，在刑事司法中，无论是公诉案件还是自诉案件，人民法院在特殊情形下也承担一定的调查取证义务。首先，在庭审前，有关主体可以依法申请法院收集、调取证据。当辩护人认为在调查、侦查、审查起诉期间监察机关、公安机关、人民检察院收集的证明被告人无罪或者罪轻的证据材料未随案移送，书面申请法院调取的，法院接受申请后，应当向检察院调取，在收到相关证据材料移送后，法院应当及时通知辩护人。[④] 辩护律师向证人或者有关单位、个人收集、调取与本案有关的证据材料，因证人或者有关单位、个人不同意，申请

---

① 例如，有人认为公诉方在"证明有污染的存在并威胁着环境资源、他人生命健康或公司财产"的条件下才能够要求被告方承担部分举证责任，参见王懿：《试论在污染环境犯罪中设立举证责任倒置的原则》，载《犯罪研究》2004 年第 6 期；也有人认为被告方应在因果关系的证明中对"污染系其他原因造成等抗辩事由"以及所处置的污染物"不会造成环境污染的危害结果"进行举证，参见蒋兰香：《污染型环境犯罪因果关系证明中被告人举证责任论要》，载《福州大学学报（哲学社会科学版）》2010 年第 2 期。

② 《刑法》第三百九十五条规定的"巨额财产来源不明罪"以及持有类犯罪都适用于举证责任倒置规则，在特定条件下由被诉方承担部分举证责任。

③ 参见陈卫东主编：《刑事诉讼法》，武汉大学出版社 2009 年版，第 124 页。

④ 2021 年最高人民法院发布的《关于适用〈中华人民共和国刑事诉讼法〉的解释》第五十七条："辩护人认为在调查、侦查、审查起诉期间监察机关、公安机关、人民检察院收集的证明被告人无罪或者罪轻的证据材料未随案移送，申请人民法院调取的，应当以书面形式提出，并提供相关线索或者材料。人民法院接受申请后，应当向人民检察院调取。人民检察院移送相关证据材料后，人民法院应当及时通知辩护人。"

法院收集、调取,或者申请通知证人出庭作证,法院认为确有必要的,应当同意。[①] 辩护律师直接申请法院向证人或者有关单位、个人收集、调取证据材料,法院认为确有必要,且不宜或者不能由辩护律师收集、调取的,应当同意收集、调取。[②] 在自诉案件中,当事人因客观原因不能取得的证据,可依法申请法院调取的,符合条件的,法院应当及时调取。[③] 在自诉案件中,作为诉讼代理人的律师,同样可以依法申请法院收集、调取证据材料。[④] 其次,在庭审中,法院负责调查核实证据,属于广义上的证明责任。法庭审理过程中,合议庭对证据有疑问的,可以宣布休庭,对证据进行调查核实。在调查核实证据时,法院可以进行勘验、检查、查封、扣押、鉴定和查询、冻结。[⑤]

二、证明对象

证明对象,又称为待证事实或者要证事实,是指公安司法机关和当事人在诉讼证明活动中需要运用证据加以证明的事实。诉讼证明活动是围绕着证明对象展开的,证明对象是诉讼证明活动的前提和基础。[⑥] 根据《刑事诉讼法》及其司法解释,概括来说,我国刑事诉讼证明对象包括实体法事实和程序法事实。[⑦] 证明对象主要有以下特征:证明对象是与当事人主张相联系的概念;证明对象与证明责任密切相关;证明对象是需要证据证明的待证事实;证明对象是法律规定的要件

---

① 2021年最高人民法院发布的《关于适用〈中华人民共和国刑事诉讼法〉的解释》第五十九条:"辩护律师向证人或者有关单位、个人收集、调取与本案有关的证据材料,因证人或者有关单位、个人不同意,申请人民法院收集、调取,或者申请通知证人出庭作证,人民法院认为确有必要的,应当同意。"

② 2021年最高人民法院发布的《关于适用〈中华人民共和国刑事诉讼法〉的解释》第六十条:"辩护律师直接申请人民法院向证人或者有关单位、个人收集、调取证据材料,人民法院认为确有必要,且不宜或者不能由辩护律师收集、调取的,应当同意。……收集、调取证据材料后,应当及时通知辩护律师查阅、摘抄、复制,并告知人民检察院。"

③ 2021年最高人民法院发布的《关于适用〈中华人民共和国刑事诉讼法〉的解释》第三百二十五条第一款:"自诉案件当事人因客观原因不能取得的证据,申请人民法院调取的,应当说明理由,并提供相关线索或者材料。人民法院认为有必要的,应当及时调取。"

④ 2021年最高人民法院发布的《关于适用〈中华人民共和国刑事诉讼法〉的解释》第六十五条第二款:"律师担任诉讼代理人,需要收集、调取与本案有关的证据材料的,参照适用本解释第五十九条至第六十一条的规定。"

⑤ 《刑事诉讼法》第一百九十六条:"法庭审理过程中,合议庭对证据有疑问的,可以宣布休庭,对证据进行调查核实。人民法院调查核实证据,可以进行勘验、检查、查封、扣押、鉴定和查询、冻结。"

⑥ 参见陈卫东主编:《刑事诉讼法》,武汉大学出版社2009年版,第122页。

⑦ 实体法事实是指对解决刑事案件的实体处理,即定罪量刑问题具有法律意义的事实,主要包括:犯罪构成要件的事实;影响量刑轻重的各种事实情节;排除行为的违法性和可罚性事实;犯罪嫌疑人、被告人个人情况,犯罪后的表现等事实。程序法事实是指对于解决案件的诉讼程序问题具有法律意义的事实,主要包括:管辖的事实;回避的事实;采取强制措施是否符合法定条件的事实;是否超越法定期限的事实;采取搜查、扣押等强制性侦查措施和其他取证程序是否合法的事实;其他与程序性的合法性或者公正审判有关的事实。参见陈卫东主编:《刑事诉讼法》,武汉大学出版社2009年版,第122页。

事实。[①] 刑事诉讼的证明对象主要是有关犯罪行为构成要件和量刑情节的实体法事实,这是证明对象的核心部分。按照我国刑法学通说,犯罪主要包括犯罪客体、犯罪客观方面、犯罪主体和犯罪主观方面等四大构成要件。根据被指控的犯罪不同,证明对象所包含的构成要件事实也不相同。控诉方必须对犯罪构成的要件事实进行举证,进而实现举证责任。若被告人不能提出阻却事由反驳时,被告人犯罪事实即告成立;若当被告人提出违法阻却事由成立时,控诉方的控诉就土崩瓦解。

环境刑事司法案件中,查清楚被告人是否犯有环境罪行的事实是正确适用法律的前提。2021 年最高人民法院发布的《关于适用〈中华人民共和国刑事诉讼法〉的解释》第七十二条明确了刑事诉讼中应当用证据证明的案件事实,例如,被告人、被害人的身份;被指控的犯罪是否存在;被指控的犯罪是否为被告人所实施等。[②] 此处环境犯罪事实,是指环境刑事案件中被告人被指控所犯环境罪名得以成立的行为事实,涵盖案涉环境罪名的犯罪主体、主观方面、客观方面等要件事实。环境刑事案件中犯罪事实的证明需要遵循刑事案件事实证明的一般规则。同时,由于环境危害行为方式具有多样性、复杂性等特点,环境危害的后果存在难以确定和计算的问题,犯罪事实的证明也相当困难。环境犯罪的证明过程是一种以发现事实真相为目的的认识活动。从某种意义而言,对环境犯罪事实的认识并不能穷尽,而是一种有限认识,因此对环境犯罪证据的审查包含着一系列诉讼价值实现和选择的过程。从一般规则来看,法院是环境犯罪事实证明的最终判定主体,但是由于环境犯罪事实的专业性和技术性特点,这一最终结论的形成不得不依靠专业性的环境损害鉴定机构。

在环境犯罪构成要件的事实证明中,客观方面要件,特别是结果犯的犯罪行为容易得到证实,而环境犯罪意图,即犯罪主观方面的证明较为困难。环境犯罪主观方面具有不同于普通犯罪主观方面的复杂情况,行为人过失侵害环境的情形较多。司法实践中,证明行为人主观罪过十分困难,若恪守"无罪推定"和"无过错即无刑事责任"的归责原则,则会枉纵相当一部分的环境犯罪。在学术界,对环境

---

① 参见樊崇义主编:《刑事诉讼法学》(第 3 版),中国政法大学出版社 2013 年版,第 342 ~ 343 页。

② 2021 年最高人民法院发布的《关于适用〈中华人民共和国刑事诉讼法〉的解释》第七十二条:"应当运用证据证明的案件事实包括:(一)被告人、被害人的身份;(二)被指控的犯罪是否存在;(三)被指控的犯罪是否为被告人所实施;(四)被告人有无刑事责任能力,有无罪过,实施犯罪的动机、目的;(五)实施犯罪的时间、地点、手段、后果以及案件起因等;(六)是否系共同犯罪或者犯罪事实存在关联,以及被告人在犯罪中的地位、作用;(七)被告人有无从重、从轻、减轻、免除处罚情节;(八)有关涉案财物处理的事实;(九)有关附带民事诉讼的事实;(十)有关管辖、回避、延期审理等的程序事实;(十一)与定罪量刑有关的其他事实。"

犯罪主观方面的归责原则也存在一些争议。有观点认为环境犯罪应适用严格责任,[①]原因在于环境犯罪具有隐蔽性、积累性和长期性的特点,要证明行为人的主观罪过很困难。因此为了诉讼便利,弥补对环境犯罪造成的损失以及恐吓和惩治此类犯罪,应适用严格责任。[②] 反对者认为,严格责任原则在实际生活中的运用非但不能达到程序法上"堵漏"的目的,且最恶劣的是在实体法上误导司法者及公众的观念——犯罪没有了故意和过失的区别,甚至意外事件也可以等同于犯罪。[③] 赵秉志教授等认为,在环境犯罪中完全排斥严格责任的运用是环境刑法的一个缺陷,不利于过错责任原则在环境犯罪中的贯彻执行,使刑罚的威慑力大为减弱,无法满足社会对环境保护的需要,也有悖于严格责任原则在各国环境刑法立法中的发展趋势。[④]

因果关系的证明是认定犯罪事实的逻辑起点,因果关系存在与否直接决定行为人的定罪和量刑,因此不解决因果关系证明问题就不能很好地认定犯罪事实。环境犯罪的因果关系证明是在环境刑事诉讼过程中,控诉方、被告人等诉讼当事人和法官等诉讼参与人运用证据和各种证明方法,按照证明责任分配原则证明环境犯罪因果关系是否达到相应证明标准的诉讼活动。从司法实践来看,我国目前环境刑事案件相较于其他类型刑事案件少之又少,且大量符合犯罪条件的环境案件以追究民事责任和行政责任结案,究其原因,有罪事实举证困难是不可忽视的原因,而举证困难主要表现为因果关系证明的困难。[⑤] 环境犯罪的因果关系证明标准应该达到证据确实、充分,并且排除合理怀疑的程度。从司法实践来看,由于危害行为的间接性和危害后果的潜伏性以及行为与结果的时空阻隔性,再加上认识水平和认识能力本身具有一定的限制,使得完全厘清环境犯罪行为与结果之间是否为引起与被引起的关系是很难达到的。环境犯罪特殊的发展机理使其因果关系有不同于一般刑事犯罪的隐蔽性、复杂性、高科技性的特点,无法适用传统因果关系理论查明因果关系。西方发达国家在现代化早期对于环境侵权中的因果关系在司法实践中探索总结了盖然因果关系、表面因果关系、疫学因果关系等多

---

① 我国刑法学界对严格责任的界定主要有两种:一种认为,严格责任就是指不具备犯罪心理的犯罪,即行为人实施了法律所禁止的某种行为,即使不具备犯罪心理,也可认定为犯罪并受到刑罚处罚。另一种认为,严格责任是指只要证明被告人实施了某项法律所规定的禁止行为,而不要求证明犯罪过错的存在,就可以认定的犯罪。参见张梓太:《环境犯罪归责的主观要件分析》,载《现代法学》2003 年第 5 期。

② 参见丁为群:《我国环境犯罪归责原则探讨》,载《暨南学报(哲学社会科学版)》2005 年第 4 期。

③ 参见冯亚东:《理性主义与刑法模式:犯罪概念研究》,中国政法大学出版社 2019 年版,第 120 页。

④ 参见赵秉志、陈璐:《当代中国环境犯罪刑法立法及其完善研究》,载《现代法学》2011 年第 6 期。

⑤ 参见唐双娥:《我国污染型环境犯罪因果关系证明方法之综合运用》,载《法学论坛》2012 年第 5 期。

种理论及与此相关的事实推定、间接反证、概率统计等多种证明方法，值得我国借鉴。[①] 在我国环境犯罪事实证明中，可视情景不同分别运用不同的证明方法，如：对于基础事实如污染行为、污染结果，运用证据可以完全证实的，直接运用逻辑推理法、经验法则即可；[②]在证明犯罪行为与污染结果之间的联系时，可综合运用多种证明方法。刑事案件事实的判定存在两个维度，即真实性（要求裁判者自身通过相关的专业知识，并在专业机构的帮助下，最终判定的环境犯罪事实符合客观发生的案件实况）和正当性（要求裁判者最终判定的案件事实的过程，能够被当事人及其他社会公众合理地接受）。[③]

三、证明标准

证明标准是指司法人员查明案件事实、当事人证明案件事实需要达到的程度。刑事证明标准在我国如何表述，理论界有不同的观点，有人主张“事实清楚，证据确实、充分”；有人主张“排除合理怀疑”；有人主张“内心确信”；还有人主张“确定无疑”等。[④] 我国法律对刑事证明标准作了较为明确的规定，即“犯罪事实清楚，证据确实、充分”[⑤]。环境刑事案件的证明要达到犯罪事实清楚，证据确实、充分的标准，需要做到以下几点：据以确定特定环境犯罪的每个证据都已经查证属实；证据和待查证的环境犯罪事实之间存在客观联系；环境犯罪主客观要件的事实都有相应的证据加以证明；所有证据已足以对所要证明的环境犯罪事实得出确定无疑的结论。有关环境犯罪的证据确实、充分，不仅是公安机关破获案件的关键，而且是为刑事诉讼提供有效依据的重要环节，这也将影响着人民检察院的举证效率，影响着证明责任主体对整个环境犯罪案件的证明。2016 年发布的最高人民法院、最高人民检察院《关于办理环境污染刑事案件适用法律若干问题的解释》虽然对环境污染犯罪的定罪量刑标准作出了具体规定，但在司法实践中，对于该标准如何确定则很难把握。对于那些处于标准线边缘的案件来说，公安机关应否立案决定着其对案件应否承担证明责任，而这又很难通过规定标准来解决。

四、环境刑事司法鉴定

司法鉴定是指在诉讼活动中鉴定人运用科学技术或者专门知识对诉讼涉及

---

① 参见胡学军：《环境侵权中的因果关系及其证明问题评析》，载《中国法学》2013 年第 5 期。

② 参见唐双娥：《我国污染型环境犯罪因果关系证明方法之综合运用》，载《法学论坛》2012 年第 5 期。

③ 参见史立梅：《程序正义与刑事证据法》，中国人民公安大学出版社 2003 年版，第 151 页。

④ 参见李玉华等：《诉讼证明标准研究》，中国政法大学出版社 2010 年版，第 120 页。

⑤ 《刑事诉讼法》第一百六十二条条一款：“公安机关侦查终结的案件，应当做到犯罪事实清楚，证据确实、充分，并且写出起诉意见书，连同案卷材料、证据一并移送同级人民检察院审查决定；同时将案件移送情况告知犯罪嫌疑人及其辩护律师。”

的专门性问题进行鉴别和判断并提供鉴定意见的活动。① 司法鉴定是诉讼活动中的一项重要内容,鉴定结论是协助法官分析、判断和审查证据材料及案件事实的重要依据,直接影响到案件的定性和定量,因此,司法鉴定是实现司法公正、保障当事人合法权益的关键环节。② 司法鉴定在环境刑事案件证明中发挥着尤其重要的作用。环境刑事诉讼中的司法鉴定通常为"环境损害司法鉴定",其是指在诉讼活动中鉴定人运用环境科学的技术或者专门知识,采用监测、检测、现场勘察、实验模拟或者综合分析等技术方法,对环境污染或者生态破坏诉讼涉及的专门性问题进行鉴别和判断并提供鉴定意见的活动。环境诉讼中需要解决的专门性问题包括:确定污染物的性质;确定生态环境遭受损害的性质、范围和程度;评定因果关系;评定污染治理与运行成本以及防止损害扩大、修复生态环境的措施或方案等。③ 在环境刑事案件诉讼中,人民法院对案件所涉的环境污染专门性问题难以确定的,可以依据司法鉴定机构出具的鉴定意见,或者国务院环境保护主管部门、公安部门制定的机构出具的报告,结合其他证据作出认定。④ 需要注意的是,司法鉴定机构对环境刑事案件作出的鉴定意见并非对案件结果的最终确定,而是作为科学证据证明案件事实,增强法官自由心证的依据,环境刑事案件的最终裁判结果是综合多种因素得出的结论。不过,当前环境司法鉴定制度还存在一些亟待解决的困难,诸如:司法鉴定机构较少,司法鉴定主体混乱,难以满足当下环境犯罪刑事诉讼活动的需要;⑤对现有环境损害司法鉴定机构的管理分散,缺乏统一的鉴

---

① 2015 年全国人民代表大会常务委员会修正的《关于司法鉴定管理问题的决定》第一条:"司法鉴定是指在诉讼活动中鉴定人运用科学技术或者专门知识对诉讼涉及的专门性问题进行鉴别和判断并提供鉴定意见的活动。"

② 参见赵星、安然:《试论我国环境污损司法鉴定机构的建构——以完善环境犯罪的惩治为视角》,载《法学杂志》2010 年第 7 期。

③ 参见 2015 年司法部、原环境保护部发布的《关于规范环境损害司法鉴定管理工作的通知》中"二、鉴定事项"的规定。

④ 2016 年最高人民法院、最高人民检察院发布的《关于办理环境污染刑事案件适用法律若干问题的解释》第十四条:"对案件所涉的环境污染专门性问题难以确定的,依据司法鉴定机构出具的鉴定意见,或者国务院环境保护主管部门、公安部门指定的机构出具的报告,结合其他证据作出认定。"

⑤ 2015 年司法部、原环境保护部发布的《关于规范环境损害司法鉴定管理工作的通知》只是笼统地对环境司法鉴定机构发展规划进行了整体构想。随后公布的第一批、第二批、第三批《环境损害鉴定评估推荐机构名录》列明了具体的司法鉴定机构,但并不能很好地解决现实问题,如:仅针对环境行政机关,效力不涉及司法机关办理的环境刑事案件;未明确在本省范围内其他省鉴定机构的意见是否有效;名录不具有强制力,且没有明确规定若委托非名录上的机构出具鉴定意见的效力等。

定标准，且技术规范的缺失和冲突也时有发生；①部分鉴定机构资质不符合专业性要求，这样使得针对具体问题所出具的鉴定意见往往缺乏科学性和规范性，影响法律威信的建立和社会的和谐稳定；环境损害鉴定时间长，费用高，办案机关难以承受。以上所述属于环境司法鉴定制度在发展中的问题，需在实践中进一步加以完善。

① 2015年全国人民代表大会常务委员会修正的《关于司法鉴定管理问题的决定》第二条对法定鉴定类型作出规定："国家对从事下列司法鉴定业务的鉴定人和鉴定机构实行登记管理制度：（一）法医类鉴定；（二）物证类鉴定；（三）声像资料鉴定；（四）根据诉讼需要由国务院司法行政部门商最高人民法院、最高人民检察院确定的其他应当对鉴定人和鉴定机构实行登记管理的鉴定事项。法律对前款规定事项的鉴定人和鉴定机构的管理另有规定的，从其规定。"并没有将环境污染鉴定单独归类。2015年司法部、原环境保护部发布的《关于规范环境损害司法鉴定管理工作的通知》列举了七种环境污染的鉴定领域，但并没有具体规定需要鉴定的事项。2013年最高人民法院、最高人民检察院发布的《关于办理环境污染刑事案件适用法律若干问题的解释》第十一条第一款规定："对案件所涉的环境污染专门性问题难以确定的，由司法鉴定机构出具鉴定意见，或者由国务院环境保护部门指定的机构出具检验报告。"而在司法实践中，多份鉴定意见之间、鉴定意见与检验报告之间存在矛盾冲突的情况，给最终认定案件事实增加了裁判难度。2016年发布的最高人民法院、最高人民检察院《关于办理环境污染刑事案件适用法律若干问题的解释》删去这一相关条款，且并没有专门的条款对这一问题作出说明，导致司法实践中出现此类问题没有妥善的解决办法。

第六章　环境刑事司法(下)

第一节　环境犯罪的司法认定

犯罪的司法认定,是指司法机关在司法程序中如何对刑事案件中受刑事指控行为之罪与非罪、此罪与彼罪、罪轻与罪重等情形依法加以认证与确定,实际上就是对犯罪的定罪量刑。司法实践中,对于环境犯罪的认定实际上是一个非常复杂的过程,涉及立案、侦查、审查起诉、裁判等诸多司法环节以及证据的获取与认证,而此处只对于环境刑事司法中被告人行为之罪与非罪、此罪与彼罪、罪轻与罪重的一些情形进行理论阐述,而且撇去那些容易引起争议的情形。由于在第二节(环境犯罪)中已经介绍了各环境犯罪的一般构成情况,在此不再赘述,本节将结合相关的司法解释仅阐述环境犯罪各罪名下有关罪与非罪、此罪与彼罪、罪轻与罪重在司法认定中一些需要注意的典型或特殊问题。

一、污染环境类犯罪

(一)污染环境罪

1. 罪与非罪。(1)违反国家规定的范围。《刑法》第九十六条明确了国家规定的范围限于全国人民代表大会及其常委会和国务院层级制定的全国性立法或具有全国性立法属性的规范性文件,[①]但是,司法实践中“国家规定”仍存在扩大适用的情形。2011 年最高人民法院发布的《关于准确理解和适用刑法中“国家规定”的有关问题的通知》,将符合条件的国务院办公厅制发的文件规定也视为“国

---

① 《刑法》第九十六条:“本法所称违反国家规定,是指违反全国人民代表大会及其常务委员会制定的法律和决定,国务院制定的行政法规、规定的行政措施、发布的决定和命令。”

家规定”[①]。不仅如此,国务院其他部委依据法律法规授权而制发的有关规定也能成为确定刑事责任的判断依据。例如,根据法律授权,国务院环境保护主管部门会同国务院卫生主管部门制发的有毒有害水污染物名录,[②]实际上也属于国家规定。由此,我国刑法中的“国家规定”在范围上涵盖全国人民代表大会及其常委会制定的立法或决定;国务院制定的立法、规定、决定和命令;国务院办公厅制发的文件;国务院有关部门根据法律或法规的授权而制发的规定。虽然,最高人民法院和最高人民检察院发布用于指导各级司法机关办案的刑事司法文件并不直接规范公民、法人或非法人组织的行为,但是,当这些司法文件上的规定运用到刑事个案中对受指控的行为进行评判时,即可产生法律评价效力,此时的司法文件也属于实践中的“国家规定”。刑法中的“国家规定”实质上代表着刑事责任的设定权限,因此,在实践中有必要作出严格限定性解释。环境相关行为人违反国家规定是其触犯污染环境罪的前提,也是环境司法实践中判定罪与非罪必须严格把控的第一道门槛。最高人民法院虽然将符合条件的国务院办公厅制发的文件视为“国家规定”,但本书认为,在具体的个案中受指控者如果对于国务院办公厅制发的文件作为“国家规定”存有疑问,有权申请全国人民代表大会常委会或国务院予以审查确认。同样,当事人对于最高人民法院和最高人民检察院发布用于评判案件的司法文件,如果认为该司法文件对具体法条的解释僭越法律解释权[③]或违背“立法的目的、原则和原意”时,[④]应有权通过适宜的程序向相关立法机关请求审查确认。(2)其他有害物质。对于本罪中所未加明确的其他有害物质,应当坚持主客观相一致原则,从行为人的主观恶性,污染行为恶劣程度,有害物质危险性、毒害性等方面进行综合分析判断,准确认定其行为的社会危害性。实践中,常见

---

① 2011年最高人民法院发布的《关于准确理解和适用刑法中“国家规定”的有关问题的通知》第一条:“根据刑法第九十六条的规定,刑法中的‘国家规定’是指,全国人民代表大会及其常务委员会制定的法律和决定,国务院制定的行政法规、规定的行政措施、发布的决定和命令。其中,‘国务院规定的行政措施’应当由国务院决定,通常以行政法规或者国务院制发文件的形式加以规定。以国务院办公厅名义制发的文件,符合以下条件的,亦应视为刑法中的‘国家规定’:(1)有明确的法律依据或者同相关行政法规不相抵触;(2)经国务院常务会议讨论通过或者经国务院批准;(3)在国务院公报上公开发布。”

② 《水污染防治法》第三十二条第一款:“国务院环境保护主管部门应当会同国务院卫生主管部门,根据对公众健康和生态环境的危害和影响程度,公布有毒有害水污染物名录,实行风险管理。”

③ 2015年修正的《立法法》第四十五条:“法律解释权属于全国人民代表大会常务委员会。法律有以下情况之一的,由全国人民代表大会常务委员会解释:(一)法律的规定需要进一步明确具体含义的;(二)法律制定后出现新的情况,需要明确适用法律依据的。”

④ 2015年修正的《立法法》第一百零四条第一款:“最高人民法院、最高人民检察院作出的属于审判、检察工作中具体应用法律的解释,应当主要针对具体的法律条文,并符合立法的目的、原则和原意。遇有本法第四十五条第二款规定情况的,应当向全国人民代表大会常务委员会提出法律解释的要求或者提出制定、修改有关法律的议案。”

的有害物质主要有:工业危险废物以外的其他工业固体废物;未经处理的生活垃圾;有害大气污染物、受控消耗臭氧层物质和有害水污染物;在利用和处置过程中必然产生有毒有害物质的其他物质;国务院生态环境保护主管部门会同国务院卫生主管部门公布的有毒有害污染物名录中的有关物质等。[①] (3)处置与利用行为。法律对固体废物的“处置”进行了界定,[②]由此,若将该法处置对象扩展为受管控的有毒有害物质,本罪中的处置可以理解为采取符合规定的方法或措施,使已产生的受管控的有毒有害物质减少数量、缩小体积或降低浓度、减少或者消除其危险或有害成分的活动,或者将受管控的有毒有害物质最终置于符合环境保护规定要求的场所的活动。所谓处置,实际上就是按照法律规定对于处置对象加以减量化、无害化或安全化的一种专业性的技术处理活动。环境行政法上,对于处置受管控的有毒有害物质设置了行政许可制度,要求处置者具有相应资质并且在处置时遵循特定的处置规范,否则可构成非法处置。废物实际上是一种放错地方的资源,条件具备时人类仍可对之加以利用。法律对于“利用”固体废物进行了界定,[③]显然,安全利用受管控的有毒有害废物是一种将其变废为宝的处置方式。实践中,会出现对受管控的有毒有害废物的合法利用,也有打着“利用”名号的非法处置,更有打“擦边球”式的非法处置。因此,需要区分合法利用与非法处置之间的界限,对于合法利用而污染环境的,不应入罪。实践中,应当根据《固体废物污染环境防治法》和司法解释的有关规定精神,从其行为方式是否违反国家规定或者行业操作规范、污染物是否与外环境接触、是否造成环境污染的危险或者危害等方面进行综合分析判断。对名为运输、贮存、利用,实为排放、倾倒、处置的行为应当认定为非法排放、倾倒、处置行为,可以依法追究刑事责任。[④] (4)危害不大可不入罪。行为人无危险废物经营许可证而从事收集、贮存、利用、处置危险废物经营活动,不具有超标排放污染物、非法倾倒污染物或者其他违法造成环境污染

---

① 2019年最高人民法院、最高人民检察院、公安部、司法部、生态环境部联合发布的《关于办理环境污染刑事案件有关问题座谈会纪要》的通知中“9.关于有害物质的认定”。

② 《固体废物污染环境防治法》第一百二十四条:“本法下列用语的含义:……(九)处置,是指将固体废物焚烧和用其他改变固体废物的物理、化学、生物特性的方法,达到减少已产生的固体废物数量、缩小固体废物体积、减少或者消除其危险成分的活动,或者将固体废物最终置于符合环境保护规定要求的填埋场的活动。”

③ 《固体废物污染环境防治法》第一百二十四条:“本法下列用语的含义:……(八)利用,是指从固体废物中提取物质作为原材料或者燃料的活动……”

④ 2019年最高人民法院、最高人民检察院、公安部、司法部、生态环境部联合发布的《关于办理环境污染刑事案件有关问题座谈会纪要》的通知中“8.关于非法排放、倾倒、处置行为的认定”。

的情形的,可以认定为非法经营情节显著轻微危害不大,不认为是犯罪。[①] 本罪中还有很多其他方面罪与非罪的界限问题,在此不一而足。

2. 此罪与彼罪。(1)本罪与重大责任事故罪。本罪中存在结果加重犯的情形,当出现“致使多人重伤、严重疾病,或者致人严重残疾、死亡的”危害后果时,属于重大伤亡事故。此时本罪可能在法条上与重大责任事故罪[②]发生竞合,应按特别法优于普通法原则,以污染环境罪来定罪处罚。(2)本罪与投放危险物质罪或以危险方法危害公共安全罪。[③] 在投放危险物质罪中,行为人向环境中投放有毒有害物质危害公共安全,显然也能造成严重污染环境的后果,可能触犯污染环境罪。但是,行为人向环境中投放有毒有害物质与非法处置有毒有害废物在行为目的、投处物质属性、侵害法益上存有明显不同。投放有毒有害物质是行为人以危害他人安全为目的,这种有毒有害物质多数情况下并非作为废物而存在,行为人向环境中投放时应当知道此类物质可能会产生严重危害公共安全的后果而追求或放任这种后果的产生,故其行为侵害了公共安全法益。而本罪中,行为人非法处置有毒有害物质,也可能会采取类似投放的倾倒式处置。但是,非法处置的有毒有害物质属于难于利用的废物,其行为目的在于追求非法经济利益或节约处置费用,而不在于危害公共安全,即使发生了危害公共安全的后果,此时只是出于主观过失。显然,投放危险物质罪或以危险方法危害公共安全罪的故意犯比本罪的主观恶性更大,法律上对其起刑点也比本罪高。司法实践中对环境污染行为适用投放危险物质罪追究刑事责任时,应当重点审查判断行为人的主观恶性,污染行为恶劣程度,污染物的毒害性、危险性,污染持续时间,污染结果是否可逆,是否对公共安全造成现实、具体、明确的危险或者危害等各方面因素。对于行为人明知其排放、倾倒、处置的污染物含有毒害性、放射性、传染病病原体等危险物质,仍实

---

① 2016年最高人民法院、最高人民检察院发布的《关于办理环境污染刑事案件适用法律若干问题的解释》第六条:“无危险废物经营许可证从事收集、贮存、利用、处置危险废物经营活动,严重污染环境的,按照污染环境罪定罪处罚;同时构成非法经营罪的,依照处罚较重的规定定罪处罚。实施前款规定的行为,不具有超标排放污染物、非法倾倒污染物或者其他违法造成环境污染的情形的,可以认定为非法经营情节显著轻微危害不大,不认为是犯罪;构成生产、销售伪劣产品等其他犯罪的,以其他犯罪论处。”

② 《刑法》第一百三十四条第一款:“在生产、作业中违反有关安全管理的规定,因而发生重大伤亡事故或者造成其他严重后果的,处三年以下有期徒刑或者拘役;情节特别恶劣的,处三年以上七年以下有期徒刑。”

③ 《刑法》第一百一十四条:“放火、决水、爆炸以及投放毒害性、放射性、传染病病原体等物质或者以其他危险方法危害公共安全,尚未造成严重后果的,处三年以上十年以下有期徒刑。”第一百一十五条:“放火、决水、爆炸以及投放毒害性、放射性、传染病病原体等物质或者以其他危险方法致人重伤、死亡或者使公私财产遭受重大损失的,处十年以上有期徒刑、无期徒刑或者死刑。过失犯前款罪的,处三年以上七年以下有期徒刑;情节较轻的,处三年以下有期徒刑或者拘役。”

施环境污染行为放任其危害公共安全，造成重大人员伤亡、重大公私财产损失等严重后果，以污染环境罪论处明显不足以罚当其罪的，可以按投放危险物质罪定罪量刑。实践中，此类情形主要是向饮用水水源保护区，饮用水供水单位取水口和出水口，南水北调水库、干渠、涵洞等配套工程，重要渔业水体以及自然保护区核心区等特殊保护区域，排放、倾倒、处置毒害性极强的污染物，危害公共安全并造成严重后果的情形。[①] (3)本罪与危险物品肇事罪。[②] 本罪为违反国家规定，向环境中排放、倾倒或者处置危险或其他有毒有害废弃物，危害发生在废物处理环节。而危险物品肇事罪则是违反危险物品管理规定，此规定包括国家规定，也包括规章、地方性法规以及其他行政规范性文件的规定；此危险物品属于具有危险属性的产品或原料，不同于向环境中排放、倾倒或者处置危险或其他有毒有害废弃物，且危害发生在生产、储存、运输、使用危险物品的过程中。(4)本罪与非法经营罪。[③] 无危险废物经营许可证从事收集、贮存、利用、处置危险废物经营活动，严重污染环境的，构成本罪，同时又可构成非法经营罪，依照处罚较重的规定定罪处罚。(5)本罪与非法处置进口的固体废物罪。非法处置进口的固体废物行为显然也能严重污染环境，可以构成本罪。但是，非法处置进口的固体废物罪针对的是进口的固体废物，相较而言污染环境罪涵盖境内境外所产生的固体废物。当违法行为构成非法处置进口的固体废物罪又构成污染环境罪时，应按处罚较重的规定定罪处罚。(6)本罪与破坏计算机信息系统罪。[④] 一般情况下，本罪与破坏计算机信息系统罪不易发生竞合。但是，当重点排污单位篡改、伪造自动监测数据或

---

① 2019年最高人民法院、最高人民检察院、公安部、司法部、生态环境部联合发布的《关于办理环境污染刑事案件有关问题座谈会纪要》的通知中“6.关于投放危险物质罪的适用”。

② 《刑法》第一百三十六条：“违反爆炸性、易燃性、放射性、毒害性、腐蚀性物品的管理规定，在生产、储存、运输、使用中发生重大事故，造成严重后果的，处三年以下有期徒刑或者拘役；后果特别严重的，处三年以上七年以下有期徒刑。”

③ 《刑法》第二百二十五条：“违反国家规定，有下列非法经营行为之一，扰乱市场秩序，情节严重的，处五年以下有期徒刑或者拘役，并处或者单处违法所得一倍以上五倍以下罚金；情节特别严重的，处五年以上有期徒刑，并处违法所得一倍以上五倍以下罚金或者没收财产：(一)未经许可经营法律、行政法规规定的专营、专卖物品或者其他限制买卖的物品的；(二)买卖进出口许可证、进出口原产地证明以及其他法律、行政法规规定的经营许可证或者批准文件的；(三)未经国家有关主管部门批准非法经营证券、期货、保险业务的，或者非法从事资金支付结算业务的；(四)其他严重扰乱市场秩序的非法经营行为。”

④ 《刑法》第二百八十六条：“违反国家规定，对计算机信息系统功能进行删除、修改、增加、干扰，造成计算机信息系统不能正常运行，后果严重的，处五年以下有期徒刑或者拘役；后果特别严重的，处五年以上有期徒刑。违反国家规定，对计算机信息系统中存储、处理或者传输的数据和应用程序进行删除、修改、增加的操作，后果严重的，依照前款的规定处罚。故意制作、传播计算机病毒等破坏性程序，影响计算机系统正常运行，后果严重的，依照第一款的规定处罚。单位犯前三款罪的，对单位判处罚金，并对其直接负责的主管人员和其他直接责任人员，依照第一款的规定处罚。”

者干扰自动监测设施，排放化学需氧量、氨氮、二氧化硫、氮氧化物等污染物，则可能同时构成污染环境罪和破坏计算机信息系统罪，此时应按处罚较重的规定定罪处罚。①

3. 罪轻与罪重。(1)法定刑。本罪刑罚设有轻度、中度、重度三个档次。当构成本罪时，罪轻则对应轻度刑罚，即处三年以下有期徒刑或者拘役，并处或者单处罚金；情节严重时，属本罪中度犯对应中度刑罚，即处三年以上七年以下有期徒刑，并处罚金；情节或危害特别严重的，属本罪重度犯对应重度刑罚，即处七年以上有期徒刑，并处罚金。(2)从宽处罚。当违法行为刚达到入罪标准，但行为人及时采取措施，防止损失扩大、消除污染，全部赔偿损失，积极修复生态环境，且系初犯，确有悔罪表现的，可以认定为情节轻微，不起诉或者免予刑事处罚；确有必要判处刑罚的，应当从宽处罚。② (3)从重处罚。构成本罪出现以下几种情形应当从重处罚：阻挠环境监督检查或者突发环境事件调查，尚不构成妨害公务等犯罪的；在医院、学校、居民区等人口集中地区及其附近，违反国家规定排放、倾倒、处置有放射性的废物、含传染病病原体的废物、有毒物质或者其他有害物质的；在重污染天气预警期间、突发环境事件处置期间或者被责令限期整改期间，违反国家规定排放、倾倒、处置有放射性的废物、含传染病病原体的废物、有毒物质或者其他有害物质的；具有危险废物经营许可证的企业违反国家规定排放、倾倒、处置有放射性的废物、含传染病病原体的废物、有毒物质或者其他有害物质的。③ 实践中，对于发生在长江经济带十一省(直辖市)的下列环境污染犯罪行为，可以从重处罚：跨省(直辖市)排放、倾倒、处置有放射性的废物、含传染病病原体的废物、有

---

① 2016年最高人民法院、最高人民检察院发布的《关于办理环境污染刑事案件适用法律若干问题的解释》第十条第二款："重点排污单位篡改、伪造自动监测数据或者干扰自动监测设施，排放化学需氧量、氨氮、二氧化硫、氮氧化物等污染物，同时构成污染环境罪和破坏计算机信息系统罪的，依照处罚较重的规定定罪处罚。"

② 2016年最高人民法院、最高人民检察院发布的《关于办理环境污染刑事案件适用法律若干问题的解释》第五条："实施刑法第三百三十八条、第三百三十九条规定的行为，刚达到应当追究刑事责任的标准，但行为人及时采取措施，防止损失扩大、消除污染，全部赔偿损失，积极修复生态环境，且系初犯，确有悔罪表现的，可以认定为情节轻微，不起诉或者免予刑事处罚；确有必要判处刑罚的，应当从宽处罚。"

③ 2016年最高人民法院、最高人民检察院发布的《关于办理环境污染刑事案件适用法律若干问题的解释》第四条："实施刑法第三百三十八条、第三百三十九条规定的犯罪行为，具有下列情形之一的，应当从重处罚：(一)阻挠环境监督检查或者突发环境事件调查，尚不构成妨害公务等犯罪的；(二)在医院、学校、居民区等人口集中地区及其附近，违反国家规定排放、倾倒、处置有放射性的废物、含传染病病原体的废物、有毒物质或者其他有害物质的；(三)在重污染天气预警期间、突发环境事件处置期间或者被责令限期整改期间，违反国家规定排放、倾倒、处置有放射性的废物、含传染病病原体的废物、有毒物质或者其他有害物质的；(四)具有危险废物经营许可证的企业违反国家规定排放、倾倒、处置有放射性的废物、含传染病病原体的废物、有毒物质或者其他有害物质的。"

毒物质或者其他有害物质的;向国家确定的重要江河、湖泊或者其他跨省(直辖市)江河、湖泊排放、倾倒、处置有放射性的废物、含传染病病原体的废物、有毒物质或者其他有害物质的。(4)重罪处罚。以下情形则为本罪"后果特别严重"的重度犯的表现,应给予本罪重度处罚:致使县级以上城区集中式饮用水水源取水中断十二小时以上的;非法排放、倾倒、处置危险废物一百吨以上的;致使基本农田、防护林地、特种用途林地十五亩以上,其他农用地三十亩以上,其他土地六十亩以上基本功能丧失或者遭受永久性破坏的;致使森林或者其他林木死亡一百五十立方米以上,或者幼树死亡七千五百株以上的;致使公私财产损失一百万元以上的;造成生态环境特别严重损害的;致使疏散、转移群众一万五千人以上的;致使一百人以上中毒的;致使十人以上轻伤、轻度残疾或者器官组织损伤导致一般功能障碍的;致使三人以上重伤、中度残疾或者器官组织损伤导致严重功能障碍的;致使一人以上重伤、中度残疾或者器官组织损伤导致严重功能障碍,并致使五人以上轻伤、轻度残疾或者器官组织损伤导致一般功能障碍的;致使一人以上死亡或者重度残疾的;其他后果特别严重的情形。①

(二)非法处置进口的固体废物罪

1. 罪与非罪。(1)违反国家规定。与污染环境罪一样,本罪以违反国家环境保护方面的规定为前提,本罪规制的重心在非法处置固体废物行为上,而不在进口固体废物行为上。(2)处置行为。本罪罪名中的"处置"比污染环境罪中的"处置"外延更广,包括"倾倒、堆放、处置"等行为。与污染环境罪一样,本罪需注意区分利用与处置行为的界限。(3)进口的固体废物。本罪中进口的固体废物应作广义理解,包括经过合法渠道(海关)进口的固体废物,也包括经非法渠道(走私)进境的固体废物。

2. 此罪与彼罪。(1)本罪与污染环境罪。上文已有阐述,此处不再赘述。

---

① 2016年最高人民法院、最高人民检察院发布的《关于办理环境污染刑事案件适用法律若干问题的解释》第三条:"实施刑法第三百三十八条、第三百三十九条规定的行为,具有下列情形之一的,应当认定为'后果特别严重':(一)致使县级以上城区集中式饮用水水源取水中断十二小时以上的;(二)非法排放、倾倒、处置危险废物一百吨以上的;(三)致使基本农田、防护林地、特种用途林地十五亩以上,其他农用地三十亩以上,其他土地六十亩以上基本功能丧失或者遭受永久性破坏的;(四)致使森林或者其他林木死亡一百五十立方米以上,或者幼树死亡七千五百株以上的;(五)致使公私财产损失一百万元以上的;(六)造成生态环境特别严重损害的;(七)致使疏散、转移群众一万五千人以上的;(八)致使一百人以上中毒的;(九)致使十人以上轻伤、轻度残疾或者器官组织损伤导致一般功能障碍的;(十)致使三人以上重伤、中度残疾或者器官组织损伤导致严重功能障碍的;(十一)致使一人以上重伤、中度残疾或者器官组织损伤导致严重功能障碍,并致使五人以上轻伤、轻度残疾或者器官组织损伤导致一般功能障碍的;(十二)致使一人以上死亡或者重度残疾的;(十三)其他后果特别严重的情形。"

(2)本罪与走私废物罪。[①] 本罪处罚的是非法将境外固体废物在我国境内倾倒、堆放、处置的行为,该行为无关逃避海关监管;而走私废物罪处罚的是走私行为,逃避海关监管。若行为人走私固体废物后,又在我国境内非法倾倒、堆放、处置,则既构成走私废物罪,又构成非法处置进口的固体废物罪,应数罪并罚。(3)本罪与擅自进口固体废物罪。若行为人通过伪造、变造国务院环境保护主管部门的证书进口境外的固体废物并进行非法倾倒、堆放、处置的,其行为同时触犯本罪与擅自进口固体废物罪,属于牵连犯,应数罪并罚。

3. 罪轻与罪重。(1)法定刑。本罪刑罚设有轻度、中度、重度三个档次。当构成本罪时,罪轻则对应轻度刑罚,即处五年以下有期徒刑或者拘役,并处罚金;造成重大环境污染事故,致使公私财产遭受重大损失或者严重危害人体健康的,属本罪中度犯对应中度刑罚,即处五年以上十年以下有期徒刑,并处罚金;后果特别严重的,属本罪重度犯对应重度刑罚,处十年以上有期徒刑,并处罚金。(2)轻度处罚。本罪属于行为犯,一旦构成本罪,就达到本罪的轻罪门槛。(3)中度处罚。非法处置进口的固体废物,造成公私财产遭受重大损失或者严重危害人体健康,达到以下严重情形之一的,按本罪中度犯处罚[②]:致使公私财产损失三十万元以上的;造成生态环境严重损害的;致使乡镇以上集中式饮用水水源取水中断十二小时以上的;致使基本农田、防护林地、特种用途林地五亩以上,其他农用地十亩以上,其他土地二十亩以上基本功能丧失或者遭受永久性破坏的;致使森林或者其他林木死亡五十立方米以上,或者幼树死亡二千五百株以上的;致使疏散、转移群众五千人以上的;致使三十人以上中毒的;致使三人以上轻伤、轻度残疾或者器官组织损伤导致一般功能障碍的;致使一人以上重伤、中度残疾或者器官组织损伤导致严重功能障碍的。[③] (4)重度处罚。非法处置进口的固体废物,出现污染环境罪的重度犯情形之一的,按本罪重度犯处罚。[④] (5)从宽与从重处罚。本罪从

---

① 《刑法》第一百五十二条第二款规定:"逃避海关监管将境外固体废物、液态废物和气态废物运输进境,情节严重的,处五年以下有期徒刑,并处或者单处罚金;情节特别严重的,处五年以上有期徒刑,并处罚金。"

② 参见2016年最高人民法院、最高人民检察院《关于办理环境污染刑事案件适用法律若干问题的解释》第一条第(十)项至第(十七)项。

③ 2016年最高人民法院、最高人民检察院发布的《关于办理环境污染刑事案件适用法律若干问题的解释》第二条:"实施刑法第三百三十九条、第四百零八条规定的行为,致使公私财产损失三十万元以上,或者具有本解释第一条第十项至第十七项规定情形之一的,应当认定为'致使公私财产遭受重大损失或者严重危害人体健康'或者'致使公私财产遭受重大损失或者造成人身伤亡的严重后果'。"

④ 参见2016年最高人民法院、最高人民检察院发布的《关于办理环境污染刑事案件适用法律若干问题的解释》第三条。

宽处罚、[1]从重处罚的情形也与污染环境罪一致。[2]

(三)擅自进口固体废物罪

1. 罪与非罪。加入世界贸易组织后,我国普通货物进口实行自动许可,但是对于一些特殊商品,如固体废物仍实行持证进口。擅自进口固体废物是指未取得国务院环境保护行政主管部门的许可进口固体废物,包括无证进口、有证暗度陈仓进口、超过许可数量或范围进口等,仍属通过正规渠道进口。因此,相较于非法处置进口的固体废物罪,本罪入罪门槛较高。本罪属于结果犯,构成本罪需造成重大环境污染事故,致使公私财产遭受重大损失或者严重危害人体健康的结果,而且擅自进口固体废物行为与这种危害结果之间具有刑法上的因果关系。从2021年开始,我国禁止进口固体废物,此后无论基于何种目的进口固体废物行为都属于非法行为。由此,本书认为本罪名应改为"进口固体废物罪",同时降低入刑门槛,改为危险犯,进口的固体废物具有足以造成重大环境污染事故,致使公私财产遭受重大损失或者严重危害人体健康风险的,即可入罪。[3]

2. 此罪与彼罪。(1)本罪与走私废物罪。本罪侵害的法益为国家环境保护法律制度,而走私废物罪侵害的是海关监管制度;在行为目的上,本罪在于将境外固体废物用作原料,而走私废物罪则为了谋取非法利益;在行为方式上,本罪并不逃避海关监管,而走私废物罪主要表现为逃避海关监管的行为;本罪属于结果犯,而走私废物罪属于行为犯;在犯罪对象上,本罪限于国家限制进口的固体废物,而走私废物罪则涵盖国家禁止进口的固体废物、液态废物、气态废物。如果行为人以利用原料为名,进口不能用作原料的固体废物、液态废物和气态废物的,则按走私废物罪论处。(2)本罪与非法处置进口的固体废物罪。本罪表现为利用废物作原料的目的,非法处置进口的固体废物罪则不涵盖此种目的,而是出于将境外的固体废物进境加以倾倒、堆放、处置的目的。(3)一罪与数罪。行为人擅自进口固体废物,往往要伪造、变造批准证书,这一行为又触犯了伪造、变造国家机关公文、证件、印章的情形,应数罪并罚。

3. 罪轻与罪重。本罪有两档刑罚,分别对应罪轻与罪重的情形。本罪轻度犯和重度犯的处罚分别对应着非法处置进口的固体废物罪的中度犯和重度犯,此处不再赘述。

---

① 参见2016年最高人民法院、最高人民检察院发布的《关于办理环境污染刑事案件适用法律若干问题的解释》第五条。

② 参见2016年最高人民法院、最高人民检察院发布的《关于办理环境污染刑事案件适用法律若干问题的解释》第四条。

③ 通过检索中国裁判文书网,暂时未见到以擅自进口固体废物罪定罪的裁判文书。

二、破坏生态类罪

(一)非法捕捞水产品罪

1. 罪与非罪。(1)经批准的捕捞为合法行为。因科学研究等特殊需要,在禁渔区、禁渔期捕捞或者使用禁用的渔具、捕捞方法,或者捕捞重点保护的渔业资源品种,若经过省级以上人民政府渔业行政主管部门批准,即为合法,不构成本罪。[①] (2)违反捕捞"六禁"条件。所谓"六禁"指相关渔业法律法规禁止违反捕捞渔业水产品的数量、种类、区域、期限、方法、工具等。未违反"六禁"的,则不构成本罪。[②] (3)入罪情节。本罪属于情节犯,情节严重才构成本罪。2008 年最高人民检察院、公安部发布的《关于公安机关管辖的刑事案件立案追诉标准的规定(一)》对非法捕捞水产品属于情节严重的程度在内陆水域和海洋水域作出区分。从数量上看,海洋水域非法捕捞的水产品数量或价值上是等同情况下内陆水域的四倍。[③] 但是,2016 年最高人民法院发布的《关于审理发生在我国管辖海域相关案件若干问题的规定(二)》则对于海洋水域非法捕捞水产品的数量或价值属于"情节严重"的情形大幅度提高了评价标准。在海洋水域非法捕捞水产品,达到以下条件属于情节严重情形:非法捕捞水产品一万公斤以上或者价值十万元以上;非法捕捞有重要经济价值的水生动物苗种、怀卵亲体二千公斤以上或者价值二万元以上;在水产种质资源保护区内捕捞水产品二千公斤以上或者价值二万元以上;在禁渔区内使用禁用的工具或者方法捕捞;在禁渔期内使用禁用的工具或者

---

① 2020 年第二次修订的《中华人民共和国渔业法实施细则》第十九条:"因科学研究等特殊需要,在禁渔区、禁渔期捕捞,或者使用禁用的渔具、捕捞方法,或者捕捞重点保护的渔业资源品种,必须经省级以上人民政府渔业行政主管部门批准。"

② 《渔业法》第三十八条第一款:"使用炸鱼、毒鱼、电鱼等破坏渔业资源方法进行捕捞的,违反关于禁渔区、禁渔期的规定进行捕捞的,或者使用禁用的渔具、捕捞方法和小于最小网目尺寸的网具进行捕捞或者渔获物中幼鱼超过规定比例的,没收渔获物和违法所得,处五万元以下的罚款;情节严重的,没收渔具,吊销捕捞许可证;情节特别严重的,可以没收渔船;构成犯罪的,依法追究刑事责任。"

③ 2008 年最高人民检察院、公安部发布的《关于公安机关管辖的刑事案件立案追诉标准的规定(一)》第六十三条:"[非法捕捞水产品案(刑法第三百四十条)]违反保护水产资源法规,在禁渔区、禁渔期或者使用禁用的工具、方法捕捞水产品,涉嫌下列情形之一的,应予立案追诉:(一)在内陆水域非法捕捞水产品五百公斤以上或者价值五千元以上的,或者在海洋水域非法捕捞水产品二千公斤以上或者价值二万元以上的;(二)非法捕捞有重要经济价值的水生动物苗种、怀卵亲体或者在水产种质资源保护区内捕捞水产品,在内陆水域五十公斤以上或者价值五百元以上,或者在海洋水域二百公斤以上或者价值二千元以上的;(三)在禁渔区内使用禁用的工具或者禁用的方法捕捞的;(四)在禁渔期内使用禁用的工具或者禁用的方法捕捞的;(五)在公海使用禁用渔具从事捕捞作业,造成严重影响的;(六)其他情节严重的情形。"

方法捕捞;在公海使用禁用渔具从事捕捞作业,造成严重影响等。[①] 在内陆水域,达到以下条件则属于情节严重情形:非法捕捞水产品五百公斤以上或者价值一万元以上;非法捕捞有重要经济价值的水生动物苗种、怀卵亲体或者在水产种质资源保护区内捕捞水产品五十公斤以上或者价值一千元以上;在禁渔区使用电鱼、毒鱼、炸鱼等严重破坏渔业资源的禁用方法或者禁用工具捕捞;在禁渔期使用电鱼、毒鱼、炸鱼等严重破坏渔业资源的禁用方法或者禁用工具捕捞等。[②] 据此,公安机关在办理本罪案件时,也应提高相应情形下的立案标准。

2. 此罪与彼罪。(1)本罪与危害公共安全罪。若行为人在非法捕捞水产品时采用爆炸、投毒等危险方法,造成大量水产资源遭到破坏,危害重大公私财产安全的,或造成少量水产资源破坏,危及不特定多数人的人身安全,则应视情况定为爆炸罪或投放危险物质罪。(2)本罪与危害珍贵、濒危野生动物罪。若行为人非法捕捞的是国家重点保护的珍贵、濒危水生野生动物,构成危害珍贵、濒危野生动物罪。但在非法捕捞水产品过程中,由于不认识或者意想不到而误捕到了珍贵、濒危水生野生动物的,由于行为人主观上没有非法猎捕、杀害珍贵、濒危野生动物的故意,则以非法捕捞水产品罪定罪处罚。(3)本罪与故意毁坏财物罪。[③] 若行为人以毁坏他人财物而将水产品毒死、炸死,或通过其他方式将水产资源毁坏的,如果没有危及公共安全,则构成故意毁坏财物罪,危及公共安全的,构成投放危险物

---

① 2016 年最高人民法院发布的《关于审理发生在我国管辖海域相关案件若干问题的规定(二)》第四条:"违反保护水产资源法规,在海洋水域,在禁渔区、禁渔期或者使用禁用的工具、方法捕捞水产品,具有下列情形之一的,应当认定为刑法第三百四十条规定的'情节严重':(一)非法捕捞水产品一万公斤以上或者价值十万元以上的;(二)非法捕捞有重要经济价值的水生动物苗种、怀卵亲体二千公斤以上或者价值二万元以上的;(三)在水产种质资源保护区内捕捞水产品二千公斤以上或者价值二万元以上的;(四)在禁渔区内使用禁用的工具或者方法捕捞的;(五)在禁渔期内使用禁用的工具或者方法捕捞的;(六)在公海使用禁用渔具从事捕捞作业,造成严重影响的;(七)其他情节严重的情形。"

② 2022 年最高人民法院、最高人民检察院联合发布的《关于办理破坏野生动物资源刑事案件适用法律若干问题的解释》第三条第一款:"在内陆水域,违反保护水产资源法规,在禁渔区、禁渔期或者使用禁用的工具、方法捕捞水产品,具有下列情形之一的,应当认定为刑法第三百四十条规定的'情节严重',以非法捕捞水产品罪定罪处罚:(一)非法捕捞水产品五百公斤以上或者价值一万元以上的;(二)非法捕捞有重要经济价值的水生动物苗种、怀卵亲体或者在水产种质资源保护区内捕捞水产品五十公斤以上或者价值一千元以上的;(三)在禁渔区使用电鱼、毒鱼、炸鱼等严重破坏渔业资源的禁用方法或者禁用工具捕捞的;(四)在禁渔期使用电鱼、毒鱼、炸鱼等严重破坏渔业资源的禁用方法或者禁用工具捕捞的;(五)其他情节严重的情形。"

③ 《刑法》第二百七十五条:"故意毁坏公私财物,数额较大或者有其他严重情节的,处三年以下有期徒刑、拘役或者罚金;数额巨大或者有其他特别严重情节的,处三年以上七年以下有期徒刑。"

质罪或爆炸罪。(4)本罪与破坏生产经营罪。[①] 若行为人将正在生长中的尚未成熟的水产品用投毒、爆炸等方法进行杀害,使他人的水产品生产经营活动无法正常进行的,则应按破坏生产经营罪处理。

3. 罪轻与罪重。(1)法定刑。本罪刑罚设有四档:三年以下有期徒刑、拘役、管制或者罚金,根据犯罪轻重程度加以适用。(2)从重处罚。构成本罪,具有下列情形之一的,应从重处罚:暴力抗拒、阻碍国家机关工作人员依法履行职务,尚未构成妨害公务罪、袭警罪的;二年内曾因破坏野生动物资源受过行政处罚的;对水生生物资源或者水域生态造成严重损害的;纠集多条船只非法捕捞的;以非法捕捞为业的。[②] (3)免罚情节。行为人虽然实施了非法捕捞水产品的行为,根据渔获物的数量、价值和捕捞方法、工具等,认为对水生生物资源危害明显较轻的,综合考虑行为人自愿接受行政处罚、积极修复生态环境等情节,可以认定为犯罪情节轻微,不起诉或者免予刑事处罚;情节显著轻微危害不大的,不作为犯罪处理。[③]

(二)危害珍贵、濒危野生动物罪

1. 罪与非罪。(1)国家重点保护的珍贵、濒危野生动物的范围包括:列入《国家重点保护野生动物名录》[④]的野生动物;经国务院野生动物保护主管部门核准按照国家重点保护的野生动物管理的野生动物。[⑤] 只有危害了以上情况的野生动物,才能构成本罪。(2)收购、运输、出售行为范围。“收购”包括以营利、自用等为目的的购买行为;“运输”包括采用携带、邮寄、利用他人、使用交通工具等方法

---

① 《刑法》第二百七十六条:“由于泄愤报复或者其他个人目的,毁坏机器设备、残害耕畜或者以其他方法破坏生产经营的,处三年以下有期徒刑、拘役或者管制;情节严重的,处三年以上七年以下有期徒刑。”

② 2022 年最高人民法院、最高人民检察院联合发布的《关于办理破坏野生动物资源刑事案件适用法律若干问题的解释》第三条第三款:“实施第一款规定的行为,根据渔获物的数量、价值和捕捞方法、工具等,认为对水生生物资源危害明显较轻的,综合考虑行为人自愿接受行政处罚、积极修复生态环境等情节,可以认定为犯罪情节轻微,不起诉或者免予刑事处罚;情节显著轻微危害不大的,不作为犯罪处理。”

③ 2022 年最高人民法院、最高人民检察院联合发布的《关于办理破坏野生动物资源刑事案件适用法律若干问题的解释》第三条第二款:“实施前款规定的行为,具有下列情形之一的,从重处罚:(一)暴力抗拒、阻碍国家机关工作人员依法履行职务,尚未构成妨害公务罪、袭警罪的;(二)二年内曾因破坏野生动物资源受过行政处罚的;(三)对水生生物资源或者水域生态造成严重损害的;(四)纠集多条船只非法捕捞的;(五)以非法捕捞为业的。”

④ 2021 年版的《国家重点保护野生动物名录》,共列入野生动物 980 种和 8 类,其中国家一级保护野生动物 234 种和 1 类、国家二级保护野生动物 746 种和 7 类。在管理体制上,上述物种中,686 种按陆生野生动物由林草部门管理,294 种和 8 类按水生野生动物由渔业部门管理。

⑤ 参见 2022 年最高人民法院、最高人民检察院联合发布的《关于办理破坏野生动物资源刑事案件适用法律若干问题的解释》第四条。

进行运送的行为;"出售"包括出卖和以营利为目的的加工利用行为。[①] 显然,以上行为范围是从实质意义上加以理解,比通常理解的收购、运输、出售行为要广泛。(3)入罪门槛。本罪属于行为犯,一旦出现危害受国家重点保护的野生动物行为的,即可构成本罪。在认定是否构成本罪时,应当考虑涉案动物是否系人工繁育、物种的濒危程度、野外存活状况、人工繁育情况、是否列入人工繁育国家重点保护野生动物名录,行为手段、对野生动物资源的损害程度以及对野生动物及其制品的认知程度等情节,综合评估社会危害性,准确认定是否构成犯罪。涉案动物系人工繁育,具有下列情形之一的,对所涉案件一般不作为犯罪处理,需要追究刑事责任的,应当依法从宽处理:列入人工繁育国家重点保护野生动物名录的;人工繁育技术成熟、已成规模,作为宠物买卖、运输的。[②] 案涉珍贵、濒危野生动物及其制品价值在二万元不满二十万元以上,情节显著轻微危害不大的,不作为犯罪处理。[③]

2. 此罪与彼罪。(1)本罪与走私珍贵动物、珍贵动物制品罪。本罪侵害的法益是国家对珍贵、濒危野生动物的保护管理制度与生态安全,而走私珍贵动物、珍贵动物制品罪侵害的法益主要是海关监管制度,也包括生态安全。本罪仅限于保护境内国家重点保护的野生动物,而走私珍贵动物、珍贵动物制品罪涵盖的将境外珍贵动物及其制品运进境内和将境内珍贵动物及其制品运出境外。构成本罪,又有向境外走私珍贵、濒危野生动物及其制品的,应数罪并罚。(2)本罪与非法捕捞水产品罪。本罪侵害的对象是国家重点保护的野生动物,而非法捕捞水产品罪侵害的是水产资源。实施破坏内陆、海洋渔业资源的犯罪行为,同时构成非法捕捞水产品罪和危害珍贵、濒危野生动物罪的,应以处罚较重的罪名定罪处罚。(3)本罪与非法狩猎罪。本罪侵害的对象是国家重点保护的野生动物,非法狩猎罪侵害的是一般野生动物;本罪在犯罪的时间、地点、手段、方法上并无特殊要求,而非法狩猎罪则需要在禁猎区、禁猎期或者使用禁用的工具、方法进行非法狩猎才能构成;在情节要求上,本罪属于行为犯,而构成非法狩猎罪要求必须情节严重。当两罪发生竞合时,以处罚较重的本罪定罚处罚。(4)本罪与非法猎捕、收购、运输、出售陆生野生动物罪。本罪侵害对象是国家重点保护的陆生与水生野

---

① 参见2022年最高人民法院、最高人民检察院联合发布的《关于办理破坏野生动物资源刑事案件适用法律若干问题的解释》第五条。

② 参见2022年最高人民法院、最高人民检察院联合发布的《关于办理破坏野生动物资源刑事案件适用法律若干问题的解释》第十三条。

③ 参见2022年最高人民法院、最高人民检察院联合发布的《关于办理破坏野生动物资源刑事案件适用法律若干问题的解释》第六条第三款第(三)项。

生动物,而非法猎捕、收购、运输、出售陆生野生动物罪侵害是非国家重点保护野生动物中的陆生野生动物;犯本罪行为的主要目的为谋取非法经济利益,而非法猎捕、收购、运输、出售陆生野生动物最终用于食用。若出现两罪竞合,则以处罚较重的本罪定罪处罚。

3. 重轻与罪重。(1)法定刑。本罪与非法处置进口的固体废物罪一样,属于行为犯,都有情节严重或结果加重犯的情形,分别设有轻度、中度、重度三档刑罚。(2)对于危害海洋野生动物的中度处罚。对于国家重点保护的海洋野生动物,非法采捕珊瑚、砗磲或者其他珍贵、濒危水生野生动物达到以下标准的属于情节严重的中度犯情形,处五年以上十年以下有期徒刑,并处罚金:价值在五十万元以上的;非法获利二十万元以上的;造成海域生态环境严重破坏的;造成严重国际影响的等。[①] 或者非法收购、运输、出售珊瑚、砗磲或者其他珍贵、濒危水生野生动物及其制品,具有下列情形之一的,也属于本罪"情节严重"的中度犯:价值在五十万元以上的;非法获利在二十万元以上的等。[②] (3)对于危害海洋野生动物的重度处罚。以下则为"情节特别严重"的重度犯情形,处十年以上有期徒刑,并处罚金或者没收财产:价值或者非法获利达到情节严重标准五倍以上的;价值或者非法获利达到情节严重标准,造成海域生态环境严重破坏的;造成海域生态环境特别严重破坏的;造成特别严重国际影响的等。[③] 或者非法收购、运输、出售珊瑚、砗磲或者其他珍贵、濒危水生野生动物及其制品,具有下列情形之一的,也属于本罪"情节特别严重"的重度犯:价值在二百五十万元以上的;非法获利在一百万元以上的等。[④] (4)对于危害非海洋野生动物的量刑。对于危害国家重点保护的非海洋野生动物,非法猎捕、杀害国家重点保护的珍贵、濒危野生动物,或者非法收购、运输、出售国家重点保护的珍贵、濒危野生动物及其制品,价值二万元以上不满二十万元的,属于本罪轻度犯,处五年以下有期徒刑或者拘役,并处罚金;价值二十万元以上不满二百万元的,应当认定为"情节严重",属于本罪中度犯,处五年以上十年以下有期徒刑,并处罚金;价值二百万元以上的,应当认定为"情节特别严重",属于本罪重度犯,处十年以上有期徒刑,并处罚金或者没收财产。(5)从重处罚。

---

① 参见2016年最高人民法院发布的《关于审理发生在我国管辖海域相关案件若干问题的规定(二)》第五条第一款。

② 参见2016年最高人民法院发布的《关于审理发生在我国管辖海域相关案件若干问题的规定(二)》第六条第一款。

③ 参见2016年最高人民法院发布的《关于审理发生在我国管辖海域相关案件若干问题的规定(二)》第五条第二款。

④ 参见2016年最高人民法院发布的《关于审理发生在我国管辖海域相关案件若干问题的规定(二)》第六条第二款。

构成本罪,符合下列条件之一,应从重处罚:属于犯罪集团的首要分子的;为逃避监管,使用特种交通工具实施的;严重影响野生动物科研工作的;二年内曾因破坏野生动物资源受过行政处罚的。(6)从轻处罚。构成本罪,不具有从重处罚的条件,且未造成动物死亡或者动物、动物制品无法追回,行为人全部退赃退赔,确有悔罪表现的,则应按如下处理:珍贵、濒危野生动物及其制品价值二百万元以上的,可以认定为"情节严重",处五年以上十年以下有期徒刑,并处罚金;珍贵、濒危野生动物及其制品价值二十万元以上不满二百万元的,可以处五年以下有期徒刑或者拘役,并处罚金。①

(三)非法狩猎罪

1. 罪与非罪。本罪属于情节犯,若达不到情节严重,则不构成本罪。在禁猎区、禁猎期或者使用禁用的工具、方法进行非法狩猎,破坏野生动物资源,非法猎捕野生动物价值一万元以上,或在禁猎区使用禁用的工具或者方法狩猎,或在禁猎期使用禁用的工具或者方法狩猎等,属于情节严重,应以本罪定罪处罚。情节显著轻微危害不大的,不作为犯罪处理。②

2. 此罪与彼罪。若行为人使用爆炸、投毒、设置电网等危险方法非法狩猎,构成非法狩猎罪,同时又构成放火罪、决水罪、爆炸罪、投放危险物质罪、以危险方法危害公共安全罪的,依照处罚较重的规定定罪处罚。若行为人在非法狩猎的过程中,不听劝阻,抗拒管理,行凶殴打管理人员,没有造成重伤、死亡的,按照非法狩猎罪从重处罚;如果造成重伤、死亡的,则应将非法狩猎罪与故意伤害罪或者故意杀人罪实行数罪并罚。

3. 罪轻与罪重。(1)法定刑。本罪与非法捕捞水产品罪一样,设有三年以下有期徒刑、拘役、管制或者罚金等四档刑罚,根据犯罪轻重程度加以适用。(2)从重处罚。构成本罪,行为人若暴力抗拒、阻碍国家机关工作人员依法履行职务,尚未构成妨害公务罪、袭警罪的;对野生动物资源或者栖息地生态造成严重损害的;二年内曾因破坏野生动物资源受过行政处罚的,应从重处罚。(3)免予处罚。办案人员根据猎获物的数量、价值和狩猎方法、工具等,认为对野生动物资源危害明显较轻的,综合考虑猎捕的动机、目的、行为人自愿接受行政处罚、积极修复生态

① 参见2022年最高人民法院、最高人民检察院联合发布的《关于办理破坏野生动物资源刑事案件适用法律若干问题的解释》第六条第三款第(一)项、第(二)项。

② 参见2022年最高人民法院、最高人民检察院联合发布的《关于办理破坏野生动物资源刑事案件适用法律若干问题的解释》第七条第三款。

环境等情节,可以认定为犯罪情节轻微,不起诉或者免予刑事处罚。[①]

(四)非法猎捕、收购、运输、出售陆生野生动物罪

1. 罪与非罪。(1)以食用为目的。《刑法修正案(十一)》规定非法猎捕、收购、运输、出售陆生野生动物罪,在一定程度上扩大了《刑法》对危害生物安全行为的规制范围,同时将危害野生动物行为目的限定为"食用",这又大大限缩了本罪的规制范围。以下情形,可以认定为"以食用为目的":将相关野生动物及其制品在餐饮单位、饮食摊点、超市等场所作为食品销售或者运往上述场所的;通过包装、说明书、广告等介绍相关野生动物及其制品的食用价值或者方法的等。(2)入罪标准。本罪属于情节犯,只有情节严重才构成犯罪。本罪情节严重仍以案涉经济价值为主要考量因素,非法猎捕、收购、运输、出售有重要生态、科学、社会价值(以下简称三有)的陆生野生动物或者地方重点保护陆生野生动物价值一万元以上,或非法猎捕、收购、运输、出售三有或者地方重点保护陆生野生动物以外的其他陆生野生动物价值五万元以上等属于情节严重,可构成本罪。[②] 同样,情节显著轻微危害不大的,不作为犯罪处理。(3)数量、数额累计计算。以上危害野生动物保护的犯罪,二次以上实施相关行为构成犯罪,依法应当追诉的,或者二年内实施相关行为未经处理的,数量、数额累计计算。[③]

2. 此罪与彼罪。本罪的行为类型多于非法狩猎罪,行为对象更广,情节严重情形更多,但要求以食用为目的。仅当行为人以食用为目的非法猎捕陆生野生动物时,两罪发生法条竞合,此时本罪属于特别法条,非法狩猎罪是一般法条,以本罪定罪处罚。其他情形下,两罪之间不存在竞合关系。

3. 罪轻与罪重。本罪设定的刑罚与非法狩猎罪一样,设有三年以下有期徒刑、拘役、管制或者罚金等四档刑罚,根据犯罪轻重程度加以适用。

(五)破坏自然保护地罪

1. 罪与非罪。(1)自然保护地管理法规的范围。本罪中自然保护地管理法规包括《自然保护区条例》、《风景名胜区条例》以及国家提出的主体功能区规划、国土空间管控规划等相关法规规定。(2)国家公园与国家级自然保护区的范围。当前,我国《国家公园法》尚未正式出台,由国家政府部门主管的类似于国家公园的

---

① 参见2022年最高人民法院、最高人民检察院联合发布的《关于办理破坏野生动物资源刑事案件适用法律若干问题的解释》第七条第二款、第三款。

② 参见2021年最高人民法院、最高人民检察院发布的《关于审理破坏野生动物资源刑事案件具体应用法律若干问题的解释》第八条第一款。

③ 参见2021年最高人民法院、最高人民检察院发布的《关于审理破坏野生动物资源刑事案件具体应用法律若干问题的解释》第十二条。

概念被分属于国家森林公园、国家地质公园、国家矿山公园、国家湿地公园、国家城市湿地公园、国家级自然保护区、国家级风景名胜区、国家考古遗址公园、国家海洋公园等方面,属于不同的管理系统,但这些提法并不等同于本罪中的"国家公园"的概念。2021 年,我国正式设立三江源、大熊猫、东北虎豹、海南热带雨林、武夷山等第一批国家公园。我国自然保护区分为国家与地方两级,本罪中的国家级自然保护区是由国务院林业部门、环境保护主管部门、海洋部门管理的国家级自然保护区,地方级自然保护区不在此列。截至 2021 年年末,我国国家级自然保护区 474 个。[①] 由此,本罪侵害的对象是明确的,即 5 个国家公园和 474 个国家级自然保护区。(3)开垦、开发活动,修建建筑物的行为。"开垦"是指对林地、农地等土地的开荒、种植、砍伐、放牧等活动;"开发"是指经济工程项目建设,如水电项目、矿山项目、挖沙等;"修建建筑物"包括开发房产项目等。在国家公园和国家级自然保护区内,严格禁止从事非法开垦、开发或者修建建筑物等活动。本罪仅限于"开垦、开发或者修建建筑物"三种非法行为,实施上述三种行为之外其他破坏性行为的,不能构成破坏自然保护地罪。[②] (4)入罪标准。本罪属于结果犯或情节犯,但后果严重或情节恶劣的具体标准仍待进一步明确。当前在办理本罪案件时,可以参考已经发布的有关破坏环境资源保护罪及司法解释中的相关规定加以认定。

2. 此罪与彼罪。(1)本罪与非法占用农用地罪。在国家公园、国家级自然保护区内非法开垦的,若同时属于非法占用耕地、林地等农用地,改变被占用土地用途的,可能构成非法占用农用地罪,应按处罚较重的规定定罪处罚。(2)本罪与非法采矿罪。在国家公园、国家级自然保护区内进行开采矿山活动,也可能构成非法采矿罪,此时依照处罚较重的规定定罪处罚。(3)本罪与污染环境罪。在国家公园、国家级自然保护区进行非法开垦、开发活动或者修建建筑物,严重污染环境的,也可构成污染环境罪,此时应择一重罪定罪处罚。

3. 罪轻与罪重。本罪设有五年以下有期徒刑或者拘役,并处或者单处罚金等五个档次,根据案情来酌情判罚。

(六)危害国家重点保护植物罪

1. 罪与非罪。(1)珍贵树木与国家重点保护的植物。珍贵树木,是指由省级以上林业主管部门或者其他部门确定的具有重大历史纪念意义、科学研究价值或者年代久远的古树名木,国家禁止、限制出口的珍贵树木以及列入国家重点保护

---

① 参见 2022 年 2 月国家统计局发布的《中华人民共和国 2021 年国民经济和社会发展统计公报》。

② 参见赵运锋、张昌明:《破坏自然保护地罪的理解和适用》,载《检察风云》2022 年第 6 期。

野生植物名录的树木;国家重点保护的植物,包括古树名木以及列入《国家重点保护野生植物名录》[①]的限于原生地天然生长的野生植物。人工培育的植物,除古树名木外,不属于《刑法》第三百四十四条规定的"珍贵树木或者国家重点保护的其他植物"。危害人工培育的植物(古树名木除外)不构成本罪,对于非法移栽珍贵树木或者国家重点保护的其他植物构成犯罪的,应以本罪定罪处罚。[②] (2)入罪门槛。本罪为行为犯,行为入罪无须情节严重或数量较大。

2.此罪与彼罪。(1)本罪与盗窃罪、故意毁坏财物罪、破坏生产经营罪。若行为人盗窃他人种养的珍贵植物的,构成盗窃罪;若故意毁坏人工种养的已成林的珍贵植物的,构成故意毁坏财物罪;若毁坏尚在生长中还未成林的大量人工种养的珍贵植物苗的,则构成破坏生产经营罪。非法实施采种、采脂、挖笋、掘根、剥树皮等行为,牟取经济利益数额较大的,应以盗窃罪定罪处罚,同时构成本罪的,依照处罚较重的规定定罪处罚。(2)本罪与非法经营罪。非法经营罪所涉行为范围包括非法收购、运输、加工、出售珍贵树木或者国家重点保护的其他植物及其制品,两罪发生竞合时,应按本罪定罪处罚。(3)一罪与数罪。行为人伪造,变造,买卖采集证、许可证后进行非法采伐、毁坏国家重点保护植物的,以本罪和伪造、变造、买卖国家机关公文、证件罪数罪并罚;行为人在非法采伐、毁坏国家重点保护的植物的过程中又实施盗伐、滥伐其他林木行为的,若盗伐、滥伐其他林木行为已经构成犯罪,以本罪、盗伐林木罪、滥伐林木罪数罪并罚,若没有构成犯罪,则应以非法采伐、毁坏国家重点保护的植物罪定罪处罚,将盗伐、滥伐林木的行为作为量刑的从重处罚情节进行考虑;行为人非法采伐、毁坏国家重点保护的植物的过程中遇到执法人员的阻拦,行为人实施暴力、威胁方法进行抗拒的,若暴力方法只造成轻伤以下程度的伤害,则按本罪和妨害公务罪数罪并罚,若暴力行为造成他人重伤或者死亡的,则应以本罪和故意伤害罪或故意杀人罪数罪并罚。

3.罪轻与罪重。本罪根据犯罪情节设两档法定刑:基本犯,即三年以下有期徒刑、拘役或者管制,并处罚金;情节加重犯,即处三年以上七年以下有期徒刑,并处罚金。非法采伐珍贵树木二株以上或者毁坏珍贵树木致使珍贵树木死亡三株以上;非法采伐珍贵树木二立方米以上;为首组织、策划、指挥非法采伐或者毁坏

---

① 《2021中国生态环境状况公报》显示,截至2021年年底,列入《国家重点保护野生植物名录》的野生植物有455种40类,其中国一级野生植物有54种4类,其余为二级野生植物种类。

② 参见2020年最高人民法院、最高人民检察院联合发布的《关于适用〈中华人民共和国刑法〉第三百四十四条有关问题的批复》第三条第一款。

珍贵树木等,[①]属于“情节严重”的加重犯情形。

(七)非法引进、释放、丢弃外来入侵物种罪

1. 罪与非罪。(1)外来入侵物种的范围。国务院农业农村主管部门会同国务院其他有关部门制定外来入侵物种名录和管理办法。[②] 因此,本罪涉及的外来入侵物种必须是在《中国外来入侵物种名单》[③]上榜的物种。(2)非法引进、释放、丢弃。本罪中的非法“引进”,主要是指从国外非法携带、运输、邮寄、走私进境等行为;非法“释放”“丢弃”是指非法处置外来入侵物种的行为,包括经过批准引进的物种,在进行实验研究等之后予以非法野外放养或者随意丢弃的情况。(3)入罪标准。本罪为情节犯,情节严重的情形仍需进一步加以明确。实践中不能因为属于名单中的外来入侵物种就认定为犯罪,还要考虑行为人的主观故意和目的,具体的行为方式和情节,外来入侵物种是否已经在国内较大规模生存,是否可能造成严重损害生态环境后果等主客观方面的因素进行综合判断。当前在办理本罪案件时,可以参考已经发布的有关危害珍贵、濒危野生动物罪或危害国家重点保护植物罪的司法解释中对情节严重的相关规定,进而加以认定。

2. 此罪与彼罪。实践中,注意本罪与危害珍贵、濒危野生动物罪和危害国家重点保护植物罪的区分。本罪以引进、释放、丢弃为行为方式,以外来入侵物种为犯罪对象;危害珍贵、濒危野生动物罪是以猎捕、杀害、收购、运输、出售为行为方式,以珍贵、濒危野生动物及其制品为犯罪对象;危害国家重点保护植物罪以采伐、毁坏、收购、运输、加工、出售为行为方式,以国家重点保护植物及其制品为犯罪对象。

3. 罪轻与罪重。本罪设有三年以下有期徒刑或者拘役,并处或者单处罚金等五个档次,根据案情来酌情判罚。

(八)盗伐林木罪

1. 罪与非罪。(1)森林与林木。森林,包括乔木林、竹林和国家特别规定的灌木林,按用途可以分为防护林、特种用途林、用材林、经济林和能源林。林木,包括树木和竹子。(2)盗伐林木。盗伐林木,即偷伐林木,违法砍伐林木,包括擅自砍

---

① 2000 年最高人民法院发布的《关于审理破坏森林资源刑事案件具体应用法律若干问题的解释》第二条:“具有下列情形之一的,属于非法采伐、毁坏珍贵树木行为‘情节严重’:(一)非法采伐珍贵树木二株以上或者毁坏珍贵树木致使珍贵树木死亡三株以上的;(二)非法采伐珍贵树木二立方米以上的;(三)为首组织、策划、指挥非法采伐或者毁坏珍贵树木的;(四)其他情节严重的情形。”

② 参见《生物安全法》第六十条第一款。

③ 《2019 中国生态环境状况公报》显示,至 2019 年年底,全国已发现 660 多种外来入侵物种。其中,71 种对自然生态系统已造成或具有潜在威胁并被列入《中国外来入侵物种名单》。

伐国家、集体、他人所有或者他人承包经营管理的森林或者其他林木；擅自砍伐本单位或者本人承包经营管理的森林或者其他林木；在林木采伐许可证规定的地点以外采伐国家、集体、他人所有或者他人承包经营管理的森林或者其他林木。[①]（3）入罪门槛。本罪是结果犯，构成盗伐林木罪必须达到数量较大的标准。盗伐林木“数量较大”，以二至五立方米或者幼树一百至二百株为起点。[②] 对于一年内多次盗伐少量林木未经处罚的，累计其盗伐林木的数量，构成犯罪的，应按本罪定罪处罚。[③]

2. 此罪与彼罪。（1）本罪与盗窃罪。本罪与以盗窃树木为对象的盗窃罪。本罪侵犯的对象是受法律保护范围内的正在生长中的森林或者其他成片的林木，而盗窃罪的对象则更为广泛，如还包括他人房前屋后、自留地种植的零星树木等；本罪的成立，须符合盗伐数量较大的要求，而盗窃树木的行为依然是盗窃罪，其成立标准为盗窃罪中规定的“数额较大”。非法实施采种、采脂、挖笋、掘根、剥树皮等行为，牟取经济利益数额较大的，应以盗窃罪定罪处罚，同时构成本罪的，依照处罚较重的规定定罪处罚。[④] 需注意的是，盗窃他人所有的已经伐倒的原木构成犯罪的，应定盗窃罪，因为不涉及破坏林木资源；盗伐他人房前屋后数量较大的零星树木，不是成片的林木，构成犯罪的，仍以盗窃罪论。当两罪发生竞合后，以本罪定罪处罚。（2）本罪与危害国家重点保护植物罪。二者的区别在于对象不同，前者为普通林木，后者为珍贵树木及其他国家重点保护植物。当二者发生竞合时，依照处罚较重的规定定罪处罚。（3）本罪一罪与数罪。行为人伪造、变造林木采伐许可证后实施盗伐林木行为的，伪造、变造林木采伐许可证的行为已经构成伪造、变造国家机关公文、证件罪，若盗伐林木的行为达到数量较大的标准，则应数罪并罚，若盗伐林木的行为没有达到数量较大的标准，则应将盗伐林木行为作为伪造、变造国家机关公文、证件罪的从重量刑情节；行为人盗伐珍贵树木，同时触犯非法采伐、毁坏国家重点保护植物罪的，依照处罚较重的规定定罪处罚；行为人

---

① 2000年最高人民法院发布的《关于审理破坏森林资源刑事案件具体应用法律若干问题的解释》第三条：“以非法占有为目的，具有下列情形之一，数量较大的，依照刑法第三百四十五条第一款的规定，以盗伐林木罪定罪处罚：(一)擅自砍伐国家、集体、他人所有或者他人承包经营管理的森林或者其他林木的；(二)擅自砍伐本单位或者本人承包经营管理的森林或者其他林木的；(三)在林木采伐许可证规定的地点以外采伐国家、集体、他人所有或者他人承包经营管理的森林或者其他林木的。”

② 参见2000年最高人民法院发布的《关于审理破坏森林资源刑事案件具体应用法律若干问题的解释》第四条。

③ 参见2000年最高人民法院发布的《关于审理破坏森林资源刑事案件具体应用法律若干问题的解释》第七条。

④ 参见2000年最高人民法院发布的《关于审理破坏森林资源刑事案件具体应用法律若干问题的解释》第十五条。

在盗伐林木的过程中对护林人员施加暴力或者以暴力相威胁,危害护林人员人身安全的,若盗伐林木尚未达到数量较大的标准或者伤害的程度尚未达到轻伤的标准,但是情节恶劣,需要依法追究刑事责任的,可视为盗伐林木情节严重,依照盗伐林木罪定罪量刑,若盗伐林木行为已经达到数量较大的标准,且伤害行为已造成轻伤以上程度的伤害,则应以盗伐林木罪与故意伤害罪数罪并罚。

3. 罪轻与罪重。(1)法定刑。本罪设三个法定刑档次,分别对应轻度、中度与重度犯罪。构成本罪轻度犯,需盗伐林木数量较大,根据案情处三年以下有期徒刑、拘役或者管制,并处或者单处罚金;中度犯,需盗伐林木数量巨大,以二十至五十立方米或者幼树一千至二千株为起点,处三年以上七年以下有期徒刑,并处罚金;重度犯,而盗伐林木“数量特别巨大”,以一百至二百立方米或者幼树五千至一万株为起点,[①]处七年以上有期徒刑,并处罚金。(2)从重处罚。盗伐国家级自然保护区内的森林或者其他林木构成本罪的,应从重处罚。

(九)滥伐林木罪

1. 罪与非罪。(1)滥伐林木。滥伐林木,是指无节制、无计划和不合理的采伐林木的行为。违反《森林法》的规定,滥伐数量较大的林木,有下列行为之一,可构成滥伐林木罪:未经林业行政主管部门及法律规定的其他主管部门批准并核发林木采伐许可证,或者虽持有林木采伐许可证,但违反林木采伐许可证规定的时间、数量、树种或者方式,任意采伐本单位所有或者本人所有的森林或者其他林木;超过林木采伐许可证规定的数量采伐他人所有的森林或者其他林木;林木权属争议一方在林木权属确权之前,擅自砍伐森林或者其他林木。(2)入罪门槛。本罪为结果犯,滥伐林木“数量较大”,以十至二十立方米或者幼树五百至一千株为起点。[②]

2. 此罪与彼罪。(1)本罪与盗伐林木罪。盗伐林木罪,原则上是在没有取得林木采伐许可证的情况下,无证而任意采伐他人林木,而本罪则是有许可证但不按照许可证的要求任意砍伐他人林木,或者无证采伐自己所有的林木。(2)本罪一罪与数罪。在滥伐林木的同时,触犯危害国家重点保护植物罪的,应择一重罪定罪处罚;行为人既有盗伐林木的行为,也有滥伐林木的行为,符合数罪特征的,则应数罪并罚;行为人伪造、变造、买卖林木采伐许可证进行滥伐林木的,若滥伐林木行为构成犯罪,则构成手段行为与目的行为的牵连,应数罪并罚;行为人在滥伐林木的过程中,造成生长中的林业生产经营遭到严重破坏的,则滥伐林木行为

---

① 参见2000年最高人民法院发布的《关于审理破坏森林资源刑事案件具体应用法律若干问题的解释》第四条。

② 参见2000年最高人民法院发布的《关于审理破坏森林资源刑事案件具体应用法律若干问题的解释》第四条。

既触犯了滥伐林木罪,又触犯了破坏生产经营罪,此时以滥伐林木罪定罪,将破坏林业生产经营的行为作为滥伐林木罪的量刑情节进行处罚。

3. 罪轻与罪重。(1)法定刑。本罪设有两个档次的法定刑:基本犯,即处三年以下有期徒刑、拘役或者管制,并处或者单处罚金;结果加重犯,即处三年以上七年以下有期徒刑,并处罚金。(2)结果加重犯。滥伐林木数量巨大,以五十至一百立方米或者幼树二千五百至五千株为起点,属于结果加重犯。(3)从重处罚。滥伐国家级自然保护区内的森林或者其他林木构成本罪的,从重处罚。

(十)非法收购、运输盗伐、滥伐的林木罪

1. 罪与非罪。(1)明知。在法律上,"明知"是指知道或应当知道。除能举证自己确属被蒙骗的外,以下情形可推定行为人知道或应当知道:在非法的木材交易场所或者销售单位收购木材的;收购以明显低于市场价格出售的木材的;收购违反规定出售的木材的。[①] (2)入罪门槛。本罪为情节犯,行为达到情节严重才能构成犯罪。非法收购盗伐、滥伐的林木二十立方米以上或者幼树一千株以上,或非法收购盗伐、滥伐的珍贵树木二立方米以上或者五株以上等行为属于情节严重,[②]即可构成本罪。

2. 此罪与彼罪。(1)本罪与掩饰、隐瞒犯罪所得、犯罪所得收益罪。本罪的对象是盗伐、滥伐的林木,而后者的对象是一般犯罪所得及其收益。当然,盗伐、滥伐的林木在广义上也是犯罪所得,因此对其进行非法收购、运输也属于一种收购、转移犯罪所得的行为。本罪与掩饰、隐瞒犯罪所得、犯罪所得收益罪之间存在法条竞合关系,按照特别法优于普通法的原则,对于非法收购盗伐、滥伐的林木的行为,通常应以本罪论处。(2)本罪一罪与数罪。若行为人伪造、变造、买卖林木采伐许可证,木材运输证,森林、林木、林地权属证书或者国家机关批准的其他证件构成犯罪,非法收购、运输盗伐、滥伐的林木行为也构成犯罪的,应数罪并罚;若行为人非法收购、运输盗伐、滥伐的林木是为了非法经营的,则非法收购、运输盗伐、滥伐的林木的行为是非法经营的手段,应按非法经营罪和本罪数罪并罚。

3. 罪轻与罪重。(1)法定刑。本罪设有基本犯和加重犯两种法定刑档次。其中,基本犯,即达到本罪入罪门槛,处三年以下有期徒刑、拘役或者管制,并处或者单处罚金;加重犯,需要违法行为达到情节特别严重的程度,处三年以上七年以下有期徒刑,并处罚金。(2)加重犯的情形。非法收购盗伐、滥伐的林木一百立方米

① 参见2000年最高人民法院发布的《关于审理破坏森林资源刑事案件具体应用法律若干问题的解释》第十条。

② 参见2000年最高人民法院发布的《关于审理破坏森林资源刑事案件具体应用法律若干问题的解释》第十一条。

以上或者幼树五千株以上的，或非法收购盗伐、滥伐的珍贵树木五立方米以上或者十株以上的等属于情节特别严重的情形，应处三年以上七年以下有期徒刑，并处罚金。

三、破坏资源类犯罪

(一)非法占用农用地罪

1. 罪与非罪。(1)非法占用农用地的行为范围。根据《土地管理法》的规定，非法占用农用地的行为包括占用耕地建窑、建坟或者擅自在耕地上建房、挖砂、采石、采矿、取土等，破坏种植条件的，或者因开发土地造成土地荒漠化、盐渍化；占用永久基本农田发展林果业和挖塘养鱼；未经批准或者采取欺骗手段骗取批准，非法占用土地建住宅；违反土地利用总体规划擅自将农用地改为建设用地；超过批准的数量占用土地，多占土地等情形。(2)入罪门槛。本罪属于结果犯，即构成本罪需要数量较大，造成农用地大量毁坏。何谓数量较大，造成大量毁坏？针对不同的保护对象，其标准不一。非法占用耕地“数量较大”，其标准为非法占用基本农田五亩以上或者非法占用基本农田以外的耕地十亩以上；而对于“造成耕地大量毁坏”界定为行为人非法占用耕地建窑、建坟、建房、挖沙、采石、采矿、取土、堆放固体废弃物或者进行其他非农业建设，造成基本农田五亩以上或者基本农田以外的耕地十亩以上种植条件严重毁坏或者严重污染。①非法占用林地“数量较大，造成大量毁坏”的标准有以下情形：非法占用并毁坏防护林地、特种用途林地数量分别或者合计达到五亩以上；非法占用并毁坏其他林地数量达十亩以上；非法占用并毁坏前两项规定的林地，数量分别达到相应规定的数量标准的百分之五十以上；非法占用并毁坏前两项规定的林地，其中一项数量达到相应规定的数量标准的百分之五十以上，且两项数量合计达到该项规定的数量标准。②非法占用草原“数量较大”，标准为数量在二十亩以上的，或者曾因非法占用草原受过行政处罚，在三年内又非法占用草原，改变被占用草原用途，数量在十亩以上。非法占用草原“造成农用地大量毁坏”的情况有：开垦草原种植粮食作物、经济作物、林木的；在草原上建窑、建房、修路、挖砂、采石、采矿、取土、剥取草皮的；在草原上堆放或者排放废弃物，造成草原的原有植被严重毁坏或者严重污染的；违反草原保护、

---

① 参见2000年最高人民法院发布的《关于审理破坏土地资源刑事案件具体应用法律若干问题的解释》第三条。

② 参见2005年最高人民法院发布的《关于审理破坏林地资源刑事案件具体应用法律若干问题的解释》第一条。

建设、利用规划种植牧草和饲料作物,造成草原沙化或者水土严重流失的等。[①] 多次实施非法占用农用地行为依法应当追诉的,或者一年内多次实施占用农用地的行为未经处理的,按照累计的数量处罚。

2. 此罪与彼罪。(1)本罪与污染环境罪。一般情况下,两罪区分非常明显。但是,行为人非法占用农用地作为垃圾堆放场或污染物排放场所的,严重污染农用地,此时两罪发生竞合,择一重罪处罚。(2)一罪与数罪。若行为人伪造农用地专用审批等文件而非法占用农用地构成本罪的,也可同时构成伪造国家机关公文罪,应数罪并罚;若非法占地行为构成本罪,行为人与执法人员发生冲突,采用暴力、威胁等方法抗拒土地执法行为的,若抗拒行为造成轻伤以下程度的伤害,构成妨害公务罪,应对非法占用人以本罪和妨害公务罪数罪并罚,若妨害公务的行为不构成犯罪的,则应将妨害公务的行为作为本罪的从重处罚的情节予以认定,若妨害公务的行为造成执法人员重伤、死亡的,则应将非法占用农用地罪与故意伤害罪、故意杀人罪数罪并罚。

3. 罪轻与罪重。本罪设有五年以下有期徒刑或者拘役,并处或者单处罚金等五档刑罚,视犯罪轻重分别判处。

(二)非法采矿罪

1. 罪与非罪。(1)违反矿产资源法的规定。违反矿产资源法涵盖违反《矿产资源法》《水法》等法律、行政法规有关矿产资源开发、利用、保护和管理的规定。[②](2)未取得采矿许可证。未取得采矿许可证包括:无许可证;被注销、吊销、撤销许可证;超越许可证规定的矿区范围或者开采范围;超出许可证规定的矿种的(共生、伴生矿种除外)等情形。[③] (3)入罪门槛。本罪属于情节犯,即非法采矿行为必须达到情节严重才构成犯罪。情节严重,一般依据非法开采的矿产品价值或者造成矿产资源破坏的价值;所开采矿区的级别属性、矿种属性;在禁采区、禁采期内采矿的矿产品价值或者造成矿产资源破坏的价值;一定期限内因非法采矿受到行政处罚的次数;造成生态环境损害程度等因素来判定。[④] (4)非法开采河砂、海砂也可入罪。在河道管理范围内采砂,未办相关许可证的,情节严重或严重影响

---

① 参见 2012 年最高人民法院发布的《关于审理破坏草原资源刑事案件应用法律若干问题的解释》第二条。

② 参见 2016 年最高人民法院、最高人民检察院联合发布的《关于办理非法采矿、破坏性采矿刑事案件适用法律若干问题的解释》第一条。

③ 参见 2016 年最高人民法院、最高人民检察院联合发布的《关于办理非法采矿、破坏性采矿刑事案件适用法律若干问题的解释》第二条。

④ 参见 2016 年最高人民法院、最高人民检察院联合发布的《关于办理非法采矿、破坏性采矿刑事案件适用法律若干问题的解释》第三条第一款。

河势稳定,危害防洪安全的;未取得海砂开采海域使用权证,且未取得采矿许可证,采挖海砂,情节严重或造成海岸线严重破坏的,也可构成本罪。① (5)数量累加计算。多次非法采矿构成犯罪,依法应当追诉的,或者二年内多次非法采矿未经处理的,价值数额累计计算。② (6)对雇佣人员的处罚。对受雇佣为非法采矿犯罪提供劳务的人员,除参与利润分成或者领取高额固定工资的以外,一般不以犯罪论处,但曾因非法采矿受过处罚的除外。③

2. 此罪与彼罪。(1)本罪与盗窃罪。若本罪与盗窃罪发生竞合时,应择一重罚处罚。(2)一罪与数罪。行为人伪造采矿许可证进行非法采矿的,应按伪造国家机关公文、证件、印章罪与本罪数罪并罚;行为人非法占用农用地,无证擅自采矿,导致数量较大的农用地严重被毁的,若非法占用农用地的行为和非法采矿的行为都构成犯罪,应数罪并罚;若非法采矿的行为尚不构成犯罪,而非法占用农用地的行为构犯罪,则按非法占用农用地罪从重处罚;若非法占用农用地的行为不构成犯罪,但非法采矿的行为构成犯罪的,则按非法采矿罪从重处罚;违反矿产资源法的规定,非法采矿,造成重大伤亡事故或者其他严重后果,同时构成非法采矿罪和重大责任事故罪、强令违章冒险作业罪或者重大劳动安全事故罪的,应数罪并罚。

3. 罪轻与罪重。(1)法定刑。本罪设有两档法定刑罚,分别对应基本犯与情节加重犯。其中,基本犯,处三年以下有期徒刑、拘役或者管制,并处或者单处罚金;情节加重犯,处三年以上七年以下有期徒刑,并处罚金。(2)情节加重犯。本罪有情节加重犯的情形,例如,其采矿产品或资源破坏价值超法定标准的五倍量或对生态环境造成特别严重损害的,则属于情节特别严重的情形,应按情节加重犯处罚。(3)免于处罚。实施本罪,不属于“情节特别严重”,行为人全部退赃退赔,积极修复环境,并确有悔改表现的,可以认定为犯罪情节轻微,不起诉或者免予刑事处罚。④

(三)破坏性采矿罪

1. 罪与非罪。(1)破坏性的开采方法。“破坏性的开采方法”主要是指:不按

---

① 参见 2016 年最高人民法院、最高人民检察院联合发布的《关于办理非法采矿、破坏性采矿刑事案件适用法律若干问题的解释》第四条、第五条。

② 参见 2016 年最高人民法院、最高人民检察院联合发布的《关于办理非法采矿、破坏性采矿刑事案件适用法律若干问题的解释》第八条。

③ 参见 2016 年最高人民法院、最高人民检察院联合发布的《关于办理非法采矿、破坏性采矿刑事案件适用法律若干问题的解释》第十一条。

④ 参见 2016 年最高人民法院、最高人民检察院联合发布的《关于办理非法采矿、破坏性采矿刑事案件适用法律若干问题的解释》第十条。

正式批准的设计要求进行开采的；对经证实能够经济合理开采利用的共生、伴生矿产不进行综合开采、综合利用的；不按照批准的工业指标进行矿山(井)设计及开采的。[①] 破坏性地开采矿产资源，行为人通常只顾片面追求产量和利润指标，违背正常的开采程序和采矿顺序、设计规定和采掘计划，肆意采富弃贫、采厚弃薄、采易弃难、采主弃副、采中丢边。采取破坏性的开采方法开采矿产资源，一般是指违反经地质矿产主管部门批准的矿产资源开发利用方案开采矿产资源并造成矿产资源严重破坏的行为。[②] 实践中，行为人是否采用破坏性的开采方法开采矿产资源，还需要结合具体的实际情况加以综合判定。(2)入罪门槛。本罪属于结果犯，即破坏性采矿行为造成矿产资源严重破坏才构成犯罪。所谓“造成矿产资源严重破坏”，其标准为造成矿产资源破坏的价值在五十万元至一百万元以上，或者造成国家规划矿区、对国民经济具有重要价值的矿区和国家规定实行保护性开采的特定矿种资源破坏的价值在二十五万元至五十万元以上。[③] (3)数量累加计算。多次破坏性采矿构成犯罪，依法应当追诉的，或者二年内多次破坏性采矿未经处理的，价值数额累计计算。[④] (4)对雇佣人员的处罚。对受雇佣为破坏性采矿犯罪提供劳务的人员，除参与利润分成或者领取高额固定工资的以外，一般不以犯罪论处，但曾因破坏性采矿受过处罚的除外。[⑤]

2. 此罪与彼罪。(1)本罪与非法采矿罪。在犯罪主体方面，本罪为特殊主体，行为人已取得相关矿产开采的主体资格，非法采矿罪为一般主体，为没有取得相关矿产开采主体资格的人；在行为特征方面，本罪的行为表现为破坏性采矿，破坏性的手段是构成本罪的必要要件，但非法采矿罪的采矿手段不一定是破坏性的；从犯罪危害性程度来看，本罪的社会危害性较非法采矿罪轻，故其处罚轻于非法采矿罪。(2)一罪与数罪。违反矿产资源法的规定，采取破坏性的开采方法开采

---

① 参见王灿发：《论新刑法关于环境犯罪的规定及其实施》，载《政法论坛》1998 年第 1 期。

② 参见 2003 年最高人民法院发布的《关于审理非法采矿、破坏性采矿刑事案件具体应用法律若干问题的解释》第四条，但在 2016 年最高人民法院、最高人民检察院联合发布的《关于办理非法采矿、破坏性采矿刑事案件适用法律若干问题的解释》中，此条被删除。

③ 2016 年最高人民法院、最高人民检察院联合发布的《关于办理非法采矿、破坏性采矿刑事案件适用法律若干问题的解释》第六条：“造成矿产资源破坏的价值在五十万元至一百万元以上，或者造成国家规划矿区、对国民经济具有重要价值的矿区和国家规定实行保护性开采的特定矿种资源破坏的价值在二十五万元至五十万元以上的，应当认定为刑法第三百四十三条第二款规定的‘造成矿产资源严重破坏’。”

④ 参见 2016 年最高人民法院、最高人民检察院联合发布的《关于办理非法采矿、破坏性采矿刑事案件适用法律若干问题的解释》第八条。

⑤ 参见 2016 年最高人民法院、最高人民检察院联合发布的《关于办理非法采矿、破坏性采矿刑事案件适用法律若干问题的解释》第十一条。

矿产资源,造成重大伤亡事故或者其他严重后果,同时构成非法采矿罪和重大责任事故罪、强令违章冒险作业罪或者重大劳动安全事故罪的,应数罪并罚。

3. 罪轻与罪重。(1)法定刑。本罪设有一档两种法定刑罚,即五年以下有期徒刑或者拘役,并处罚金。(2)免于处罚。实施本罪,行为人系初犯,全部退赃退赔,积极修复环境,并确有悔改表现的,可以认定为犯罪情节轻微,不起诉或者免予刑罚。①

四、环境渎职类犯罪

(一)违法发放林木采伐许可证罪

1. 罪与非罪。(1)违法发放林木采伐许可证的类型。违法发放林木采伐许可分两种类型:一类是超过批准的采伐限额发放林木采伐许可证;②另一类是违反规定滥发林木采伐许可证。③ (2)入罪门槛。本罪属于情节加结果犯,构成本罪需达到情节严重的程度,并产生森林遭受严重破坏的结果,即违法发放林木采伐许可证与森林遭受严重破坏具有法律上的因果关系。实践中,违法发放林木采伐许可证出现下列情形之一,即属于"情节严重,致使森林遭受严重破坏",应定罪处罚:发放林木采伐许可证允许采伐数量累计越过批准的年采伐限额,导致林木被伐数量超过十立方米;滥发林木采伐许可证,导致林木被滥伐二十立方米以上;滥发林木采伐许可证,导致珍贵树木被滥伐;批准采伐国家禁止采伐的林木,情节恶劣等。④

2. 此罪与彼罪。(1)本罪与滥用职权罪。本罪与滥用职权罪之间属法条竞合的关系,前者是特别规定,后者是普通规定,适用时应按特别法优于普通法的原则处理。(2)一罪与数罪。国家机关工作人员伪造林木采伐许可证,构成伪造国家机关公文、证件、印章罪,又将伪造的林木采伐许可证发放,还触犯了违法发放林木采伐许可证罪,应数罪并罚;行为人收受贿赂后实施违法发放林木采伐许可证的行为,若两种行为都构成犯罪,应择一重罪从重处罚。

---

① 参见2016年最高人民法院、最高人民检察院联合发布的《关于办理非法采矿、破坏性采矿刑事案件适用法律若干问题的解释》第十条。

② 《森林法》第五十九条:"符合林木采伐技术规程的,审核发放采伐许可证的部门应当及时核发采伐许可证。但是,审核发放采伐许可证的部门不得超过年采伐限额发放采伐许可证。"

③ 《森林法》第六十条:"有下列情形之一的,不得核发采伐许可证:(一)采伐封山育林期、封山育林区内的林木;(二)上年度采伐后未按照规定完成更新造林任务;(三)上年度发生重大滥伐案件、森林火灾或者林业有害生物灾害,未采取预防和改进措施;(四)法律法规和国务院林业主管部门规定的禁止采伐的其他情形。"

④ 参见1999年最高人民检察院发布的《关于人民检察院直接受理立案侦查案件立案标准的规定(试行)》中渎职犯罪案件第(十六)、2000年最高人民法院发布的《关于审理破坏森林资源刑事案件具体应用法律若干问题的解释》第十二条。

3. 罪轻与罪重。本罪设有一档两种刑罚，即三年以下有期徒刑或者拘役，根据案情轻重酌情判罚。

（二）环境监管失职罪

1. 罪与非罪。(1)严重不负责任。严重不负责任，是指环境监管工作人员违反《环境保护法》《水污染防治法》《大气污染防治法》《海洋环境保护法》《固体废物污染环境防治法》《土壤污染防治法》《噪声污染防治法》等法律法规的规定，敷衍职守，不能主动、认真、全面、正确履行职责，导致严重后果的行为。(2)入罪门槛。本罪属于结果犯，严重不负责任的行为须导致重大环境污染事故的发生，致使公私财产遭受重大损失或者造成人身伤亡的严重后果，才能构成本罪。因此，严重不负责任行为与造成的重大损失结果之间具有刑法上的因果关系是本罪刑事责任存在的基础。如果环境监管工作人员涉嫌下列情形之一，应予立案：造成直接经济损失三十万元以上的；造成人员死亡两人以上，或者重伤三人以上，或者轻伤十人以上的；使一定区域内的居民的身心健康受到严重危害的等。①

2. 此罪与彼罪。本罪与玩忽职守罪之间是法条竞合关系。玩忽职守罪是普通规定，本罪是特别规定，在适用法律时，应按特别法优于普通法的原则进行处理。

3. 罪轻与罪重。本罪设有一档两种刑罚，即三年以下有期徒刑或者拘役，根据案情轻重酌情判罚。

第二节 典型环境刑事司法案例裁判评析

一、排放含有重金属的污水未超标也能构成污染环境罪吗？

【案情简介】2018 年 6 月 1 日至 6 日，双龙公司在单位生活污水贮存池架设抽水泵及消防水带，将池内未经任何处理的黑色污水，通过架设暗管的方式排放到厂区绿化带内。市环境保护局对其相继作出查封、责令改正违法行为、责令限制生产决定。2018 年 9 月 29 日，市环境保护局因双龙公司私自设暗管排放污水，违法情节严重，对该单位罚款七十万元。2018 年 8 月 8 日，双龙公司通过架设的暗管，将生活污水再次抽出排入厂区绿化带。经市环境监察支队对暗管排放的黑色污水进行抽样监测，监测结果为污水中含镉、汞、镍、铅、铬等重金属。2019 年 6 月

① 参见 1999 年最高人民检察院发布的《关于人民检察院直接受理立案侦查案件立案标准的规定（试行）》中渎职犯罪案件第（十七）。

28 日,市公安局米东区分局将被告人武某传唤到案。

市环境监测中心站作出水质监测结果报告单载明,2018 年 8 月 8 日在双龙公司污水采样后检测结果为:铅 0.08mg/L、汞 0.00021mg/L、镉 0.008mg/L、铬 0.05mg/L、镍 0.06mg/L。

公诉机关提交了相应的证据,并据此认为,被告单位双龙公司通过暗管逃避监管的方式排放有毒物质,经检测污水中含镉、镍、铅、汞、铬等重金属,严重污染环境,构成污染环境罪。被告人武某作为双龙公司直接负责的主管人员,为了单位利益,违反国家规定,未按照环评批复的要求安装污水处理设备,安排员工通过暗管将未处理的污水排入厂区绿化带,其行为已触犯《刑法》第三百三十八条之规定,犯罪事实清楚,证据确实、充分,应当以污染环境罪追究其刑事责任。因具有自首、如实供述犯罪行为等情节,符合《刑法》第六十七条第一款之规定,可以从轻、减轻或者免除处罚。提请法院依法判处。

被告单位双龙公司对起诉书指控的事实及罪名均不认可,认为腐植酸是改善土质的肥料,对土壤没有损害,请求法院对其从轻处理。被告人武某对于起诉书指控的事实和罪名均不认可,辩称双龙公司生产的是有机化肥,对于环境没有污染,生活污水被用于厂区绿化,武某的行为不构成犯罪。

被告人武某的辩护人对于公诉机关指控的罪名有异议。根据法律规定,被告人的行为只有在同时符合刑法规定的三个构成要件,即违反国家规定、排放有毒物质、严重污染环境的情况下才构成污染环境罪。本案中被告人的行为并未违反国家规定,国家的相关排放标准中第一条即为允许排放,限定了 69 种水污染物排放浓度和水量,其中包含本案中的五种重金属,即符合标准就可以排放。被告人排放的污水中重金属含量并未超标,被告人使用该污水浇树并未违反相关规定。本案公诉机关片面理解司法解释的内涵,即只要含有重金属的物质就是有毒物质的观点是错误的,对于有毒物质的界定应当进行实质把握,经检测重金属含量未超标的,不应以犯罪论处。同时,照片显示被告人公司树木郁郁葱葱,环境并未受到严重污染。辩护人认为本案被告人的行为不构成污染环境罪,应当宣告无罪。

法院审理后认为,被告单位双龙公司及被告人武某的行为符合污染环境罪的构成要件,应当予以定罪。但是鉴于犯罪情节轻微,且未造成严重危害后果,可以对被告人武某及被告单位双龙公司免予刑事处罚。①

【简评】本案中,被告单位排放的污水检测出含有重金属物质,但是,辩护人认为并不属于有毒物质。司法解释中对于排放含有有毒有害物质"严重污染环境"

① 参见(2020)新 0109 刑初 44 号刑事判决书。

的界定标准是:排放、倾倒、处置含铅、汞、镉、铬、砷、铊、锑的污染物,超过国家或者地方污染物排放标准三倍以上的;排放、倾倒、处置含镍、铜、锌、银、钒、锰、钴的污染物,超过国家或者地方污染物排放标准十倍以上的;通过暗管、渗井、渗坑、裂隙、溶洞、灌注等逃避监管的方式排放、倾倒、处置有放射性的废物、含传染病病原体的废物、有毒物质的。① 显然,司法解释中对于排放含有重金属的废物以超过国家或地方污染物排放标准的三倍以上作为"严重污染环境"的认定标准。本案裁判文书中,法院并未对被告单位的污水排放是否超标进行评述,即判被告单位污染环境罪成立,显然有失严谨。废水中含有超过一定剂量的重金属作为有毒有害物质属于常识,本案中的关键问题是被告单位排放含有重金属的污水是否申领了有毒有害物质排放许可证且是否持证合规排污?法律并不禁止含有重金属的污水排放,但是,前提是持证排放、达标排放并按规定的去向排放。如果被告单位依法申领了相关排污许可证并依法排污,即便是所排放废水中含有未超标的重金属,属于合法行为,不应治罪。如果被告单位未取得相关排污许可证或虽取得排污许可证而未依法排放含有重金属的污水就应另当别论。本案中,被告单位向厂区绿化带土壤中排放这种含有重金属的污水,随着时间的推移,土壤中重金属累积含量会严重超标,在法律上应受到规制。因此,该司法解释中还设有一条对"严重污染环境"行为的判断标准,即"通过暗管、渗井、渗坑、裂隙、溶洞、灌注等逃避监管的方式排放、倾倒、处置有放射性的废物、含传染病病原体的废物、有毒物质的"。本案被告单位属于违反本条规定,通过逃避监管的方式排放含有重金属的污水,即便所排污水中重金属含量未超标,仍可以污染环境罪定罪处罚。

二、堆放固体废物是倾倒还是处置?

【案情简介】2008 年,被告人桂某办理了河西矿产经营部的工商营业执照,其经营范围为雄黄批零兼营。2011 年至 2015 年年初,被告人桂某在未办理环评手续的情况下,在碧江区滑石乡芭蕉村天子坡坡脚租赁了一处废弃的砂石厂,聘请他人冶炼雄黄。被告人桂某在冶炼雄黄时,未建任何环保设施,并在未采取防护措施的情况下,将雄黄原矿石、雄黄粉末、雄黄成品及半成品堆放在冶炼现场的空地上、简易工棚里,将冶炼后的雄黄废渣堆放在冶炼厂入口处左边的露天空地上。2015 年 6 月中旬,市公安局碧江分局电话通知桂某到公安机关接受调查,桂某于当月 25 日主动到公安机关接受调查,并交代了主要犯罪事实。被告人桂某于 2016 年 1 月 28 日处置了 9.18 吨雄黄冶炼废渣,但现场仍遗留大量废渣及粉状原

---

① 参见 2016 年最高人民法院、最高人民检察院发布的《关于办理环境污染刑事案件适用法律若干问题的解释》第一条。

材料、袋装废渣未处置。2016年10月,经环境监测站对被告人桂某经营的河西矿产经营部雄黄冶炼现场遗留的粉状原材料、袋装废渣、雄黄废渣进行取样检测,检测报告发现取样的雄黄废渣、粉状原材料、袋装废渣浸出毒性中砷浓度值均超过《危险废物鉴别标准,浸出毒性鉴别》规定的浓度限值,该监测报告获得了省级环保部门的认可。2016年12月,碧江区环保局委托中佳环保有限公司将现场遗留的雄黄废渣、粉状原材料等共计169.02吨转运至龙里县进行清运暂存。

公诉机关认为,被告人桂某在未办理相关环保手续的情况下,违反国家规定冶炼雄黄,将未经处理的砷浓度超过国家规定限值的有毒废渣倾倒在空地上,数量较大,其行为触犯了《刑法》第三百三十八条的规定,已构成污染环境罪,应当以污染环境罪追究其刑事责任。被告人桂某具有自首情节,可从轻或者减轻处罚,建议法院判处被告人桂某有期徒刑一年至二年,并处罚金。并当庭宣读、出示了相关证据,提请法院依法判处。

被告人桂某对起诉指控的事实和罪名均有异议,提出其将雄黄废渣堆放在生产现场砂石面上的行为与土地、水体完全隔离,没有造成任何的环境污染后果。169.02吨的雄黄废渣、粉状原材料等遗留物是碧江区环保局指定堆放的,其要拉走处理,但是环保局不同意,是环保局隐瞒事实真相,责任应由环保局承担。其只是没有办理手续,其行为只是行政违法,不构成犯罪,请求法院依法宣告无罪。同时提出其系主动投案,具有自首情节。

法院经审理后认为,《国家危险废物名录》明确了硫砷化合物(雌黄、雄黄及硫砷铁矿)属危险废物,系有毒物质。同时,《固体废物污染环境防治法》规定,建设工业固体废物贮存、处置的设施、场所,必须符合国家环境保护标准。而本案中,被告人桂某在未办理环评手续、未按规定建设贮存设施、场所、未建设配套环保设施、未采取防护措施、亦未采取无害化处置措施的情况下,将浓度限值超过国家规定的含砷的雄黄冶炼废渣等危险废物,随意堆放在其经营的冶炼现场露天的空地上及简易工棚里,达178.2吨,严重污染环境,已构成污染环境罪,公诉机关指控被告人桂某犯污染环境罪的事实和罪名成立,应当以污染环境罪追究其刑事责任。被告人桂某关于100多吨废渣则是在碧江区环保局许可下而产生,产生的废渣是按照环保局指定堆放,而不是倾倒危险废物,且是堆在砂石上没有对环境造成危害,不构成犯罪的辩护意见不予采纳。鉴于被告人有减轻处罚情节,遂判被告人桂某犯污染环境罪,判处有期徒刑一年,并处罚金人民币十万元。①

【简评】现行《刑法》第三百三十八条规制的行为是“排放、倾倒或者处置”废

① 参见(2017)黔0602刑初131号刑事判决书。

物或有害物质，本案中被告人桂某将案涉危险废物“堆放在冶炼现场的空地上、简易工棚里，将冶炼后的雄黄废渣堆放在冶炼厂入口处左边的露天空地上”，并无外排行为。公诉机关指控被告人称其“将未经处理的砷浓度超过国家规定限值的有毒废渣倾倒在空地上”，即属于“倾倒”行为。《固体废物污染环境防治法》中出现13次“倾倒”用语，但并未对其内涵与外延作出界定。《海洋环境保护法》在其第九十四条中将倾倒作为处置的一种方式来界定。① 一般认为，倾倒是直接将存放在某种装置中的固体或液体废物倒入环境中的一种排放行为。本案中，公诉机关认为被告将其产生的固体废物堆放工厂空地上属于倾倒废物的行为，显然有失严谨。由日常经验可知，正常处置工业废物需要采取某种技术手段并遵循一定的操作规范，使工业废物变得减量化、无害化或安全化。在处置工业废物之前，有不少企业是先找一块空地堆放，等条件具备时再进行处置。但是，法律对于临时存放固体废物，特别是危险废物也是有安全要求的，既不能污染环境，又不能造成安全事故。当堆放固体废物是为了后续处置作准备时，堆放只是临时的措施，不属于处置行为。但是，如果堆放固体废物或危险废物迟迟不见后续处置行为，堆放废物产生污染外溢或其他有害影响，那么，堆放本身也可能被作为处置行为来对待。因为临时堆放后，并不再回取的活动就是处置，处置往往是带有最终结局性质。本案中，被告人桂某将危险废物长期堆放在不符合环保条件的场所，为减少成本并未进行合乎规定的处置，可以视为一种非法处置行为。

三、非法捕鱼不足三两也能被定罪？

【案情简介】检察机关指控，2020年5月9日9时许，被告人何某平提议并邀约被告人何某明、刘某到高县洞子口潆溪河道内捕鱼。当日13时许，何某平携带一张渔网（粘网）同何某明到达洞子口潆溪河，即在河内网鱼。刘某随后提水桶到达后，也下河一起牵网捕鱼。13时30分许，公安机关据匿名群众举报，在洞子口潆溪河道内将正在捕鱼的三被告人现场抓获，现场缴获渔网一副、水桶一个、鱼获0.145千克。经县农业农村局鉴定，现场缴获的渔网为省天然水域禁用渔具。三被告人违反水产资源保护法规，在禁渔区、禁渔期使用禁用的工具捕捞水产品，已构成非法捕捞水产品罪。三被告人到案后如实供述自己的犯罪事实，自愿认罪认罚，可以从宽处理，依照《刑法》第六十七条第三款、《刑事诉讼法》第十五条的规定，建议均对其判处拘役3个月，缓刑6个月。公诉机关提交了相关证据。

---

① 《海洋环境保护法》第九十四条：“本法中下列用语的含义是：……（十一）倾倒，是指通过船舶、航空器、平台或者其他载运工具，向海洋处置废弃物和其他有害物质的行为，包括弃置船舶、航空器、平台及其辅助设施和其他浮动工具的行为。”

三被告人在审理过程中对起诉指控的事实、罪名及量刑意见无异议,自愿认罪认罚。

法院经审理后认为,被告人何某平、何某明、刘某违反《渔业法》和《四川省〈中华人民共和国渔业法〉实施办法》的规定,在禁渔区和禁渔期使用禁用的工具、方法捕捞水产品,情节严重,其行为已构成非法捕捞水产品罪。三被告人到案后如实供述自己的罪行,系坦白,可以从轻处罚。根据三被告人的犯罪情节和社会危害程度、认罪悔罪表现,对其适用缓刑不致危害社会,公诉机关的量刑建议适当。法院分别判三被告人犯非法捕捞水产品罪,判处拘役3个月,缓刑6个月;责令三被告人在判决生效后30日内在县农业农村局批准或者许可的区域内,增殖放流鱼苗2000尾;对三被告人的作案工具予以没收。[①]

【简评】非法捕捞水产品罪是情节犯,情节严重才构成此罪。从保护水产品资源的角度来看,不足三两的鱼获可能对于一般水产品资源来说并非很大的破坏。从损害后果来说,本案或许难以达到情节严重的水准,区区三两鱼获也值不了多少钱。但是,本案公诉机关指控三被告人"在禁渔区、禁渔期使用禁用的工具捕捞水产品",即触犯"三禁"。《渔业法》第三十条第一款规定:"禁止使用炸鱼、毒鱼、电鱼等破坏渔业资源的方法进行捕捞。禁止制造、销售、使用禁用的渔具。禁止在禁渔区、禁渔期进行捕捞。禁止使用小于最小网目尺寸的网具进行捕捞。捕捞的渔获物中幼鱼不得超过规定的比例。在禁渔区或者禁渔期内禁止销售非法捕捞的渔获物。"该法第三十八条第一款规定,违反关于禁渔区、禁渔期的规定进行捕捞的,或者使用禁用的渔具、捕捞方法和小于最小网目尺寸的网具进行捕捞……构成犯罪的,依法追究刑事责任。显然,本案中,三被告人的行为违反了《渔业法》的规定,在禁渔区、禁渔期、使用禁用的网具公开实施团队非法捕捞,影响恶劣,其情节可谓严重。本案中,判三被告人有罪,同时适用缓刑,显然对于那些心存侥幸,认为在河里下网捕点鱼危害不大,即使被抓住也属于一般违法的人能产生威慑力,促使其悬崖勒马,不敢越雷池半步具有很好的示范效果。

四、是单位犯罪还是个人犯罪?

【案情简介】被告单位嘉庆公司系2018年市控重点排污单位,被告人高某系嘉庆公司技术副厂长,负责总氮自动在线检测水质设备。2018年7月11日至19日,被告人高某发现嘉庆公司的总氮自动在线检测水质数据超标,担心嘉庆公司被环保部门处罚,为逃避环保部门处罚,高某将总氮自动在线检测水质设备采样管断开,将采样管插入提前准备好的采样水里,干扰总氮自动在线检测水质设备

① 参见(2020)川1525刑初212号刑事判决书。

正常运行。2018年7月19日晚,省环保厅到被告单位督察时发现该情况,予以制止。2018年8月1日,被告人高某经县公安局传唤,接受调查。2018年9月4日,县环境保护局对被告单位嘉庆公司罚款一百万元,已清缴。

公诉机关指控被告单位嘉庆公司、被告人高某干扰自动监测设施,排放氮污染物,严重污染环境,其行为触犯了《刑法》第三百三十八条之规定,应当以污染环境罪追究其刑事责任,提交了有关证据,请法院依法判处。

被告单位嘉庆公司对公诉机关指控的犯罪事实及罪名定性均有异议,不认罪。其辩护意见核心观点认为:证据显示单位的主要负责人贾某曾经让高某联系设备生产厂家协调处理办法,但是从后续的行为过程看,高某并未按照贾某的说法去做,所以根据罪责自负的原则,不应归责于单位。本案中,高某的行为并非为了单位利益,而是损害单位利益,将其行为归责于单位,缺乏前提基础。本案中做出决定和实施相关行为的是高某一个人,不存在主管人员和其他直接责任人员的区分,相应地也不应该认定为单位犯罪。

被告人高某对公诉机关指控的犯罪事实及罪名定性均有异议,不认罪,并称管子不是自己断的。其辩护意见核心观点认为:公诉机关所指控高某私自干扰总氮自动在线设备正常运行的事实不清,证据不足。本案所有证据材料里面,除了高某本人的供述,没有任何证据证明高某实施了上述行为,而高某本人的供述出现反复及矛盾的现象。嘉庆公司及其投资方的领导为逃避法律追究,让高某一人顶罪,本案很明显属于单位犯罪。本案需要追究的责任主体包括主管人员和责任人员,而本案仅仅把高某一人列为被告人显然不妥,应让该承担责任的人承担后果。

法院经审理后认为,被告单位嘉庆公司及被告人高某的行为已构成污染环境罪,公诉机关指控其罪名成立,依法应予以支持。被告单位嘉庆公司辩护人辩称被告人高某的行为系个人行为,被告单位不构成污染环境罪等,其辩解无事实及法律依据,与经审理查明的事实不符,不予采纳;被告人高某作为被告单位分管负责总氮自动在线检测水质设备的技术副厂长,为逃避环保部门对被告单位嘉庆公司的处罚,实施干扰总氮自动在线设备正常运行的行为构成污染环境罪。最后,法院以污染环境罪,分别对被告单位嘉庆公司和被告人高某判处相应刑罚。①

【简评】我国现行《刑法》第三百四十六条规定:“单位犯本节第三百三十八条至第三百四十五条规定之罪的,对单位判处罚金,并对其直接负责的主管人员和其他直接责任人员,依照本节各该条的规定处罚。”根据司法解释,“重点排污单位

---

① 参见(2019)豫0329刑初187号刑事判决书。

篡改、伪造自动监测数据或者干扰自动监测设施,排放化学需氧量、氨氮、二氧化硫、氮氧化物等污染物的"属于严重污染环境的行为,①构成污染环境罪。本案中,被告单位嘉庆公司被列为重点排污单位,案涉污染物为其所排放。高某作为被告单位嘉庆公司分管负责总氮自动在线检测水质设备的技术副厂长,其在被告单位履职期间实施的干扰总氮自动在线设备正常运行的行为属于职务行为,其行为效果应归属于单位。因此,本案被告单位犯污染环境罪无可争辩。本案中,被告人高某认罪,其个人犯罪已无异议,但认为不应由其一人承担。本案公诉机关并未指控其他人员犯罪,除非被告人高某能检举揭发还有其他责任人犯有污染环境罪应予追诉,否则法院并不会主动追究其他人员的刑事责任。

五、养猪也能触犯污染环境罪?

【案情简介】正邦总公司为扩展永州地区的业务,于2019年在永州注册成立正邦永州公司,主要经营种猪、仔猪、肉猪的养殖与销售等业务。被告人徐某于2021年2月7日被正邦总公司由本部调到正邦永州公司担任服务部主任。零陵区畜牧养殖场于2020年注册成立,经营人及法人代表为蒋某,经营范围为猪的饲养。该养殖场占地约16亩,建有三栋猪舍、两个集粪池,另有两个未做防渗处理的土坑。被告人徐某查看过被告人蒋某等建的养殖场之后,在养殖场未取得排污许可证和未通过环保评审的情况下,仍与被告人蒋某签订协议,从事生猪合作养殖。之后被告人徐某于2020年12月25日投放1800头母猪苗与零陵区畜牧养殖场开始进行合作养殖。被告人吴某于2020年12月20日被正邦总公司调派到零陵区畜牧养殖场担任配怀组长。被告人吴某知晓该养殖场有未做防渗处理的排污池,当排污池猪粪水满时,与零陵区畜牧养殖场一方的人员商量后,将未经任何处理的猪粪水抽至未做任何防渗漏处理的土坑,猪粪水通过岩石缝隙渗至地下水中,对下游石山脚办事处和谐村中村民水井造成污染,导致生态环境损害。

2021年3月2日上午,零陵环境分局接到群众电话投诉,立即组织执法人员到场调查,并对投诉村民家水井进行应急采样分析。执法人员经调查发现,正邦永州公司养殖人员、零陵区畜牧养殖场人员将母猪养殖过程中产生的猪粪水收集于粪池内。因粪池容积不够,自2021年2月中旬起,将未做任何处理的猪粪水用水泵抽至猪舍北侧土坑内存放,因土坑未做任何防渗,猪粪水渗漏至地下水,猪粪水经地下水径流污染迁移至下游的永州市零陵区石山脚办事处和谐村民水井,对水井水质造成严重污染。经符合资质的中介评估机构出具的《正邦永州公司(零

---

① 参见2016年最高人民法院、最高人民检察院发布的《关于办理环境污染刑事案件适用法律若干问题的解释》第一条第(七)项。

陵区畜牧养殖场)非法排污案生态环境损害评估评估》,评估认为本案对正邦永州公司周边村民地下水井水造成了严重损害,本次事件造成的生态环境损害量化共计520,025.7元,本次鉴定评估费用290,000元。

公诉机关指控被告单位正邦总公司、被告人徐某、吴某、蒋某等未依法对养殖防污染设施通过环境影响评价,将养殖中产生的猪粪便水未经任何处理存放在未做任何防渗处理的土坑内,渗漏至地下水,严重污染了水质环境,其行为构成污染环境罪并构成环境侵权,同时提起刑事附带民事公益诉讼,请求法院依法裁判。

法院经审理后认为,被告单位正邦总公司及其工作人员被告人徐某、吴某违反国家规定,在没有依法通过环境影响评价,未依法取得排污许可证的情况下伙同被告人蒋某等共同经营种猪养殖场过程中,非法排放养殖废水污染物,造成生态环境严重损害,致使公私财产损失五十万余元,其行为均已构成污染环境罪,故公诉机关指控被告单位和被告人犯污染环境罪的罪名成立,法院予以支持。遂根据案情,以污染环境罪分别判决被告单位和各被告人承担刑事责任,并对本案民事责任部分作出相应处理。①

【简评】我国是一个农业古国,畜牧养殖业具有悠久的历史。在自给自足的传统农村,多数农户以家庭为单位承包土地种植粮食并开展副业养殖。在养殖过程中,农民会把畜禽粪便收集起来,以有机肥的方式返回农地。这种分散、小规模的家庭养殖业一般不会对环境造成严重污染,甚至还是一种可持续的农业生产方式。随着现代商品经济的发展以及家庭养殖成本的提高,农户家庭散养畜禽的方式逐渐淡出,取而代之的是公司式的规模化养殖。规范化的现代养殖场在开工建设前需要开展环境影响评价,同步建设环境保护设施,并取得排污许可证方可进行规模化畜禽养殖。毕竟,规模化集中式的现代养殖场与规模小分散的农户家庭养殖所产生的废弃物不可等量齐观,其污染能力呈指数级增长。现代养殖场与其他类型的生产工厂一样,都具有产生严重环境问题的可能性。如同本案一样,现代养殖场排放的含有机物或病菌的粪便废水或饲料废渣以及伴随的恶臭等如未经环保净化或无害处理而肆意外排,可能会严重污染环境,冲击社会秩序。有些养殖场为了节省成本,采用逃避监管的方式外排废物,属于严重违法行为。因此,与分散、小规模的传统家庭养殖不同,现代养猪场及其有关责任人员也可能因违法排放养殖废物严重污染环境触犯《刑法》而构成污染环境罪。实践中,养猪场内时不时会有病死猪只也应依法无害化处理,否则也可能触犯污染环境罪。②

---

① 参见(2021)湘1102刑初255号刑事判决书。

② 参见(2019)浙03刑终1780号刑事裁定书。

六、收购饲养几只人工繁殖的野鸡也能犯罪?

【案情简介】2019 年 2 月至 5 月,被告人邢某先后两次以每只 300 元的价格购买人工繁殖的红腹锦鸡五只,共支付价款 1500 元。在未办理野生动物驯养繁殖许可证的情况下,邢某将五只红腹锦鸡运回其经营的家庭农场进行驯养繁殖,后繁殖了三只红腹锦鸡。2020 年 2 月 10 日,咸丰县森林公安局将邢某养殖的八只红腹锦鸡登记保存在邢某开办的家庭农场内。2020 年 2 月 19 日,其中一只红腹锦鸡飞走。2020 年 5 月 25 日,标注为 4 号亲本红腹锦鸡死亡。经国家林业和草原局森林公安司法鉴定中心鉴定,邢某收购并驯养繁殖的动物为红腹锦鸡,为国家二级保护野生动物。

公诉机关认为被告人邢某非法收购国家重点保护的珍贵、濒危野生动物,情节严重,其行为触犯了《刑法》第三百四十一条第一款之规定,应当以非法收购(现为危害)珍贵、濒危野生动物罪追究其刑事责任。公诉机关提交了相应的证据,请法院依法裁判。

邢某对公诉机关指控的事实和罪名均无异议,自愿认罪认罚。

法院经审理后认为,被告人邢某无视国家法律,明知红腹锦鸡是国家重点保护的野生动物,在未取得驯养繁殖许可证等批准文件的情况下仍然收购五只进行驯养繁殖,情节严重,其行为已构成非法收购(现为危害)珍贵、濒危野生动物罪,公诉机关指控的事实和罪名成立。遂根据案情以非法收购(现为危害)珍贵、濒危野生动物罪判处被告人邢某相应的刑罚。①

【简评】根据 2000 年最高人民法院发布的《关于审理破坏野生动物资源刑事案件具体应用法律若干问题的解释》及其附表,非法收购国家二级保护野生动物锦鸡(所有种)四只就属于情节严重,八只则属于情节特别严重的犯罪。因此,本案按当时的司法解释来裁判,被告人邢某收购五只红腹锦鸡,显然属于情节严重,构成非法收购(现为危害)珍贵、濒危野生动物罪。问题的关键是,这五只是人工繁殖的锦鸡是否属于刑法所保护的对象? 原则上,人工繁殖的野生动物仍然属于野生动物,刑法所保护的珍贵、濒危野生动物不因是人工繁殖的野生动物而不予保护。例如,人工繁殖的大熊猫仍受刑法保护。但是,人工繁育的野生动物确实具有特殊性、复杂性,需要具体分析、区别对待。2022 年最高人民法院、最高人民检察院联合发布的《关于办理破坏野生动物资源刑事案件适用法律若干问题的解释》规定涉案动物系人工繁育,若列入人工繁育国家重点保护野生动物名录的或人工繁育技术成熟、已成规模,作为宠物买卖、运输的,对所涉案件一般不作为犯

---

① 参见(2020)鄂 2826 刑初 90 号刑事判决书。

罪处理;需要追究刑事责任的,应当依法从宽处理。[①] 本案中,鉴于涉案红腹锦鸡系人工繁殖,被告人收购并非出于牟利,主观恶性及社会危害性明显小于非法收购纯野外生长、繁殖的红腹锦鸡,且其归案后如实供述犯罪事实,自愿认罪认罚,可依法从轻处罚。

七、综合治理还是非法采矿?

【案情简介】2011 年 8 月,博海公司承包了曲古沟一矿矿山地质环境综合治理工程项目,随后,博海公司将该项目全部转包给了明柯公司。被告人林某(明柯公司负责人)于 2012 年至 2017 年 11 月 8 日在未取得采矿许可证的情况下,以综合治理为名,组织人员在曲古沟一矿进行非法煤炭资源开采。其中 2012 年 3 月至 2017 年 2 月,被告人林某通过明柯公司向亚通物流公司、甘肃新丝路能源有限公司等销售原煤 272,540 吨,销售金额 64,422,722 元。2018 年 3 月 17 日至 4 月 3 日,被告人林某在未取得采矿许可证的情况下,以综合治理为名,组织人员在曲古沟一矿进行非法煤炭资源开采。共采煤 9460.65 吨,其中 3178 吨销售给瑞港公司,用以折抵被告人林某欠瑞港公司的欠款 80 万元。2019 年 12 月 25 日,法院委托鉴定机构对公安机关扣押的煤炭进行鉴定,经鉴定被扣押的煤炭数量总计 10,511.33 吨,价值 3,678,965.50 元。

法院审理后认为,被告人林某违反矿产资源法的规定,在未取得采矿许可证的情况下,非法开采原煤,情节特别严重。其行为已经触犯了《刑法》第三百四十三条第一款之规定,构成非法采矿罪。公诉机关指控的罪名成立,予以确认。被告人林某提出的“自己是由州政府招商引资,在矿区进行综合治理,治理方案中可以开采边角煤和露头煤,自己的行为不是非法开采”的辩解意见以及其辩护人提出的“被告人林某在政府的许可下进行综合治理,开采边角煤和露头煤,公诉机关指控的犯罪事实不清,证据不足,应当对被告人林某宣告无罪”的辩护意见。一审法院认为政府招商引资的前提是被告人合法经营。被告人林某于 2018 年 3 月至 4 月,在没有取得采矿许可证的情况下,非法开采煤炭资源,证据确实、充分,其行为符合非法采矿罪的犯罪构成。故对辩护人的这一辩护观点,不予采纳。遂以非法采矿罪,判处被告人林某犯有期徒刑三年六个月,并处罚金 100 万元。被告人林某非法开采的煤炭予以没收,上缴国库。[②]

【简评】本案中,被告人林某从 2012 年至 2018 年长达六年的时间里在无采矿

---

① 参见 2022 年最高人民法院、最高人民检察院联合发布的《关于办理破坏野生动物资源刑事案件适用法律若干问题的解释》第十三条第二款。

② 参见(2020)青 22 刑终 15 号刑事判决书。

许可证的情况下,肆意非法开采煤矿并进行外运谋利。政府行政部门因明柯公司在曲古沟一矿一直非法采挖原煤,曾对其非法采挖行为进行过多次行政处罚而未能有效制止。人们不禁要问:被告人何以有如此神通?其根本原因是,被告人林某的行为有着合法的外衣,即以矿区环境综合治理为名。本案被告人提交的《综合治理方案》及与方案相关的请示、批复等政府性文件材料,说明政府同意案涉矿区环境的治理方案,但这些程序性文件中,并无许可采矿性质的内容。在治理方案中提出的可以回收边角煤、露头煤,是政府允许以该方式补贴在综合治理中的支出,不能等同于采矿许可证的效力,也不能以此为理由违反采矿需要经法定程序办理合法采矿手续的强制性规定。本案暴露出政府在外包公共服务合同中,存在着未能对有关业务需要办理合法手续予以说明的漏洞,也暴露出政府有关部门未能履行好对承包方开展治理工作的监督服务工作。被告单位在多年无采矿许可手续的情况下,以矿山地质环境综合治理为名大量非法开采原煤,执法机关应信息共享,及时上报政府研究如何处置,而不能一罚了之。

八、明采就是破坏性采矿?

【案情简介】2004 年 4 月 30 日,吕某成立名为生茂铁矿的个人独资企业,同年 6 月 1 日生茂铁矿取得采矿许可,开采方式为地下开采。同年 6 月 15 日,吕某该铁矿生产经营权承包给张某,承包期限至 2007 年 9 月 30 日止,同时约定承包期满后将生茂铁矿以 30 万元的价格转让给张某。2007 年 7 月,生茂铁矿采矿许可证到期后,吕某续办了采矿许可,开采方式为地下开采。同年 9 月,承包期满后吕某与张某因转让价格问题产生纠纷并诉至法院。其间,张某与侯某达成协议,由侯某出资购买生茂铁矿。经法院调解,吕某将生茂铁矿采矿权及矿上所有资产转让给侯某。2007 年 12 月 6 日,市国土资源局对生茂铁矿下发停工通知。2008 年 5 月 26 日,生茂铁矿向市国土资源局提出申请恢复生产。在停工期间,2008 年 3 月至 7 月,被告人宁某、张某从侯某处承包了生茂铁矿牛家沟两处矿口,以明采的方式进行破坏性采矿,造成该矿区大面积土地和植被被严重破坏,无法复垦利用。经省自然资源厅认定,侯某、宁某非法开采破坏铁矿资源量 7 万吨,价值 158.9 万元。侯某、张某非法开采破坏铁矿资源量 5.15 万吨,价值 116.905 万元。其中,被告人宁某破坏性采矿 3 万余吨,价值 68.1 万元,被告人张某破坏性采矿 2.6 万余吨,价值 59.02 万元。

公诉机关指控,2008 年 2 月至 7 月,被告人宁某、张某承包侯某(另案处理)在生茂铁矿的牛家沟两处矿口进行破坏性采矿,造成该矿区大面积土地和植被被严重破坏,无法复垦利用。被告人宁某、张某违反矿产资源法的规定,采取破坏性的开采方法开采矿产资源,造成矿产严重破坏,其行为触犯了《刑法》第三百四十三条第二款，应当以破坏性采矿罪追究二被告人的刑事责任。

法院经审理认为，被告人宁某、张某违反矿产资源法的规定，采取破坏性的开采方法开采矿产资源，造成矿产资源严重破坏，二被告人的行为均已构成破坏性采矿罪。遂根据案情，以破坏性采矿罪分别判二人承担相应的刑事责任。[①]

【简评】符合法定条件可以转让采矿权，并需依法办理相关手续。[②] 本案案涉企业生茂铁矿业主吕某被批准的采矿方式是地下开采，在其将采矿权依法转让给侯某后，对于该矿山的开采仍然需按批准的方式进行。而侯某在主管部门对其矿山企业停工期间擅自将两处矿口承包给他人以违背经批准的方式开采，即明采。明采实际上就是露天采矿，需要事先揭去覆盖矿藏上方的表土，因而可能造成矿区大面积土地和植被严重破坏，无法复垦利用。当然，明采并非破坏性采矿，经批准可以采用明采的方式采矿的，则不属于破坏性采矿。本案中被告人宁某、张某违反矿产资源法的规定，采取与原采矿许可证上的开采方式（地下开采）不同的明采方式进行破坏性采矿，二人造成矿产资源破坏价值均超过50万元，达到了“造成矿产资源严重破坏”的认定标准，二被告人的行为均符合破坏性采矿罪的构成要件，应依法予以刑事制裁。

九、挖宅地基采石头也能犯非法采矿罪？

【案情简介】2011年4月，经市国土资源局等部门批准同意被告人蒋某在非原址处的山地拟建占地面积180平方米的住宅。2011年5月开始，被告人蒋某在称之为井坧里的地方挖掘宅基地，经市公安局同意并申请民爆公司的专业爆破人员进行爆破。爆破山体纵深30米许，宽20多米，爆破范围远远大于批准建房的范围。石头炸开后，有人向被告人提出购买石头，为弥补挖掘宅基地的经费，被告人蒋某遂生开采并变卖石英砂岩之意。从2012年开始，被告人蒋某在未取得采矿许可证的情况下，请人带挖机在井坧里开采矿石。2013年至2015年，被告人蒋某自购挖机和炮机在井坧里开采矿石。2014年下半年，被告人蒋某在老宅基地处建房后，还继续在井托里开采矿石，市国土资源局分别于2014年10月23日和2016年1月14日两次责令其停止违法行为，但被告人蒋某仍未停止在井坧里的开采活动。被告人蒋某开采的矿石分别销售于飞机场、工地等处。经中介评估机构评估认定，被告人蒋某非法开采石英砂岩矿产资源储量24,243吨，总价达387,888元。

公诉机关指控被告人蒋某以开挖宅基地为由，在未取得采矿许可证的情况

① 参见（2019）晋0823刑初216号刑事判决书。

② 参见《矿产资源法》第六条第一款第（二）项。

下,非法开采石英砂岩用于销售牟利,市国土资源局两次书面责令蒋某停止违法行为,但被告人蒋某仍继续非法开采,非法开采石英砂岩碎石资源储量为24,243吨,总价达387,888元。被告人蒋某违反矿产资源法的规定,未取得采矿许可证而擅自采矿,情节严重,其行为触犯《刑法》第三百四十三条第一款之规定,应当以非法采矿罪追究其刑事责任。

辩护人的核心辩护意见:被告人是为建房而开采石英砂岩的,被告人虽有销售的行为,但有销售并不等于一定开采,证人毛某的证词虽能证实有为减少自身损失而卖石头的事实,但不能说明其非法采矿的故意。炸药是经批准使用的,爆破是由专业人员实施的,大面积开采不是被告人的行为,而是爆破公司对爆破点的选择及炸药用量造成的。销售石头不是开采行为而是买卖行为,非法开采行为的证据不足。请求法院对被告人蒋某宣告无罪。

法院经审理后认为,被告人的辩护意见理由不充分,不予支持,公诉机关指控被告人蒋某非法采矿的罪名成立。遂以非法采矿罪,根据案情判被告人蒋某以相应的刑罚。①

【简评】本案中,被告人蒋某被批准爆破挖掘宅基地自用自建房屋,其具有挖掘宅基地的合法外衣。但是,其爆破发现有石头又恰逢有人提出购买石头后,遂生开采石头变卖赚钱之意,一切都是利欲熏心。其建房后仍然采石以及市国土资源局两次制止后仍然自购挖机和炮机进行采石的事实,能证明其具有采矿的故意。尽管被告人及其辩护人强调其爆破是通过有关部门批准并由专业人员爆破,这一事实只能说明被告人在开采过程中的爆破行为是合法的。但被告人蒋某违反矿产资源法的规定,在未取得采矿许可证的情况下,超出其经批准挖掘宅基地的采石行为属于非法采矿行为。被告人蒋某非法采矿行为造成矿产资源破坏的总价值达387,888元,具备非法采矿罪的构成要件,依法应予以刑事制裁。

十、调离环保局后仍可犯环境监管失职罪?

【案情简介】2013年至2016年2月2日,被告人姚某任区环保分局副局长兼任环境监察大队大队长,其工作职责为分管及负责环境监察大队的工作。同期,被告人贺某任该区环保分局环境监察大队副大队长,分管一中队。大洋厂属于该区A类企业,按照监管需要,环保部门应以不低于每月现场监察一次的要求实施监管。天顺厂属于该区的B类企业,按照监管需要,环保部门应以不低于每季度现场监察一次的要求实施监管。该二厂由贺某分管的一中队负责现场监管。2015年9月至2016年4月,天顺厂负责人郑某和大洋厂负责人葛某在没有向区

---

① 参见(2016)湘0382刑初62号刑事判决书。

环保分局备案且未依法办理危险废物转移联单手续的情况下，将共计280余吨危险废物交给明知没有危险废物处理资质的彭某处理，彭某又安排其他人员将这些危险废物转移至本省和邻近省其他地方进行非法处置。2014年至2016年4月22日，葛某安排人员在大洋厂厂区采用焚烧、倾倒等方式非法处置危险废物约10吨。经评估和法院判决，全案环境损害事件造成公私财产直接损失人民币423,470元，另发生应急监测费用248,083元，对涉事危险废物进行安全处置所需后续处置费用1,009,100元。

公诉机关认为，被告人姚某、贺某作为负有环境保护监督管理职责的国家机关工作人员，在对天顺厂和大洋厂进行现场监管的过程中，不能及时发现问题或发现问题后不能建议采取或决定采取有力措施制止环境违法行为，严重不负责任，导致发生重大环境污染事故，致使公私财产遭受重大损失，其行为均触犯了《刑法》第四百零八条的规定，应以环境监管失职罪追究二被告人的刑事责任。公诉机关向法院提起公诉并提交了有关证据，提请法院依法判处。

被告人姚某的核心辩护意见为：其犯罪较轻，在履行环境监管职责的过程中，其在相当程度上履行了环境监管职责，其过失行为与危害结果之间只具有间接、偶然的因果关系。由于环保部门的制度不完善等因素，其在工作中出现问题，且环境污染事故造成的损害后果较轻，应急监测费用不应纳入损害范围。被告人犯罪情节较轻，无犯罪前科，积极协助区环保分局处理善后事宜，且有自首情节，请求法院对其免予刑事处罚。

被告人贺某的核心辩护意见为：其在职期间已尽到监管职责，其对大洋厂运出的110吨危险废物非法倾倒所造成的公私财产损害不应承担责任。在2016年2月2日调离区环保分局后，对大洋厂再无监管职责，之后大洋厂非法处置运出的20余吨危险废物造成的228,840元损失不应承担责任。其对天顺厂监管有失职行为，但其行为尚不构成犯罪，应急监测费用248,033元不应纳入本案公私财产损失范围。被告人环境监管失职所造成的损失未达到公私财产遭受重大损失或者造成人身伤亡的严重后果的刑事责任标准，被告人具有自首情节，依法不构成环境监管失职罪。

法院经审理后认为，被告人姚某、贺某作为负有环境保护监督管理职责的国家机关工作人员，在对天顺厂和大洋厂进行现场监管的过程中，严重不负责任，不能及时发现问题或发现问题后不能建议采取或决定采取有力措施制止环境违法行为，导致发生重大环境污染事故，致使公私财产遭受重大损失，其行为均已构成环境监管失职罪。本案的发生时间在2017年1月1日前，应当适用2013年的司法解释。公诉机关指控的罪名成立，但认定造成公私财产遭受重大损失金额不当。被告人姚某、贺某主动投案,并能如实供述其罪行,属于自首,且有悔罪表现,犯罪较轻,依法可以免除刑事处罚。最后,法院遂判决被告人姚某、贺某犯环境监管失职罪,免予刑事处罚。①

【简评】环境监管失职是行政失职的一种类型,表现为环境行政机关未能及时全面正确依法履行职责,对于行政相对人的环境违法行为未能及时通过法律规定的途径和措施有效防止重大环境污染事故的发生,致使公私财产或生命健康受到重大损害。环境监管失职源于当事人严重不负责任,存在明显的过失,这种过失履职与环境事故的发生具有法律上的因果关系。“在其位,谋其职”是对于行政公务员的勤勉要求。绝大多数环境监管失职都发生在当事人仍在履行的监管岗位上,但也有少部分的环境监管失职发生在当事人调离其工作岗位之后。本案中,被告人贺某在职期间对天顺厂和大洋厂进行现场监管时,监管频率未达到要求。被告人贺某虽发现了相对人存在违法生产、非法处置危险废物等行为,但监察时不够认真仔细,很多问题未能发现,如大洋厂采取非法倾倒、焚烧等方式处理危险废物,或发现问题后未采取有力措施,如危险废物泄漏事故发生后,未依照法律规定将相关人员可能涉嫌污染环境罪的违法犯罪行为移送相关部门立案查处。该被告人虽对该二厂曾经采取了一定的处罚措施,但处罚力度不够,导致他人非法转移危险废物并进行处置的行为发生,也未能防止重大损害结果的发生。被告人贺某在2016年2月2日调离区环保分局后,虽对大洋厂再无监管职责,但其之前严重不负责任的行为,未按照法律规定采取有力措施,导致天顺厂和大洋厂储存、生产了大量的危险废物,给他人非法转移危险废物的行为制造了可能性,导致发生了严重后果,应对离职后大洋厂非法处置运出的危险废物造成的228,840元损失承担责任。本案中,被告人贺某的失职行为与重大环境污染事故及其造成的公私财产的重大损失之间有刑法上的因果关系,构成了环境监管失职罪,依法应予以追诉。

---

① 参见(2017)湘0603刑初54号刑事判决书。

第七章　环境公益诉讼司法(上)

第一节　环境公益诉讼概述

一、我国环境公益诉讼的缘起与发展

(一)环境公益诉讼的缘起与早期发展

环境侵权责任是我国民事侵权责任的一个特殊类型,它从理论上解决了环境行为侵害民事权利的救济问题。但是,长期以来,这种侵权责任只适用于环境私益保护的领域,而对于环境公益的损害则难以适用。环境公益的保护侧重于刑事和行政路径,重在法律上的威慑和制裁,而对于受损害的环境公益则缺少预防性、修复性或赔偿性的民事救济路径。由于地方政府长期以本地社会经济发展为优先事项,环境保护行政机关作为政府的职能部门,必须考虑当地经济发展的大局,通过行政路径解决环境公益面临的一些现实困境。环境公益诉讼"制度设计的初衷主要是为了依靠环保公益组织和司法机关处理一些事实清晰、损害明确、后果严重且行政机关难以解决、具有典型性的环境污染案件,以有效矫正主体行为和填补环境损害"①。随着我国环境问题的日益严峻化,通过公益诉讼来保护环境公益成为一个理论界与实务界共同热衷的方式。国内学者较早开展环境公益诉讼相关研究主要是从借鉴美国公民诉讼制度开始的。② 在2002年召开的"环境资源法学高级研讨会"上,学者们提出要进一步突破现有利害关系,使社会公益团体或检察机关可以代表公众提起行政或民事公益诉讼。③ 随后,我国一些知名环境法学者和诉讼法学者,如蔡守秋、吕忠梅、王曦、王灿发、王明远、张卫平、肖建国、傅

---

① 王明远:《论我国环境公益诉讼的发展方向:基于行政权与司法权关系理论的分析》,载《中国法学》2016年第1期。

② 参见朱谦:《美国环境法上的公民诉讼制度及其启示》,载《世界环境》1999年第3期;苏家成、明军:《公益诉讼制度初探》,载《法律适用》2000年第10期;陈文曲:《民事公益诉讼初论》,湘潭大学2001年硕士学位论文,第8~12页。

③ 参见罗吉、李广兵:《与时俱进,探索环境资源法律实施机制——2002年环境资源法学高级研讨会综述》,载《法学评论》2003年第2期。

郁林、蔡虹、张明华等教授专家对环境公益诉讼的基础理论进行了广泛的研究和探讨并相继发表了相关研究论文,为环境公益诉讼制度的发展奠定了良好的理论基础。

与此同时,环境公益诉讼的实践探索也在稳步推行。1999 年,最高人民法院《关于黑龙江省鸡西市梨树区人民政府与鸡西市化工局、沈阳冶炼厂环境污染纠纷案的复函》赋予了梨树区人民政府作为环境公益诉讼的原告资格,在一些地方开始试行环境公益诉讼。自 2003 年开始,检察机关提起环境民事公益诉讼在一些地方开启了试点。2005 年 3 月,梁从诫先生等全国政协委员联合提交《关于尽快建立健全环保公益诉讼的提案》受到中央重视。同年 12 月国务院发布的《关于落实科学发展观加强环境保护的决定》提出:“研究建立环境民事和行政公诉制度”以及“发挥社会团体的作用……推动环境公益诉讼。”在国家政策的推动下,一些地方开始探索制定环境公益诉讼地方规范性文件。例如,2010 年,贵阳市出台了全国第一部促进生态文明建设的地方性法规——《贵阳市促进生态文明建设条例》(现已失效),明确提出环境公益诉讼案件诉讼费用的缓、免,专家证言定案,评估、鉴定等费用由环保基金资助等新举措。接着,贵阳市中级人民法院、清镇市人民法院推出《关于大力推进环境公益诉讼、促进生态文明建设的实施意见》,明确规定相关主体可以提起环境民事公益诉讼和环境行政公益诉讼。随后,无锡、昆明等地也发布了有关环境公益诉讼的司法性文件。① 有学者统计,截至 2012 年 12 月,全国各地法院共公开受理 37 起环境公益诉讼案件,其中环境民事公益诉讼案件 33 起,环境行政公益诉讼案件 4 起。②

(二)环境公益诉讼的制度化

2012 年修正的《民事诉讼法》第五十五条正式赋予了法律规定的机关和有关组织向法院提起环境民事公益诉讼的原告主体资格。2014 年修订的《环境保护法》第五十八条也对环境民事公益诉讼的社会组织所应具备的条件进行了列举。2015 年最高人民法院发布的《关于审理环境民事公益诉讼案件适用法律若干问题的解释》,为环境民事公益诉讼提供了诉讼程序保障。2015 年全国人民代表大会常务委员会发布的《关于授权最高人民检察院在部分地区开展公益诉讼试点工作的决定》,授权最高人民检察院在生态环境和资源保护等领域开展检察机关提起

---

① 如《关于办理环境民事公益诉讼案件的试行规定》(锡检〔2008〕2 号),江苏省无锡市中级人民法院《环境公益民事诉讼的审理规则(试行)》(锡中法〔2012〕85 号);云南省昆明市中级人民法院和昆明市检察院《关于办理环境民事公益诉讼案件若干问题的意见(试行)》(2010 年 11 月 25 日)。

② 参见杜群、梁春艳:《我国环境公益诉讼单一模式及比较视域下的反思》,载《法律适用》2016 年第 1 期。

行政公益诉讼试点。同年12月,中共中央办公厅、国务院办公厅印发《生态环境损害赔偿制度改革试点方案》(现已失效)在吉林等7个省市部署开展省级人民政府经授权提起生态环境损害赔偿诉讼制度改革试点。2017年6月,全国人民代表大会常委会对《行政诉讼法》第二十五条进行修改,新增第四款:"人民检察院在履行职责中发现生态环境和资源保护……等领域负有监督管理职责的行政机关违法行使职权或者不作为,致使国家利益或者社会公共利益受到侵害的,应当向行政机关提出检察建议,督促其依法履行职责。行政机关不依法履行职责的,人民检察院依法向人民法院提起诉讼。"据此,我国环境行政公益诉讼制度正式确立起来。经过近两年的试点之后,我国生态环境损害赔偿诉讼制度正式确立。2017年4月,最高人民法院发布《关于审理环境公益诉讼案件的工作规范(试行)》,为法院审理公益诉讼案件提供操作规则。2018年最高人民法院、最高人民检察院发布的《关于检察公益诉讼案件适用法律若干问题的解释》为检察机关提起环境公益诉讼提供程序制度供给,2019年最高人民法院发布的《关于审理生态环境损害赔偿案件的若干规定(试行)》又为生态环境损害赔偿诉讼提供程序保障。至此,我国先后建立起环境民事公益诉讼和环境行政公益诉讼制度,而生态环境损害赔偿诉讼被作为环境民事公益诉讼的一种特殊形式。

在司法解释中,损害环境公益的行为被定性为"侵权行为"[①],据此,司法解释将环境公益作为应受法律保护的民事权益的一种。《民法典》第一千二百三十四条和第一千二百三十五条将生态环境损害行为人定性为"侵权人"。至此,我国环境侵权法上的侵权行为既包括损害私益的环境行为,又包括损害环境公益的行为。[②] 多数环境污染或生态破坏行为不仅损害了私益,同时还损害了环境公益,环境侵权诉讼司法是为了应对私益保护的问题,而环境公益诉讼司法则是为了应对环境自身——环境公益的保护问题。环境公益诉讼实际上就是针对环境污染和生态破坏行为所导致的环境公益损害的预防、赔偿或修复问题。其与环境侵权中环境污染或生态破坏对于他人的人身、财产权的侵害多属间接侵害有所不同,环境污染或生态破坏行为对于环境公益的侵害属于直接侵害。环境公益虽是一种

---

① 2018年最高人民法院、最高人民检察院发布的《关于检察公益诉讼案件适用法律若干问题的解释》第五条:"市(分、州)人民检察院提起的第一审民事公益诉讼案件,由侵权行为地或者被告住所地中级人民法院管辖。"

② 从理论上讲,环境侵权包括环境私益侵权和环境公益侵权,但是,环境私益这一概念容易产生歧义,易让人理解存在一种作为私益的环境。事实上,环境私益侵权是指环境行为侵害他人私益的现象,并非指侵害作为他人私益的环境,而环境一般被视为公益的一种载体。习惯上,学界仍将环境侵权作为私益侵权,而环境公益侵权案件则用环境公益诉讼来代替。因此,本书中未特别说明时,环境侵权即为环境私益侵权。

"不特定主体"[①]的社会公共利益,而不特定主体也可作为一种利益主体的特殊类型。2020 年修订的《民事案件案由规定》增列了公益诉讼案由,用"生态环境保护民事公益诉讼"作为三级案由,统帅环境污染民事公益诉讼、生态破坏民事公益诉讼、生态环境损害赔偿诉讼等三种形式的公益诉讼。虽然学界有人认为生态环境损害赔偿诉讼作为"环境国益诉讼",应与"环境公益诉讼"和"环境私益诉讼"相并列,[②]而不是作为环境公益诉讼的一种形式。然而,公共利益的界限本身具有模糊性,把国家利益和社会公共利益截然分开,很多情况下是徒劳的。把生态环境损害赔偿诉讼作为广义环境公益诉讼的一部分未尝不可。因而,继环保组织、检察机关之后,行政机关有权提起特定类型的环境民事公益诉讼,其诉讼请求目前仅限于生态环境损害赔偿,而不包括诸如停止侵权、消除危险等其他公益性诉讼请求。[③]

二、环境公益诉讼的特点

(一)环境民事公益诉讼

如上所述,我国环境民事公益诉讼包括环境污染民事公益诉讼、生态破坏民事公益诉讼和生态环境损害赔偿诉讼三种表现形式。与环境民事私益诉讼相比,环境民事公益诉讼呈现以下几个特点:首先,公益诉讼起诉主体范围具有特殊性。环境民事公益诉讼起诉主体所依据的诉权在性质上不同于民事私益诉讼的形成诉权,而是一种信托诉权。对于能够行使这种信托诉权的主体,国家作出了一定的限制。符合条件的社会组织、检察机关和省级、市地级政府及其指定的部门或机构才有资格提起环境民事公益诉讼,而个人被排除于公益诉讼起诉主体范围之外。其中,能提起环境公益诉讼的社会组织的条件由《环境保护法》及其相关的司法解释加以界定,而省级、市地级政府及其指定的部门或机构只能提起一定范围内的生态环境损害赔偿诉讼。当然,涉及海洋生态环境损害赔偿的,依法行使海洋环境监督管理权的部门可以代表国家提起海洋生态环境损害赔偿诉讼。其次,诉讼目的具有特殊性。环境民事公益诉讼的目的是维护环境公益,包括国家环境利益、社会环境利益及不特定多数人的环境利益。再次,诉讼对生态环境具有损害风险预防和修复功能。除生态环境损害赔偿诉讼之外,环境民事公益诉讼的提起及最终裁决并不要求一定有损害事实发生,只要环境公益有受到侵害的重大风险,即可提起环境民事公益诉讼。因此,环境民事公益诉讼具有损害风险预防功

---

① 张卫平:《民事公益诉讼原则的制度化及实施研究》,载《清华法学》2013 年第 4 期。

② 参见肖建国:《利益交错中的环境公益诉讼原理》,载《中国人民大学学报》2016 年第 2 期。

③ 参见黄忠顺:《中国民事公益诉讼年度观察报告(2016)》,载《当代法学》2017 年第 6 期。

能，这是源于环境法上的风险预防原则，此类环境民事公益诉讼也被称为预防型环境民事公益诉讼。对于已经造成环境损害的，环境民事公益诉讼可以要求侵权者停止侵害、排除妨碍、消除危险、恢复原状、赔偿损失、赔礼道歉等诉求，其中，恢复原状和赔偿损失主要用于生态环境修复或替代性修复。此类环境民事公益诉讼也被称为恢复型环境民事公益诉讼。另外，裁判具有公共政策形成功能，环境民事公益诉讼的裁判效力不仅直接拘束涉案当事人，而且对未参加诉讼的一般民众也能产生引导作用，通过环境民事公益诉讼能够起到形成或促进环境保护公共政策的作用。[①] 最后，审判机构与程序特殊。相较于传统民事私益诉讼，环境民事公益诉讼是我国近年来新兴的一类诉讼，自身具有明显的特征。因此，我国司法解释对此类案件管辖审理机构、诉前程序、起诉材料、反诉权与调解权限制、诉讼证据、裁判规则等方面都作出了一些特殊性规定。

（二）环境行政公益诉讼

当前，我国环境行政公益诉讼是指检察机关在履行职责过程中发现生态环境与资源保护领域负责监管职责的行政机关有违法行政行为，致使环境公共利益受到侵害或侵害的重大风险时，在向其发出检察建议后行政机关仍未依法履行职责时，依法向法院提起的追究该行政机关法律责任的诉讼。经过生态环境与自然资源监管体制改革后，县级以上人民政府中负责生态环境与资源保护监管职责的行政机关一般是指生态环境、自然资源机关。简言之，环境行政公益诉讼就是检察机关就违法行政致使生态环境与自然资源遭受损害或损害重大风险的行政机关向法院起诉追究其法律责任的行政诉讼。从双方当事人的地位来看，环境行政公益诉讼与传统“民告官”的行政诉讼不同，而是一种特殊的“官告官”——检察机关告行政机关的行政诉讼。当前，我国尚未正式开启“民告官”的行政公益诉讼。与普通行政诉讼或环境民事公益诉讼相比较而言，环境行政公益诉讼具有非常突出的特点：首先，它是一种“官告官”的诉讼。普通的行政诉讼是“民告官”的诉讼，而普通的“官告官”诉讼属于职务犯罪方面的刑事诉讼，而环境行政公益诉讼则属于一种特殊“官告官”的行政诉讼。其次，诉因特殊。检察机关只能因行政机关违法行政造成或可能造成环境公共利益的损害而又拒不改正时，方可提起环境行政公益诉讼。再次，当事人地位趋于平等。相较于“民告官”的普通行政诉讼或环境民事公益诉讼而言，“官告官”的环境行政公益诉讼中双方当事人的地位趋于平等，毕竟检察机关和行政机关都属于国家机关，二者在形式上更趋于平等。最

① 参见肖拓：《对环境民事公益诉讼程序的理解和适用》，载中国法院网 2014 年 5 月 27 日，https://www.chinacourt.org/article/detail/2014/05/id/1304399.shtml。

后,检察机关的地位特殊。检察机关不同于一般的国家机关,但在环境行政公益诉讼中,检察机关只能作为“公益诉讼人”享有与普通行政诉讼中原告相类似的诉讼地位,虽不能以国家法律监督机关、刑事司法机关等身份参加诉讼,但检察机关的这种身份或明或暗地对其他主体的诉讼行为产生影响。

三、环境公益诉讼面临的困境与挑战

从最初的地方试点,到全面制度化铺开,环境公益诉讼在我国已经推行数年,但是,当前环境公益诉讼仍面临诸多困境与挑战。

(一)司法权与行政权的错位

有学者指出我国生态环境损害赔偿诉讼的制度设计容易导致在环保领域司法权与行政权的错位。作为公共利益的代表,救济生态环境损害、维护环境公共利益首先应归属行政权。倘若行政机关放弃高效、便捷、快速的解决纠纷方式而直接诉诸司法救济,则被认为缺乏正当性。行政机关通过索赔诉讼之方式来主张生态环境损害赔偿并不具有优先性与必然性,而相反,绝大多数生态环境损害赔偿纠纷理应通过日常化、规范化的行政管制方式加以处理。我国当前并未规定“穷尽行政管制手段”为生态环境损害赔偿诉讼的前置程序,很可能会出现行政机关跳过其环境行政管制程序而径直提起索赔诉讼之情形,进而导致环保领域中出现行政权与司法权之“错位”。[①] 而我国当前环境民事公益诉讼制度的框架设计是:司法机关主导环境公益诉讼程序,享有实质性的决定权;行政机关是辅助者,负责提供科学技术等专业性支持;而环保公益组织则只负责发起程序,不享有任何实体上的“决定权”。这一制度设计能够在最大限度地确保追究被告责任,降低程序偏离风险,客观上也有利于实现加强环境公益保护的政策目标。但是,这种制度设计过于强化司法权在环境公共事务之中的角色与地位,使裁判的权力转为了执行的权力,具有浓厚的职权主义色彩,也使司法机关极易超出其职权范围,僭越行政权。[②]

(二)检察公益诉讼制度存在规则缺失

2019年修订的《检察官法》第七条明确规定检察官的职责包括“开展公益诉讼工作”。当前,检察机关是提起公益诉讼的主力,其提起公益诉讼有三种途径与形式:一是环境民事公益诉讼;二是环境行政公益诉讼;三是刑事附带民事公益诉

---

① 参见彭中遥:《论生态环境损害赔偿诉讼与环境公益诉讼之衔接》,载《重庆大学学报(社会科学版)》2021年第3期。

② 参见王明远:《论我国环境公益诉讼的发展方向:基于行政权与司法权关系理论的分析》,载《中国法学》2016年第1期。

讼。在环境民事公益诉讼中，由于缺少明确的环境公益侵权责任构成要件和举证责任分配规则，实践中很多法院沿用环境污染侵权责任的构成要件与举证责任分配规则，诉讼中被告因无法对抗检察机关而败诉，检察机关成为常胜将军而备受争议。环境行政公益诉讼中，案件受案范围、行政机关依法履职的判断标准缺失也是困扰人民法院、检察机关和行政机关的难题。检察机关提起刑事附带民事公益诉讼以及二审上诉制度等重大程序规则也存在不少争议。①

（三）社会组织提起环境公益诉讼受限较大

法律为社会组织提起环境公益诉讼打开了一扇门，但是，这扇门却开得并不彻底。2014 年修订的《环境保护法》第五十八条为提起环境民事公益诉讼的社会组织规定了两个基本条件，有人统计完全符合这两个条件的社会组织在全国才 300 余家。② 在实际开展环境公益诉讼时，符合条件、有能力、有意愿提起环境公益诉讼的社会组织非常少。③ 从近年案件数量看，环境公益诉讼案件主要集中在检察公益诉讼，而社会组织提起的环境公益诉讼案件数量偏少且地区分布不均衡。2015 年以来，全国法院受理的社会组织环境公益诉讼案件年均仅 50 余件，多集中于江苏、宁夏、贵州、北京等地，甚至有些省区尚未出现首例。④ 目前，社会组织也无资格提起环境行政公益诉讼。

（四）修复资金的管理和使用缺少统一立法

近年来，各地仍在积极探索生态环境损害修复资金如何管理和使用，如山东、海南、贵州等地设立了专门的环境修复资金账户，集中管理、使用当事人缴纳的生态环境修复资金。但在中央层面及全国大多数地区，修复资金的管理制度仍未有效建立。实践中，有的将资金上交财政，有的将资金保管在法院执行账户或是交给检察机关管理，有的将资金交给第三方社会组织管理，做法多样，资金难以统一有效管理的问题较为突出。此外，修复资金的使用制度尚未建立，污染者承担的生态服务功能损失费、替代性修复赔偿资金没有合适的使用渠道，也在一定程度

---

① 参见江必新：《中国环境公益诉讼的实践发展及制度完善》，载《法律适用》2019 年第 1 期。

② 参见金煜：《300 余家社会组织可提环保公益诉讼》，载新京报电子报，http://epaper.bjnews.com.cn/html/2014-04/25/content_508572.htm。后来，最高人民法院发布《关于审理环境民事公益诉讼案件适用法律若干问题的解释》后，有人统计可能有 700 余家社会组织可以提起环境民事公益诉讼。参见邢世伟、金煜：《700 社会组织可提环境公益诉讼》，载人民网 2015 年 1 月 7 日，http://env.people.com.cn/n/2015/0107/c1010-26337698.html。

③ 参见王灿发、程多威：《新〈环境保护法〉下环境公益诉讼面临的困境及其破解》，载《法律适用》2014 年第 8 期。

④ 参见江必新：《中国环境公益诉讼的实践发展及制度完善》，载《法律适用》2019 年第 1 期。

上制约了环境公益诉讼功能的有效发挥。①

以上只是我国环境公益诉讼面临的部分问题与挑战,在理论与实践中面临的实际问题与挑战远不止这些。这种情况表明,公益诉讼在我国作为一种新鲜事物,人们对其规律的认识还有待进一步深入和强化。但"开弓没有回头箭",环境公益诉讼只会得以改进而向前发展着,而不是被削弱或取消。

第二节　环境公益诉讼案件类型与案由

一、环境公益诉讼案件类型

按不同的标准,环境公益诉讼可作不同的分类。本节兹从诉讼案件性质、起诉主体、保护法益等方面对环境公益诉讼进行分类。

(一)环境民事公益诉讼与环境行政公益诉讼

按提起诉讼案件的性质,环境公益诉讼可以分为环境民事公益诉讼与环境行政公益诉讼。本书认为,环境民事公益诉讼只能算是一种准民事诉讼。表面上,环境民事公益诉讼中分别出现了"民事""诉讼"的词组,"生态环境保护民事公益诉讼"也被作为案由列入了2020年修订的《民事案件案由规定》之中。但是,环境民事公益诉讼中起诉者与被诉者并不存在像传统民事诉讼中当事人双方之间那样的实质民事法律关系。虽然,2020年颁布的《民法典》将环境侵权从私益侵权扩展到公益侵权,但是,公益侵权并不像私益侵权那样存在着明确具体的被侵权人,公益侵权中的被侵权人是不特定的社会公众或抽象的主体。在环境民事公益诉讼中,起诉者并不是实质意义上的被侵权人,他们的诉权来自法律或公共信托,属于一种信托诉权。起诉者只是作为受托人代表不特定的社会公众或抽象的主体通过司法程序来保护环境公益。在提起诉讼之前,起诉者与被诉者之间并不存在平等民事主体之间受到损害的实体法律关系。因此,与当事人为了保护自己的合法权益而提起的传统民事诉讼有所不同,环境民事公益诉讼可视为一种准民事诉讼。起诉者的诉求毕竟是一种损害救济诉求,与传统民事侵权诉讼的诉求相类似,在没有专门的环境公益诉讼程序法的情况下,这种寻求损害救济的公益诉讼得以暂时准用民事诉讼法,同时通过司法解释提供一些特殊的程序供给。2020年修订的《民事案件案由规定》在环境民事公益诉讼之下开列出三个子案由:环境污染民事公益诉讼、生态破坏民事公益诉讼、生态环境损害赔偿诉讼。这三种环境

---

① 参见江必新:《中国环境公益诉讼的实践发展及制度完善》,载《法律适用》2019年第1期。

民事公益诉讼虽并列在一起,但其分类标准并不一致。环境污染民事公益诉讼与生态破坏民事公益诉讼是按照被诉行为或环境侵权的致害行为来划分的,分别指向排污行为和生态破坏行为。而生态环境损害赔偿诉讼则是以诉求标准——请求损害赔偿来定性的,这类诉讼可能包括生态环境污染损害赔偿诉讼,也可能包括生态破坏损害赔偿诉讼。赔偿诉讼本质上属于侵权诉讼类型之一,所以,从实用的角度将三种诉讼并列在了一起。当然,还有一种环境民事公益诉讼,即刑事附带民事公益诉讼,并没有独立列入 2020 年修订的《民事案件案由规定》之中,而是被归入作为主诉的刑事诉讼之中。

与环境民事公益诉讼可视为准民事诉讼有所不同,而环境行政公益诉讼则是对行政诉讼理论的突破。传统上,行政诉讼被视为一种"民告官"的诉讼救济程序,这种诉讼救济是建立在一种"官管民"的行政管理关系基础之上的,即行政诉讼要求存在一种实体上的具体行政法律关系。在行政管理法律关系中,拥有行政职权的行政主体与享有民事权利的行政相对人之间的法律地位是不平等的,行政相对人对行政主体具有一定的隶属性。这种隶属性容易导致行政主体在行政过程中侵害行政相对人的合法权益,因此,法律上赋予行政相对人一种司法救济渠道——行政诉讼。当前,在环境行政公益诉讼中,起诉主体是检察机关,被诉者是行政机关,起诉者与被诉者之间在诉前并不存在一种具体的行政管理法律关系,而且这种"官告官"的诉讼关系以前仅存在于针对渎职犯罪的刑事公诉中。申言之,当前行政公益诉讼有刑事公诉的影子。在环境行政公益诉讼中,起诉者寻求追究被诉者违法行政行为的法律责任与传统行政诉讼相类似。简言之,当前环境行政公益诉讼具有行政诉讼与刑事公诉相交叉的特征,即通过"官告官"来追究违法行政行为的法律责任。

(二)社会组织、检察机关、行政机关提起的环境公益诉讼

根据环境公益诉讼起诉主体的不同,环境公益诉讼可以分为社会组织提起的环境公益诉讼、检察机关提起的环境公益诉讼和行政机关提起的环境公益诉讼。根据《民事诉讼法》第五十五条、《环境保护法》第五十八条以及《民法典》第一千二百三十五条等法律条款的规定,有权提起环境公益诉讼的社会组织必须是符合法律规定条件的组织,即"法律规定的组织"。当前,我国符合法律规定条件的此类社会组织主要有三类:社会团队、民办非企业单位和基金会,其又称为环境保护非政府组织(NGOs),在数量上并不多。提起环境民事公益诉讼比较知名的全国性社会组织主要有:中华环境保护联合会、中国生物多样性保护与绿色发展基金会、自然之友等。

2018 年修订的《人民检察院组织法》第二十条明确规定,检察机关具有"依照

法律规定提起公益诉讼”的职权,为此,检察机关内部增设公益诉讼检察部门。当前,检察机关是提起环境公益诉讼的主力军。检察机关不仅可以提起环境民事公益诉讼、刑事附带民事公益诉讼,还可以提起环境行政公益诉讼。根据《2022 年最高人民检察院工作报告》,2021 年全国检察机关共办理生态环境领域公益诉讼案件近 8.8 万件,其中以行政公益诉讼案件为主。

当前,我国由行政机关提起的环境公益诉讼主要有两类:一类是海洋生态环境损害赔偿诉讼,另一类是海洋之外的生态环境损害赔偿诉讼。2017 年中共中央办公厅、国务院办公厅印发的《生态环境损害赔偿制度改革方案》规定,国务院授权省级、市地级政府(包括直辖市所辖的区县级政府,下同)作为本行政区域内生态环境损害赔偿权利人……省级、市地级政府及其指定的部门或机构均有权提起诉讼。国务院作为中央政府对内对外都代表国家,地方政府在其辖区内也可以代表国家,由此可知,生态环境损害赔偿诉讼的权利人就是国家。作为权利人代表的地方政府,可以指定具体部门或机构来专门负责提起生态环境损害赔偿诉讼,类似于“承办人”的角色,这一职责由其相应的职能部门负责比较合适。[①] 根据《海洋环境保护法》第八十九条第二款的规定:“对破坏海洋生态、海洋水产资源、海洋保护区,给国家造成重大损失的,由依照本法规定行使海洋环境监督管理权的部门代表国家对责任者提出损害赔偿要求。”显然,有权提起海洋生态环境损害赔偿的行政机关是海洋环境监督管理部门。这里面可能涉及两方面的损害赔偿:一是海洋资源;二是海洋生态环境。根据 2018 年中共中央印发的《深化党和国家机构改革方案》,当前负责海洋资源监管的部门是自然资源部,负责海洋生态环境监管的部门是生态环境部。因此,单纯就海洋生态环境损害提起赔偿诉讼的应由生态环境部门负责。

(三)保护社会公共利益与保护国家利益的环境公益诉讼

根据提起环境公益诉讼所要保护的法律利益属性之不同,环境公益诉讼可以分为保护社会公共利益的环境公益诉讼和保护国家利益的环境公益诉讼。《民事诉讼法》第五十五条所规定的公益诉讼要保护的法益为社会公共利益,《环境保护法》第五十八条所规定的环境公益诉讼保护的法益也是社会公共利益,《民法典》则回避了公益诉讼所保护的法益问题。但是,1999 年修订的《海洋环境保护法》第九十条第二款所规定的海洋生态环境损害赔偿则是针对国家利益所遭受的重

---

① 2018 年 9 月公布的《四川省生态环境损害赔偿制度改革实施方案》规定:“省政府及各市(州)政府作为本行政区域内生态环境损害赔偿权利人。省政府指定国土资源厅、环境保护厅、住房城乡建设厅、水利厅、农业厅、林业厅、省卫生计生委等有关部门根据职责分工,分别负责各自职责范围内的生态环境损害赔偿工作。跨市(州)的生态环境损害由省政府指定有关部门负责。”

大损失。[①] 2018 年通过的《土壤污染防治法》第九十七条坚持了环境公益诉讼所保护的国家利益与社会公共利益两分法。[②] 而且,《生态环境损害赔偿制度改革方案》所确定的赔偿权利人即为国家,因为“赔偿资金作为政府非税收入,全额上缴同级国库,纳入预算管理”。可见,生态环境损害赔偿诉讼胜诉后的赔偿金使用与管理,国家是有明确规定的,而上一节所提到的“修复资金的管理和使用缺少统一立法”主要是指其他类型的公益诉讼胜诉后所获的赔偿金的管理和使用缺少统一立法规定。因此,有不少学者认为生态环境损害赔偿诉讼实质上属于保护国家利益的环境公益诉讼,不同于普通的环境民事公益诉讼,这一看法不无道理。问题是,我国在一些领域里国家利益与社会公共利益是无法截然分开的,本书坚持使用国家利益与社会公共利益的二分法。社会公共利益就是国家未明确纳入国家利益的那部分公共利益。

二、环境公益诉讼案由

(一)环境民事公益诉讼的案由

在《民事案件案由规定》于 2020 年修订之前,环境民事公益诉讼的案由没有明确的规定。在环境民事公益诉讼案件中,法院发现以环境污染侵权责任纠纷作为案由则很难将之与普通环境民事私益诉讼相区分,往往会自发地在案由后面加注“环境民事公益诉讼”来与普通的环境污染侵权责任纠纷相区别。由于缺少明确规定,各级各地法院在列具环境民事公益诉讼案由时各自为政,比较混乱,即便是同一法院在同一年内就环境民事公益诉讼所列具的案由也出现不同。[③]

为此,2020 年修订的《民事案件案由规定》增设“特殊诉讼程序案件案由”一级案由,下设一个“公益诉讼”二级案由,其下设有“生态环境保护民事公益诉讼”的一个三级案由,其下再分设:环境污染民事公益诉讼、生态破坏民事公益诉讼、生态环境损害赔偿诉讼等三个四级案由。由此可以看出,生态环境损害赔偿诉讼作为民事公益诉讼下的一个类型来对待。上述司法文件对于由检察机关提起的

---

① 1999 年修订的《海洋环境保护法》第九十条第二款:“对破坏海洋生态、海洋水产资源、海洋保护区,给国家造成重大损失的,由依照本法规定行使海洋环境监督管理权的部门代表国家对责任者提出损害赔偿要求。”

② 2018 年通过的《土壤污染防治法》第九十七条:“污染土壤损害国家利益、社会公共利益的,有关机关和组织可以依照《中华人民共和国环境保护法》《中华人民共和国民事诉讼法》《中华人民共和国行政诉讼法》等法律的规定向人民法院提起诉讼。”

③ 如山东省烟台市中级人民法院在 2017 年 5 月 31 日所作的(2017)鲁 06 民初 8 号民事判决书正文中将环境民事公益诉讼案由列为“环境污染责任纠纷”,而该法院在 2017 年 7 月 20 日所作的(2017)鲁 06 民初 39 号民事判决书中又将环境民事公益诉讼案由列为“环境污染责任纠纷”。

刑事附带环境民事公益诉讼的案由未作规定,实践中多数法院直接以“附带环境民事公益诉讼”作为案由。[①] 也有以“环境侵权责任纠纷刑事附带环境民事公益诉讼”作为案由,[②]即以“侵权责任纠纷+附带环境民事公益诉讼”的形式来开列案由。在2020年修订的《民事案件案由规定》中,通过设置环境民事公益诉讼案由,最高人民法院将公益诉讼视为一类特殊诉讼程序案件来看待。其实,《民法典》已经将侵权概念从私益侵权扩展到公益侵权,因此,公益诉讼案由也可以“公益损害纠纷”作为案由。

(二)环境行政公益诉讼案由

根据2020年最高人民法院发布的《关于行政案件案由的暂行规定》,行政公益诉讼案件案由按照“××(行政行为)”后缀“公益诉讼”的模式确定,表述为“××(行政行为)公益诉讼”。例如,检察机关对行政机关不履行查处环境违法行为法定职责提起行政公益诉讼的案件,案由表述为“不履行查处环境违法行为职责公益诉讼”。但在实践中,仍然未见法院按上述文件列出环境行政公益诉讼案由的情形。例如,在2021年6月3日所作的案号为“(2021)皖0802行初14号”一审行政裁定书中,案由被列为:“其他(城建)”。

从以上来看,我国环境司法实践对于环境公益诉讼案件的案由开列问题仍处在探索之中,同环境公益诉讼本身一样,其成熟制度的建立尚需时日。

第三节　环境公益诉讼特殊程序规则

环境公益诉讼在案件属性上可以分为环境民事公益诉讼和行政公益诉讼,其主要诉讼程序分别援用民事诉讼法和行政诉讼法及其相关法律解释上的规定。环境公益诉讼毕竟与普通的民事诉讼和行政诉讼有所不同,当前主要是通过最高人民法院单独或联合最高人民检察院以及其他部委发布司法文件的方式来为环境公益诉讼提供一些特殊的程序规则供给。而这些特殊的程序规则随案件性质和起诉主体的不同而有所区别,本书第一章中已经对于环境公益诉讼案件的管辖规则予以呈现,此处不再赘述,以下仅就环境公益诉讼案件受理、审理程序中的特殊规则进行阐述,兹分述如下。

---

① 参见(2021)冀06刑终143号、(2021)川1902刑初131号、(2020)粤0783刑初600号、(2020)冀05刑终178号等刑事判决书。

② 参见(2020)闽0521刑初424号刑事判决书。

一、环境民事公益诉讼特殊程序规则

环境民事公益诉讼案件因提起的主体不同,其适用的特殊诉讼程序规则亦有所不同,在此分别以社会组织、检察机关和行政机关作为起诉主体对其特殊诉讼程序规则加以呈现。

(一)社会组织发起的环境民事公益诉讼

相较于普通的民事私益诉讼,社会组织发起的环境民事公益诉讼程序具有以下几方面特殊性。

1. 起诉主体适格规则。2012 年修正的《民事诉讼法》第五十五条为环境民事公益诉讼打开了一扇门,即"法律规定的机关和有关组织"享有环境民事公益诉讼主体资格。然而,《民事诉讼法》上的该条款属于引致规范,此时社会组织还不能直接据此提起环境民事公益诉讼。2014 年修订的《环境保护法》第五十八条则明确了可以提起环境民事公益诉讼的社会组织所需具备的两个条件:一是依法在设区的市级以上人民政府民政部门登记;二是专门从事环境保护公益活动连续五年以上且无违法记录。据此,社会组织在提起环境民事公益诉讼时,应当提交其"登记证书、章程、起诉前连续五年的年度工作报告书或者年检报告书,以及由其法定代表人或者负责人签字并加盖公章的无违法记录的声明"。但是,环境民事公益诉讼实践中仍然面临着诸如:"依法""社会组织""设区的市""专门从事环境保护公益活动""公益保护范围""无违法记录"等内涵与范围问题的困扰。根据 2020 年最高人民法院修正的《关于审理环境民事公益诉讼案件适用法律若干问题的解释》,"依法"包括:"法律和法规",其中,法规包括行政法规和地方性法规;①"社会组织"包括:"社会团体、基金会以及社会服务机构等";"设区的市"包括:"设区的市,自治州、盟、地区,不设区的地级市,直辖市的区",即可以理解为"地级市";"专门从事环境保护公益活动"则为:"社会组织章程确定的宗旨和主要业务范围是维护社会公共利益,且从事环境保护公益活动",即"社会公益的宗旨与公益主业范围 + 环保活动";社会组织的"公益保护范围":要求"与其宗旨和业务范围具有关联性";"无违法记录"是指"在提起诉讼前五年内未因从事业务活动违反法律、法规的规定受过行政、刑事处罚"。实践中,由社会组织提起的环境民事公益诉讼案件中,起诉主体适格问题主要存在于:一是社会组织作为起诉者是否限于

---

① 值得注意的是,2015 年修正的《立法法》第七十二条第二款授权设区的市的人民代表大会及其常务委员会"根据本市的具体情况和实际需要,在不同宪法、法律、行政法规和本省、自治区的地方性法规相抵触的前提下,可以对城乡建设与管理、环境保护、历史文化保护等方面的事项制定地方性法规",即设区的市有权制定环境保护方面的地方性法规。

本地注册的社会组织,因“法无明文规定即自由”的规则,各地法院在实践中对于起诉者社会组织的注册地已无限制;二是对于环境保护内涵的理解,是否社会组织章程中必须有“环境保护公益活动”的文字表述才算“专门从事环境保护公益活动”,最高人民法院在(2016)最高法民再47号民事裁定书中明确了“对于社会组织宗旨和业务范围是否包含维护环境公共利益,应根据其内涵而非简单依据文字表述作出判断”,即对环境保护应作实质上的理解;三是社会组织是否有权提起有关海洋生态环境损害赔偿的民事公益诉讼,最高人民法院在(2019)最高法民申6214号民事裁定书中再次确认了下级法院关于应由行使海洋环境监督管理权的机关提起海洋自然资源与生态环境损害赔偿诉讼的规则,明确否定了社会组织作为此类公益诉讼的原告主体资格。

另外,根据2014年最高人民法院、民政部、原环境保护部联合发布的《关于贯彻实施环境民事公益诉讼制度的通知》第一条、第二条的规定,法院在受理和审理社会组织提起的环境民事公益诉讼案件时,可根据需要向社会组织的登记管理机关查询或者核实社会组织的基本信息,相关机关应予配合。法院如果发现社会组织存在通过诉讼牟取经济利益的行为,应向其登记管理机关发送司法建议,由登记管理机关依法对其进行查处,查处结果应向社会公布并通报法院。

2. 法院公告程序。此处的公告程序分为诉前公告程序和结案公告程序两类。其中,诉前公告程序是必经程序,而结案公告程序则视案件审理结果而定。符合条件的社会组织在提起环境民事公益诉讼后,法院进行立案登记,在立案后五日内将起诉状副本送达被告,同时公告案件受理情况。公告格式如下:

××××人民法院

公告

(××××)……民初……号

本院于××××年××月××日立案受理原告×××与被告×××……公益诉讼(写明案由)一案。依照最高人民法院《关于审理环境民事公益诉讼案件适用法律若干问题的解释》第十条规定,依法有权提起诉讼的其他机关和社会组织可以在公告之日起三十日内,向本院申请参加诉讼。经审查符合法定条件的,列为共同原告;逾期申请的,不予准许。

联系人:……(写明姓名、部门、职务)

联系电话:……

联系地址:……

特此公告。

附:民事起诉状

××××年××月××日

(院印)

诉前公告属于审判公开的重要内容,其目的和作用是多重的:一是环境民事公益诉讼为了保护社会公共利益,诉前公告可以引起公众的关注和监督,扩大诉讼活动的社会影响,防止诉讼活动变相损害公共利益;二是公告寻找共同原告,防止在诉讼活动中有符合条件的社会组织欲行使起诉权而申请参加诉讼,可能引起诉讼程序的中止或中断,公告期过,本案的起诉权得以确定下来,有利于节约诉讼资源;三是公告寻找共同原告,获得额外力量的加入,可以壮大原告的诉讼力量,有利于维护公共利益。

结案公告指当案件拟以调解结案的,法院在制作调解书之前,应当将协议内容公告,公告期间不少于三十日。公告期满后,法院审查认为调解协议或者和解协议的内容不损害社会公共利益的,应当出具调解书。当事人以达成和解协议为由申请撤诉的,不予准许。调解书应当写明诉讼请求、案件的基本事实和协议内容,并应当公开。当然,环境民事公益诉讼案件以判决结案的,判决书也应公开。这里的结案公告程序是指法院未经公开协议书的内容,在一定期限内接受外部监管之前,不得制作结案调解书。究其原因,无论是调解或和解,都可能伴有原告一方的某种让步,此种让步可能损害社会公共利益的保护,需要接受社会监督。

3. 法院释明规则。司法活动表现为法院与双方当事人之间以及当事人双方之间进行互动交流的一个诉讼过程。为了实现法官与当事人之间的平等与理性交往并促使当事人双方之间的交流更有成效,在整个诉讼过程中,法官根据当事人已有请求或陈述的线索,就有关事实及法律上的问题与当事人进行必要的交流,敦促其完善有瑕疵的声明或陈述,提出相关证据,①即为释明。对于法院而言,释明是其一项职责。根据司法解释的规定,法院在环境民事公益诉讼具有释明职责,即法院认为原告提出的诉讼请求不足以保护社会公共利益的,可以向其释明变更或者增加停止侵害、修复生态环境等诉讼请求。② 民事司法遵循不告不理的原则,一般情况下,原告的诉讼请求决定着法院的裁判范围,法院不应超出原告的

① 参见肖建华、陈琳:《法官释明权之理论阐释与立法完善》,载《北方法学》2007 年第 2 期。

② 参见 2020 年最高人民法院修正的《关于审理环境民事公益诉讼案件适用法律若干问题的解释》第九条。

诉请而给予额外的救济。但是,对于公益诉讼而言,作为司法机关的人民法院亦承担保护环境的义务,在原告的诉讼请求不利于或不足以保护环境社会公益时,法院此时可以对其行使释明权,明示其可以变更或者增加为那些更加直接或彻底的救济请求,如停止侵害、修复生态环境等。

4. 两法互动程序。此处两法互动程序是指在环境民事公益诉讼中,作为司法机关的法院与作为执法机关的生态环境行政机关之间就案涉相关信息与工作进行相互通报、协助、意见征询等互动程序。根据最高人民法院、民政部、原环境保护部联合发布的《关于贯彻实施环境民事公益诉讼制度的通知》的规定,在信息通报方面,法院应在受理环境民事公益诉讼案件后一定期限(十日)内将被告行为通报给相关生态环境监管部门,由其根据案件线索履行执法核查责任,并将处理结果通报给法院。在证据调取方面,法院因审理案件需要向相关生态环境执法机关调取涉及被告的环境影响评价文件及其批复、环境许可和监管、污染物排放情况、行政处罚及处罚依据等证据材料,除涉及保密的外,相关执法机关应予配合并及时向法院提交。在意见征询方面,环境民事公益诉讼当事人若以调解方式结案的,法院应当将协议内容告知相关生态环境执法部门,相关部门对协议约定的修复费用、修复方式等内容有意见和建议的,应及时向法院提出。法院判决被告履行修复生态环境责任的,必要时也可以商请相关生态环境部门共同组织修复生态环境。对生态环境损害修复结果,法院在必要时可以商请相关生态环境部门协助审查。环境民事公益诉讼中两法互动程序,是国家机关共同维护环境公共利益的一种体现。

5. 支持起诉规则。《民事诉讼法》第十五条确立了支持起诉制度。该条授权支持起诉的主体为"机关、社会团体、企业事业单位",即支持起诉的主体是组织而非个人。支持起诉要保护的利益为国家、集体或个人利益,是否包括社会公共利益并不明确。2015 年最高人民法院发布的《关于审理环境民事公益诉讼案件适用法律若干问题的解释》中第十一条对环境民事公益诉讼中的支持起诉规则作了进一步补充完善。该条首先对环境民事公益诉讼的支持起诉主体顺位排序为:"检察机关、负有环境保护监督管理职责的部门及其他机关、社会组织、企业事业单位",即检察机关和生态环境机关排在支持起诉主体的前两位,显示出社会组织提起的环境民事公益诉讼中对此两类国家机关支持起诉的客观需求。其次,该条进一步明确了支持起诉主体的工作内容和方式,即"提供法律咨询、提交书面意见、协助调查取证等方式",当然对支持起诉具有决定意义的还是"协助调查取证"。实践中,检察机关和(或)生态环境机关的支持起诉对社会组织发起环境民事公益诉讼的胜诉起着至关重要的作用,有检察机关和(或)生态环境机关的支持起诉,案件一般都会胜诉,而没有它们的支持起诉,案件一般会败诉或部分败诉。从这个意义上来看,起诉者似乎成为支持起诉者的代言人。究其原因,社会组织在获取所需证据方面的短板正好能被此两类支持起诉者予以补足。

6. 反诉禁止规则。不同于普通的环境民事私益诉讼,环境民事公益诉讼案件中,原告的起诉权并非属于形成诉权,而是一种信托诉权,起诉者并非实体权利人,而是维护社会公益的信托人。起诉者自身与被诉者之间并不存在产生争议的基础民事实体法律关系,所以,在环境民事公益诉讼中,被诉者不能反诉起诉者,大概因为被诉者针对起诉者就其公益诉讼所保护对象上无实体上的请求权。

7. 撤诉权受到限制。在普通的环境民事私益诉讼中,原告为了保护自己的实体权利而向法院起诉、撤诉可以视为对自己诉讼权利的一种处分。《民事诉讼法》第一百四十八条规定:“宣判前,原告申请撤诉的,是否准许,由人民法院裁定。”一般情况下,在宣判前如果当事人无违反法律的行为需要依法处理,法院会准予原告撤诉,除非被告不同意原告在法庭辩论终结后撤诉。而在环境民事公益诉讼中,原告的诉权属于一种信托诉权,关乎社会公共利益的保护,其撤诉权的行使可能会受到公益保护需求的限制。除非原告有关环境社会公益的保护诉讼请求在判决宣告前全部得以实现,如因负有环境保护监督管理职责的部门依法履行监管职责而使原告诉讼请求全部实现,原告申请撤诉的,法院应予准许。环境民事公益诉讼案件在法庭辩论终结后,即使当事人达成调解协议或自行和解,表面上争议已经解决,法院仍不准许原告撤诉,因为公益保护需以国家强制力为保障而非仅凭当事人意思自治来实现。理论上,公益诉讼案件在起诉后、开庭审理前甚至庭审中应当和其他民事诉讼一样原告可以申请撤诉。但本书编者认为,是否准许撤诉仍应由法院审查决定,毕竟环境公益保护并非其私益保护。原告起诉后又撤诉,其实质原因为何?法院应审查排除原告行使撤诉权只为获取非法利益、原告受到被告威胁或恫吓、原被告间存有私下非法交易、环境公益保护非常急迫或损害不可逆转等情形,公益诉讼程序可因原告行使起诉权而启动,但不能由其自由行使撤诉权而终止。

8. 证据规则。环境民事公益诉讼中,证据规则的特殊性主要表现在以下几方面:一是原告承担初步举证责任。社会组织作为原告提起环境民事公益诉讼时,须向法院提交被告的行为已经损害社会公共利益或者具有损害社会公共利益重大风险的初步证明材料。二是对被告持有而拒不提交的证据材料作出对其不利的推定。在环境民事公益诉讼中,原告只是作为环境公益保护的信托起诉者,并非案涉利益的权利人,也不像被告那样是案涉法律事实的行为主体。因此,就证据分布而言,在环境民事公益诉讼中被告直接持有的证据明显多于原告,即存在所谓的证据偏在现象。案涉被告排放的主要污染物名称、排放方式、排放浓度和总量、超标排放情况,以及防治污染设施的建设和运行情况等环境信息客观上由被告掌握或持有,而这些环境信息又对证明案涉排污行为与环境污染后果的事实非常必要。根据2022年最高人民法院修正的《关于适用〈中华人民共和国民事诉讼法〉的解释》第一百一十二条、2020年最高人民法院修正的《关于审理环境民事公益诉讼案件适用法律若干问题的解释》第十三条,以及2019年最高人民法院修正的《关于民事诉讼证据的若干规定》第四十五条至第四十八条的规定,原告可以就此类证据材料向法院申请书证提取命令,要求被告提交相应证据。被告无正当理由拒不提交的,如果原告主张相关事实不利于被告的,法院可以推定该主张成立。三是法院主动自行调查收集必要的证据。因为环境民事公益诉讼是为了保护环境社会公共利益,社会组织作为原告在收集证据方面存在明显的困难,根据最高人民法院《关于适用〈中华人民共和国民事诉讼法〉的解释》第九十六条第一款第(一)项以及最高人民法院《关于审理环境民事公益诉讼案件适用法律若干问题的解释》第十四条的规定,法院在审理环境民事公益诉讼案件时认为有必要可以自行调查收集证据。当然,此处法院自行收集证据是为了保护公共利益,是辅助原告取证,一般不会帮助被告取证。对于应当由原告承担举证责任且为维护社会公共利益所必要的专门性问题,法院可以委托具备资格的鉴定人进行鉴定。四是专家意见可以作为定案证据。作为"有专门知识的人"中特殊人群的出庭专家,在环境民事公益诉讼中其意见被赋予了特殊的地位。根据司法解释的规定,专家意见经质证后,可以作为认定事实的根据。[①] 五是原告自认损害社会公共利益的事实不被法院认可。一般情况下,民事诉讼中一方当事人的自认的事实可以被法院接受,进而可以免去对方当事人就此事实的举证负担。而在环境民事公益诉讼中,作为环境社会公益的代表,原告社会组织发起诉讼是为了保护社会公共利益,如果原告在诉讼中自认对其不利的事实而损害环境社会公共利益,那么作为社会公共利益的另一个代表——法院将不予认可。在此情况下,被告仍不得免除对于原告自认事实的举证责任。六是法院对生态环境修复费用数额的合理确定。一般情况下,对于民事赔偿的数额应由受害者举证证明,而生态环境修复所需费用本身是一个专业性问题,其数额最好通过鉴定意见来确定。但是,在一些案件中生态环境修复费用难以确定或者确定具体数额所需鉴定费用明显过高,此时,应发挥法官解决问题的主观能动性。根据司法解释的规定,此时法院可以结合污染

---

① 参见2020年最高人民法院修正的《关于审理环境民事公益诉讼案件适用法律若干问题的解释》第十五条第二款。

环境、破坏生态的范围和程度，生态环境的稀缺性，生态环境恢复的难易程度，防治污染设备的运行成本，被告因侵害行为所获得的利益以及过错程度等因素，并可以参考负有环境资源保护监督管理职责的部门的意见、专家意见等，予以合理确定。[①] 七是对私益诉讼的既判力规则。根据2019年最高人民法院修正的《关于民事诉讼证据的若干规定》第十条的规定，一般情况下，已为法院生效裁判文书所确认的事实，除非有相反证据足以推翻，当事人可以免证。然而，在环境民事公益诉讼中，前案生效裁判文书所确定的事实在后案中的既判效力对原被告而言则差别对待。根据司法解释的规定，当前案生效裁判就被告是否存在法律规定的不承担责任或者减轻责任的情形、行为与损害之间是否存在因果关系、被告承担责任的大小等事实作出认定，原告主张适用的，法院应予支持，但被告有相反证据足以推翻的除外。被告主张直接适用对其有利的认定的，法院不予支持，被告仍应举证证明。[②] 这就是所谓的环境公益诉讼生效裁判仅作有利于私益诉讼原告的单向扩张规则。[③] 申言之，前案生效裁判中如果认定被告存在免责或减责事由、损害后果与被告行为之间不存在因果关系以及被告承担责任小等对被告有利的事实，在后案中此类事实被告不得直接免证，仍需举证证明。

（二）检察机关发起的环境民事公益诉讼

根据2020年最高人民法院、最高人民检察院修正的《关于检察公益诉讼案件适用法律若干问题的解释》的规定，相较于社会组织发起的环境民事公益诉讼，由检察机关发起的环境民事公益诉讼，其程序的特殊性主要体现在以下几方面。

1. 检察机关享有调查取证权。该解释第六条规定，检察机关在办理公益诉讼案件时可以向有关行政机关以及其他组织、公民调查收集证据材料；有关行政机关以及其他组织、公民应当配合；需要采取证据保全措施的，可依法办理。显然，不同于社会组织作为环境民事公益诉讼的原告所享有的与普通当事人一样的民事权利型调查取证权，检察机关在环境民事公益诉讼中享有的调查取证权属于一种公权力型调查取证权，由其法律监督机关的属性派生而来。此处，“其他组织、公民”是否包括被告并不明确。本书认为，检察机关调查取证的对象不应包括被告，被告承担配合原告取证的义务有违民事诉讼法的基本原则，毕竟民事主体诉

① 参见2020年最高人民法院修正的《关于审理环境民事公益诉讼案件适用法律若干问题的解释》第二十三条。

② 参见2020年最高人民法院修正的《关于审理环境民事公益诉讼案件适用法律若干问题的解释》第三十条第二款。

③ 参见吴如巧、雷嘉、郭成：《论环境民事公益诉讼与私益诉讼的共通性——以最高人民法院相关司法解释为视角的分析》，载《重庆大学学报（社会科学版）》2019年第5期。

讼法律地位平等。实践中,检察机关可以向相关行政机关调查取证,事实上大量有关被告行为的证据材料由相关行政机关所掌握。

2. 公告程序。不同于社会组织发起的环境民事公益诉讼案件在诉前由法院进行公告,检察机关在履行职责中发现破坏生态环境和资源而损害社会公共利益的行为人,拟对其提起公益诉讼的,应当依法进行公告,公告期间为三十日,即检察机关在诉前自行发布公告。该公告程序主要是催请有关的社会组织就被告的行为提起环境民事公益诉讼:一方面体现了环境民事公益诉讼案件公开制度,接受各方监督;另一方面体现了检察机关提起环境民事公益案件的顺位或谦抑性,在存在其他启动主体的情况下,检察机关作为国家公权力机关不宜优先动用国家资源来启动公益诉讼。当检察机关已履行诉前公告程序的,法院立案后不再进行公告。

3. 出庭应诉规则。与社会组织作为原告提起环境民事公益诉讼适用普通民事诉讼原告出庭应诉规则有所不同,一审程序中,法院开庭审理检察机关提起的民事公益诉讼案件时,应在开庭三日前向检察机关送达出庭通知书。检察机关接到法院出庭通知书后,应当派员出庭,并应当自收到法院出庭通知书之日起三日内,即开庭前向法院提交派员出庭通知书。派员出庭通知书须写明出庭人员的姓名、法律职务以及出庭履行的具体职责。在二审程序中,由提起公益诉讼的检察机关派员出庭,上一级检察机关也可以派员参加。

(三)行政机关发起的生态环境损害赔偿诉讼

中共中央办公厅、国务院办公厅印发的《生态环境损害赔偿制度改革方案》规定自2018年1月1日起,在全国试行生态环境损害赔偿制度。该方案对生态环境损害[①]赔偿进行了界定,并将生态环境损害赔偿对象限定在较大以上的突发、“两区”(重点生态功能区、禁止开发区)中发生的以及其他严重影响生态环境后果的等三大类环境事件,并明确海洋生态环境损害赔偿因已经有相关的法律规定而不适用本方案。该方案明确国务院授权省级、市地级政府作为本行政区域内生态环境损害赔偿权利人,同时授权省级、市地级政府及其指定的部门或机构就上述环境事件中清除污染费用、生态环境修复费用、生态环境修复期间服务功能的损失、生态环境功能永久性损害造成的损失以及生态环境损害赔偿调查、鉴定评估等合理费用提起生态环境损害赔偿诉讼。跨省域的生态环境损害,由生态环境损害地的相关省级政府协商开展生态环境损害赔偿工作。该方案鼓励法定的机关和符

① 本方案所称生态环境损害,是指因污染环境、破坏生态造成大气、地表水、地下水、土壤、森林等环境要素和植物、动物、微生物等生物要素的不利改变以及上述要素构成的生态系统功能退化。

合条件的社会组织依法开展生态环境损害赔偿诉讼。针对生态环境损害赔偿制度与环境公益诉讼之间衔接等问题,该方案要求最高人民法院商有关部门根据实际情况制定指导意见予以明确,由此说明生态环境损害赔偿诉讼最初是被单独作为一种公益诉讼形式与环境民事公益诉讼相并列。而2020年最高人民法院发布修正后的《关于审理生态环境损害赔偿案件的若干规定(试行)》仍将生态环境损害赔偿之诉的起诉主体仅限于"省级、市地级人民政府及其指定的相关部门、机构,或者受国务院委托行使全民所有自然资源资产所有权的部门",即行政机关,至此该类诉讼又被学界称为"国益诉讼"。2020年最高人民法院修订的《民事案件案由规定》新增"公益诉讼"一级案由,并在其下设"生态环境保护民事公益诉讼"的二级案由,其下再设三个三级子案由,其中"生态环境损害赔偿诉讼"与"环境污染民事公益诉讼"、"生态破坏民事公益诉讼"相并列。据此,由行政机关提起的生态环境损害赔偿诉讼被正式列为环境民事公益诉讼的一个子类型。相较于社会组织和检察机关提起的环境民事公益诉讼,由行政机关提起的生态环境损害赔偿诉讼所适用的特殊程序规定主要有以下几方面。

1. 起诉主体范围限定于特定的行政机关。2020年最高人民法院修正后的《关于审理生态环境损害赔偿案件的若干规定(试行)》第一条明确了生态环境损害赔偿案件的起诉主体,是指"省级、市地级人民政府及其指定的相关部门、机构",即市地级以上地方政府及其指定的行政机关。这里的市地级地方政府包括设区的市,自治州、盟、地区,不设区的地级市,直辖市的区、县人民政府;这里的"相关部门、机构"主要是相关的生态环境部门或自然资源部门。

2. 诉前磋商程序。2020年最高人民法院修正后的《关于审理生态环境损害赔偿案件的若干规定(试行)》第一条规定,行政机关在与被告(造成生态环境损害的自然人、法人或者其他组织)经磋商未达成一致或者无法进行磋商的,可以作为原告提起生态环境损害赔偿诉讼。该条实际上明确了生态环境损害赔偿诉讼的诉前磋商程序,原告起诉必须存在磋商失败或无法磋商的前提条件。从纠纷解决的角度来看,这个磋商程序实际上是生态环境损害赔偿纠纷解决的一种非诉程序。显然,磋商相对于诉讼程序而言成本较低,非诉程序安排在诉讼程序之前,出发点在于赔偿权利人拥有行政管理的权力和职责,可以通过行政执法手段来实现责令和指导环境污染者(或者生态破坏者)承担生态环境损害预防和修复义务的目标。此举可使索赔工作避免因鉴定技术规范的缺失和冲突、鉴定费用不合理、鉴定周期长而陷入久拖不决的泥沼。同时,该程序也能为生态环境损害赔偿诉讼积累有效的证据材料,奠定后续工作基础。实践中,会有生态环境损害者在造成生态环境损害后下落不明或者故意躲避导致无法进行磋商的情况发生。因此,除了经磋商无法达成一致的情况外,客观上缺少开展磋商条件的情况亦需予以考虑。①

广义上来说,磋商程序还包括对磋商协议效力的规定。司法解释规定经磋商达成赔偿协议的,当事人可以向法院申请司法确认。法院受理后,须公告协议内容三十日以上。公告期满后,经审查协议的内容如未违反法律法规强制性规定且不损害国家利益、社会公共利益的,法院裁定确认协议有效,并在裁定书中载明案件的基本事实和协议内容,向社会公开。② 由此,司法确认赋予了磋商协议的强制执行效力。当然,不同于平等民事主体之间解决纠纷的民事协商或和解程序,遵循当事人意思自治原则,生态环境损害赔偿的磋商程序是行政主体与行政相对人之间的协商或和解程序,二者之间具有行政隶属关系,制定完善公正而高效的磋商程序有利于磋商目标的实现。

3. 证据规则。在证据规则上,生态环境损害赔偿诉讼在以下几方面较为特殊。一是原告负担特定程序要件事实的举证责任,包括证明具备提起生态环境损害赔偿诉讼的原告资格、属于生态环境损害赔偿诉讼范围以及磋商失败的证明材料。二是原告负担主要实体要件事实的举证责任。2020 年最高人民法院修正后的《关于审理生态环境损害赔偿案件的若干规定(试行)》第六条规定原告的举证责任包括:被告对生态环境的加害行为、损害后果以及被告的加害行为与损害后果之间的关联性。这是援用了 2015 年最高人民法院发布的《关于审理环境侵权责任纠纷案件适用法律若干问题的解释》第六条对环境污染侵权诉讼中有关原告的举证分配规则。三是环境刑事裁判文书的既判效力。对于已经生效的刑事裁判文书上所确认的事实,除有相反证据足以推翻之外,当事人可以免证。对于刑事裁判文书中未确认的事实,当事人提供的证据达到民事诉讼证明标准的,法院应当予以认定,这是因为民事案件的证明标准要低于刑事案件。显然,检察机关在追究环境刑事案件的被告人刑事责任后,该规则有利于行政机关提起生态环境损害赔偿诉讼,或检察机关提起刑事附带民事公益诉讼或单独提起民事公益诉讼,继续追究被告人对于生态环境损害的民事责任,即可以简化案件的诉讼证明。四是行政执法过程中形成的证据准入规则。环境资源行政执法机关或者由其委托的机构在行政执法过程中形成的事件调查报告、检验报告、检测报告、评估报告、监测数据等,经当事人质证并符合证据标准的,可以作为认定案件事实的根

---

① 参见王旭光:《论生态环境损害赔偿诉讼的若干基本关系》,载《法律适用》2019 年第 21 期。

② 参见 2019 年最高人民法院发布的《关于审理生态环境损害赔偿案件的若干规定(试行)》第二十条。

据。显然,该规则亦有利于行政机关对生态环境损害赔偿诉讼中有关实体要件事实的证明。一般来说,如果行政相对人对于行政机关在行政执法过程中形成的证据事实不认可,在法定期限内可以通过行政复议或行政诉讼程序加以推翻。如果行政相对人在法定期限内未提起行政复议或行政诉讼救济程序,或虽提起相关的救济程序而未获支持,那么行政执法程序中所形成的证据事实就得以确定下来,进而在后续生态环境损害赔偿诉讼中可能被法院作为定案证据采信。五是诉前所获科学证据的准入规则。环境公益诉讼中,大量使用有资质的专业机构出具的鉴定意见、检验报告、检测报告、评估报告、监测数据等科学证据。诉讼中,双方当事人申请法院委托有资质的专业机构出具的科学证据经当事人质证后作为定案证据使用当然没有问题。但是,由一方当事人于诉前委托所获取的科学证据在诉讼中能否被采信?对此,司法解释作出了肯定的规定。当事人于诉前所委托的专业机构只要具备环境司法鉴定资质或者是国务院环境资源保护监督管理相关主管部门推荐的机构,其所获取的鉴定意见、检验报告、检测报告、评估报告、监测数据等,经当事人质证并符合证据标准的,可以作为定案证据采信。[①] 显然,该条仍然有利于行政机关在生态环境损害赔偿诉讼中对有关案件事实的证明,申言之,行政机关可以在诉前通过自行委托鉴定机构来收集依据。表面上该条中的"当事人"可指原被告双方,实际上一般只有原告会在诉前收集证据,而被告只有在涉诉后才开始收集证据。

4. 与社会组织提起环境民事公益诉讼的衔接规则。行政机关与检察机关作为国家机关,二者发起生态环境损害赔偿诉讼和环境民事公益诉讼之间的衔接问题本质上是国家机关内部的分工问题,无须制定外部规则加以规范。同时,检察机关提起环境民事公益诉讼处于第二顺位,并非环境民事公益诉讼程序中原告的首要代表。因此,生态环境损害赔偿诉讼与环境民事公益诉讼之间的衔接问题实质上是生态环境损害赔偿诉讼与社会组织发起的环境民事公益诉讼之间的衔接问题。首先,诉权平行并由同一审判组织审理的规则。针对同一损害生态环境行为,如果先被提起生态环境损害赔偿,社会组织可以继续提起环境民事公益诉讼,二诉可以并存,并由同一审判组织审理。此时,二者并非两诉合并,即行政机关与社会组织并非同一案件中的共同原告,二者仍然是两个相互独立的案件。事实上,从节约司法资源的角度来看二诉应该合并审理。其次,生态环境损害赔偿案件先行审理与诉讼请求覆盖规则。法院先中止审理社会组织提起的环境民事公

① 参见2020年最高人民法院修正后的《关于审理生态环境损害赔偿案件的若干规定(试行)》第十条。

益诉讼案件,等审理完毕生态环境损害赔偿诉讼案件后,如果社会组织的诉讼请求未能完全实现,再就其未实现的诉讼请求作出裁判。

二、环境行政公益诉讼特殊程序规则

当前我国环境行政公益诉讼只能由检察机关提起,相较于其提起的环境民事公益诉讼,检察机关提起的环境行政公益诉讼的规则具有如下特殊性。

(一)诉前督促行政机关依法履职程序

根据司法解释的规定,检察机关在履行职责中发现负有监督管理职责的生态环境和资源保护行政机关违法行使职权或者不作为,致使国家利益或者社会公共利益受到侵害的,应当向有关行政机关提出检察建议,督促其依法履行职责。[①] 这是根据2017年修正的《行政诉讼法》第二十五条第四款的授权,检察机关作为法律监督机关得以对特定国家利益或者社会公共利益的行政保护实行常态化的法律监督。检察机关督促行政机关依法履行职责表明:“督促”是一种纠错手段,旨在解决仍存在的公益侵害问题;存在督促的必要性,即存在公益仍受侵害的现实,包括公益侵害后果仍未恢复、救济;存在督促的可行性,即督促行政机关依法履行的职责能够解决仍存在的公益侵害问题。[②] 有关行政机关在收到检察建议书之日起两个月内应依法履行职责,并书面回复对其发出建议的检察机关。出现国家利益或者社会公共利益损害继续扩大等紧急情形的,行政机关应当在十五日内书面回复。行政机关不依法履行职责的,检察机关可以向法院提起行政公益诉讼。针对行政机关的书面回复,行政机关是否履行职责应由检察机关来判断,如果检察机关判断行政机关未依法履行职责,即产生了检察机关与行政机关的依法履职争议。该条款除了规定检察机关催促行政机关在一定期限内依法履职的前置检察建议权,还规定了检察机关的行政公益诉权,即检察机关与行政机关的依法履职争议可诉至法院来裁断。当然,这里存有一个行政公益诉讼的起诉期限问题。检察机关提起行政公益诉讼从何时开始计算起诉期限,起诉期限应为多久？未来在修改法条时对此问题应予以明确。

(二)检察机关承担多种事实的举证责任

根据司法解释,检察机关在提起环境行政公益诉讼时,须举证证明以下事实:一是被告存在违法环境资源行政行为或不作为;二是国家环境资源利益或者环境

---

① 参见2020年最高人民法院、最高人民检察院修正的《关于检察公益诉讼案件适用法律若干问题的解释》第二十一条。

② 参见刘本荣:《行政公益诉讼的要件分析——以要件事实理论为视角》,载《北方法学》2020年第4期。

社会公共利益受到侵害的后果；三是被告的行为与损害后果之间具有因果关系；四是检察机关履行了诉前程序；五是检察机关发出检察建议后，被告在一定期限内仍不依法履职或不纠正违法行为。[①] 本书认为，检察机关承担如此多的举证责任，在证明标准上宜广泛适用事实推定。当检察机关举证证明行政机关具有违法行政行为或不作为的必要事实后，在达到较为可信的，即超过 50% 的盖然性标准后，应推定事实成立，改由行政机关进行举出反证，毕竟被诉行政机关的行政行为应符合行政合法性原则。对于因果关系的证明，同样不能限定被告的违法行政行为或不作为是导致国家利益或社会公共利益遭受损害的直接的或唯一的因果关系，可适用“若无”（英文为“butfor”）规则，即如果没有行政机关的违法行为或不作为，就不会出现这种公共利益受侵害的后果，此时可认定行政机关的违法行为或不作为可导致公共利益受到侵害。

第四节　环境公益侵害法律责任之实体构成要件

广义的法律责任包括刑事责任、行政责任和民事责任，其中，刑事责任和行政责任都属于公法上的责任，而民事责任则属于私法上的责任。本节所称的环境公益侵害法律责任，是指特定的主体经授权通过民事公益诉讼或行政公益诉讼手段对侵害环境公益的违法者所追究的民事责任或行政责任。之所以将环境公益法律责任限定在通过公益诉讼司法程序来追究违法者的法律责任，是因为对于环境公益违法责任的追究，存在广泛的其他途径，如刑事司法程序、行政执法程序、赔偿磋商程序等。由于追究环境公益侵害法律责任的公益诉讼分为环境民事公益诉讼和环境行政公益诉讼，二者在责任构成的实体要件上存有差异性，以下将分而述之。

一、环境公益侵害民事责任的实体构成要件

在民法上，环境公益侵害法律责任一般是指环境公益侵权责任。根据 2020 年最高人民法院修订的《民事案件案由规定》，环境公益侵害纠纷案件以“生态环境保护民事公益诉讼”作为三级案由列在“特殊诉讼程序案件案由——公益诉讼”案由之下，而未列入“侵权责任纠纷”之中。“生态环境保护民事公益诉讼”之下分设环境污染民事公益诉讼、生态破坏民事公益诉讼、生态环境损害赔偿诉讼等

---

① 参见 2020 年最高人民法院、最高人民检察院修正的《关于检察公益诉讼案件适用法律若干问题的解释》第二十二条。

三个四级案由。以上三大类型的公益诉讼从侵权法的角度来看,都属于对环境公益侵害的诉讼。虽然"环境侵权事实上仍是以私人权益保护为前提,对于环境公共利益的保护,则非侵权法所能承担"①,但是环境公益侵权法律责任构成要件仍可以借鉴一般民事侵权责任构成要件来进行考察,毕竟二者同属于对合法利益受到侵害进行救济的范畴。因此,环境公益侵权民事责任之实体构成要件也可从:加害行为、损害后果、因果关系、主观过错等方面进行考察。

(一)加害行为

对环境公益的损害行为是指排污行为和生态破坏行为。与环境侵权责任构成中的加害行为一样,该要件也暗含着加害行为人。从理论上来说,环境民事公益诉讼司法中对于环境公益侵权的行为人与环境侵权诉讼司法中损害他人私益的环境行为人并无差异。然而,在环境公益侵权司法中,因原告或起诉者对于被告的选择不同,被告的类型及数量则与环境侵权案件有明显不同,毕竟二者所保护的利益归属不同。这显示出两种不同类型的起诉者在环境民事司法实践中对被告选择对象上所存在的差异。

从环境公益受侵害的链条来看,排污行为属于直接侵害环境公益的行为,污染物直接作用到环境要素,致环境要素产生损害或损害的危险;而生态破坏所致环境公益损害的行为,有的为直接针对植被、湖泊、生物资源等环境要素,有的则并非直接针对环境要素,比如采矿行为间接造成植被等环境要素损害。从理论上说,所有污染环境的行为都有可能被提起环境民事公益诉讼。但是,在司法实践中,环境民事公益诉讼所针对的环境污染集中于物质型污染而较少针对能量型环境污染,这是由于能量型污染有别于物质型污染的特点。在物质型污染中,因物质不灭定律,污染物在环境里扩散时一般会累积下来并能被事后探测,而能量型污染多具有即时性,能量在环境里经过一定时间耗散后转化成另一种能量形式,事后难以探测。那些引起环境民事公益诉讼的能量型污染行为,一般为反复多次出现,如环境噪声污染,公众难以忍受其干扰或损害。

(二)损害后果

环境公益损害后果分为两种:一种是产生实际损害后果,另一种是并未产生实际损害后果,只存在损害危险或威胁。生态环境损害赔偿之诉,针对是那些已经造成生态环境损害后果的行为,无损害后果则无生态环境损害赔偿之诉。而环境民事公益诉讼主要目的是迫使行为人对于其损害环境的行为负责,采取措施防

---

① 吕忠梅、张宝:《环境问题的侵权法应对及其限度——以〈侵权责任法〉第65条为视角》,载《中南民族大学学报(人文社会科学版)》2011年第2期。

止其行为可能或继续对环境公益造成损害，对其已经损害的环境进行修复并赔偿相应的权益或费用损失。这些权益或费用损失是指损害行为所造成的环境公益本身的减损和由此而给社会公众所造成的精神困扰，消除该损害或损害危险的成本，以及将环境修复到损害发生前状态的所有成本，包括通过公益诉讼途径迫使损害者承担民事责任的成本。司法实践中，环境公益损害组成一般如下：生态环境服务功能损失（包括人文环境损失①）；生态环境（包括生态资源②）修复费用损失；为防止损害扩大而支出的费用，即环境应急处置费损失；消除危险或处置污染物质的费用损失；社会公众因环境公益损害而遭受的精神利益损失；③诉讼费、鉴定评估费、律师费等其他合理费用损失等。损害危险或威胁，是指可能发生但尚未发生的损害。环境公益涉及众多不特定主体的利益，一旦受到损害很难完全恢复到原状，环境法上坚持风险预防原则，对于环境公益受到的损害危险或威胁，行为人应采取符合成本与效益的措施及时予以消除。这种损害危险或威胁既是对于环境本身的危害，也是对于周围社会公众人身、财产利益的危害。④ 实际上，有些有毒有害的物质一旦不适当地进入环境，本身就是对环境公益的损害，不能以公众尚未接触该物质或未发生实际损害后果就认为环境公益未受到损害。⑤ 即使环境公益尚未受到实际损害，但是一旦环境行为使之处于损害危险或威胁之中，也视为一种损害后果应予以救济。环境民事公益诉讼中所针对的损害危险或威胁既可以是行为人对环境公益所带来的单纯性损害危险或威胁，⑥即无实际损害

① 如河南省高级人民法院在2018年6月12日所作的（2018）豫民终344号民事判决书中载明：一审原告诉请法院判令被告赔偿因"非法砍伐而造成的人文及自然环境损失"。

② 如浙江省丽水市中级人民法院在2018年11月28日所作的（2018）浙11民初96号民事判决书中记载：公益诉讼人请求法院判令被告"承担渔业生态资源修复费2000元"。

③ 史玉成教授认为环境利益中含有资源利益和生态利益，生态利益是一种精神利益，而资源利益属物质利益。参见史玉成：《环境法学核心范畴之重构：环境法的法权结构论》，载《中国法学》2016年第5期。

④ 江苏省常州市中级人民法院在2014年9月12日所作的（2014）常环公民初字第2号民事判决书中记载：原告认为被告"以营利为目的，非法从翔悦公司、精炼公司处购买'含油滤渣'，共计2000多吨，并在博世尔公司的生产厂区内毫无防污措施的堆放及处置，严重污染了环境，严重威胁到附近居民的人身安全"。

⑤ 如河南省高级人民法院在2017年9月15日所作的（2017）豫民终232号民事判决书中显示：上诉人之一东兴公司认为"涉案的废汞触媒倒在碧水源公司院内""没有造成任何环境污染，没有损害社会公共利益"。初审法院采信了出庭专家的意见并认定"本次废汞触媒倾倒事件已造成了该区域的土壤生态环境损害"，终审法院支持了初审法院的认定。

⑥ 如江苏省南京市六合区人民法院在2017年10月16日所作的（2017）苏0116刑初399号刑事附带民事诉讼判决书中认定："被告人张某甲、郭某甲共同实施污染环境的不法行为，因二被告人的不法行为而被扣押的8.509吨医疗废弃物对生态环境、社会公众的安全造成威胁，并存在极高的侵害危险，二被告人应通过共同承担预防性责任的方式，采取有效措施消除危险。"

后果,也可以是部分已经发生实际损害危险或威胁。① 不像环境私益诉讼那样,起诉者是因为自己的人身或财产利益遭受侵害而诉,有关损害后果的证据一般存在于起诉者一方,而环境公益诉讼的起诉者是为了保护环境公益而诉,有关环境公益的损害后果的证据并不在起诉者一方。因此,对于环境公益损害后果的证明,更多地借助第三方评估、鉴定机构或有关专家等出具的证据,这也是环境民事公益诉讼司法实践中科学证据使用频次非常高的重要原因。

(三)因果关系

因为减少了中间链条环节,环境民事公益诉讼中的因果关系一般为直接因果关系。环境民事公益诉讼司法实践中,对因果关系的证明呈现的情形主要有。一是因果关系在案件中未涉及②或予以免证。这种情况的原因可能有:环境公益诉讼之重点并非在于追究被告的民事赔偿责任而是迫使其遵守有关环境行政管理规定并消除危险,因未涉及环境公益损害后果的赔偿问题而未涉及因果关系;③法院直接采信鉴定评估机构出具损害鉴定评估报告而未涉及因果关系证明;④法院酌定生态环境修复费用数额而未涉及因果关系证明;⑤法院支持起诉者的主张而认定直接损害生态环境要素的被告应承担责任,未涉及因果关系证明;⑥对于历史

---

① 如云南省昆明市中级人民法院在2018年12月12日所作的(2018)云01民初32号民事判决书中显示:被告将"重金属汞浓度超标600~4000倍的渗滤液排至外环境,造成地表水、地下水和土壤等环境要素重金属严重污染",同时"闭库后的尾矿库仍是重大危险源之一,一旦发生事故,不仅会对人民的生命财产安全造成严重损害,还会对生态环境构成重大威胁"。

② 这些案件中并非未涉及因果关系证明,多数情况下是因果关系的存在被告已经承认或已由法院所认定而无须再予质证。

③ 如江苏省无锡市中级人民法院在2014年9月15日所作的(2014)锡环公民初字第2号民事判决书中判决被告遵守环境影响报告制度、按环保部门要求进行整改、向法院提交环保部门对其监测检查报告等。又如,安徽省高级人民法院在2018年12月29日所作的(2018)皖民终826号民事判决书中记载:原告诉请"消除环境危害风险",本案因未涉及实际损害后果而未涉及因果关系问题。

④ 如山东省德州市中级人民法院在2016年7月20日所作的(2015)德中环公民初字第1号民事判决书中记载:虽然被告辩解"原告所诉因果关系难以判定,大气污染是动态的,无法确定大气污染是由被告一家企业造成的"。但是,法院采信鉴定机构采用的虚拟治理成本法计算环境损害而未考虑因果关系问题。

⑤ 如江西省抚州市中级人民法院在2018年2月6日所作的(2017)赣10民初142号民事判决书中记载:"公益诉讼人依据司法鉴定意见确认二被告焚烧危险废物造成的生态环境修复费用为68.62万元不准确,本院根据电子垃圾的具体焚烧程度等实际情况,综合酌情认定本案的生态环境修复费用为16万元。"

⑥ 如河南省高级人民法院在2018年6月12日所作的(2018)豫民终344号民事判决书中维持原审法院关于本案责任主体的认定:"侵权责任应当由实施侵权行为的人承担……教体局仅负责涉案土地上的学校建设,林业局、旅游局、教体局均未实施非法移栽枣树的侵权行为。故绿发会要求林业局、旅游局、教体局共同承担侵权责任的诉讼请求不能成立,不予支持……本案中,薛店镇政府及花庄村委会在未办理采伐手续的情况下,违法移栽枣树1870棵,并导致被移栽的枣树死亡,致使生态环境被破坏,依照上述法律及司法解释的规定,应当承担破坏生态的侵权责任。"

累积下来的环境公益损害,因难以证明相关的事实而未涉及因果关系证明;①在追究刑事责任后追究环境公益侵害的民事责任,因果关系免证;②被告自认其行为造成了环境损害而无须证明因果关系;③被告被证明并未违反法定或约定的义务,不是适格的责任主体,案件中的因果关系并未涉及④等。二是因果关系清晰或经过逻辑推理即能明了。例如,责任主体单一,因果关系明晰;⑤法院经过逻辑推理即能认定被告的行为与环境损害后果之间具有法律上的因果关系⑥等。三是环境共同侵害案件中,被告的行为是否构成共同侵害行为涉及因果关系的认定。例如,环境共同侵害案件中,部分被告认为其行为与其他被告的行为不构成共同行为,主要辩解是其行为与案涉环境损害后果之间缺少因果关系⑦等。四是直接适用因

---

① 江苏省常州市中级人民法院于2017年1月25日所作的(2016)苏04民初214号民事判决书中认为:"案涉地块环境污染系数十年来化工生产积累叠加造成,但两原告未提交可以清晰界定三被告与改制前各个阶段生产企业各自应当承担的环境污染侵权责任范围、责任形式、责任份额以及责任金额的证据。"本案并未涉及因果关系证明问题,法院直接驳回了原告的诉讼请求。

② 如广东省广州市中级人民法院在2016年11月19日所作的(2016)粤01民初51号民事判决书中显示:"被告直接向雨水沟排放未经处理的电镀污水行为已被广东省广州市天河区人民法院判决认定构成环境污染罪。"本案对于环境公益侵害的民事责任追究并未再提及因果关系。如湖北省荆州市沙市区人民法院在2017年5月10日所作的(2016)鄂1002民初1947号民事判决书即属于检察机关在追究完被告人的刑事责任之后又提起民事公益诉讼追究环境公益损害民事责任,案件中的因果关系予以免证。

③ 如江苏省连云港市中级人民法院在2014年9月9日所作的(2014)连环公民初字第00002号民事判决书中记载:"被告王升杰辩称,关于环境污染一事属实,我愿意对环境损害的损失进行赔偿,积极配合法院在自己能力范围内给受害方赔偿。"本案中未出现关于因果关系的证明问题。

④ 如辽宁省高级人民法院在2018年6月25日所作的(2018)辽民终122号民事判决书中维持了原审法院的认定原审被告"不应还成为案涉污泥等固体废物再生污染与安全处置的法律责任主体"。

⑤ 如重庆市第二中级人民法院在2016年9月13日所作的(2016)渝02民终772号民事判决书中记载:一审法院委托的鉴定机构认为"责任主体清楚,环境损害因果关系清晰"。又如,广州海事法院2017年9月18日所作的(2017)粤72民初432号民事判决书中显示:本案被告主体单一,案件因果关系明晰,也未涉及因果关系的证明问题。

⑥ 如江苏省南京市中级人民法院在2017年7月26日所作的(2016)苏01民初1203号民事判决书中认定:"德司达公司的低价处置行为以及对危险废物放弃监督的不作为与该危险废物被非法排放所造成的环境污染损害后果之间存在法律上的因果关系。"

⑦ 如江西省高级人民法院在2018年6月15日所作的(2018)赣民终189号民事判决书中认为:"共同侵权人承担连带责任必须以法律的明确规定为前提……承担连带责任必须是共同实施侵权行为或者分别实施侵权行为但每个侵权行为都足以造成全部损害,如果是多个侵权行为间接结合造成同一损害,则应分别承担责任。"

果关系举证责任倒置,被告无法证明不存在因果关系而推定因果关系成立。[①] 五是公益诉讼人拿出具有因果关系的鉴定报告,被告不能提出相反证据反驳而被法院认定存在因果关系。[②] 以上五种情况虽不能囊括环境民事公益诉讼司法中因果关系证明上存在的所有情形,但是,环境民事公益诉讼司法实践表明,该类案件中的损害行为与损害后果之间的因果关系多依赖于第三方机构或专家的鉴定意见来判断。因为对于该因果关系是否存在及其原因力大小等问题的判断具有明显的科学技术性特点,起诉者、被告和法官一般不具备相关的专业知识。因此,环境民事公益诉讼司法中,法院一般会要求对于因果关系是否存在进行科学鉴定,[③]鉴定机构判定因果关系存在时会对损害后果一并进行评估。

(四)主观过错

《民法典》颁布之前,对于环境公益侵害民事责任之主观过错,法律和司法解释中并未加以明确,似乎环境公益侵害之民事责任采无过错责任原则,即不要求侵害者具有主观过错。例如,《民事诉讼法》第五十八条并未对"损害社会公共利益的行为"限定为违法行为或有过错的行为;《环境保护法》第五十八条也未将"污染环境、破坏生态,损害社会公共利益的行为"限定为违法行为或有过错的行为;《土壤污染防治法》第九十七条也未将损害"社会公共利益的"土壤污染行为限定为违法行为或有过错的行为。同时,2020 年最高人民法院修正的《关于审理环境民事公益诉讼案件适用法律若干问题的解释》中由社会组织发起的环境民事公益诉讼和 2020 年最高人民法院、最高人民检察院修正的《关于检察公益诉讼案件适用法律若干问题的解释》中有关检察机关提起环境民事公益诉讼所针对的

① 如北京市第三中级人民法院在 2017 年 1 月 1 日所作的(2017)京 03 民初 177 号民事判决书中认为:"但是赵国赞既未提供证据证明其电镀生产过程中及产生的废水中不含有除锌之外的其他的重金属,亦未提供证据反驳其污染环境的行为与案涉区域内土壤中汞、铬、铜超标的损害事实之间的因果关系,故其应当承担举证不能的不利后果。"又如,江苏省常州市中级人民法院 2016 年 4 月 14 日(2015)常环公民初字第 1 号民事判决书中法院适用因果关系举证责任倒置,最后认定本案中因果关系成立。另如,贵州省遵义市中级人民法院在 2018 年 1 月 30 日所作的(2016)黔 03 民初 520 号民事判决书中认为:"该结论源自实际监测数据和科学判断,湘盛公司、沃某公司虽不认可,但不能提出相反证据予以反驳,故《损害评估报告》对于湘盛公司、沃某公司实施的污染行为与涉案土壤受到污染损害后果之间具有因果关系的认定,本院予以确认。"

② 如贵州省遵义市中级人民法院在 2018 年 1 月 30 日所作的(2016)黔 03 民初 520 号民事判决书中认为:"该结论源自实际监测数据和科学判断,湘盛公司、沃某公司虽不认可,但不能提出相反证据予以反驳,故《损害评估报告》对于湘盛公司、沃某公司实施的污染行为与涉案土壤受到污染损害后果之间具有因果关系的认定,本院予以确认。"

③ 如北京市第四中级人民法院在 2018 年 10 月 24 日所作的(2015)四中民初字第 233 号民事判决书中认为:"对于生态环境是否受到损害的判断、以及对损害程度和因果关系的判断,则需要通过科学鉴定进行分析。"

“损害社会公共利益的行为”都未限定为违法行为或有过错的行为。但是,2020年颁布的《民法典》之第一千二百三十四条和第一千二百三十五条,将环境公益诉讼所针对的行为都限定为“违反国家规定造成生态环境损害”的行为。不同于《刑法》第九十六条的规定,此处“违反国家规定”包括“违反法律、行政法规的规定,也可以包括违反部门规章和地方性法规的规定,以及违反司法解释的规定等”①。本书认为,环境公益侵害之民事责任应以环境利用行为违反法律为必要,要求行为人主观上有过错,即采过错责任或违法责任原则。② 在性质上,这里的违法行为一般属于违反行政法且应受行政处罚的行为,因此,环境公益侵害民事责任中的主观过错是从行政法的角度来判断的。2021 年修订的《行政处罚法》第三十三条第二款规定:“当事人有证据足以证明没有主观过错的,不予行政处罚。法律、行政法规另有规定的,从其规定。”行政机关对于环境利用行为进行行政规制,一般情况下,行政相对人有违反法律的行为时即推定其主观上有过错,而行政相对人能证明其主观上无过错的则可以免于处罚,或换句话说行政相对人并未构成行政违法行为。当然,这种主观过错的举证责任在诉讼中的负担非常关键,如果由行政相对人来负担,就属于推定过错责任,如果由行政主体来负担,就属于一般过错责任。

在特定情形下,环境公益侵害之民事责任采过错责任对于环境公益的保护而言也存在缺陷。毕竟,现代工业中存在高风险的行业,其中有些行业对于环境损害的风险比其他行业更高。如果这些更高风险行业中的环境利用行为对于环境公益侵害之民事责任都采过错责任的话,就会放纵行为人对其环境利用行为可能给环境公益造成的损害风险而麻痹大意,认为只要遵守了相关要求即使造成环境

① 张新宝:《侵权责任编:在承继中完善和创新》,载《中国法学》2020 年第 4 期。

② 云南省高级人民法院在(2020)云民终 824 号民事判决书中记载原审被告在上诉时的理由:“《中华人民共和国环境保护法》第六十四条、《中华人民共和国侵权责任法》第六十五条及《环境公益诉讼司法解释》和最高人民法院《关于审理环境侵权责任纠纷案件适用法律若干问题的解释》均只规定了污染环境适用无过错原则,对于经审批的合法建设项目是否造成生态破坏、是否应承担法律责任并未明确。生态破坏类纠纷因不同于环境污染类纠纷,不适用无过错责任原则,而应适用《中华人民共和国侵权责任法》第六条规定的过错原则。戛洒江一级水电站遵照国家和地方相关法律法规办理了各项审批手续,新平公司不存在主观过错,侵权责任的构成要件不满足,依法不应承担责任。”法院在最后表明态度:“针对新平公司认为生态破坏类纠纷不同于环境污染类纠纷,应当适用一般归责原则的观点,因生态破坏与环境污染具备相同侵权实质,且该观点与《中华人民共和国环境保护法》规定不符不予采纳。”本书认为,针对环境私益侵权采无过错责任原则,而针对环境公益侵权,《民法典》第一千二百三十四条和第一千二百三十五条中都将“违反国家规定”作为承担责任的前提条件,即采违规归责原则或过错责任原则。该案中被告被判承担法律责任,实际上是因为政策文件发生变化所致。2018 年 6 月 29 日,云南省人民政府《关于发布云南省生态保护红线的通知》,据此“戛洒江一级水电站大部分范围已划入生态保护红线范围内”,被告的工程建设因“违反国家规定”给生态环境带来重大损害风险而需承担责任。

公益损害也不会承担民事责任,这显然不利于环境公益保护。本书认为,为了避免适用过错责任原则使这些环境公益损害风险高的行业中合法利用环境的行为给环境公益造成实际损害而无人承担民事责任的现象,应对于特定高风险行业的环境利用行为设定比普通环境利用行为更严格的注意义务,即要求其承担无过错责任。当然,在适用无过错责任时,可能对于责任人造成过重的经济负担,法律可以考虑采用风险分担社会化机制予以纾解,即强制性要求行为人在环境损害风险特别高的领域①开展相关环境利用行为之前为其可能造成的环境公益损害风险投保足额环境损害意外险。这样,行为人在完全无过错的情况下造成环境公益损害的,可以由保险公司在保额限度内予以赔偿②或承担其他形式的民事责任。此时,行为人对其损害环境公益的行为承担无过错责任,并通过保险机制予以社会化分担。比如,在储存、运输或处置危险化学品时,应强制要求相关的化学品所有权人、保管人、承运人或处置人投保环境公益损害意外险。行为人未投保险而开展相关行为或投保后对于造成环境公益损害有过错的则应在其过错范围内承担过错责任。因此,对于普通的环境利用行为所造成的环境公益侵害之民事责任应以过错责任为原则,要求造成环境公益损害的行为人主观上有过错,无过错则不承担责任;同时,对于那些对环境公益损害风险高的行业,强制性要求行为人投保环境损害意外险,此时行为人对于其无任何过错的行为所造成的环境公益损害应承担无过错责任或严格责任,但可通过保险机制予以分担。当然,这种强制性保险的行业需要有法律的明确规定。当环境公益侵害之民事责任成立,被告承担无过错责任时应先由保险公司在其保额限度内承担合同替代赔偿责任,在保额限度外仍未清偿的部分由被告自己承担。而当被告对于环境公益侵害具有明显过错时,仍应由被告自行承担损害赔偿,不能由保险公司承担替代赔偿责任。概言之,无论是普通环境利用行业还是法定的高风险行业,只要损害者具有主观过错,一旦责任成立,则损害者都应承担责任;而对于法定的高风险行业,损害者无过错时也要承担责任,并可通过保险机制进行成本社会化分担,一般领域的损害者无过错则不承担责任。对此法定高风险行业及其环境保险义务的确定,应由《民法典》在未来修改时做出进一步努力。

---

① 国外的环境污染强制保险集中于环境污染风险特别重大的领域,主要为危险化学品、危险废物和危险设施等。参见熊英、别涛、王彬:《中国环境污染责任保险制度的构想》,载《现代法学》2007 年第 1 期。

② 国内已有保险公司被判承担环境公益损害赔偿责任的案例,参见(2021)鲁民终 593 号民事判决书。

二、环境公益侵害行政责任的实体构成要件

这里的环境公益侵害行政责任,是指通过行政公益诉讼所追究的行政主体及其工作人员依法应承担的法律责任。根据法律规定,针对生态环境和资源保护负有监督管理职责的行政机关违法行使职权或者不作为,致使国家利益或者社会公共利益受到侵害而又拒不改正的,检察机关有权向法院提起环境公益诉讼追究该行政机关的法律责任。[①] 被诉行政机关的违法行为分为两种:一是作为违法;二是不作为违法。环境公益侵害行政责任的实体构成要件是什么,现行法律、法规并未明确规定。根据相关的行政法理论,本书认为其构成要件如下。

(一)主体要件

环境行政公益诉讼是要追究相关行政管理者的法律责任,旨在保护环境公益和维护行政法治秩序。根据行政法的基本原理,相关行政管理者必须具有行政主体资格,即依法享有行政职权,能够代表国家,能以自己的名义作出行政行为和参加行政诉讼,并能独立承担行政行为和行政诉讼法律效果的组织。环境行政公益诉讼的被诉主体,当然是依法对生态环境和资源保护负有监督管理职责的行政主体,包括行政机关以及法律和法规、规章授权的组织。但是,环境行政公益诉讼中,除了包括检察机关、被告等当事人,也可能包括第三人的行政相对人。因为被告的行政行为是否违法,一般需要放在被告与行政相对人之间的行政管理服务法律关系中加以判断,此时,行政相对人可能成为环境行政公益诉讼第三人。实践中,关于主体要件常常成为争议的一个焦点问题。被告在诉讼中辩解检察机关所指控存在侵害公益的违法行为不是由被告负责监管,或经过机构改革被告已不是适格执法主体[②]等进行抗辩。但这些辩解,在既熟悉法律又具有强大取证能力的检察机关面前往往难以被法院支持。

(二)客体要件

从侵权法的角度来看,客体要件实际上就是损害后果要件。客体要件属于抽象要件,是指被告的行为侵害了受法律保护的国家环境利益或环境社会公共利益,这里也可以理解为被告行为侵害了受法律保护的环境行政关系。如果被告的行为没有侵害到环境公益,那么也就没有必要提起环境公益诉讼。有学者认为,环境公益侵害及其救济在行政公益诉讼中具有中心地位,因为行政公益诉讼的首

---

① 2017 年修正的《行政诉讼法》第二十五条第四款:"人民检察院在履行职责中发现生态环境和资源保护、食品药品安全、国有财产保护、国有土地使用权出让等领域负有监督管理职责的行政机关违法行使职权或者不作为,致使国家利益或者社会公共利益受到侵害的,应当向行政机关提出检察建议,督促其依法履行职责。行政机关不依法履行职责的,人民检察院依法向人民法院提起诉讼。"

② 如(2018)甘行终 366 号、(2020)琼 97 行初 46 号、(2020)鄂 1022 行初 22 号等行政判决书。

要目的是公益救济,而权力监督是手段性的、兼顾性的,行政公益诉讼是督促之诉,更是公益保护或救济之诉。习近平总书记在中央全面深化改革领导小组审议检察机关提起公益诉讼试点方案时,突出强调“检察机关要牢牢抓住公益这个核心”。因此,行政公益诉讼的调查及审查应当先从公益受侵害这一结果事实出发,先调查是否存在公益侵害,哪些公益受到了侵害,受到了怎样的侵害;进而调查、寻找原因事实及责任主体;最后回到公益侵害后果如何解决上,而不是先从行政机关违法履职或行政相对人违法侵害公益的行为入手,进而调查哪些违法行为导致了公益侵害。[①] 本书认为,此处的客体要件可以作两层含义理解:一是被告的行政违法行为正伴随行政相对人的环境利用行为给环境公益造成损害;二是被告的行政违法行为侵害了受法律保护的行政关系,即违反行政法上的义务,尚未给环境公共利益造成实际的损害,但存有损害发生的重大风险。对于第一种实际发生环境公益损害后果的案件,检察机关提起环境行政公益诉讼旨在修复受损害的环境公益;而对于第二种未实际发生环境公益损害,但是存在环境公益发生损害的重大风险,检察机关提起环境行政公益诉讼旨在预防环境公益受到重大损害,否则会发生难以逆转的损害后果,被称预防性环境行政公益诉讼。实践中,以针对环境公益实际发生损害后果而提起的第一种环境行政公益诉讼最为常见,而以针对存在环境公益受到损害重大风险而提起的第二种环境行政公益诉讼也时有出现。[②]

(三)主观方面要件

所谓主观方面要件即主观状态要件,被告对其行为给环境公共利益造成侵害或侵害的威胁是否存在主观过错。行政法学界对于行政主体违法行使职权侵害行政相对人的合法权益承担国家赔偿责任时多以违法责任为归责原则,并未明确行政主体及其工作人员是否具有主观过错为必要。究其原因,主观过错毕竟是一个主观的范畴,要求行政相对人证明行政主体及其工作人员具有主观过错,行政相对人往往难以完成或在司法认定时容易产生分歧。侵害相对人权益的行政行为一旦被认定为违法,行政主体即应承担相应的国家赔偿责任,而不论其主观上有无过错。问题是对行政行为构成违法是否应以主观过错为必要条件?本书认为,行政主体的行政行为违法应以过错推定为原则,即一旦行政主体出现违反行政法规范的行为即应推定行政主体存在主观过错,除非行政主体能证明其行为确

① 参见刘本荣:《行政公益诉讼的要件分析——以要件事实理论为视角》,载《北方法学》2020 年第 4 期。

② 这类环境行政公益诉讼集中在危险废物的监管处置领域,参见(2019)闽 09 行终 25 号、(2019)苏 8601 行初 1207 号等行政判决书。

无过错或存在法定的免责事由。行政公益诉讼既是对于国家利益或社会公共利益的保护,也是对行政主体依法履职的监督。因此,对于行政主体违法履行职权在主观方面的认定标准不应低于国家赔偿法上的标准,宜采用过错推定原则,即行政主体及其工作人员一旦出现违法作为或不作为,除非其能证明自己确无过错,即推定其存在主观过错。申言之,在行政公益诉讼中,如果被诉行政机关主张其行政行为因不存在主观过错而未构成行政违法的,被诉行政机关应承担举证责任。行政公益诉讼程序开启前须有检察机关督促行政机关依法履职的程序,在此程序阶段如果行政机关拒不履职或拖延履职,则可推定其存在主观过错。而检察机关履行诉前程序督促行政机关依法履职是其提起行政公益诉讼的必要条件之一,在起诉时检察机关需要向法院提交"已经履行诉前程序,行政机关仍不依法履行职责或者纠正违法行为的证明材料"。行政公益诉讼旨在保护国家利益或社会公共利益,行政机关应尽勤勉履职之责。在一些案件中,被诉行政机关会辩解自己已经对于侵害公益的违法行为在程序上履行了查处职责,主观上似乎已无过错。但是,如果被告对于查处的效果并未及时跟进核实,客观上公益可能仍处在受害状态之中。此时,法院可能会支持检察机关的主张,认为被告"未能全面依法履行监管职责"而判被告败诉。①

(四)客观方面要件

从侵权法的角度来看,客观方面要件就是加害行为要件。行政公益诉讼侵害责任的客观方面要件就是存在违法的行政行为。在行政公益诉讼中,对被告存在违法行政行为的证明一般是在诉前督促程序中加以解决的。这里的违法行为分为作为形式的违法和不作为形式的违法两种情形,不论是哪种形式的违法,都应以行政机关违反法定的职责为前提。当然,对于行政机关的违法行政行为的论证常常与未依法查处或监管案外人(行政相对人)侵害公益的违法行为相关联。因此,多数案件中,是否存在案外人侵害公益的违法行为也是行政公益诉讼中的一个前提问题。在行政公益诉讼中,争议的焦点常常是在检察机关提出检察建议期间,被告是否依法履行了法定职责,即对依法履职的认定问题。这里需要指出的是,被告是否具有受指控未依法履行的职责、是否存在被告应通过履职予以监督或查处的外部相对人侵害公益的行为、被告是否在检察机关提出检察建议之前未依法履职、被告应如何依法履职、被告是否在检察机关提出检察建议期间仍未依法履职等要素都是检察机关在加害行为要件方面需要举证证明的事实。对于依法履职的标准,法院一般会支持检察机关的主张,认为被诉行政机关须"依法全面

---

① 参见(2021)辽0402行初33号行政判决书。

履行监管职责”[①],实质性督促行政相对人改正违法行为,消除国家利益或社会公共利益正在受侵害的状态。实践中,也有法院认为在判断被告依法履职的标准上要审查被告是否存在客观障碍,把握好时间节点,反对不加区分概括地加以认定。[②]

(五)因果关系要件

从侵权法的角度来看,因果关系要件是指加害行为与损害后果之间存在因果关系。而此处的因果关系要件是指被告的违法行政行为“致使”国家利益或者环境社会公共利益受到侵害,即客观方面要件与客体要件之间的因果关系。在实践中,作为公益诉讼起诉人的检察机关与作为被告的被诉行政机关存在对于被诉行政机关是否“依法履职”的争议,而此争议又影响着对于违法履职与公益侵害之间的有无因果关系的认定。对于“依法履职”,多数行政法学者主张应以“行为标准”来衡量,行政机关将法定职责落到实处,在法律所规定的监管措施已经穷尽的情况下,国家利益或社会公共利益受侵害的状态即使未消除,也应被认定为“依法履职”[③]。但也有少数学者主张以“结果标准”来衡量,认为只要未消除国家利益或社会公共利益受侵害的状态,“违法履职”就应该被认定。[④] 实际上,因果关系分为直接因果关系和间接因果关系。行政机关作为公共利益的维护者,其违法履行职务的行为直接损害公共利益的情形时有存在。例如,行政机关怠于“收取水土保持补偿费”[⑤],致使国家利益遭受损害。但是,实践中这种由行政行为直接侵害公共利益的情形毕竟是少数,多数情况是行政机关针对行政相对人的违法行为未能依法履行管理或查处职责,导致公共利益受到损害。此时,对于公共利益的侵害,违法的行政相对人才是实质上的侵害行为人,而行政机关作为管理者的违法作为或不作为只是公益受到损害的可中断性因素。因此,对于公益侵害与行政机关“违法履职”之间的因果关系应区分直接因果关系和间接因果关系。当公益受到侵害与行政机关“违法履职”之间属于间接因果关系时,行政机关纠正违法行

---

① 参见(2020)鄂0112行初37号行政判决书。

② 参见(2019)闽09行终25号行政判决书。

③ 实践中,有被告会以法律对于行政机关履职方式没有具体规定,不能单纯以结果来作为是否已经履职的判断标准。例如,在(2021)川07行终15号行政判决书中记载上诉人的理由之一是:“在协商收回不成的情况下能否强制收回欠缺明确法律法规具体依据,在此情况下,一审公益诉讼起诉人和一审法院更不能单纯地以结果论成败、论英雄。自然资源部答复的意见仍然强调,在此情况下应当遵循协商一致的原则。在协商不一致时能否强行单方收回土地欠缺相关法律法规政策支持。”

④ 参见李瑰华:《行政公益诉讼中行政机关“依法履职”的认定》,载《行政法学研究》2021年第5期。

⑤ 参见(2021)吉2403行初10号行政判决书。

使职权或不作为就是落实相关行政法律规范的要求，属于法律实施层面的事实认定。只要行政机关已经依法穷尽了监管措施，国家利益或社会公共利益受侵害状态是否消除并不能作为阻碍对其已经“依法履职”的认定。当公益受到侵害与行政机关“违法履职”之间属于直接或必然因果关系时，国家利益或社会公共利益受侵害状态是否已经消除才能作为认定“依法履职”的评价标准。

第八章　环境公益诉讼司法(下)

第一节　环境公益诉讼司法特殊证据规则

一、环境公益侵权与环境私益侵权的差别

从上一节(环境公益侵害法律责任之实体构成要求)关于环境公益侵害民事责任之实体构成要件的考察中可知,环境公益侵害民事责任有四个构成要件:加害行为、损害后果、因果关系和主观过错。当前,我国法律虽然规定法定的机关和组织可以提起环境民事公益诉讼,但是因尚未出台专门的环境公益损害救济法,对损害环境公共利益的救济规定散见于一些法条之中。在当前环境民事公益诉讼实践中,法院对于相关的举证责任分配也援用环境污染侵权诉讼中的举证责任分配规则,即环境公益侵害诉讼案件与环境私益侵权诉讼案件适用了基本相同的举证责任分配规则。除了与环境私益侵权在民事责任构成要件上存在不同,在环境民事公益诉讼中,起诉者和被诉者在举证能力等诉讼实力对比上也与环境私益侵权诉讼存在较大差异。在环境民事公益诉讼中,与起诉者相比,被诉者并非总是处于强势地位,而在多数情况下被诉者却处于弱势地位。起诉者并非污染行为的直接受害者,如果仍然援用环境污染侵权诉讼中减轻受害者举证责任的做法反倒在环境民事公益诉讼中造成人为的诉讼不公现象。如此分配举证责任,不仅使得被告败诉率畸高,而且因为缺少防御手段而败得非常彻底,在很多情况下被告毫无对抗能力只能束手就擒。

在环境民事公益诉讼中,由于环境公益侵权民事责任之构成要件与环境污染侵权责任之构成要件存在明显不同,并且环境公益侵权无明确的直接受害者。为了达到追究环境公益侵权者民事责任的目的,法院在法无明文规定的情况下无差别地援引环境污染侵权案件中对因果关系要件举证责任上的特殊规定来减轻起诉者的举证责任,要求环境民事公益诉讼的被告承担因果关系不存在的反证责任,显然缺少合法性与正当性。事实上,环境民事公益诉讼中,无论起诉者是法定的机关或社会组织,其取证能力大多明显强于环境污染侵权诉讼中的受害者原

告。在环境民事公益诉讼中，被告因其环境违法行为而被公权机关追究行政责任或刑事责任，被告很难再利用公权力取证机制来获取对其有利的证据导致其在诉讼实力上多处于弱势地位。况且，环境公益侵害案件中，加害行为直接作用于保护对象，其因果关系属直接因果关系，其证明难度在多数据情况下比环境污染侵权案件中要小。在法无明文规定的情况下，本应处于超然中立地位的法院对因果关系存在主动适用法律推定来减轻起诉者的举证责任，对起诉者而言可谓如释重负，而对于被告而言难免有失公允。由此可知，举证责任分配不合理是环境民事公益诉讼中被告败诉率畸高的一个重要因素。早有学者指出，“相较于普通环境侵权民事诉讼，在环境公益诉讼中，诉讼的目的、范围、主体发生了变化，所对应的社会关系产生了改变，适用举证责任倒置规则的主要基础及合理性也已经有所消解……其适用也应随之适当调整，并不能完全按照现有的规定在司法实践中予以运用”。[①] 因此，在环境民事公益诉讼中，减轻弱势一方的举证负担，应根据实际情况重点考虑减轻被告一方的举证负担，而不能援引环境污染侵权中实体法关于因果关系存在直接推定的规定来一股脑儿减轻起诉者的举证负担。况且，《民法典》并未就环境公益侵权中实体要件的举证责任分配作出明确规定，这说明环境公益侵权案件中实体要件的举证责任分配应按“谁主张，谁举证”的举证责任正置的基本原则来执行。环境公益侵害民事责任的构成要件与环境污染侵权责任的构成要件有明显不同，法院援引环境污染侵权诉讼有关的举证责任分配规则来处理环境民事公益诉讼有关实体要件举证责任分配问题显然给人“有病乱投医”的感觉。

被告因环境违法行为受到公权机关的追责在环境民事公益诉讼中常处于不利地位，在因果关系这一要件证明上环境污染侵权案中关于减轻受害者举证责任的因果关系事实推定并无适用空间，而因果关系举证倒置规则更是缺少适用合法性与正当性。因此，在环境民事公益诉讼中，起诉者应就因果关系存在承担本证责任，并且其证明标准采取高度盖然性标准而不是可能性标准。虽然被告在环境民事公益诉讼中处于相对弱势一方，由于其所承担的举证责任主要是反证责任，能够本证的免责事由也不多，因此，减轻其举证责任的机会并不多。本书认为，在环境民事公益诉讼中不应主观地降低起诉者的证明标准以防止起诉者过多适用事实推定来达到转移举证责任的目的。

---

① 徐淑琳、冷罗生：《反思环境公益诉讼中的举证责任倒置——以法定原告资格为视角》，载《中国地质大学学报（社会科学版）》2015 年第 1 期。

二、环境民事公益诉讼司法特殊证据规则

本书认为,根据环境公益诉讼起诉者的法律地位及其取证能力之不同,环境民事公益诉讼中实体要件的举证责任应作差异性分配。因为相关程序法与司法解释中并没有明确环境民事公益诉讼案件中实体要件举证责任分配规则,下面分别就社会组织、检察机关和行政机关作起诉者在环境民事公益诉讼案件中实体要件的举证责任分配规则进行阐述。

(一)社会组织发起的环境民事公益诉讼

生态环境保护领域里的公益性社会组织作为一种民事主体虽被法律赋予了提起环境民事公益诉讼的信托诉权,但是,其在取证能力上与普通环境民事私益诉讼原告并无多大优势,并未被赋予特别的取证权限。表面上,一些社会组织,特别是那些全国性的社会组织拥有的人、财、物等资源相较于普通环境民事私益诉讼的原告有一定的优势。实际上,社会组织并不是引起诉讼争议的环境民事实体法律关系的实质当事人,与环境民事私益诉讼的原告当事人相比,他们离证据更远,收集证据处于更为不利的境地。在缺少特别的取证权限,且其自身离证据较远,取证更为不利的情况下,法律又禁止其通过诉讼牟取经济利益,社会组织作为环境民事公益诉讼的起诉者完全是以自身的资源来做公益活动。[①] 如果在环境民事公益诉讼中,社会组织作为起诉者被赋予过重的举证负担,社会组织不但难以胜诉,而且在败诉时还可能被判承担高昂的诉讼费用。[②] 如此,社会组织对提起公益诉讼就会望而却步,不利于环境公共利益的保护,也有悖于环境民事公益诉讼制度设计的初衷。虽然我国设有支持起诉制度,但是,是否支持起诉或支持起诉哪一案件是由支持起诉者自己决定的,社会组织并无权要求某一特定主体在某一公益诉讼案件中对其进行支持起诉。再者,如果支持起诉者在取证能力上并无优势时,例如,当支持起诉者也是社会组织在取证上就难以提供实质帮助,其支持起诉可能只起着道义上的加持作用,对于诉讼本身的结果并无实质帮助,[③]毕竟证据才是诉讼的核心。鉴于此,在社会组织作为起诉者的环境民事公益诉讼案件中,社会组织所承担的实体要件举证负担不应比普通环境民事私益诉讼案件中原告

---

① 例如,在(2016)渝02民终772号民事判决书中记载,被上诉人重庆绿联会称:"为了此次环保公益诉讼,被上诉人花费了大量人力、时间和必要的经费,这还不包括一审期间和至今仍在发生的费用。"

② 例如,在(2016)苏04民初214号民事判决书中,法院判决:"案件受理费1,891,800元,由两原告自然之友、绿发会共同负担。"

③ 例如,在原告北京市朝阳区自然之友环境研究所与被告北京都市芳园房地产开发有限公司、北京九欣物业管理有限公司固体废物污染责任纠纷环境民事公益诉讼一案中,支持起诉者既不是检察机关,也不是环保机关,而是"中国政法大学环境资源法研究和服务中心"和"北京环鸣律师事务所"两家社会组织,最后法院判原告败诉。参见(2015)四中民初字第233号民事判决书。

当事人的举证负担更重,最起码相当于普通环境民事私益诉讼案件中原告当事人的举证负担。举证负担可以从量与度的角度进行考察,即证明对象的数量与证明程度或证明标准上进行考察。根据 2020 年最高人民法院修正的《关于审理环境侵权责任纠纷案件适用法律若干问题的解释》第六条,在环境民事私益诉讼中,原告承担的实体要件举证责任包括:被告的排污或生态破坏行为、原告遭受的损害后果、被告的排污或生态破坏行为与原告的损害后果之间具有关联性等三要件。该司法解释一方面坚持了“谁主张,谁举证”的举证责任正置原则,另一方面也适度地减轻了原告的举证负担,即对于损害后果与加害行为之间的因果关系作出变通性的规定,将其降为关联性的证明。关联性作为因果关系的上位概念,其内涵相对较少,且在证明标准上较低,要求提交“可能存在因果关系的初步证据”①,即采取可能性标准而非高度盖然性标准。

根据司法解释,社会组织作为原告在环境民事公益诉讼案件中承担的实体要件举证负担是提交“被告的行为已经损害社会公共利益或者具有损害社会公共利益重大风险的初步证明材料”②。一般认为,该条款规定的是社会组织提起环境民事公益诉讼案件达到立案条件的证明标准,而不是在庭审中对有关实体要件事实的证明标准。但是,该立案证明标准也表明了在环境民事公益诉讼案件中,社会组织作为原告所应负担实体要件的举证责任。因此,结合《民法典》上的规定,比照环境民事私益诉讼案件中原告的举证负担,在社会组织发起的环境民事公益诉讼案件中,其负担举证证明的实体事实包括:被告的排污或生态破坏行为、环境社会公共利益遭受的损害后果或损害威胁、被告的排污或生态破坏行为与环境社会公共利益遭受的损害后果或损害威胁之间具有关联性、被告的行为违反国家规定等四要件。针对存在生态环境损害重大风险而提起环境民事公益诉讼,被称为“预防性公益诉讼”③。当然,社会组织在环境民事公益诉讼案件中所承担的这些举证责任属于本证责任,即实行“谁主张,谁举证”的举证责任正置规则。社会组

---

① 2021 年最高人民法院修正后的《关于全面加强环境资源审判工作为推进生态文明建设提供有力司法保障的意见》中“8. 依法审理环境资源民事案件。”

② 2020 年最高人民法院修正的《关于审理环境民事公益诉讼案件适用法律若干问题的解释》第八条第一款第(二)项。

③ 预防性环境公益诉讼突破了“无损害即无救济”的诉讼救济理念,是《环境保护法》第五条规定的“保护优先、预防为主”原则在环境司法中的重要体现。例如,上诉人北京市朝阳区自然之友环境研究所与上诉人中国水电顾问集团新平开发有限公司、被上诉人中国电建集团昆明勘测设计研究院有限公司环境污染责任纠纷一案的判决,参见(2020)云民终 824 号民事判决书。2021 年 12 月,最高人民法院发布《关于生态环境侵权案件适用禁止令保全措施的若干规定》,据此,符合条件的社会组织针对污染环境、破坏生态行为具有现实而紧迫的重大风险,如不及时制止将对生态环境造成难以弥补损害的,可以向法院申请采取禁止令保全措施。

织作为原告需先就这些实体要件进行举证,并达到一定的证明标准,被法院认可后,原告的举证责任才得以卸除,被告的举证责任才得以开启。当然,为了缓解原告社会组织在环境民事公益诉讼案件中的举证困难,司法解释也对其举证规则作出了一些有利的规定:一是明显降低了原告在实体要件上的证明标准,原告只需提交"初步证明材料",这实际上与环境污染侵权诉讼中原告对"存在关联性"这一要件的证明标准相当,即采取可能性标准而非高度盖然性标准;①二是规定对原告主张被告持有对其不利的加害行为事实而拒不提交的可以适用推定;②三是规定法院为了公益而履行查证责任或自行委托鉴定;③四是对于原告主张的"生态环境修复费用难以确定或者确定具体数额所需鉴定费用明显过高的",法院可以合理确定;④五是前案环境民事公益诉讼生效裁判文书所认定的一些实体要件事实对于后案原告主张有利的,原告可以免证,而对被告主张有利的,被告不得免证。⑤这些规则无疑有针对性地缓解了原告社会组织在环境民事公益诉讼案件中的举

---

① 2020 年最高人民法院修正的《关于审理环境民事公益诉讼案件适用法律若干问题的解释》第八条第一款第(二)项的规定,"被告的行为已经损害社会公共利益或者具有损害社会公共利益重大风险的初步证明材料"表面属于社会组织起诉条件之一,但该规定也暗含着原告社会组织对有关事实的证明标准。诉讼实践中,原告大多证明被告的加害行为被行政机关行政处罚,对损害后果申请鉴定,而如果需要证明因果关系要件则很可能就是一种初步证明标准,如同环境污染侵权案中原告证明关联性存在。例如,在(2020)云民终 824 号民事判决书中,云南省高级人民法院引述原审昆明市中级人民法院对于环境民事公益诉讼中原告社会组织的证明标准:"自然之友需首先提出初步证据证明存在(重大或不可逆转)环境损害可能性,然后再由环境重大风险制造者提供证据,以充分的理由消除合理怀疑或证明其行为的无损性。"

② 2020 年最高人民法院修正的《关于审理环境民事公益诉讼案件适用法律若干问题的解释》第十三条:"原告请求被告提供其排放的主要污染物名称、排放方式、排放浓度和总量、超标排放情况以及防治污染设施的建设和运行情况等环境信息,法律、法规、规章规定被告应当持有或者有证据证明被告持有而拒不提供,如果原告主张相关事实不利于被告的,人民法院可以推定该主张成立。"

③ 2020 年修正的最高人民法院《关于审理环境民事公益诉讼案件适用法律若干问题的解释》第十四条:"对于审理环境民事公益诉讼案件需要的证据,人民法院认为必要的,应当调查收集。对于应当由原告承担举证责任且为维护社会公共利益所必要的专门性问题,人民法院可以委托具备资格的鉴定人进行鉴定。"

④ 2020 年修正的最高人民法院《关于审理环境民事公益诉讼案件适用法律若干问题的解释》第二十三条:"生态环境修复费用难以确定或者确定具体数额所需鉴定费用明显过高的,人民法院可以结合污染环境、破坏生态的范围和程度,生态环境的稀缺性,生态环境恢复的难易程度,防治污染设备的运行成本,被告因侵害行为所获得的利益以及过错程度等因素,并可以参考负有环境资源保护监督管理职责的部门的意见、专家意见等,予以合理确定。"

⑤ 2020 年最高人民法院修正的《关于审理环境民事公益诉讼案件适用法律若干问题的解释》第三十条第二款:"对于环境民事公益诉讼生效裁判就被告是否存在法律规定的不承担责任或者减轻责任的情形、行为与损害之间是否存在因果关系、被告承担责任的大小等所作的认定,因同一污染环境、破坏生态行为依据民事诉讼法第一百一十九条规定提起诉讼的原告主张适用的,人民法院应予支持,但被告有相反证据足以推翻的除外。被告主张直接适用对其有利的认定的,人民法院不予支持,被告仍应举证证明。"

证难的问题。

就举证负担而言，环境民事公益诉讼案件中的被告除了反驳原告已经证立的主张而承担反证责任之外，还可以主张自己无过错或行为合规、免责事由并由此承担对该类事实的本证责任。如前所述，《民法典》第一千二百三十四条与第一千二百三十五条，都明文规定"违反国家规定造成生态环境损害"是环境公益损害民事责任成立的前提必要条件。因此，被告可以主张自己无过错或其行为未违反国家规定以反驳环境公益损害民事责任实体构成要件不足。实践中，大多数社会组织提起的环境民事公益诉讼所针对被告损害生态环境的行为已经被行政部门定性为违法行为，而针对那些未被定性为违法行为的，原告社会组织则大概率可能面临败诉的结果。[①] 在实体法与程序法及其相关的法律解释中，并没有明确列举环境民事公益诉讼中被告可以主张减轻或免除责任的法定事由，[②]实践中一些被告主张免责并非基于法定免责事由。[③] 本书认为，被告可以主张战争、主管部门的过失来免责，而对于不可抗力是否免责，则应有法律的明确规定。应当指出的是，由于司法解释对于原告社会组织在加害行为、损害后果、关联性等实体要件上规定了较低的证明标准，原告只需作初步证明即可推定原告主张的事实成立，此时举证责任即转移给被告，由被告承担反证责任。但是，被告反证的标准则相对较高，被告需要排除原告所主张的种种可能性，这对被告显然不利，如此规定的公平性值得商榷。

---

① 如(2015)四中民初字第233号、(2016)苏04民初214号民事判决书等。

② 2017年修正的《海洋环境保护法》第九十一条规定："完全属于下列情形之一，经过及时采取合理措施，仍然不能避免对海洋环境造成污染损害的，造成污染损害的有关责任者免予承担责任：(一)战争；(二)不可抗拒的自然灾害；(三)负责灯塔或者其他助航设备的主管部门，在执行职责时的疏忽，或者其他过失行为。"然而，针对海洋生态环境保护，社会组织被限制提起环境民事公益诉讼。

③ 例如，在"原告北京市朝阳区自然之友环境研究所、中国生物多样性保护与绿色发展基金会与被告江苏常隆化工有限公司、常州市常宇化工有限公司、江苏华达化工集团有限公司环境污染公益诉讼一案"中，三被告辩称："土地使用权依法转让的，受让人是环境治理、修复的责任主体，案涉地块已多次依法转让，故三被告不再是土壤治理、修复的责任主体。"常州市常宇化工有限公司另辩称："两原告提起本案诉讼已经超过诉讼时效。"从免责事由的角度来看，被告主张土地使用权依法转让或超过诉讼时效自己可以免责，见(2016)苏04民初214号民事判决书。该案完成诉讼在2016年，2018年通过的《土壤污染防治法》第四条第二款规定："土地使用权人从事土地开发利用活动，企业事业单位和其他生产经营者从事生产经营活动，应当采取有效措施，防止、减少土壤污染，对所造成的土壤污染依法承担责任。"该条款实际上坚持污染者负责原则，土壤污染不因土地利用权属发生变化而导致责任主体转移，而对于公益诉讼时效或起诉期限问题至今未见明确规定。另见，在"上诉人国能织金发电有限公司因与被上诉人贵州中联蓉泰物流有限公司、原审原告贵州省生态环境厅生态环境损害赔偿纠纷一案"中，贵州省高级人民法院支持原审贵州省毕节市中级人民法院的意见，认为"国能织金公司未依法履行污染防治义务，该义务并不因其转让固体废物的所有权而免除。"参见(2020)黔民终893号民事判决书。

(二)检察机关发起的环境民事公益诉讼

检察机关发起环境民事公益诉讼可以有两种途径:一种是直接发起环境民事公益诉讼;另一种是提起刑事附带环境民事公益诉讼。在第一种途径中,2018 年以前的实践中也分为两种情形:一种是检察机关未追究被告环境刑事责任而发起的环境民事公益诉讼;另一种是检察机关在追究被告环境刑事责任后又对其提起环境民事公益诉讼。[①] 当前实践中,检察机关在追究被告环境刑事责任时,认为有必要可一并提起附带环境民事公益诉讼。针对检察机关直接提起的环境民事公益诉讼案件的审理,最高人民法院和最高人民检察院依据《民法典》等规定 2020 年最高人民法院、最高人民检察院修正了《关于检察公益诉讼案件适用法律若干问题的解释》。根据该司法解释第十四条第一款第(二)项,检察机关在起诉时须承担有关事实的初步举证责任,即提交"被告的行为已经损害社会公共利益的初步证明材料"。可以看出,在环境民事公益诉讼的立案阶段,同为起诉者的检察机关与社会组织要负担大致相同的证明事项,且在证明标准上也几乎一致。但是,本书认为,这只是在立案阶段起诉者达到法院立案所适用的事实证明标准,并非表明检察机关与社会组织作为原告时所负担的实体要件事实与证明标准完全一致。检察机关作为国家法律监督机关,具有法定的权威性和专业性,在公益诉讼中其取证能力远非一般的诉讼主体所能企及的。2018 年修订的《人民检察院组织法》第二十条第(四)项将"依照法律规定提起公益诉讼"确定为检察机关的一项新增职权。同时,该法第二十一条规定:"人民检察院行使本法第二十条规定的法律监督职权,可以进行调查核实。"据此,检察机关在环境民事公益诉讼中享有法定的调查取证权。汤维健教授认为,检察机关在办理公益诉讼案件中存在四种取证模式,即民事取证模式、行政取证模式、刑事取证模式以及公益取证模式。从性质上说,公益取证模式已比较接近于刑事取证模式。根据这一模式,检察机关为了保护社会公共利益,有权采取强制性手段和措施调查取证,若有妨碍者,检察机关可以采取诸如罚款、拘留等措施对妨碍取证者实施司法制裁,进而排除妨碍。[②] 在环境民事公益诉讼案件中,检察机关的诉讼取证能力显然高于被告,如果同社会组织作为原告时一样,其负担的实体举证要件基本范围一致,证明标准也一致的话,检察机关在环境民事公益诉讼中成为常胜将军也就板上钉钉了,这显然有悖于"平等武装"的民事诉讼原则。在证据规则上,本书赞同检察机关提起的环境

---

① 提起刑事附带民事公益诉讼并非环境污染犯罪刑事案件的必要程序,实践中检察机关也有未提起环境附带民事公益诉讼的案例,参见(2019)闽 09 行终 25 号行政判决书。

② 参见汤维建:《公益诉讼的四大取证模式》,载《检察日报》2019 年 1 月 21 日,第 3 版。

民事公益诉讼应遵循“谁主张,谁举证”的举证负担原则。检察机关在环境民事公益诉讼中所须举证的实体要件事实包括:一是加害行为;二是损害后果;三是因果关系;四是主观过错。这与社会组织作为环境民事公益诉讼案件的原告时有所不同,即检察机关负担加害行为与损害后果存在因果关系的本证责任,而不仅仅是关联性的本证责任。因为一方面检察机关的举证能力明显强于社会组织,另一方面相对于环境侵权诉讼案件中因果关系的证明而言,环境民事公益诉讼案件中加害行为与损害后果之间的因果关系一般为直接因果关系,证明难度相对较低。此时,检察机关不应只负担关联性的本证责任,还应该负担因果关系的本证责任。同时,在证明标准上,本书赞同检察机关需要将待证实体要件事实证明标准达到高度盖然性的程度,①而不是像社会组织作为原告那样广泛适用事实推定。在检察机关提起的环境刑事附带民事公益诉讼案件中,由于作为公诉人的检察机关对于加害行为、损害后果、因果关系与主观过错(犯罪构成的主观要件)等实体要件事实在刑事公诉中已经证明且达到排除合理怀疑的程度,除非被告对于刑事指控部分不服,在此类环境民事公益诉讼案件中,被告(人)鲜有对环境公益损害民事责任部分能提出疑问的,如果有疑问一般也是集中于环境公益损害修复所需费用等有待评估鉴定的事项上。

因为检察机关提起的环境民事公益诉讼案件中实行“谁主张,谁举证”的举证责任分配原则,被告须负担对于公益诉讼人已经证成的实体要件事实进行反证。在减轻或免除责任的法定事由上,与社会组织作为原告的环境民事公益诉讼案件一样,被告所能主张的法定“减免责”事由并不是很明确。同样,本书认为,被告可以主张战争、主管部门的过失来免责,而对于不可抗力是否免责,则应有法律的明确规定。

当前,环境民事公益诉讼在我国属于一种新型诉讼,法律规定尚不完善。关于社会组织提起环境民事公益诉讼的诉权既有《民事诉讼法》在程序法上作出规定,又有《环境保护法》在实体上作出规定,而检察机关提起环境民事公益诉讼的诉权却只有《民事诉讼法》在程序法上作出规定。因此,有必要在《环境保护法》上对检察机关提起环境民事公益诉讼以及环境民事公益诉讼举证责任分配规则作出补充规定。就补充检察机关提起环境民事公益诉讼而言,本书认为应在《环境保护法》第五十八条后面再补加一款作为第三款②来规定检察机关提起公益诉

---

① 参见洪浩、朱良:《论检察公益诉讼的证明标准》,载《山东社会科学》2019 年第 7 期。

② 本书认为,《环境保护法》第五十八条第三款实属多余,可以删除,这样新补加的一款可以作为第三款。

讼的内容:“人民检察院在履行职责中发现前款规定的损害社会公共利益的行为,在没有前款规定的社会组织或者前款规定的社会组织不提起诉讼的情况下,可以向人民法院提起诉讼。前款规定的社会组织提起诉讼的,人民检察院可以支持起诉。”就环境民事公益诉讼举证责任分配而言,可以再在其后补充一款作为第四款,其内容为:“提起诉讼的社会组织或人民检察院需就被告有污染或破坏生态环境的行为、社会公共利益遭受损害或损害的威胁、行为与损害或损害的威胁之间存在因果关系以及主观过错等实体要件事实承担举证责任,法律另有规定的除外。”据此,一般领域里的环境公益损害民事责任采四要件说,即损害行为、损害后果、因果关系和主观过错,法律规定采无过错责任的则采三要件说。在举证责任分配上,实行“谁主张,谁本证”的原则,而有别于环境污染侵权中实行因果关系存在的事实推定。

(三)行政机关发起的生态环境损害赔偿诉讼

行政机关发起的生态环境损害赔偿诉讼虽然涉及环境公共利益的保护与赔偿问题,但最初并未被作为公益诉讼来看待。[①] 直到2020年发布修订的《民事案件案由规定》才将“生态环境损害赔偿诉讼”作为“生态环境保护民事公益诉讼”的一个子类型,列在一级案由“公益诉讼”之下。同社会组织与检察机关发起的环境民事公益诉讼相比,除了其起诉主体具有特殊性之外,还包括他所针对的案件范围、诉讼请求以及程序等方面具有特殊性。2020年,最高人民法院修正后的《关于审理生态环境损害赔偿案件的若干规定(试行)》表明,审理生态环境损害赔偿诉讼案件与环境民事公益诉讼案件并不适用相同的规则。就证据规则而言,该司法解释针对生态环境损害赔偿诉讼作出如下特殊规定。

1. 原告举证负担类似于环境侵权案中的受害者。该司法解释第六条列举了原告须承担举证责任的实体要件事实:生态环境损害行为(或其他法定担责情形)、生态环境损害后果(包括修复费用及赔偿数额)、损害行为与损害后果之间的关联性。这与环境侵权诉讼案件中受害者原告所承担的实体要件举证责任相类似,即加害行为、损害后果以及二者之间的关联性等三要件事实。应当指出的是,环境侵权实行无过错责任,诉讼中实体要件举证责任并不包括主观过错要件。但是,在生态环境损害赔偿诉讼中,因为其所针对的案件范围决定了被诉行为具有

---

① 例如,江苏省高级人民法院在“上诉人安徽海德化工科技有限公司因与被上诉人江苏省人民政府环境污染侵权赔偿纠纷一案”二审中认为:“本案虽然不是公益诉讼,但同样涉及社会公共利益。”参见(2018)苏民终1316号民事判决书。

违法性或违规性,[①]即具有主观过错。在证明标准上,该司法解释中使用了“关联性”一词,表明原告行政机关对于因果关系存在也是承担初步的证明责任,即证明标准较低,只要达到可能性的程度,就可以推定因果关系存在,改由被告承担证明因果关系不存在的反证责任。本书认为,行政机关的取证能力与检察机关不相上下,而且生态环境损害后果与加害行为之间以直接因果关系为主,证明难度相对较低。实践中,行政机关作为原告往往能举证证明因果关系存在,[②]司法解释对于行政机关在因果关系上的证明标准要求明显偏低。

2. 被告承担反证责任以及法定减轻或免除责任事由的本证责任。与环境民事公益中被告的举证负担相类似,被告在生态环境损害赔偿诉讼中也是对原告已经证立的实体要件事实承担反证责任。如果被告主张法定的减轻或免除责任的事由,还须承担该事由的本证责任。类似地,因为原告对于因果关系存在的证明程度相对较低,只需证明因果关系可能存在,即证明关联性存在,而被告的反证标准就相对较高,需要对于原告主张的因果关系存在的可能性予以一一排除。

3. 对于原告较为有利的证据规则。虽然原告并非一定是针对被告违法行为的行政执法部门,但是,他至少与行政执法部门同属于行政系统。该司法解释第九条规定了对于原告或与原告同属一个系统的行政执法机关(或由其委托的机构)在行政执法过程中形成的事件调查报告、检验报告、检测报告、评估报告、监测数据等,经当事人质证并符合证据标准的,可以作为认定案件事实的根据。这表明在行政执法程序中所形成的合格证据将在司法诉讼程序中被采信,此规则有利于原告对有关事实的举证证明。同样的,该司法解释第十条规定当事人在诉前所取得的合格的科学证据也可以在诉讼中被采信,[③]该条中第一次出现的“当事人”一般是指原告一方。原告在诉前委托鉴定,被告并不知情,而且在诉讼中被告还被要求为此鉴定费用买单,这种鉴定委托程序明显不利于被告。[④]

---

① 2019 年最高人民法院发布的《关于审理生态环境损害赔偿案件的若干规定(试行)》第一条明确了生态环境损害赔偿诉讼的案件范围包括:“(一)发生较大、重大、特别重大突发环境事件的;(二)在国家和省级主体功能区规划中划定的重点生态功能区、禁止开发区发生环境污染、生态破坏事件的;(三)发生其他严重影响生态环境后果的。”

② 例如,在(2019)赣 04 民初 201 号民事判决书中原告认为:“原告提供的众多证据足以证明:1. 被告实施了污染环境、破坏生态的行为;2. 被告的行为造成了生态环境损害后果及所需修复费用具体数额;3. 被告污染环境的行为与生态环境损害之间具有因果关系。”

③ 2019 年最高人民法院发布的《关于审理生态环境损害赔偿案件的若干规定(试行)》第十条规定:“当事人在诉前委托具备环境司法鉴定资质的鉴定机构出具的鉴定意见,以及委托国务院环境资源保护监督管理相关主管部门推荐的机构出具的检验报告、检测报告、评估报告、监测数据等,经当事人质证并符合证据标准的,可以作为认定案件事实的根据。”

④ 参见(2020)津民终 411 号民事判决书。

三、环境行政公益诉讼司法特殊证据规则

当前,我国环境行政公益诉讼只有检察机关能作为原告,呈现为“官审官、官告官”的局面,即法院审理检察机关告行政机关的一种司法诉讼模式。2020 年最高人民法院、最高人民检察院修正的《关于检察公益诉讼案件适用法律若干问题的解释》第二十二条专门针对行政公益诉讼司法证据规则作出规定。本书认为,相较于环境民事公益诉讼与普通行政私益诉讼,环境行政公益诉讼证据规则的特殊性上主要有以下几方面。

(一)检察机关负担被告行政机关行政违法的举证责任

在环境行政公益诉讼中,检察机关负担举证被告行政机关行政违法的事实可以从两个相互关联的阶段来考察:一是诉前督促程序阶段或检察建议阶段;二是庭审程序阶段。在诉前督促程序阶段,检察机关需要向被监督行政机关提出依法履职的检察建议,论证说明被监督行政机关存在违法履职的事实,即“违法行使职权或者不作为,致使国家利益或者社会公共利益受到侵害”。就检察机关负担的该举证事项组成来看,包括行政违法行为、公益损害后果以及二者之间的因果关系等三个要件。因为该阶段属于检察机关履行法律监督的程序,并未进入司法诉讼程序,司法解释不可能为该阶段的举证事项规定明确的证明标准。在该阶段,检察机关是否向被监督行政机关提供实质证明或仅向其作形式上的说明论证,取决于检察建议书的工作要求。根据 2019 年最高人民检察院发布的《人民检察院检察建议工作规定》第十三条的规定,检察建议中所针对的事项必须是经过“调查核实,做到事实清楚、准确”。该规定的第十六条款明确了检察建议书的内容要求:“要阐明相关的事实和依据”,要包括“依法认定的案件事实或者经调查核实的事实及其证据”。显然,检察建议书中要对被监督行政机关存在行政违法行为、公益损害后果或重大损害风险以及二者间的因果关系等事实进行举证证明,并达到“明确具体、说理充分、论证严谨”的程度。检察机关在该阶段的举证证明越是充分,在庭审阶段越具有胜诉的把握。一旦案件进入行政公益诉讼程序,检察机关除了承担在检察建议阶段需要证明的实体事实外,还需在庭审程序阶段证明被诉行政机关在检察建议书要求“书面回复落实情况的期限”内“仍不依法履行职责或者纠正违法行为”的事实。该事实仍然涵盖检察建议阶段需要证明的几个事实:行政违法行为、公益受到损害以及二者之间具有因果关系。进而,该阶段涉及前述内容中提到的关于“依法履职或纠正违法”的判断标准问题,使行政公益诉讼聚焦于对“依法履职或纠正违法”的判断或认定上。法院在庭审阶段应审查行政公益诉讼起诉书中诉讼请求的内容是否与诉前程序检察建议书的建议内容一致,因

为检察建议与后面的诉请要有匹配性，要体现违法事实的具体性和针对性。[①]

在普通行政诉讼发起之前的行政管理程序中，行政相对人与行政主体具有行政隶属关系，行政相对人处于被行政主体公权力管理的弱势地位。在行政相对人因不服行政主体的行政行为而提起的普通行政诉讼中，为了平衡二者的诉讼实力，法律对于被诉行政行为违法的举证责任上作出倒置的规定，即被诉行政主体需对其行政行为合法性承担举证责任。在行政公益诉讼发起之前依法履职的检察督促程序中，检察机关与行政机关属于监督与被监督的行政法制监督关系。在行政法制监督关系之中，检察机关与行政机关同属于国家公权力机关，二者之间并不存在隶属关系。在行政公益诉讼取证能力上，二者也无高低之分。同时，在法律监督关系中，监督者处于主导地位。在环境行政公益诉讼中，对于被诉行政机关存在行政违法行为的证明不宜再沿用普通行政诉讼中举证责任倒置的规定，而是应由检察机关承担本证责任。因此，根据2020年最高人民法院、最高人民检察院修正的《关于检察公益诉讼案件适用法律若干问题的解释》第二十二条的要求，行政公益诉讼中，作为原告的检察机关承担以下事实的举证责任：被告存在违法行政行为且经检察督促仍未纠正；国家利益或者社会公共利益已经受到侵害或仍在受到侵害；违法行为与公益受到侵害之间具有因果关系。

（二）在证明标准上准用民事诉讼的证明标准

在上述司法解释中，并未就行政公益诉讼的证明标准予以明确。但是，根据其第二十六条的规定，[②]行政公益诉讼的证明标准可以准用行政诉讼或民事诉讼的证明标准。行政诉讼法及其司法解释中并未明确行政诉讼的证明标准，据此，行政公益诉讼可以准用民事诉讼法的证明标准。根据民事诉讼证据法原理，在普通民事主体“武器对等”的诉讼案件中对实体要件事实的证明采高度盖然性标准或明显优势证据标准。但是，民事诉讼的证明标准具有灵活性，对于一些特定类型案件中的特定事实，也有采其他证明标准的情形。如环境私益侵权案件中受害者原告对于加害行为与损害后果之间存在因果关系的证明采可能性标准或初步证明标准，即要求原告证明关联性存在，而被告对之反证时则采排除合理怀疑标准。本书认为，在环境行政公益诉讼中，原告检察机关针对其负责举证的不同实体要件事实的证明宜采不同的证明标准。对于被告行政违法性的证明宜采相对优势证据标准，即检察机关提交的证据相较于被告行政机关提交的证据具有更大

① 参见(2019)闽09行终25号行政判决书。

② 2020年最高人民法院、最高人民检察院修正的《关于检察公益诉讼案件适用法律若干问题的解释》第二十六条规定：“本解释未规定的其他事项，适用民事诉讼法、行政诉讼法以及相关司法解释的规定。”

的证明力时法院即可支持检察机关在该要件上的主张;对于国家利益或者社会公共利益已经受到侵害或仍处于受害之中这一要件,宜采高度盖然性标准或明显优势证据标准;而对于行政违法行为与公益受到损害之间存在因果关系这一要件,宜采可能性标准或初步证明标准,而被告反证则采排除合理怀疑的标准。原因如下:一是行政机关在行政管理执法领域应遵循依法行政原则,应该积极主动履行监督和查处职权,预防和惩处外部违法行为,保护公共利益。当检察机关发现行政机关存在违法行为的证据而发起检察监督时,行政机关不服监督时应向检察机关证明其行政行为的合法性,这是行政法治的要求。如果行政机关提交证据的证明力不能大于检察机关的证据证明力,行政机关即难脱其责,因此,对于被告行政违法性的证明相对优势证据标准即有了适用空间。二是检察机关提起公益诉讼的根本目的在于保护公共利益,对于公共利益受到侵害这一要件的证明必须达到真实可信的程度,因此,对之证明,高度盖然性或明显优势证据标准就有用了适用空间。实践中,大多数公益损害通过常识即可判定,而对于需要明确具体类型或数量的损害,检察机关可以通过委托鉴定来取证,被告则很难推翻。三是对于被告行政违法行为与公益损害之间存在因果关系,有的因属于直接因果关系而无须证明,[①]而更多的案件属于行政主体未能全面履行依法行政的职责而放任行政相对人的违法行为致使公共利益受到侵害,属于间接因果关系。对于此因果关系存在的证明,应与环境私益侵权案件中原告受害者一样,检察机关只要证明关联性存在即可推定因果关系存在,被告反证需要排除这种关联性,即排除合理怀疑。

第二节　典型环境公益诉讼司法案件裁判评析

一、从事生物多样性保护与绿色发展不属于环保公益活动?

【案情简介】蓝丰公司违规将超标生产废水直接排入蒸发池,造成腾格里沙漠土壤、地下水严重污染。在有关部门责令整改后,整改进度缓慢。全国性的社会组织——绿色发展基金会(以下简称绿发会)于2015年8月就蓝丰公司污染沙漠的行为向宁夏回族自治区中卫市中级人民法院提起环境民事公益诉讼,诉请判令被告停止污染、消除危险、恢复受损害的生态环境、赔偿环境修复前生态服务功能

① 例如,行政机关应向行政相对人收取有关费用而未收取致使国家利益受到损害,其因果关系直接明显,凭常识即可判定,无须额外举证,只要证明行政机关存在未依法及时履行收费职责的违法行为,即可认定与相应的国家利益受损存在因果关系。参见(2021)吉2403行初10号行政判决书。

损失、赔礼道歉等。

中卫市中级人民法院认为:绿发会的宗旨与业务范围虽然是维护社会公共利益,但其章程中并未确定该基金会同时具备最高人民法院《关于审理环境民事公益诉讼案件适用法律若干问题的解释》(以下简称环境公益诉讼司法解释)第四条规定的"从事环境保护公益活动",且该基金会的登记证书确定的业务范围也没有从事环境保护的业务,故绿发会不能认定为《中华人民共和国环境保护法》(以下简称《环境保护法》)第五十八条规定的"专门从事环境保护公益活动"的社会组织。一审法院依照《环境保护法》第五十八条、环境公益诉讼司法解释第四条、《中华人民共和国民事诉讼法》(以下简称《民事诉讼法》)第一百二十三条的规定,裁定对绿发会的起诉不予受理。

绿发会不服一审裁定,向宁夏回族自治区高级人民法院提起上诉。

宁夏回族自治区高级人民法院认为:绿发会的上诉不符合《环境保护法》第五十八条和环境公益诉讼司法解释第四条、第五条的规定,上诉理由不能成立。二审法院裁定驳回绿发会的上诉,维持一审裁定。

绿发会不服二审裁定,随后向最高人民法院申请再审。

最高人民法院经审理认为:社会组织提起的诉讼所涉及的社会公共利益,应与其宗旨和业务范围具有关联性。因此,对于本案绿发会是否可以作为"专门从事环境保护公益活动"的社会组织提起本案诉讼,应重点从其宗旨和业务范围是否包含维护环境公共利益,是否实际从事环境保护公益活动,以及所维护的环境公共利益是否与其宗旨和业务范围具有关联性等三个方面进行审查。最高人民法院特别指出,对于社会组织宗旨和业务范围是否包含维护环境公共利益,应根据其内涵而非简单依据文字表述作出判断。社会组织章程即使未写明维护环境公共利益,但若其工作内容属于保护各种影响人类生存和发展的天然的和经过人工改造的自然因素的范畴,包括对大气、水、海洋、土地、矿藏、森林、草原、湿地、野生生物、自然遗迹、人文遗迹、自然保护区、风景名胜区、城市和乡村等环境要素及其生态系统的保护,均应认定宗旨和业务范围包含维护环境公共利益。生物多样性保护是环境保护的重要内容,亦属维护环境公共利益的重要组成部分。绿发会章程中明确规定,其宗旨为"广泛动员全社会关心和支持生物多样性保护和绿色发展事业,保护国家战略资源,促进生态文明建设和人与自然和谐,构建人类美好家园",符合联合国《生物多样性公约》和环境保护法保护生物多样性的要求。同时,"促进生态文明建设""人与自然和谐""构建人类美好家园"等内容契合绿色发展理念,亦与环境保护密切相关,属于维护环境公共利益的范畴。故应认定绿发会的宗旨和业务范围包含维护环境公共利益内容。

最高人民法院认为，本案一审、二审法院对环境保护法、环境公益诉讼司法解释以及环境保护内涵的理解不当，适用法律确有错误，其关于绿发会不具备提起环境民事公益诉讼的主体资格的裁定应予纠正。因此，裁定撤销原一审、二审裁判，本案由宁夏回族自治区中卫市中级人民法院立案受理。①

【简评】环境是围绕中心事物的周围事物，即中心事物之外皆为环境，环境外延其实甚多，不仅指人们常说的山水、林田、草沙等自然要素的保护，而且还包括与人类相联结的事物，如可持续发展等。环境保护不仅包括如何保护生态环境，还包括如何合理开发利用自然资源。以解决环境问题为宗旨的环境资源法学，是一个法学与环境科学、生态学、经济学等相互交叉的学科，具有非常明显的综合性。环境司法要求法官们不仅只了解相关的法律规定，还需要懂得法科之外的一些自然科学知识，这也是环境资源类案件难审以及理论与实务界主张环境司法专门化的重要原因。环境司法最重要的还是人的因素，即办案法官的整体水平。本案中，连中级、高级法院的办案法官们都搞不清楚环境保护的内涵与外延，将生物多样性保护与绿色发展不视为环境保护活动，排除故意为之的因素，折射出这些法官们的环境保护知识素养非常欠缺，更遑论基层法院办理此类案件的法官。在一些环境资源类案件中，有不少问题属于常识性问题，而办案法官们因缺少这方面的常识，把这些案件办得令人啼笑皆非。因此，无论环境司法专门化程度如何，办理环境资源类案件的法官都应该扩大自己的相关知识面，尽可能扫除一些知识盲点。本案也反映出现行法律及其解释存在不足，特别是对环境公共利益缺少界定，对于环境资源类案件，特别是环境公益诉讼案件的范围未能明确列举。当然，公益诉讼制度在我国毕竟属于新生事物，其发展完善需要一个过程。

二、谁是城市污水厂所生污泥污染责任的主体?

【案情简介】中华环保联合会经调查发现，自 2007 年起，国电环保集团、振兴环保工程公司、振兴环保公司等数家企业下属的污水处理厂，在未办理环评手续、未办理排污许可证、无选址意见书的情况下，长期将污水，污泥排放、贮存在沈阳市浑南区祝家镇，形成了 11 个露天污泥坑。上述排放行为持续至2013 年，污泥排放总量共计约 150 万吨，污泥坑占地面积约 31.2 公顷，且污泥未经无害化处理长期贮存，多年来对当地生态环境和周边居民生活造成严重影响。2017 年 2 月，中华环保联合会发起环境民事公益诉讼，将国电环保集团、振兴工程公司、振兴环保公司、北部污水厂、仙女河污水厂、沈水湾污水厂诉至沈阳市中级人民法院，请求判令六被告立即停止侵害、消除危险、将受污染的土地以及地下水恢复原状、连带

---

① 参见(2016)最高法民再 49 号民事裁定书。

承担赔偿期间服务功能损失费(以鉴定、评估结果为准)、在省级以上媒体连续三十日发布赔礼道歉公告、承担原告因本案诉讼和执行而发生的合理费用。

沈阳市中级人民法院经审理查明,2010年12月,国电环保集团与沈阳市环境保护局签订《特许经营协议》,协议约定:沈阳市政府(甲方)授权沈阳市环保局与国电环保集团(乙方)签订该协议,沈阳市政府决定将北部污水处理厂、仙女河污水处理厂、沈水湾污水处理厂等六家污水处理厂的特许经营权授予国电环保集团。甲方负责向乙方无偿提供污泥处置场地。污水处理厂产生的污泥必须经脱水后由乙方负责送至甲方指定的场地消纳,产生的残渣和沉砂等固体废物需运往城市垃圾消纳场统一处理。甲方负责脱水污泥、产生的残渣、沉砂等固体废物的处置。2014年2月,沈阳市发展和改革委员会致沈阳市环保局《关于祝家污泥处置项目建议书的批复》,批准其在沈阳市东陵区祝家镇裴家堡村建设一座日处理能力1000吨的污泥场处置工程,利用6年时间,处理祝家污泥场现存的150万吨污泥。沈阳市中级人民法院认为,原告中华环保联合会提交的原环境保护部办公厅于2010年发布的《关于加强城镇污水处理厂污泥污染防治工作的通知》属于行政机关内部文件通知,尚不足以作为认定本案中污泥处置责任主体的法律依据。振兴环保公司2014年以后方开始运营,中华环保联合会主张本案污染行为发生于2007年至2013年,故振兴环保公司与本案所涉的污泥堆放行为无关。而根据国电环保集团提交的《特许经营协议》,国电环保集团只负责污水处理和将脱水后的污泥运送到指定场地,脱水污泥的消纳场地选址和污泥的处置并非国电环保集团的义务。故国电环保集团及振兴工程公司、北部污水厂、仙女河污水厂、沈水湾污水厂对污泥处置既无法定义务,亦无约定义务,并非污泥处置的责任主体,遂判决驳回中华环保联合会的诉讼请求。

中华环保联合会不服一审判决,向辽宁省高级人民法院提起上诉。

辽宁省高级人民法院经审理后认为,本案系环境污染责任民事公益诉讼纠纷,所涉环境污染并非普通民间企业在工业生产过程中擅自排污所造成的环境污染,而是城市生活公共污水净化处理过程中,经由政府环保部门特许授权从事污水处理的公共服务运营商在污水处理过程中产生的脱水污泥、残渣、沉砂等固体废物在堆放过程所产生的环境污染责任问题。依据沈阳市环保局2016年10月出具的《关于祝家污泥堆放依申请公开的情况说明》,以及国电环保集团与沈阳市环保局签订的《特许经营协议》,可以认定祝家污泥堆放场内所堆放的脱水污泥、残渣、沉砂等固体废物,系由被上诉人在处理城市污水过程中产生,并与案外人沈阳宏成公司签订运输协议,由沈阳宏成公司运输至祝家污泥堆放场堆放的,现有证据能够证明被上诉人为案涉污泥等固体废物的生产与堆放的直接实施主体。

但是,国电环保集团等被上诉人并非擅自或私自向祝家污泥堆放场运送堆放这些脱水污泥、残渣、沉砂等固体废物的,而是按照与沈阳市环保局签订的《特许经营协议》的约定,依沈阳市环保局指令,向该地点运送堆放这些固体废物的。祝家污泥堆放场是沈阳市环保局选择确定的污泥堆放点,是沈阳市环保局指令国电环保集团等污水处理企业向此地运送堆放脱水污泥、残渣、沉砂等固体废物的,因此祝家污泥堆放场污泥的实际实施运送堆放主体应认定为沈阳市环保局。在《特许经营协议》中,并未约定作为乙方的国电环保集团等被上诉人负责承担案涉脱水污泥、残渣、沉砂等固体废物堆放中污染与处置的义务和职责。国电环保集团等各被上诉人所从事的城市公共污水净化服务只是城市公共污水净化处理流程中的一个环节,其在完成本环节污水处理净化职责后,对于随附产品脱水污泥、残渣、沉砂等固体废物的堆放过程中是否产生污染及如何处置问题,依据事实和法律,是不具有法律责任的。本案六被上诉人作为城市公共生活污水处理服务运营商,不同于那些将生产过程中产生的工业污染物私自排放给周边生态环境造成严重污染的民间企业,其在完成污水净化处理责任,将所产生的污泥等固体废物按照政府环保部门指定的消纳地点堆放后,不应还成为案涉污泥等固体废物再生污染与安全处置的法律责任主体。辽宁省高级人民法院认为一审判决认定事实清楚,适用法律正确。上诉人所提上诉理由,证据不足,缺乏事实和法律依据,不予支持。遂判决驳回上诉,维持原判。①

2020 年 12 月,中华环保联合会向最高人民法院申请再审。最高人民法院认为符合法律规定,裁定提审本案。至本书截稿,尚未见到最高人民法院公开本案的裁判结果。

【简评】我国 2008 年首次修订的《水污染防治法》第四十四条、第四十五条相较于该法 1996 年修正版进一步完善了城镇污水集中处理制度,但修订版只对城镇污水处理厂出水水质有要求,而对于污水处理厂的污泥处置未作规定。鉴于此,2010 年 11 月,原国家环境保护部办公厅下发了《关于加强城镇污水处理厂污泥污染防治工作的通知》(现已失效),该通知第一条明确了城镇污水处理厂在污泥处置上的主体责任。显然,作为我国环境保护统一监管的中央部门下发的这份通知,会通过其下属机构执法而传导到各地城镇污水处理厂。当时,我国实行“统管与分管相结合、分级分部门相结合”的环境保护监管体制②,地方环保机关属于地方政府的工作部门,主要受地方政府领导。对于中央环保部门下发的这份缺少

① 参见(2018)辽民终 122 号民事判决书。

② 参见蔡守秋主编:《环境法教程》,法律出版社 1995 年版,第 89 页。

法律强制效力的内部工作指导通知,各级地方政府及其环保工作部门对其执行程度可能受制于各地的实际条件。本案案涉污泥污染发生于 2017 年我国《水污染防治法》修正之前。在普通的环境污染侵权案件中,当法律规定不完善时,法院一般会参考中央环保部门对其下属机构下发的公文或工作复函中的相关规定来解决纠纷,中央环保部门在解决相关环境问题的权威性会得到尊重。本案属于社会组织发起的环境民事公益诉讼案件,而被告是与当地政府有紧密联系的国有企业或公用事业单位。对于此种争议的解决,法院在采认中央环保部门对其下属机构下发的公文或工作复函时,可能会进行某种衡量。即便本案一审、二审法院不认可中央环保部门对其下属机构下发的公文或工作复函具有普遍约束的效力,但是 2017 年修正的《水污染防治法》第五十一条也明确了城镇污水集中处理设施的运营单位或者污泥处理处置单位的主体责任。本案法院也可以援引 2017 年修正的《水污染防治法》相关规定来确定案涉污泥污染的责任主体,两审法院仍以《特许经营协议》为主要依据来认定五被告并非案涉污泥处置的责任主体。该案的裁判结果表明了两审法院的态度,即案涉污泥处置的责任主体似乎应归属于城市政府,但又未予以明确。

值得一提的是,2017 年至 2020 年,案涉地块的污染和整改问题曾经被中央环保督察两次作为典型案例通报。

三、绿孔雀胜大坝?

【案情简介】戛洒江水电站坝址位于云南省玉溪市新平县境内,淹没区域位于新平县和楚雄彝族自治州双柏县。2016 年 3 月 29 日,该水电站导流洞工程开工,其正常蓄水水位 675 米,坝高 175.5 米,计划 2017 年 11 月大江截流。该水电站建设单位为中国水电顾问集团新平开发有限公司(以下简称新平公司),总承包方为中国电建集团昆明勘测设计研究院有限公司(以下简称昆明勘察设计公司)。2017 年 3 月,环保组织“野性中国”在野外调查中发现,国家一级保护动物、濒危物种绿孔雀的栖息地,处于戛洒江水电站蓄水以后的淹没区域内。据环保社会组织北京市朝阳区自然之友环境研究所(以下简称自然之友研究所)了解,新平县绿孔雀栖息地中的低海拔河滩、河流沿岸季雨林以及缓坡林地将被尽数淹没。原属于双柏县恐龙和保护区的绿孔雀重要栖息地也将被部分淹没,而且,该水电站建设还配套有清库,即砍伐河道两边树木、道路修(改)建工程。上述开发建设活动的叠加效应,将使中国面积最大的绿孔雀栖息地遭到严重破坏,极有可能造成绿孔雀种群区域性灭绝。经过数次调查和专家评估,自然之友研究所了解到,戛洒江水电站建设施工和淹没区域生态价值极高,生物多样性极其丰富。该水电站所在的红河流域中上游为我国绿孔雀种群密度最高的地方,同时,该区域保存着较完整、面积较大的季雨林以及热带雨林片段。戛洒江水电站建设,除了会淹没绿孔雀重要栖息地和季雨林之外,还会对本区域内生存的2015年被正式列入世界苏铁名录的陈氏苏铁等珍稀濒危保护物种带来重大风险。为维护社会公共利益,2017年8月,自然之友研究所发起环境民事公益诉讼,将新平公司、昆明勘察设计公司诉至云南省楚雄彝族自治州中级人民法院,请求判令被告停止侵害、消除危险,支付案件相关诉讼费用。后该院报请云南省高级人民法院指定云南省昆明市中级人民法院作为本案的一审管辖法院。

昆明市中级人民法院一审查明,戛洒江一级水电站建设手续齐全。从2011年开始,先后获得国家发展和改革委员会办公厅立项批复、云南省环境保护厅(现云南省生态环境厅)对该项目环境影响报告书的同意批复、国土资源部(现自然资源部)对水电站建设用地预审的同意批复以及环境保护部(现生态环境部)对其环境影响报告书的同意批复,同时还取得了水利部以及云南省发展和改革委员会、云南省住房和城乡建设厅等相关主管部门的批复。2017年7月,生态环境部办公厅针对本案建设项目,向新平公司发出《责成后评价函》,责成新平公司就该项目建设开展环境影响后评价,采取改进措施,并报生态环境部备案,后评价完成前不得蓄水发电。2018年6月,云南省人民政府下发《云南省人民政府关于发布云南省生态保护红线的通知》(云政发〔2018〕32号),对外发布《云南省生态保护红线》。《云南省生态保护红线》附件1《云南省生态保护红线分布图》所示,戛洒江一级水电站淹没区大部分被划入红河(元江)干热河谷及山原水土保持生态保护红线范围,在该区域内,绿孔雀为其中一种重点保护物种。

一审法院认为,根据原告提交和法院调取的证据可以证实戛洒江一级水电站的淹没区是绿孔雀频繁活动的区域,构成其生物学上的栖息地,一旦该栖息地被淹没,对该区域绿孔雀生存所产生的损害将是可以直观估计预测且不可逆转。同时,淹没区内存在的众多数量的极危物种陈氏苏铁此前未进行过环境影响评价。因此,原告主张戛洒江一级水电站建设项目将对该区域绿孔雀、陈氏苏铁产生重大风险的主张成立。新平公司仅凭其环境影响报告书来抗辩电站建设对绿孔雀的生存环境没有重大风险显然缺乏足够的证明力。新平公司不能证明上述重大风险不存在或业已采取合理必要的预防措施,故应承担相应法律责任。对原告提出立即停止水电站建设,不得截流蓄水,不得对该水电站淹没区域植被进行砍伐的诉请,对消除戛洒江一级水电站建设项目目前所产生的重大风险应予支持。但这种停止建设针对的是基于现有环境影响评价下的建设方案,对于今后是否继续建设的问题,应在新平公司按要求完成环境影响后评价之后,由相关行政部门视情况作出决定。原告未能证明昆明勘察设计公司在环境影响评价中存在违法行为，昆明勘察设计公司不应承担相应法律责任。遂判决被告新平公司立即停止水电站建设项目，不得截流蓄水，不得对该水电站淹没区内植被进行砍伐。对戛洒江一级水电站的后续处理，待新平公司按生态环境部要求完成环境影响后评价，提出改进措施并报生态环境部备案后，由相关行政主管部门视具体情况依法作出决定。

一审宣判后，自然之友研究所与新平公司均不服，均上诉至云南省高级人民法院。2020 年 12 月，云南省高级人民法院二审判决驳回上诉，维持原判。[①]

【简评】新平公司在戛洒江兴建水电站项目依法获得了政府各主管部门的所需批件，可谓手续完备，投入巨资，正准备大江截流之际，却被社会组织告到了法院要求立即停建。本案要是一般的诉讼案件，恐怕当地政府或企业会采取措施以寻衅滋事等罪名对社会组织进行规范。本案属于一起预防性公益诉讼，备受各界瞩目。本案一审法院认为被告新平公司不能证明原告所证明的重大风险不存在或业已采取合理必要的预防措施，故应承担相应法律责任。

在此，人们不禁要问，该法律责任源自何处？2012 年修正的《民事诉讼法》第五十五条、2014 年修订的《环境保护法》第五十八条，授权符合条件的社会组织可以就污染环境、破坏生态等损害社会公共利益的行为提起环境民事公益诉讼。2015 年最高人民法院发布的《关于审理环境民事公益诉讼案件适用法律若干问题的解释》第一条进一步将被诉行为明确为“已经损害社会公共利益或者具有损害社会公共利益重大风险的污染环境、破坏生态的行为”。至此，法律与司法解释并未将环境民事公益诉讼的被诉对象限定为违法或违规行为，只要损害社会公共利益无论其合法与否，社会组织都可以对之发起环境民事公益诉讼。然而，在实践中，社会组织针对那些持有合法手续的环境行为或在环境保护法实施之前造成的历史污染行为所提起的环境民事公益诉讼都以败诉而告终。[②] 究其原因，被诉行为未违法或违规，法院难以判被告承担环境公益损害民事责任。2021 年施行的《民法典》第一千二百三十四条、第一千二百三十五条规定的环境公益损害的修复或赔偿责任都是以“违反国家规定”为前提。如果说环境公益损害的修复或赔偿责任都是事后救济，需要发生实际损害后果，而本案中预防性公益诉讼针对的重大环境风险，要求被告承担停止侵害、消除危险等责任形式，属于事前救济。这是否表明事后救济要以违规为前提，而事前救济则不需要违规为前提了呢？2021 年

---

① 参见(2020)云民终 824 号民事判决书。

② 参见(2015)四中民初字第 233 号、(2016)苏 04 民初 214 号、(2018)辽民终 122 号等民事判决书。

最高人民法院发布的《关于生态环境侵权案件适用禁止令保全措施的若干规定》第二条规定环境公益诉讼申请法院禁止令，仍然要符合“《民法典》第一千二百三十四条、第一千二百三十五条规定”。因此，按《民法典》的规定，禁止令所针对的“不及时制止将使……生态环境受到难以弥补的损害”的污染环境、破坏生态行为，则在环境民事公益诉讼领域应以“违反国家规定”为前提。就现有证据而言，本案被告新平公司在诉前并未违反国家规定，所以，对其采取禁止令的法律前提并不存在。实际上，问题其实出现在另一被告昆明勘察设计公司所出具的《环境影响评价报告书》上，针对原告所证明的戛洒江水电站建设项目存在重大环境风险，该环评报告书却并未怎么涉及。显然，该环评活动并未真正做到“客观、公开、公正，综合”，其科学性不足。但是，这份环评文件业已由主管部门审批通过，表明主管部门在审批环节把关不严。从行政法的角度来看，新平公司作为行政相对人获得了主管部门批准其从事水电站建设的行政许可，并无证据证明被告新平公司有相关行政违法行为，新平公司可以依法从事相关的开发建设活动。纵使准予行政许可所依据的客观情况发生重大变化(例如，相关区域被划入生态红线)，为了公共利益的需要，行政机关可以依法变更或者撤回已经生效的行政许可，此时，行政机关需要承担行政补偿责任。[①] 因此，本案中社会组织为了达到保护案涉环境公共利益的目的，理想途径是通过适当的程序终止新平公司所获得的从事案涉水电开发建设活动的行政许可，而不是直接把新平公司诉至法院。在本案中，法院一方面支持社会组织保护环境公共利益的诉求，另一方面又找不出被告存在环境违法行为，法院认为被告应当承担法律责任的基础出自何处？难道，被告承担的是无过错责任？本书认为，当事人对其行为造成或可能造成环境公益损害承担无过错责任必须有明确的法律规定，法院不能任意扩大其适用范围。对于从事一种生产建设活动，行政机关说可以进行，司法机关说不可以进行，当事人到底应该以谁为准？本案，法院在判决书中也表现出一定谦抑性，认为：“这种停止建设针对的是基于现有环境影响评价下的建设方案，对于今后是否继续建设的问题，应在新平公司按要求完成环境影响后评价之后，由相关行政部门视情况作出决定。”既然案涉区域已经被云南省人民政府划入生态红线，相关主管部门应及时撤回对新平公司的行政许可并做好善后事宜。行政机关如果能及时履行义务，或许本案不会成讼。如果检察机关能履行好法律监督职能，要求行政机关及时履行法定义

---

① 2019年修正的《行政许可法》第八条第二款：“行政许可所依据的法律、法规、规章修改或者废止，或者准予行政许可所依据的客观情况发生重大变化的，为了公共利益的需要，行政机关可以依法变更或者撤回已经生效的行政许可。由此给公民、法人或者其他组织造成财产损失的，行政机关应当依法给予补偿。”

务,本案也不会成讼。社会组织在上述国家机关未能及时履行法定义务的情况下,为了保护环境公共利益不得已向法院提起环境民事公益诉讼,似乎顺理成章。然而,本案法院在未撤销被告所获行政许可的情况下,直接判被告依行政许可而从事的行为承担法律责任,显得有些突兀。

四、检察机关针对集体土地污染有无公益诉权?

【案情简介】丰登化工厂是于1999年成立的个人独资企业,经营范围:过磷酸钙、有机肥、生物肥、缓控释肥生产销售;磷矿粉加工。2016年4月21日晚10时左右,吴某(已判刑)从丰登化工厂大门西边翻院墙入内,用扳手将该厂装有硫酸的硫酸罐流出闸阀打开,导致硫酸61.8吨流出,将厂内的电机、水泵等设备损坏。同时硫酸溢出流入厂外某村农田,致农田污染毁坏。事发后,丰登化工厂积极进行抢险治理,共花费6万多元。上述硫酸溢出流入某村农田,毁坏农田总计面积为28.79亩。经市土肥站对污染毁坏的农田土壤取样分析,认为土壤属于中强酸性,不适宜农作物种植。

2017年1月6日,丰登化工厂支付该农田所属的社区居民委员会污染补偿费19,180元。2016年5月9日,丰登化工厂自行制定土地修复初步实施方案。针对某村农田污染,2016年12月,县人民检察院将丰登化工厂诉至法院,请求法院判令被告对被其硫酸污染的农田土壤恢复原状。

被告辩称,县人民检察院没有诉讼主体资格,被污染的农田系集体所有,该农田系村民开荒所耕种,并且向我厂索要了费用,县人民检察院不能代表国家向我厂提出赔偿损失。其次,污染的土地属于村集体土地不属于公共利益。

法院认为,被告厂内装有硫酸的硫酸罐闸阀被第三人打开,导致硫酸流入丰登化工厂外某村农田,易使农田土壤化学、物理、生物特性改变,可能造成土壤效用降低,土壤质量恶化,造成土壤及周边环境的污染,这属于社会公共利益的范畴。县人民检察院有权作为公益诉讼人提起诉讼。①

【简评】检察机关作为国家公权力机关,承担着法律监督职能,是公共利益的代表者之一。现行很多立法将公共利益分为两类:国家(公共)利益和社会公共利益。② 一般认为,国家利益或国家公共利益,就是国家通过立法明确界定为国家所

---

① 参见(2017)鄂1024民初58号民事判决书。

② 如《民法典》第一百三十二条、第五百三十四条;《民事诉讼法》第二百一十五条;《刑法》中也有不少将“国家利益”和“社会公共利益”分开来的条款,如第一百六十六条、第一百六十七条、第一百六十八条、第一百六十九条、第二百四十六条、第三百九十条、第三百九十条之一、第四百零五条、第四百零六条、第四百一十二条、第四百一十三条等单指“国家利益”,而第二百九十九条之一、第三百三十四条之一则单指“社会公共利益”等。

享有、使用、收益或处分的那部分公共利益;社会公共利益,即国家利益之外为全体社会成员所共享且需要保护的那部分公共利益。国家利益与社会公共利益并不总是那么泾渭分明,但是,有些情况下国家利益与社会公共利益的区分还是比较清晰的。在环境资源领域,国家所有的自然资源就是国家利益。自然资源作为环境要素的一部分,既有经济或财产属性,又有生态属性,即生态服务功能。财产所有权强调的是其经济属性,而其生态属性因难以特定化并不能作为所有权的客体,只能为所有生物共享共用。因此,自然资源的生态服务功能属于社会公共利益的范畴。如果坚持二分法,代表国家利益的主体,只能就国家利益的保护提起环境民事公益诉讼,如行政机关发起的生态环境损害赔偿之诉;代表社会公共利益的主体只能就社会公共利益的保护提起环境民事公益诉讼,如环保公益社会组织发起的环境民事公益诉讼。检察机关作为国家机关,显然能为保护国家利益发起环境民事公益诉讼,同时《民事诉讼法》第五十八条第二款也赋予了检察机关保护社会公共利益的第二顺位诉权。本案中,被告辩称被污染的农田系集体所有,县人民检察院不能代表国家向其提出赔偿损失,应该是言之有据。但是,被告又称所污染的土地属于村集体土地不属于公共利益,只看到了土地的经济属性而没有看到其生态属性。集体土地作为集体所有的财产受《宪法》保护,但是,土地作为一种特殊的自然资源,其生态服务功能属社会公共利益。本案中,检察机关在没有第一顺位起诉主体的情况下,为修复受损害的生态环境而发起环境民事公益诉讼以保护环境社会公共利益是有法律依据的。

五、检察机关诉前委托鉴定是否公平?

【案情简介】多彩公司在北京市大兴区某村的生产基地从事钢结构制造过程中,喷漆工艺未在密闭空间中进行,喷漆场地未安装废气污染防治设施,喷漆产生的挥发性有机物废气未经处理直接排入大气环境,对周围大气环境造成污染。2017 年 1 月,北京市大兴区环境保护局对其罚款 20 万元。

市检四分院于 2017 年 3 月 15 日立案后,到多彩公司两次进行现场调查,在调查时发现多彩公司的违法行为仍在持续进行中,大气环境仍处于受侵害状态。市检四分院认为,多彩公司未按照法律规定在密闭空间或设备中进行喷漆作业,亦未安装、使用污染防治设施或采取措施减少废气排放,致使喷漆产生的挥发性有机物废气直接外排大气环境,造成了环境污染,侵害了社会公共利益,应当承担环境侵权责任。为依法追究污染者的民事责任,进而保护生态环境、维护国家和社会公共利益,市检四分院在 2017 年 3 月 17 日的《检察日报》(第 8126 期)发布公告,告知法律规定的机关和有关组织如拟对多彩公司提起公益诉讼的,自公告发布之日起三十日联系该院。上述公告期满后,法律规定的机关和有关组织没有提起诉讼,市检四分院于 2017 年 6 月 28 日提起本案公益诉讼。

经市检四分院委托,环保鉴定中心对多彩公司违法排放挥发性有机物废气造成的大气环境污染所致生态环境损害进行鉴定评估,环保鉴定中心于 2017 年 6 月 4 日出具了鉴定意见。鉴定意见上称依据市检四分院提供的资料,根据虚拟治理成本法确定生态环境损害数额的原则,计算得出多彩公司钢结构喷漆加工造成的生态环境损害数额为 894,880 元。市检四分院向一审法院起诉请求判令多彩公司立即停止侵害、赔偿生态环境损害 894,880 元、在省级以上媒体上向社会公开赔礼道歉、承担鉴定费 33,000 元等。

一审法院认为被告多彩公司虽然对鉴定意见提出异议,并提供与生产经营相关的合同、发票等证据,但并不足以证明其实际生产加工情况以及实际造成的环境污染损害。在多彩公司的举证及质证意见不足以否定鉴定意见的情况下,对本案鉴定意见予以采信,遂判决支持了市检四分院的全部诉讼请求。

被告多彩公司不服一审判决提起上诉,主要针对一审判决书中所采信的鉴定意见提出疑问。多彩公司认为:鉴定过程对其不公开,市场询价没有证据佐证,没有合理扣减停产时间,鉴定过程存在严重瑕疵,鉴定结论随意性过大,不当对生态环境损害数额高估冒算,丧失了鉴定机构本应具备的客观性、严谨性和公正性,鉴定结论的合法性和关联性都存在无法回避的重大疑问。

二审法院于 2018 年 12 月判决驳回上诉,维持原判。①

【简评】现行有关检察机关提起的环境民事公益诉讼程序规定中,虽未明确检察机关可以于诉前委托鉴定。但是,《人民检察院组织法》第二十一条第一款赋予了检察机关办理公益诉讼案件的调查核实权。从理论上来说,检察机关在办理公益诉讼业务时,有权于诉前委托鉴定以推进诉讼。本书认为,既然环境民事公益诉讼在程序上准用《民事诉讼法》的规定,其在性质上更应接近民事诉讼。民事诉讼程序讲究诉权平等,武器对等,双方当事人与法院在诉讼关系上呈等腰三角形。虽说在环境民事公益诉讼中,双方都可以收集证据材料,但是,检察机关收集的证据材料与普通民事主体所收集到的证据材料在形式效力上存在明显优势。例如,同样是证人证言,检察机关所做的笔录与法院所做的笔录效力相当,而普通民事主体所提交的证人证言需要证人出庭接受质询或有其他证据佐证才可采信。在民事诉讼中,鉴定意见等科学证据素有“证据之王”的美誉。在普通环境民事诉讼中,鉴定意见等科学证据通常由当事人在诉讼中申请法院委托取得,鉴定费也由申请者先行预交。鉴定机构在开展鉴定时需要通知双方当事人到场,接受法院与

---

① 参见(2018)京民终 453 号民事判决书。

当事人的监督。由此,鉴定意见在形式上才会被当事人和法院所接受。除非有特殊需要,当事人一方可以在诉前委托鉴定,但是在诉讼中也很容易被另一方当事人质疑程序不公,鉴定意见也难以被其接受。由检察机关提起的环境民事公益诉讼实践中,关于案件实体问题的鉴定意见大多是由检察机关于诉前委托取得。本来,检察机关相对于被告已经处于明显的优势地位,而这种关乎案件实体裁判结果的科学证据取得也由检察机关于诉前单方委托即可取得,显然对于被告极为不利。在诉讼中,检察机关拿出鉴定意见,法院虽容许被告提出疑问,即便被告发现很多疑点,也很难拿出相反证据驳倒鉴定意见。检察机关拿着自己诉前委托而最后由被告付费所得的鉴定意见迫使被告承担责任,这种取证方式在环境民事公益诉讼程序中对被告明显不公。鉴于检察机关提起环境民事公益诉讼的特殊性,即便有案外人掌握对于被告有利的证据,案外人也不敢帮被告作证。本案裁判文书中记载:"当法庭问及是否有对喷漆房自行询价的证据时,多彩公司表示无法提供,因为询过价的几个单位都不愿意出具书面材料,但询价的结果是 20 多万元就可以制作相同的喷漆房。"这表明,在检察机关提起的环境民事公益诉讼中,案外人不太敢帮被告作证。同样,法院即便认为被告对鉴定意见提出的疑问有合理性,被告却拿不出相反证据,碍于检察机关的法律监督机关的地位,法院也只能以检察机关所提交的证据为准。由此导致了该类环境民事公益诉讼中,各诉讼主体之间诉讼关系呈倒三角形。处在三角形上面两个顶点的分别是法院与检察院,处在下面顶点的是被告。在这样的环境民事公益诉讼程序构造之中,被告只能俯首就擒,这也是为什么检察机关发起环境民事公益诉讼鲜有败诉的主要原因。既然案件结果是被告必然败诉,那么,应该保障被告在决定其拟承担责任大小这一问题上有正当的程序参与权。因此,为了使检察机关发起的环境民事公益诉讼在程序上具有更大公平性,其在案件关键证据获取方式上应保持适当谦抑。在案涉科学证据取得上,应该规定在原则上由双方当事人在诉讼中申请法院委托取得。除非特殊必要且遵循严格的委托程序之外,公益诉讼人一方不得于诉前自行委托取得。

六、法院在生态损害赔偿诉讼管辖上应否回避?

【案情简介】山东省聊城德丰化工有限公司(以下简称德丰公司)对其生产过程中产生的危险废物采用补贴销售的方式进行处置,交由案外人运输至河南省濮阳市境内倾倒,致使当地回木沟生态环境遭受严重损害。在磋商无果的情况下,2020 年 3 月,濮阳市人民政府将德丰公司诉至濮阳市中级人民法院,请求法院判令德丰公司赔偿环境损害赔偿费用、应急处置费用、评估费用、律师费用、专家费用等共计 5,776,394 元。

德丰公司在提交答辩状期间对管辖权提出异议，认为濮阳市中级人民法院与原告濮阳市人民政府存在利害关系及实际依附关系，濮阳市中级人民法院的财政经费及工作人员工资发放受濮阳市人民政府财政支持，影响本案公正审理。申请濮阳市中级人民法院进行回避，并将案件移送至被告住所地山东省聊城市中级人民法院审理。

濮阳市中级人民法院认为，根据最高人民法院发布的《关于审理生态环境损害赔偿案件的若干规定（试行）》第三条第一款之规定，第一审生态环境损害赔偿诉讼案件由生态环境损害行为实施地、损害结果发生地或者被告住所地的中级人民法院管辖。本案所涉生态环境损害行为实施地、损害结果发生地均属该院管辖地域，该院有权依法审理本案，遂裁定驳回被告管辖权异议。

德丰公司对该裁定不服，提起上诉。

河南省高级人民法院认为，德丰公司的上诉理由不能成立，濮阳市中级人民法院对本案具有管辖权，遂裁定驳回上诉。

德丰公司仍不服，向最高人民法院申请再审。

2021 年 11 月，最高人民法院再审驳回德丰公司的再审申请。[①]

【简评】本案中，德丰公司提起的管辖权异议从维护其自身利益的角度来说有其现实合理性。过去，地方法院的运行经费主要来自地方政府的财政预算，地方法院审理以同级地方政府为当事人的案件确实存在一定的困难。例如，在行政诉讼中，如果被告是县级以上人民政府，案件则由中级以上法院进行一审，目的是防止地方法院偏袒本地政府。但是，中共十八届三中全会决议明确提出："改革司法管理体制，推动省以下地方法院、检察院人财物统一管理，探索建立与行政区划适当分离的司法管辖制度，保证国家法律统一正确实施。"省以下法院人、财、物统一管理改革方案的基本思想是通过对法院体系内部自身控管力度的强化，即整个法院系统人、财、物的对外独立，来避免一些地方政府对司法审判的干扰，以克服一些地区司法审判存在的地方保护主义倾向。随着各地司法改革的推进，当事人再以地方法院受地方政府的财政支持为由申请回避，显然不符合实际情况。

除了有关不动产等案件的专属管辖外，在确定案件管辖权时，对于侵权类案件一般要考虑有利于受害者诉讼、便于查清案件事实以及执行等因素。司法解释规定生态环境损害赔偿诉讼案件一般由"生态环境损害行为实施地、损害结果发

---

① 参见（2021）最高法民申 5845 号、（2020）豫民辖终 35 号、（2020）豫 09 民初 9 号民事裁定书。

生地或者被告住所地的中级以上人民法院管辖。”①据此,生态环境损害赔偿诉讼属于选择管辖,原告可以选择损害行为实施地、损害结果发生地或者被告住所地中的任一中级法院进行起诉,三地法院都有管辖权。本案被告申请管辖回避,认为原告与受诉法院之间具有一定的利害关系进而要求将案件移送至被告所在地法院管辖。如果被告的理由成立,那么原告也可以同样的理由申请被告住所地法院回避,毕竟被告住所地法院与被告之间也存在某种利害关系。被告作为地方企业向本地政府纳税,本地政府为本地法院提供财政支持,那么本地法院也可能会保护本地企业。最终,案件可能被指定由异地法院审理。本来确定案件管辖法院主要考虑便于诉讼、查清事实与执行,结果被指定异地法院审理,案件诉讼、审理与执行都增加了难度,显然不可取。本案中,被告以原告是本地政府与受诉法院存在利害关系为由申请法院回避,显然理由难以成立。当然,本案原告完全可以指定其政府生态环境部门作为原告来起诉,届时被告申请回避则需要另寻理由。

七、待刑事判决生效后才审理生态环境损害赔偿诉讼?

【案情简介】弘聚公司、万达公司、金诚公司均系化工企业,在生产过程中产生废酸、废碱等危险废物。自2015年7月至10月,案外人张某为谋取非法利益,在无危险废物处理资质且无能力处置危险废物的情况下,自己或通过无危险废物处理资质的殷某等人联系弘聚公司、金诚公司、万达公司等处置危险废物,并将马安村、上皋村作为处置地点,造成环境污染事故。本案涉及环境犯罪部分已由本案受诉法院下属的基层法院作出一审判决。

2015年11月,山东省章丘市人民政府委托中介机构编制《环境损害评估报告》,后者于2016年6月作出《环境损害评估报告》。该报告证明:该事故造成应急处置阶段环境损害直接经济损失约为4109.27万元;生态损害费用合计约19,991.05万元等内容。经磋商,2017年2月,山东省生态环境厅与万达公司签署了赔偿合同,但与金诚公司、弘聚公司磋商未能达成一致。经山东省人民政府授权,2017年8月,山东省生态环境厅以金诚公司和弘聚公司为被告,向法院提起了生态环境损害赔偿诉讼,请求判令两被告连带承担本案应急处置造成的经济损失、生态损害赔偿费用等,并请求判令两被告在省级以上媒体上公开赔礼道歉。

在举证阶段,弘聚公司提交一份刑事上诉状,证明针对(2016)鲁0181刑初364号刑事判决,弘聚公司已提出上诉。主张“先刑后民”的审判原则,法院应中止对本案的审理。结合弘聚公司提交的中止审理申请书,被告金诚公司认为原告

---

① 2020年最高人民法院修正后的《关于审理生态环境损害赔偿案件的若干规定(试行)》第三条第一款。

起诉的基础证据包括污染事实发生和损害费用计算都是依据环境保护部门在执法过程中以及刑事侦查部门在案件侦查过程中制作的有关材料，这些材料的真实性、客观性及有效性应当经过生效的刑事判决来确认。现刑事判决未生效，用来证明污染事实和损失的证据的效力也没有确定，因此建议本案中止审理，待刑事判决生效后恢复审理。①

【简评】本案两被告以已就刑事裁判提出上诉为由，依据先刑后民的原则，认为法院应中止案件审理，等刑事判决生效后再恢复审理。实际上，本案受诉法院是被告涉环境犯罪案件的二审法院，已经对相关案情有较为全面的把握。有关环境犯罪部分虽在本案受诉法院进入二审程序，法院并未中止审理本案生态环境损害赔偿诉讼。因为刑事和民事部分都是针对同一起环境事件，如果严格遵循环境司法专门化理论，本案应由一个专业审判庭同时来处理刑事和民事部分，可以节约司法资源，提升司法效率，不存在所谓先刑后民的问题。如果刑事和民事部分分属不同的法院管辖或审判组织审理，显然遵循先刑后民的原则有利于前后案统一的司法裁判尺度。而且，刑事部分比民事部分证明标准要高，刑事案件中很多定案证据可以直接用于民事案件相同事实的证明，无须另行举证，但有相反证据足以推翻的除外。然而，环境刑事司法部分解决的是受指控对象是否构成环境犯罪以及罪轻罪重的定罪量刑问题，而生态环境损害赔偿诉讼解决的是被告是否应承担责任以及赔偿具体数额的民事赔偿责任问题。虽然受指控者都被要求向国家承担责任，但二者责任属性不同，即便刑事部分指控不成立，亦不影响民事请求部分成立。同时，刑事案件与民事案件的证明对象与证明标准有较大差异性，民事案件并不一定非要援引刑事案件的定案证据。换言之，民事案件如果证据充分，足以查明案情，无须援引刑事裁判的定案证据或依赖于刑事裁判对有关事实的定性，二者完全可以同时或先民后刑进行审判。实践中，有的法院对于当事人先刑后民的主张也未予支持。②

八、何谓“在履行职责中发现”?

【案情简介】2018 年 4 月 3 日，公益诉讼起诉人文昌市人民检察院在文昌市冯家湾海域调查发现，该海域存在大量定置网。经委托鉴定机构现场勘查测量，鉴定结论为该渔具为导陷建网陷阱，渔具最小网目尺寸为 20mm，不符合《农业部关于实施海洋捕捞准用渔具和过渡渔具最小网目尺寸制度的通告》中关于南海区导

---

① 参见(2017)鲁 01 民初 1467 号民事判决书。

② 如在(2019)赣 04 民初 201 号民事判决书中，针对被告主张其涉嫌环境污染刑事犯罪的案件审理应优先于生态环境损害赔偿诉讼案件审理的辩解意见，法院认为：“因刑事案件审理并非一律优先于民事案件的审理，本案民事案件的认定有相关证据予以支撑，先行审理该案并无不妥。”

陷建网陷阱最小网目尺寸35mm的规定,违反了《渔业法》第三十条第一款、第三十八条第一款之规定,被告应对违法行为人作出行政处罚。4月25日,公益诉讼起诉人向被告文昌市农业农村局发出诉前检察建议,建议被告对文昌市辖区内所有使用小于最小网目尺寸的定置网依法进行清理,并对违法捕捞行为进行处罚。6月25日,被告回函称,在专项清理行动中共发现101张定置网,处理方式为"劝导渔民自行拆除67张,强制清理31张,查获使用违规网具作业的渔船3艘并予以处罚。"但公益诉讼起诉人在2018年8月2日、9月3日、12月21日跟进监督中发现在文昌市冯家湾海域、东郊海域以及龙楼海域还有部分违法定置网存在。

公益诉讼起诉人认为,被告作为海洋渔业监管部门,对其辖区内长时间、大面积存在禁用捕捞渔具的违法行为负有监督管理职责。经诉前检察建议后,被告虽然开展了专项执法活动,但执法行为不符合法律规定。公益诉讼起诉人在被告专项清理行动结束后又多次到相关海域查看,仍存在使用定置网捕捞的情况。被告不履行法定职责,未能有效遏制违法捕捞行为,严重危害海洋渔业生态资源,致使社会公共利益持续受到损害。故向海口海事法院提起诉讼,依法请求判令确认被告对辖区海域内大量存在的违法定置网怠于履行职责的行政行为违法,并判令被告在六个月内继续履行法定职责。

被告文昌市农业农村局辩称本案立案程序不符合《检察机关办案指南》①要求。《检察机关办案指南》限于检察机关在履行职责中发现行政公益诉讼案件线索。本案线索系龙楼检察室干警走访时发现,但没有证据表明龙楼检察室干警如何走访以及走访的性质。因此,难以认定是龙楼检察室干警在履行职责中发现。②

【简评】2021年修正的《民事诉讼法》第五十八条第二款、《行政诉讼法》第二十五条第四款,都规定了检察机关提起公益诉讼的案件线索是"在履行职责中发现"。一般情况下,被告很少质疑检察机关发起公益诉讼的案件线索是否"在履行职责中发现"。既然有被告提出这个问题,说明检察机关的案件线索来源在诉讼中也会成为被质疑的对象。一般说来,检察机关发现办案线索无外乎三种途径:自行发现;有关机关交办或转办;群众举报。那么,何谓"在履行职责中发现"?法律及其相关的解释并没有给出明确界定。2018年最高人民检察院发布的《检察机关行政公益诉讼案件办案指南(试行)》规定行政公益诉讼案件线索限于检察机关在履行职责中发现的情形。"履行职责"包括履行批准或者决定逮捕、审查起诉、

---

① 2018年3月,最高人民检察院制定下发《检察机关民事公益诉讼案件办案指南(试行)》《检察机关行政公益诉讼案件办案指南(试行)》。本案被告所称的《检察机关办案指南》实际上是指《检察机关行政公益诉讼案件办案指南(试行)》。

② 参见(2019)琼72行初20号行政判决书。

控告检察、诉讼监督、公益监督等职责。实践中,对于通过行政执法与刑事司法衔接平台、行政执法与行政检察衔接平台等发现案件线索的,视为"在履行职责中发现"。当然,理论界与实务界对于"在履行职责中发现"的认识莫衷一是。秦前红教授认为,这种对检察机关"在履行职责中发现"发现案件线索的限制性规定,排除了其他主体自行收集线索的可能,无形之中会妨碍其他主体参与诉讼的积极性,检察机关垄断案件线索采集权后,会逐步形成对行政公益诉讼的垄断。而从试点省份案件线索收集情况看,案源匮乏的情况比较严重。今后实践中应该逐步拓宽案源渠道,将检察机关履行职责发现案件线索做扩大解释。[①] 李旻检察官认为,"履行职责"是指宪法和法律明确规定的检察机关的全部职责,"发现"不限于自行发现,还包括有关机关交办或转办和群众举报获悉的案件线索。[②] 梁春程博士认为,此处"职责"是指通过立法授予检察机关的法定职责,而对于单纯依赖群众举报的线索则不能认定为在履行职责中发现。[③] 马怀德教授认为,对"履行职责中"应做广义理解,既包括各级检察机关的公诉、控申等部门在办理相关案件时移交的线索,也包括其行政检察部门通过群众举报、新闻媒体报道等途径发现的线索。[④]

本书认为,在全面依法治国的战略背景下,鉴于当前我国提起行政公益诉讼的主体单一,行政法治又亟待健全的实际,国家和社会公共利益又经常受到侵害,如果对于检察机关提起公益诉讼的案件来源限定过于狭窄,无异于作茧自缚。因此,应该对于"在依法履职中发现"作整体性的广义理解。宜将检察公益诉讼本身视为检察机关履行职责的一种方式,不宜将检察公益诉讼与履行职责区别开来,将其他检察工作视为履行职责,而把检察公益诉讼不视为履行职责,进而只将检察机关在其他工作中发现的案件线索作为提起检察公益诉讼的唯一案源。检察机关作为国家的法律监督机关,负责保障法律正确实施,凡是法律规定检察机关能通过行使检察权而开展的法律监督,皆为检察机关的法定职责。通过行政公益诉讼对行政机关依法履行职责进行法律监督无疑就是检察机关的法定职责。那么,检察机关为了提起行政公益诉讼而开展的案源发现工作无疑就是在履行职责。因此,检察机关为开展公益诉讼工作而发现案件线索即可认定为检察机关在

① 参见秦前红:《检察机关参与行政公益诉讼理论与实践的若干问题探讨》,载《政治与法律》2016年第11期。

② 参见李旻:《检察机关提起行政公益诉讼的案件来源发现》,载《中国检察官》2016年第3期。

③ 参见梁春程:《行政违法行为法律监督的历史、困境和出路》,载《天津法学》2018年第3期。

④ 参见马怀德:《新时代行政公益诉讼制度的发展与实践》,载《人民论坛·学术前沿》2019年第5期。

履行职责中发现案件线索。检察机关为了公益诉讼发现案件线索,只要途径合法,皆属于在履行职责中发现。因此,检察机关完全可以通过自己办理其他业务而意外发现公益诉讼案件线索,或可以自己专门为办理公益诉讼业务而主动合法地发现案件线索,也可以通过其他主体合法地发现公益诉讼案件线索。从现行法律规定来看,无论是检察机关自行发现,还是其他机关交办或转办以及群众举报发现,只要来源合法,皆可以作为法律监督的案件线索。同时,根据马怀德教授的建议,检察机关还可以通过建立行政公益诉讼举报平台,完善国家监察机关、行政执法机关与检察机关信息共享等机制,扩大行政公益诉讼的线索来源渠道,[①]这本身就是检察机关积极履职的具体体现。来源合法性与可诉性是审查检察机关公益诉讼案源质量的重要标准,无须再为检察机关在履行职责中发现案件线索人为设置更多的限制条件。

九、刑事司法程序中案涉危险废物归谁监管处置?

【案情简介】睢宁县公安局2017年对"10·10污染环境案"侦查查明,冯某等人在无危险废物经营许可证情况下多次将相关公司清舱过程中收集的油泥运输至江苏省滨海县、江苏省宜兴市、江苏省睢宁岚山镇等地非法处置。案发后,经睢宁岚山镇政府组织人员清理倾倒的油泥污染物,过磅净重37.22吨。清理出的油泥及污染物后被转移至睢宁鸿运危险品运输有限公司停车场内贮存。经鉴定,上述油泥为危险废物。2019年4月至5月,公益诉讼起诉人睢宁县人民检察院多次到现场调查,发现所有油泥均未移交给有危险废物处置资质的单位处置,油泥贮存现场未设置危险废物识别标志,贮存油泥的塑料桶随意堆放在停车场一边,现场未采取防扬散、防流失、防渗漏或其他防止污染环境的措施,且有部分油泥渗漏造成二次环境污染。为促进行政机关依法行政,维护生态环境、保护国家利益和社会公共利益,2019年5月27日,公益诉讼起诉人依法向被告睢宁县环境保护局发出检察建议:对案涉危险废物依法贮存进行监管,尽快将涉案危险废物移交给有处置危险废物资质的单位合法处置。被告睢宁环境保护局于2019年7月2日作出回复:油泥作为涉案证据,该局已经多次催促公安局抓紧对涉案危废进行处置,都被在案件办理过程中不能处置为由给予拒绝,造成长期日晒、风化的局面。危险废物怎样处置还没有确定主体,下一步我局将根据案件的进展情况,持续跟踪服务,对涉案危险废物的处置,全过程进行监督管理。公益诉讼起诉人认为被告在收到检察建议后仍未依法履行职责,致使国家利益和社会公共利益持续处于

① 参见马怀德:《新时代行政公益诉讼制度的发展与实践》,载《人民论坛·学术前沿》2019年第5期。

受侵害状态，遂提起行政公益诉讼，请求法院判决：确认被告对涉案危险废物的贮存情况不履行监管职责的行为违法；判令被告于十五日内将涉案危险废物移交给有危险废物处置资质的单位依法进行处置。①

【简评】这实际上涉及两法衔接的问题，即行政执法机关与刑事司法机关的办案衔接。2017 年原环境保护部、公安部、最高人民检察院发布的《环境保护行政执法与刑事司法衔接工作办法》的通知第十条第二款规定："涉及查封、扣押物品的，环保部门和公安机关应当密切配合，加强协作，防止涉案物品转移、隐匿、损毁、灭失等情况发生。对具有危险性或者环境危害性的涉案物品，环保部门应当组织临时处理处置，公安机关应当积极协助；对无明确责任人、责任人不具备履行责任能力或者超出部门处置能力的，应当呈报涉案物品所在地政府组织处置。上述处置费用清单随附处置合同、缴费凭证等作为犯罪获利的证据，及时补充移送公安机关。"据此，刑事司法程序中案涉危险废物首先应归生态环保部门监管处置，刑事司法机关予以协助，刑事司法机关只需要相关的书证即可；只有在环保部门或责任人无力处置时，才呈报由涉案物品所在地的政府组织处置，而且也应有环保部门负责呈报，毕竟涉案危险废物是环保部门负责监管处置的事项。

十、何谓依法履职？

【案情简介】2013 年 9 月，嘉峪关市成立甘肃嘉峪关草湖国家湿地公园保护管理中心，隶属嘉峪关市农林局管理。2013 年 12 月，经原国家林业局批准甘肃嘉峪关草湖公园为国家湿地公园（试点）。自 2013 年甘肃嘉峪关草湖国家湿地公园保护管理中心成立以来，嘉峪关市新城镇新城村六组村民赵某等人未经村委会或者镇政府审批同意，在嘉峪关新城草湖湿地保护区域内，超出其承包地范围私自进行开垦荒地，土地属性为嘉峪关新城村委会集体土地，土地确权时均确认为荒地。

2015 年 7 月，嘉峪关市委、市政府办公室成立嘉峪关市新城草湖湿地文化旅游项目协调推进领导小组，其中确定嘉峪关市农林局职责中的一项为加强湿地生态保护执法力度，杜绝湿地规划范围内私自拉沙、放牧等现象。2016 年 3 月，嘉峪关市政府办公室下发的《关于禁止非法开荒的通知》中进一步明确嘉峪关市农林局是嘉峪关市湿地保护的行政主管部门，依法查处在湿地范围内盗伐林木、毁林开荒、破坏林地、破坏草地等违法行为。2016 年 11 月，嘉峪关市政府办公室下发的《关于成立整治新城草湖国家湿地公园滥垦乱挖执法领导小组的通知》中确定嘉峪关市农林局职责为负责整治湿地公园规划区内乱搭乱建及滥垦乱挖等破坏

① 参见(2019)苏 8601 行初 1207 号行政判决书。

植被行为,履行新城草湖国家湿地公园生态保护、修复及日常管理职责等。

2016年12月,嘉峪关检察院向嘉峪关市农林局发出检察建议书,建议嘉峪关市农林局依法对新城镇新城村六组赵某等村民的违法行为进行处理。嘉峪关市农林局分别于2017年1月20日和3月1日两次向嘉峪关检察院进行答复称,2013年12月之后赵某等村民开垦所在区域为国土部门划定的湿地区域内集体土地,属于新城村六组所有,由土地部门和村集体或村委会管理。应由当地镇政府、村民委员会或者国土部门责令恢复原貌。2017年4月,嘉峪关市农林局向2013年之后开垦荒地的赵某等人分别下发了《关于查处在湿地保护范围内私自开荒的通知》,责令于2017年6月底之前恢复开垦荒地原貌。2017年8月2日公益诉讼人向一审法院提起行政公益诉讼,请求确认嘉峪关市农林局怠于履行法定职责行为违法,并判令嘉峪关市农林局依法履行湿地保护监管职责。

嘉峪关市农林局辩称无相关法定职责并已履行了部分职责。2017年11月,嘉峪关市农林局组织嘉峪关市新城镇政府、嘉峪关新城村委会相关人员已对上述涉案荒地进行推土填平,恢复原状。

经审理,一审法院判决确认嘉峪关市农林局自2013年12月31日甘肃嘉峪关草湖公园被确定为国家湿地公园(试点)时起至2017年11月6日前,对该区域存在的非法开垦荒地行为未依法履行监督管理职责的行为违法。

嘉峪关市农林局不服一审判决,提起上诉。其理由是自己对涉案土地本身并没有监管职责,该涉案土地为集体土地,依照《土地管理法》的规定,对于违法占地的管理职责,应由嘉峪关市国土资源局以及村集体履行职责。在政府没有将集体土地依法征收并交由湿地公园管理情况下,嘉峪关市农林局无法顺利全面履行监管职责。而且,一审开庭后,一审法院的审判人员专门去草湖公园实际勘察,绘制了实际勘察的图纸并制作相应笔录。根据实际勘察的情况来看,嘉峪关检察院在起诉中提到的违法占地部分,经过嘉峪关市农林局与村委会,以及违法开荒人员的多方协调下,已经把违法占地部分推平,且之后不再耕种。即使存在违法占地的情况,现在违法情况业已消除。此时判决确认嘉峪关市农林局没有依法履行职责并不合适。①

【简评】被诉行政机关是否依法履职在多数环境行政公益诉讼案件中成为争议焦点,一般包括以下几个相互关联的问题:一是被告有无涉案职责?二是被告是否应该履行案涉职责?三是被告是否违法履职或怠于履行案涉职责?四是经检察督促后被告是否仍违法履职或怠于履行案涉职责?五是被告应如何履行案

---

① 参见(2018)甘行终366号行政判决书。

涉职责?

对于第一个问题,被诉行政机关是否具有案涉职责是关乎被告适格性条件。如果被告不具备受指控的职责,那么,检察机关就告错了对象。多数情况下,指出被告具有案涉职责对于作为法律监督机关的检察机关来说并不困难,毕竟现在有政府信息公开和权力清单等制度作保障。但是,在一些案件中,被告会辩解因为机构改革而发生职责转移①或权力下放等情形,自己实际上并不具备案涉职责,弄清楚此问题对并不在行政系统的检察机关来说需要费一定的周折。检察机关享有调查核实权,通过向有关机关调取所需文件或向有关负责人求证可以对因机构改革发生职责转移问题予以厘清。而行政机关权力下放,并不免除行政机关对案涉违法行为的履职责任。② 实践中,被诉行政机关还可能以办案衔接问题,推诿自己对案涉物品无权监管处置,实际上难辞其咎。③ 本案中,被告在二审上诉时提出的理由其实自相矛盾:一方面认为自己无相关职责;另一方面又辩解自己已经履职,不应再被判未依法履职。

对于第二个问题,被诉行政机关是否应该履行案涉职责,是关乎被告履职必要性与可行性条件。如果存在行政相对人侵害公共利益的违法行为,检察机关一般会认为被诉行政机关应履行查处该违法行为的职责,以防止公共利益继续受到侵害。而有的情况下,被诉行政机关认为依法并不应像检察机关所认为的那样予以行政查处。④ 在有的案件中,法院认为对于案外人是否存在侵害公共利益的违法行为以及行政机关是否应予查处是行政执法权应予首次判断的范畴,⑤而不应

① 如在(2020)琼97行初46号行政判决书中记载,被诉行政机关答辩认为:对案涉"违法行为的处罚权,并没有转移给答辩人……答辩人没有处罚权,主张答辩人不履行法定职责没有依据"。

② 如在(2020)鄂02行终184号行政判决书中记载,被诉行政机关认为:"其不是本案适格被告。市政府有权对涉案违法行为的管辖作出统筹安排,且已明确由西塞山区人民政府及其职能部门进行执法。"而一审法院认为:"本案中西塞山区防汛抗旱指挥部对黄石市众成黄砂站采取的一系列执法措施,并不能作为黄石市水利和湖泊局的免责事由,黄石市水利和湖泊局将西塞山区辖区堤防管理范围内的水行政执行工作下放至西塞山区政府,亦不能免除该局在黄石市众成黄砂站违法案件中的履职责任。"二审法院认为:"在行政职责重叠的情况下,检察机关应结合案件具体情况,选择合法、高效方式,以更好更快实现督促行政机关依法行政、保护特定领域公共利益之目的。"

③ 参见(2019)苏8601行初1207号行政判决书。

④ 如在(2018)皖04行终69号行政判决书中记载,寿县人民检察院认为案外人孙某滥伐林木的违法行为没有被行政处罚,致使被滥伐的森林资源未能得到及时有效的恢复,遂对比被告寿县林业局发出检察建议书,建议其对孙某违法滥伐林木的行为作出行政处罚,责令孙某补种树木,恢复森林植被,保护国家森林资源,确保违法问题整改到位。而寿县林业局在回复书中,认为孙某滥伐林木案已经追究刑事责任,不应再作出行政处罚。寿县人民检察院遂向法院提起行政公益诉讼,后被一审、二审法院判败诉。

⑤ 如在(2020)鄂07行终24号行政判决书中记载,一审法院认为:"至于第三人是否存在'再次违法'行为,被告是否应当对第三人的违法行为再次立案查处,是否应当对第三人再次作出行政处罚决定,系被告作为土地行政主管部门的法定职责,属于行政执法权的范畴。"

由别的机关先行预判。

对于第三个问题,被告是否违法履职或怠于履行案涉职责是关乎被告履职给予检察督促的必要条件。行政违法包括作为违法和不作为违法。行政机关主动滥用或超越职权,即为作为行政违法,也称为违法履职。实践中,行政机关因主动滥用或超越职权而被检察建议督促改正的并不多见,因为此时可能涉嫌职务犯罪。行政机关具有履职的法定作为义务而拒不履行或拖延履行,构成了怠于履行职责,即行政不作为。实践中,行政不作为表现多样,有的是全部不作为,①有的是部分不作为,有的是拖延作为。只有出现被告违法履职或怠于履职导致公共利益受到损害的情形,检察机关才有必要对其发出督促履行的检察建议。以上三个问题,检察机关需要在发起检察建议之前予以解决,否则案件难以进入检察督促程序。

对于第四个问题,经检察督促后被告仍违法履职或怠于履行案涉职责是关乎行政公益案件可诉性的必要条件。在检察建议书中,检察机关会针对行政机关未依法履职的情形提出具体的履职建议。对于行政机关存在违法履职的,检察建议会要求其纠正违法行为;对于行政机关存在不作为的,检察建议会要求其及时作为。行政机关在此阶段的怠于履职,可能是全部不作为,也可能是部分不作为,②但只要存在不作为,案件的可诉性即已具备。当然,行政机关在检察建议期限内是否具备履职条件也是判断其是否存在怠于履职的一个依据。③

对于第五个问题,被告应如何履行案涉职责关乎依法履职的评判标准。实践中,很多被告辩解自己在检察建议督促后已经依法履职,但是检察机关并不认同,仍然对其发起行政公益诉讼。由此,行政机关应如何依法履职就成为一个焦点问题。经初步对有关案例的梳理,本书总结出在环境行政公益诉讼中法院评判行政

---

① 如在(2021)吉2403行初10号行政判决书中记载,检察机关认为:“广兴取土场违反法律规定未缴纳水土保持补偿费,在此情形下,图们市水利局作为行政主管部门,应责令其限期缴纳,逾期不履行,图们市水利局应依法加处罚款或收取滞纳金,并将加处罚款和滞纳金的标准告知广兴取土场,经催告仍不履行的,图们市水利局应当申请法院强制执行,但是图们市水利局未要求广兴取土场编制水土保持方案,也未责令其缴纳相应水土保持补偿费,没有及时作出上述监管行为。”

② 如在(2021)川07行终15号行政判决书中,一审法院认为:“被告市自规局辩称一直在履职,不可否认,被告市自规局虽然履行了部分职责,但是根据查明事实,在这十余年时间,其履职情况不全面、不客观,整体工作推进缓慢。”

③ 如在(2020)鄂1022行初22号行政判决书中,法院认为需要考虑:“发出检察建议时被告是否具备履职条件。”

机关依法履职的几项标准：全面、客观；[1]依法、全面；[2]彻底、全面；[3]依法、正确、完全；[4]全面；[5]及时、全面等[6]可见，从行政法治的角度来看，对行政机关依法履职的评判应该包括：依法、正确、全面、客观、完全（彻底）、及时等标准。

---

① 如(2021)川07行终15号行政判决书；又如在(2021)辽0402行初33号行政判决书中，法院认定："被告抚顺市生态环境局客观上未能全面依法履行监管职责，并致国家和社会公共利益仍处于受侵害状态。"

② 如在(2018)甘行终366号行政判决书中，一审法院认为："尽管被告在诉讼中代为组织恢复荒地，履行了相关生态保护监管职责，仍属于未依法全面履行法定职责。"又如在(2020)苏01行终439号行政判决书中记载，一审法院将案件焦点归为："铜山区水务局对涉案水土保持违法行为是否依法、全面履行了监督和管理职责，应否继续履行相关职责。"再如在(2019)苏8601行初1207号行政判决书中，法院将案件焦点归为："被告是否依法、全面履行了相关环保监管职责。"

③ 如在(2020)鄂07行终24号行政判决书中，一审法院认为："被告提供的证据不能证明在再次收到检察建议后彻底、全面地履行了法定职责，视为未依法履行法定职责。"

④ 如在(2019)琼72行初20号行政判决书中，法院认为："被告在对违法定置网的查处过程中，未能严格依照法律的规定正确履行监管职责……本院据此确认，被告对其辖区海域内的违法定置网未完全履行法定职责的行为违法。"

⑤ 如在(2020)琼97行初46号行政判决书中，法院论证了："关于被告对王某某等人的土地违法行为、规划违法行为应如何全面履行职责的问题。"

⑥ 如在(2019)闽09行终25号行政判决书中记载，二审法院论证分析："福安市环保局收到检察建议后是否及时全面履行法定职责问题。"

参考文献

一、著作类

[1]陈德敏:《环境法原理专论》,法律出版社 2008 年版。

[2]陈卫东主编:《刑事诉讼法》,武汉大学出版社 2009 年版。

[3]樊崇义主编:《刑事诉讼法学》(第 3 版),中国政法大学出版社 2013 年版。

[4]冯亚东:《理性主义与刑法模式:犯罪概念研究》,中国政法大学出版社 2019 年版。

[5]付立忠:《环境刑法学》,中国方正出版社 2001 年版。

[6]《环境科学大辞典》编委会主编:《环境科学大辞典(修订版)》,中国环境科学出版社 2008 年版。

[7]焦艳鹏:《刑法生态法益论》,中国政法大学出版社 2012 年版。

[8]金瑞林主编:《环境法学》(第 4 版),北京大学出版社 2016 年版。

[9][德]莱奥·罗森贝克:《证明责任论》(第 5 版),庄敬华译,中国法制出版社 2018 年版。

[10]李庆保:《环境民事诉讼证据制度研究》,法律出版社 2021 年版。

[11]李玉华等:《诉讼证明标准研究》,中国政法大学出版社 2010 年版。

[12]李挚萍:《环境基本法比较研究》,中国政法大学出版社 2013 年版。

[13]刘仁文:《环境资源保护与环境资源犯罪》,中信出版社 2004 年版。

[14]陆谷孙主编:《英汉大词典》,上海译文出版社 1993 年版。

[15][美]路易斯·亨利·摩尔根:《古代社会(新译本)》,杨东莼等译,中央编译出版社 2007 年版。

[16]《马克思恩格斯文集》(第 1 卷),人民出版社 2009 年版。

[17]《马克思恩格斯文集》(第 5 卷),人民出版社 2009 年版。

[18]史立梅:《程序正义与刑事证据法》,中国人民公安大学出版社 2003 年版。

[19]汪劲:《环境法学》(第3版),北京大学出版社2014年版。

[20]王灿发主编:《环境纠纷处理的理论与实践》,中国政法大学出版社2002年版。

[21]王利明:《侵权责任法研究(上)》,中国人民大学出版社2011年版。

[22]徐平:《环境刑法研究》,中国法制出版社2007年版。

[23]杨春洗、向泽选、刘生荣:《危害环境罪的理论与实务》,高等教育出版社1999年版。

[24]中国大百科全书总编辑委员会编:《中国大百科全书－Ⅱ－哲学》,中国大百科全书出版社1987年版。

二、文章类

[1]安克明:《最高人民法院设立环境资源审判庭》,载中华人民共和国最高人民法院网2014年7月4日,http://www.court.gov.cn/zixun－xiangqing－6512.html。

[2]陈伟:《环境质量标准的侵权法适用研究》,载《中国法学》2017年第1期。

[3]陈伟:《环境侵权因果关系类型化视角下的举证责任》,载《法学研究》2017年第5期。

[4]白平则:《论公司的环境责任》,载《山西师大学报(社会科学版)》2004年第2期。

[5]薄晓波:《论环境破坏侵权行为的归责原则与责任构成要件》,载《研究生法学》2011年第2期。

[6]薄晓波:《倒置与推定:对我国环境污染侵权中因果关系证明方法的反思》,载《中国地质大学学报(社会科学版)》2014年第6期。

[7]蔡守秋:《用仲裁方式解决环境纠纷的探讨》,载《环境管理》1983年第1期。

[8]蔡守秋:《完善我国环境法律体系的战略构想》,载《广东社会科学》2008年第2期。

[9]蔡守秋:《关于建立环境法院(庭)的构想》,载《东方法学》2009年第5期。

[10]蔡守秋:《当代环境司法的新进展》,载《人民法治》2018年第4期。

[11]曹树青:《区域环境治理法律机制研究》,武汉大学2012年博士学位论文。

[12]曾睿:《中国环境司法能动的现实障碍与实现路径》,载《河南财经政法

大学学报》2014 年第 3 期。

[13]陈海嵩:《论环境法与民法典的对接》,载《法学》2016 年第 6 期。

[14]陈瑞华:《刑事附带民事诉讼的三种模式》,载《法学研究》2009 年第 1 期。

[15]陈文曲:《民事公益诉讼初论》,湘潭大学 2001 年硕士学位论文。

[16]刘方祺、盛莉、刘冰玉:《成都中院环境资源审判庭挂牌运行》,载成都法院网 2017 年 11 月 1 日,http://cdfy. chinacourt. org/article/detail/2017/11/id/3088622. shtml。

[17]崔建远:《关于恢复原状、返还财产的辨析》,载《当代法学》2005 年第 1 期。

[18]丹尼尔·W. 凡奈思、王莉:《全球视野下的恢复性司法》,载《南京大学学报(哲学·人文科学·社会科学版)》2005 年第 4 期。

[19]邓海林:《我国环境司法专门化研究》,中南林业科技大学 2013 年硕士学位论文。

[20]丁为群:《我国环境犯罪归责原则探讨》,载《暨南学报(哲学社会科学版)》2005 年第 4 期。

[21]杜群、梁春艳:《我国环境公益诉讼单一模式及比较视域下的反思》,载《法律适用》2016 年第 1 期。

[22]耿刚、范昌龙、王毅:《行政执法与刑事司法衔接问题研究——以程序衔接机制为视角》,载《行政与法》2011 年第 2 期。

[23]巩固:《政府环境责任理论基础探析》,载《中国地质大学学报(社会科学版)》2008 年第 2 期。

[24]郭武:《论环境行政与环境司法联动的中国模式》,载《法学评论》2017 年第 2 期。

[25]何挺:《刑事纠纷:一个概念的解析》,载《法学论坛》2011 年第 1 期。

[26]《河南省高级人民法院环境资源审判庭受案范围》,载河南省高级人民法院网 2016 年 3 月 28 日,http://www. hncourt. gov. cn/public/detail. php? id = 163552。

[27]洪浩、朱良:《论检察公益诉讼的证明标准》,载《山东社会科学》2019 年第 7 期。

[28]侯艳芳:《环境损害司法鉴定的现实与理想》,载《山东社会科学》2017 年第 10 期。

[29]胡学军:《环境侵权中的因果关系及其证明问题评析》,载《中国法学》

2013 年第 5 期。

[30]胡吕银:《论侵权行为法上的因果关系——兼评因果关系两分法》,载《扬州大学学报(人文社会科学版)》2001 年第 5 期。

[31]黄国春:《台湾词汇流行大陆的探考》,载《广西民族学院学报(哲学社会科学版)》2003 年第 S1 期。

[32]黄辉:《设立环境保护专门审判组织的理论思考》,载《东南学术》2010 年第 5 期。

[33]黄世斌:《行政执法与刑事司法衔接中的证据转化问题初探——基于修正后的〈刑事诉讼法〉第 52 条第 2 款的思考》,载《中国刑事法杂志》2012 年第 5 期。

[34]黄忠顺:《中国民事公益诉讼年度观察报告(2016)》,载《当代法学》2017 年第 6 期。

[35]江必新:《中国环境公益诉讼的实践发展及制度完善》,载《法律适用》2019 年第 1 期。

[36]蒋兰香:《污染型环境犯罪因果关系证明中被告人举证责任论要》,载《福州大学学报(哲学社会科学版)》2010 年第 2 期。

[37]焦艳鹏:《污染环境犯罪的司法困境及其解决》,载《中国环境法治》2013 年第 1 期。

[38]焦艳鹏:《实体法与程序法双重约束下的污染环境罪司法证明——以 2013 年第 15 号司法解释的司法实践为切入》,载《政治与法律》2015 年第 7 期。

[39]金瑞林:《〈环境法律的理念与价值追求——环境立法目的论〉序》,载《环境保护》2000 年第 9 期。

[40]金煜:《300 余家社会组织可提环保公益诉讼》,载新京报电子报,http://epaper.bjnews.com.cn/html/2014-04/25/content_508572.htm。

[41]柯坚:《论污染者负担原则的嬗变》,载《法学评论》2010 年第 6 期。

[42]雷鑫:《论环境犯罪刑事责任实现方式的多元化——以李华荣、刘士密等人盗伐防护林案为例》,载《法学杂志》2011 年第 3 期。

[43]李德超:《生态文明绿色发展——中国生态文明论坛南宁年会举行》,载《中国环境监察》2018 年第 12 期。

[44]李瑰华:《行政公益诉讼中行政机关"依法履职"的认定》,载《行政法学研究》2021 年第 5 期。

[45]李浩:《我国民事诉讼中举证责任含义新探》,载《西北政法学院学报》1986 年第 3 期。

[46]李浩:《举证责任倒置:学理分析与问题研究》,载《法商研究》2003 年第 4 期。

[47]李红卫:《生态文明——人类文明发展的必由之路》,载《社会主义研究》2004 年第 6 期。

[48]李旻:《检察机关提起行政公益诉讼的案件来源发现》,载《中国检察官》2016 年第 5 期。

[49]李启家:《环境法领域利益冲突的识别与衡平》,载《法学评论》2015 年第 6 期。

[50]李秀芬:《反思“谁主张,谁举证”》,载《法学》2004 年第 1 期。

[51]刘泽:《最高法发布〈中国环境资源审判(2021)〉》,载中华人民共和国最高人民法院网 2022 年 6 月 5 日,https://www. court. gov. cn/zixun – xiangqing – 361291. html。

[52]刘泽:《〈长江流域生态环境司法保护状况〉白皮书》,载中华人民共和国最高人民法院网 2020 年 9 月 25 日,https://www. court. gov. cn/zixun – xiangqing – 259181. html。

[53]李挚萍:《外国环境司法专门化的经验及挑战》,载《法学杂志》2012 年第 11 期。

[54]梁春程:《行政违法行为法律监督的历史、困境和出路》,载《天津法学》2018 年第 3 期。

[55]刘本荣:《行政公益诉讼的要件分析——以要件事实理论为视角》,载《北方法学》2020 年第 4 期。

[56]刘东生:《行政复议制度重构》,中国政法大学 2006 年博士学位论文。

[57]柳文彬:《环境犯罪刑事抗制论》,载《政法论丛》1996 年第 4 期。

[58]卢俊辉:《论我国环境司法专门化》,江西理工大学 2012 年硕士学位论文。

[59]罗吉、李广兵:《与时俱进,探索环境资源法律实施机制——2002 年环境资源法学高级研讨会综述》,载《法学评论》2003 年第 2 期。

[60]罗书臻:《最高人民法院环境资源审判庭成立两周年综述》,载中国法院网 2016 年 7 月 27 日, https://www. chinacourt. org/article/detail/2016/07/id/2044527. shtml。

[61]罗书臻:《第一次全国法院环境资源审判工作会议召开》,载中国法院网,https://www. chinacourt. org/article/detail/2015/11/id/1742578. shtml。

[62]吕欣:《改善我国环境刑事司法的路径》,载《光明日报》2011 年 1 月 3 日。

[63]吕忠梅、张宝:《环境问题的侵权法应对及其限度——以〈侵权责任法〉第65条为视角》,载《中南民族大学学报(人文社会科学版)》2011年第2期。

[64]吕忠梅、张忠民、熊晓青:《中国环境司法现状调查——以千份环境裁判文书为样本》,载《法学》2011年第4期。

[65]吕忠梅:《论生态文明建设的综合决策法律机制》,载《中国法学》2014年第3期。

[66]吕忠梅:《环境行政司法:问题与对策——以实证分析为视角》,载《法律适用》2014年第4期。

[67]吕忠梅:《环境司法专门化的回顾与展望》,载《中国审判》2014年第8期。

[68]吕忠梅:《环境司法理性不能止于"天价"赔偿:泰州环境公益诉讼案评析》,载《中国法学》2016年第3期。

[69]吕忠梅:《习近平新时代中国特色社会主义生态法治思想研究》,载《江汉论坛》2018年第1期。

[70]吕忠梅:《我国环境司法2020年总体观察》,载微信公众号"中国法律评论"2021年6月21日,https://mp.weixin.qq.com/s/-gecouiQSVRg6vDvt-Gh7sQ。

[71]马怀德:《新时代行政公益诉讼制度的发展与实践》,载《人民论坛·学术前沿》2019年第5期。

[72]马俊驹、龚向前:《论能源法的变革》,载《中国法学》2007年第3期。

[73]宁华:《贵阳生态保护法庭的成立与发展》,载《法制博览》2016年第35期。

[74]宁金成、田土城:《民法上之损害研究》,载《中国法学》2002年第2期。

[75]裴苍龄、魏虹:《举证责任不能倒置》,载《政治与法律》2007年第1期。

[76]彭中遥:《论生态环境损害赔偿诉讼与环境公益诉讼之衔接》,载《重庆大学学报(社会科学版)》2021年第3期。

[77]戚道孟:《有关环境犯罪刑事立法几个问题的思考》,载《南开学报》2000年第6期。

[78]秦前红:《检察机关参与行政公益诉讼理论与实践的若干问题探讨》,载《政治与法律》2016年第11期。

[79]沈跃东:《论环境法庭的裁判程序》,载《东南学术》2010年第5期。

[80]史际春、李青山:《论经济法的理念》,载《华东政法学院学报》2003年第2期。

[81]史玉成:《环境法学核心范畴之重构:环境法的法权结构论》,载《中国法学》2016 年第 5 期。

[82]宋春雨:《〈关于民事诉讼证据的若干规定〉的理解与适用》,载《人民司法》2002 年第 2 期。

[83]宋宗宇、郭金虎:《环境司法专门化的构成要素与实现路径》,载《法学杂志》2017 年第 7 期。

[84]苏家成、明军:《公益诉讼制度初探》,载《法律适用》2000 年第 10 期。

[85]汤维建:《民事诉讼中证据交换制度的确立和完善》,载《法律科学 · 西北政法学院学报》2004 年第 1 期。

[86]汤维建:《公益诉讼的四大取证模式》,载《检察日报》2019 年 1 月 21 日。

[87]唐双娥:《我国污染型环境犯罪因果关系证明方法之综合运用》,载《法学论坛》2012 年第 5 期。

[88]汪劲、马海桓:《生态环境损害民刑诉讼衔接的顺位规则研究》,载《南京工业大学学报(社会科学版)》2019 年第 1 期。

[89]王灿发、程多威:《新〈环境保护法〉下环境公益诉讼面临的困境及其破解》,载《法律适用》2014 年第 8 期。

[90]王灿发 & Wang Hao,中国环境司法专门化改革研究(英文),China Legal Science,Vol. 1:04,2013。

[91]王宏玉:《恢复性司法及在我国的前景》,载《中国人民公安大学学报(社会科学版)》2009 年第 4 期。

[92]王利明:《审判方式改革中的民事证据立法问题探讨》,载《中国法学》2000 年第 4 期。

[93]王利明:《民事证据规则司法解释若干问题研究》,载《法学》2004 年第 1 期。

[94]王明远:《论我国环境公益诉讼的发展方向:基于行政权与司法权关系理论的分析》,载《中国法学》2016 年第 1 期。

[95]王树义:《论生态文明建设与环境司法改革》,载《中国法学》2014 年第 3 期。

[96]王树义、赵小姣:《环境刑事案件中适用恢复性司法的探索与反思——基于 184 份刑事判决文书样本的分析》,载《安徽大学学报(哲学社会科学版)》2018 年第 3 期。

[97]王旭光:《论环境资源司法的基本功能》,载《人民法院报》2015 年 9 月 9 日,第 8 版。

[98]王旭光:《环境损害司法鉴定中的问题与司法对策》,载《中国司法鉴定》2016 年第 1 期。

[99]王旭光:《论生态环境损害赔偿诉讼的若干基本关系》,载《法律适用》2019 年第 21 期。

[100]王懿:《试论在污染环境犯罪中设立举证责任倒置的原则》,载《犯罪研究》2004 年第 6 期。

[101]王运慧:《"三权分置"视角下农地生态风险的司法应对》,载《行政科学论坛》2017 年第 9 期。

[102]魏淑芬:《一种可予借鉴的环保法理论——"忍受限度论"评介》,载《山东法学》1996 年第 4 期。

[103]《无极剧组又惹官司》,载新浪网,https://news. sina. com. cn/c/2006 - 06 - 14/08009198362s. shtml。

[104]毋郁东:《恢复性司法视野下的环境刑事司法问题研究——以古田县法院"补种复绿"生态补偿机制为例》,载《福建警察学院学报》2016 年第 4 期。

[105]吴如巧、雷嘉、郭成:《论环境民事公益诉讼与私益诉讼的共通性——以最高人民法院相关司法解释为视角的分析》,载《重庆大学学报(社会科学版)》2019 年第 5 期。

[106]吴云、方海明:《法律监督视野下行政执法与刑事司法相衔接的制度完善》,载《政治与法律》2011 年第 7 期。

[107]肖建国:《利益交错中的环境公益诉讼原理》,载《中国人民大学学报》2016 年第 2 期。

[108]肖建华、陈琳:《法官释明权之理论阐释与立法完善》,载《北方法学》2007 年第 2 期。

[109]肖拓:《对环境民事公益诉讼程序的理解和适用》,载中国法院网,https://www. chinacourt. org/article/detail/2014/05/id/1304399. shtml。

[110]谢治东:《行政执法与刑事司法衔接机制中若干问题理论探究》,载《浙江社会科学》2011 年第 4 期。

[111]邢捷:《生态安全视阈下环境警察的定位与实践问题思考》,载《环境保护》2018 年第 Z1 期。

[112]邢世伟、金煜:《700 社会组织可提环境公益诉讼》,载人民网,http://env. people. com. cn/n/2015/0107/c1010 - 26337698. html。

[113]熊英、别涛、王彬:《中国环境污染责任保险制度的构想》,载《现代法学》2007 年第 1 期。

［114］徐本鑫:《刑事司法中环境修复责任的多元化适用》,载《北京理工大学学报(社会科学版)》2019 年第 6 期。

［115］徐淑琳、冷罗生:《反思环境公益诉讼中的举证责任倒置——以法定原告资格为视角》,载《中国地质大学学报(社会科学版)》2015 年第 1 期。

［116］尤明青:《论环境质量标准与环境污染侵权责任的认定》,载《中国法学》2017 年第 6 期。

［117］于改之:《刑民交错案件的类型判断与程序创新》,载《政法论坛》2016 年第 3 期。

［118］于文轩:《环境司法专门化视阈下环境法庭之检视与完善》,载《中国人口·资源与环境》2017 年第 8 期。

［119］岳向阳、李鹏飞、王玉星:《检察机关提起刑事附带民事诉讼工作的实践与探索——以生态环境保护领域为例》,载《中国检察官》2017 年第 9 期。

［120］张宝:《环境司法专门化的建构路径》,载《郑州大学学报(哲学社会科学版)》2014 年第 6 期。

［121］张宝:《环境侵权责任构成的适用争议及其消解——基于 4328 份裁判文书的实证分析》,载《湘潭大学学报(哲学社会科学版)》2018 年第 2 期。

［122］张斌:《论科学证据的概念》,载《中国刑事法杂志》2006 年第 6 期。

［123］张璐:《环境司法专门化中的利益识别与利益衡量》,载《环球法律评论》2018 年第 5 期。

［124］张敏纯:《我国环境侵权诉讼中科学证据认定规则的构建——以美国经验为借鉴》,载《学术界》2014 年第 10 期。

［125］张明楷:《污染环境罪的争议问题》,载《法学评论》2018 年第 2 期。

［126］张卫平:《证明责任倒置辨析》,载《人民司法》2001 年第 8 期。

［127］张卫平:《民事公益诉讼原则的制度化及实施研究》,载《清华法学》2013 年第 4 期。

［128］张文松:《从管制到合作:环境法合作原则下水污染治理模式的反思与重构》,载《中南大学学报(社会科学版)》2017 年第 1 期。

［129］张新宝、汪榆淼:《污染环境与破坏生态侵权责任的再法典化思考》,载《比较法研究》2016 年第 5 期。

［130］张新宝:《侵权责任编:在承继中完善和创新》,载《中国法学》2020 年第 4 期。

［131］张梓太:《环境犯罪归责的主观要件分析》,载《现代法学》2003 年第 5 期。

[132]张忠平:《关于理念的几个问题》,载《江淮论坛》1989年第2期。

[133]赵秉志、陈璐:《当代中国环境犯罪刑法立法及其完善研究》,载《现代法学》2011年第6期。

[134]赵秉志:《中国环境犯罪的立法演进及其思考》,载《江海学刊》2017年第1期。

[135]赵星、安然:《试论我国环境污损司法鉴定机构的构建——以完善环境犯罪的惩治为视角》,载《法学杂志》2010年第7期。

[136]赵星:《我国环境行政执法对刑事司法的消极影响与应对》,载《政法论坛》2013年第2期。

[137]赵旭光:《"两法衔接"中的有效监督机制——从环境犯罪行政执法与刑事司法切入》,载《政法论坛》2015年第6期。

[138]赵运锋、张昌明:《破坏自然保护地罪的理解和适用》,载《检察风云》2022年第6期。

[139]峥嵘:《环境司法专门化的困境与出路》,载《甘肃政法学院学报》2014年第4期。

[140]周辉、陈泉生:《环境法理念初探》,载《时代法学》2004年第2期。

[141]周佑勇、刘艳红:《行政执法与刑事司法相衔接的程序机制研究》,载《东南大学学报(哲学社会科学版)》2008年第1期。

[142]朱建新、陈迎:《环境案件专业化审判的实践路径》,载《法律适用》2014年第4期。

[143]朱谦:《美国环境法上的公民诉讼制度及其启示》,载《世界环境》1999年第3期。

[144]竺效、丁霖:《绿色发展理念与环境立法创新》,载《法制与社会发展》2016年第2期。

[145]邹承均:《恢复性司法在环境刑事案件中的适用》,载《河北环境工程学院学报》2020年第3期。

后　记

本书得以顺利付梓出版,受益于2021年华北电力大学“双一流”研究生人才培养建设项目的资助。感谢团队各成员精诚而又融洽的合作,使整体编写工作能按时按质顺利完成。在编写本书时,华北电力大学梁平教授负责第七章;华北电力大学副教授、中国社会科学院大学在读博士生李雷负责第四章;华北电力大学刘宇晖副教授负责第八章;华北电力大学陈奎副教授负责第五章,其余章由本人负责完成。王文博、王硕、高雅、王雪晴等本人所指导的几位硕士研究生为本书的资料整理与校稿都付出了辛勤劳动,在此一并致谢! 由于编者能力所限,书中漏误与偏颇之处在所难免,请不吝赐教!

李庆保

2022年6月30日于保定书斋

附　　录

一、中共中央及国务院印发的文件

1.2013 年通过的《中共中央关于全面深化改革若干重大问题的决定》

2.2015 年中共中央、国务院发布的《关于加快推进生态文明建设的意见》

3.2015 年中共中央、国务院发布的《生态文明体制改革总体方案》

4.2015 年中共中央办公厅、国务院办公厅发布的《生态环境损害赔偿制度改革试点方案》(已失效)

5.2017 年中国共产党全国代表大会通过的《中国共产党章程(修正案)》

6.2017 年中共中央办公厅、国务院办公厅印发的《关于深化环境监测改革提高环境监测数据质量的意见》

7.2017 年中共中央办公厅、国务院办公厅印发的《生态环境损害赔偿制度改革方案》

8.2017 年中共中央印发的《关于新形势下加强政法队伍建设的意见》

9.2018 年中共中央印发的《深化党和国家机构改革方案》

10.2020 年中共中央办公厅、国务院办公厅印发的《关于构建现代环境治理体系的指导意见》

11.2005 年国务院发布的《关于落实科学发展观加强环境保护的决定》

12.2020 年国务院修订的《行政执法机关移送涉嫌犯罪案件的规定》

13.2020 年国务院第二次修订的《中华人民共和国渔业法实施细则》

二、全国人民代表大会及其常委会的文件

1.2002 年全国人民代表大会常委会发布的《关于〈中华人民共和国刑法〉第九章渎职罪主体适用问题的解释》

2.2015 年全国人民代表大会常务委员会发布的《关于授权最高人民检察院在部分地区开展公益诉讼试点工作的决定》

3.2015 年全国人民代表大会常务委员会修正的《关于司法鉴定管理问题的决定》

4. 2019 年第十三届全国人民代表大会二次会议所作的《关于最高人民检察院工作报告的决议》

三、最高人民法院及最高人民检察院的文件

1. 1997 年最高人民法院发布的《关于执行〈中华人民共和国刑法〉确定罪名的规定》

2. 1997 年最高人民检察院发布的《关于适用刑法分则规定的犯罪的罪名的意见》

3. 1999 年最高人民法院发布的《关于黑龙江省鸡西市梨树区人民政府与鸡西市化工局、沈阳冶炼厂环境污染纠纷案的复函》

4. 1999 年最高人民检察院发布的《关于人民检察院直接受理立案侦查案件立案标准的规定(试行)》

5. 2000 年最高人民法院发布的《关于审理破坏土地资源刑事案件具体应用法律若干问题的解释》

6. 2000 年最高人民法院发布的《关于审理破坏森林资源刑事案件具体应用法律若干问题的解释》

7. 2003 年最高人民法院发布的《关于审理非法采矿、破坏性采矿刑事案件具体应用法律若干问题的解释》(已废止)

8. 2005 年最高人民法院发布的《关于审理破坏林地资源刑事案件具体应用法律若干问题的解释》

9. 2008 年最高人民法院发布的《民事案件案由规定》(已修改)

10. 2008 年最高人民检察院、公安部发布的《关于公安机关管辖的刑事案件立案追诉标准的规定(一)》(已废止)

11. 2010 年最高人民法院发布的《关于为加快经济发展方式转变提供司法保障和服务的若干意见》

12. 2011 年最高人民法院发布的《全国法院人才队伍建设规划纲要(2010—2020 年)》

13. 2011 年最高人民法院发布的《关于准确理解和适用刑法中“国家规定”的有关问题的通知》

14. 2011 年最高人民法院修正的《民事案件案由规定》(已修改)

15. 2011 年最高人民法院发布的《关于审理船舶油污损害赔偿纠纷案件若干问题的规定》(已修改)

16. 2012 年最高人民法院发布的《关于审理破坏草原资源刑事案件应用法律若干问题的解释》

17. 2013 年最高人民法院、最高人民检察院发布的《关于办理环境污染刑事案件适用法律若干问题的解释》(已废止)

18. 2014 年最高人民法院发布的《人民法院第四个五年改革纲要(2014 - 2018)》

19. 2014 年最高人民法院发布的《关于全面加强环境资源审判工作为推进生态文明建设提供有力司法保障的意见》(已修正)

20. 2014 年最高人民法院、民政部、原环境保护部联合发布的《关于贯彻实施环境民事公益诉讼制度的通知》

21. 2015 年最高人民法院发布的《关于审理环境民事公益诉讼案件适用法律若干问题的解释》(已修正)

22. 2015 年最高人民法院发布的《关于审理环境侵权责任纠纷案件适用法律若干问题的解释》(已修正)

23. 2015 年最高人民法院发布的《关于指定北京市第四中级人民法院管辖天津铁路运输法院审理的环境保护行政案件上诉案件的通知》

24. 2016 年最高人民法院、最高人民检察院联合发布的《关于办理非法采矿、破坏性采矿刑事案件适用法律若干问题的解释》

25. 2016 年最高人民法院、最高人民检察院发布的《关于办理环境污染刑事案件适用法律若干问题的解释》

26. 2016 年最高人民法院发布的《关于充分发挥审判职能作用为推进生态文明建设与绿色发展提供司法服务和保障的意见》

27. 2016 年最高人民法院发布的《关于审理发生在我国管辖海域相关案件若干问题的规定(二)》

28. 2016 年最高人民法院发布的《关于为京津冀协同发展提供司法服务和保障的意见》

29. 2016 年最高人民法院发布的《关于为长江经济带发展提供司法服务和保障的意见》

30. 2017 年最高人民法院发布的《关于全面加强长江流域生态文明建设与绿色发展司法保障的意见》

31. 2017 年最高人民法院发布的《关于审理环境公益诉讼案件的工作规范(试行)》

32. 2018 年最高人民检察院发布的《检察机关行政公益诉讼案件办案指南(试行)》

33. 2018 年最高人民法院发布的《关于深入学习贯彻习近平生态文明思想为

新时代生态环境保护提供司法服务和保障的意见》(已修正)

34. 2018 年最高人民法院、最高人民检察院联合发布的《关于检察公益诉讼案件适用法律若干问题的解释》(已修止)

35. 2019 年最高人民检察院发布的《人民检察院检察建议工作规定》

36. 2019 年最高人民法院、最高人民检察院、公安部、司法部、生态环境部联合发布的《关于办理环境污染刑事案件有关问题座谈会纪要》

37. 2020 年最高人民法院修正的《关于审理生态环境损害赔偿案件的若干规定(试行)》

38. 2019 年最高人民法院修正的《关于民事诉讼证据的若干规定》

39. 2020 年最高人民法院、最高人民检察院联合发布的《关于适用〈中华人民共和国刑法〉第三百四十四条有关问题的批复》

40. 2021 年最高人民法院发布的《关于适用〈中华人民共和国刑事诉讼法〉的解释》

41. 2020 年最高人民法院发布的《关于为黄河流域生态保护和高质量发展提供司法服务与保障的意见》(已修正)

42. 2020 年最高人民法院发布的《关于行政案件案由的暂行规定》

43. 2020 年最高人民法院修订的《民事案件案由规定》

44. 2020 年最高人民法院修正的《关于审理环境民事公益诉讼案件适用法律若干问题的解释》

45. 2020 年最高人民法院修正的《关于审理环境侵权责任纠纷案件适用法律若干问题的解释》

46. 2020 年最高人民法院修正的《关于适用〈中华人民共和国民事诉讼法〉的解释》(已修正)

47. 2020 年最高人民法院、最高人民检察院修正的《关于检察公益诉讼案件适用法律若干问题的解释》

48. 2020 年最高人民法院发布的《长江流域生态环境司法保护状况》

49. 2021 年最高人民法院、最高人民检察院联合发布的《关于执行〈中华人民共和国刑法〉确定罪名的补充规定(七)》

50. 2021 年最高人民法院发布的《关于生态环境侵权案件适用禁止令保全措施的若干规定》

51. 2020 年最高人民法院修正的《关于确定民事侵权精神损害赔偿责任若干问题的解释》

52. 2021 年最高人民法院发布的《环境资源案件类型与统计规范(试行)》

53. 2022 年最高人民法院、最高人民检察院联合发布的《关于办理破坏野生动物资源刑事案件适用法律若干问题的解释》

54. 2022 年最高人民法院修正的《关于适用〈中华人民共和国民事诉讼法〉的解释》

四、国际法律文件

1. 1992 年生效的《控制危险废物越境转移及其处置的巴塞尔公约》

2. 1992 年联合国通过的《生物多样性公约》

3. 2002 年联合国发布《关于在刑事事项中采用恢复性司法方案的基本原则》

五、法律法规

1. 1996 年发布的《环境噪声污染防治法》(已废止)

2. 2003 年发布的《放射性污染防治法》

3. 2009 年发布的《海岛保护法》

4. 2009 年发布的《侵权责任法》(已废止)

5. 2009 年修正的《矿产资源法》

6. 2010 年修订的《水土保持法》

7. 2011 年发布的《行政强制法》

8. 2013 年修正的《渔业法》

9. 2014 年修订的《环境保护法》

10. 2015 年修正的《立法法》

11. 2016 年修正的《煤炭法》

12. 2016 年修正的《水法》

13. 2017 年修正的《海洋环境保护法》

14. 2017 年修正的《水污染防治法》

15. 2017 年修正的《行政复议法》

16. 2017 年修正的《行政诉讼法》

17. 2018 年发布的《土壤污染防治法》

18. 2018 年修订的《防沙治沙法》

19. 2018 年修订的《人民法院组织法》

20. 2018 年修订的《人民检察院组织法》

21. 2018 年修正的《环境影响评价法》

22. 2018 年修正的《刑事诉讼法》

23. 2018 年修正的《野生动物保护法》

24. 2019 年修订的《检察官法》

25. 2019 年修订的《森林法》

26. 2020 年发布的《民法典》

27. 2020 年发布的《生物安全法》

28. 2020 年修订的《固体废物污染环境防治法》

29. 2020 年修正的《刑法》

30. 2021 年发布的《噪声污染防治法》

31. 2021 年修订的《行政处罚法》

32. 2021 年修正的《草原法》

33. 2021 年修正的《民事诉讼法》

34. 2016 年修订的《风景名胜区条例》

35. 2017 年修正的《自然保护区条例》

36. 2019 年修订的《政府信息公开条例》

六、环境标准与技术规范

1.《声环境质量标准》

2.《地表水环境质量标准》

3.《地下水质量标准》

4.《水文地质术语》

5.《国家重点保护野生动物名录(2021 年版)》

七、部委规章

1. 2004 年发布的《关于加强行政执法机关与公安机关、人民检察院工作联系的意见》

2. 2005 年发布的《污染源自动监控管理办法》

3. 2006 年发布的《环境监测人员持证上岗考核制度》

4. 2006 年发布的《环境监测质量管理规定》

5. 2007 年发布的《关于环境保护行政主管部门移送涉嫌环境犯罪案件的若干规定》(已废止)

6. 2007 年发布的《环境监测管理办法》

7. 2009 年发布的《国家重点监控企业污染源自动监测数据有效性审核办法》(已废止)

8. 2010 年修订的《环境行政处罚办法》

9. 2011 年发布的《关于加强污染源监督性监测数据在环境执法中应用的通知》

10. 2011 年发布的《关于加强行政执法与刑事司法衔接工作的意见》

11. 2011 年发布的《环境行政处罚证据指南》

12. 2013 年发布的《关于加强环境保护与公安部门执法衔接配合工作的意见》

13. 2014 年发布的《环境保护主管部门实施按日连续处罚办法》

14. 2014 年发布的《环境保护主管部门实施查封、扣押办法》

15. 2015 年发布的《环境保护公众参与办法》

16. 2015 年发布的《关于规范环境损害司法鉴定管理工作的通知》

17. 2017 年发布的《环境保护行政执法与刑事司法衔接工作办法》

18. 2017 年修订的《建设项目环境保护管理条例》

19. 2018 年发布的《环境影响评价公众参与办法》

20. 2020 年发布的《关于全面禁止进口固体废物有关事项的公告》

21. 2020 年发布的《建设项目环境影响评价分类管理名录》